STUDIA
HUMANITATIS
문명공동연구

STUDIA
HUMANITATIS
문명공동연구
11

매체이론의 지형도 I

브레히트에서 보드리야르까지

클라우스 피아스, 요제프 포글, 로렌츠 엥엘,
올리버 팔레, 브리타 나이첼 편저
안성찬, 박배형, 윤미애, 황승환 공역

서울대학교출판문화원

STUDIA HUMANITATIS
문명공동연구
11

매체이론의 지형도 I
브레히트에서 보드리야르까지

초판 1쇄 발행 2018년 5월 30일
초판 2쇄 발행 2023년 2월 25일

편저자 클라우스 피아스, 요제프 포글, 로렌츠 엥엘, 올리버 팔레, 브리타 나이첼
공역자 안성찬 · 박배형 · 윤미애 · 황승환

펴낸곳 서울대학교출판문화원
주소 08826 서울 관악구 관악로 1
도서주문 02-889-4424, 02-880-7995
홈페이지 www.snupress.com
페이스북 @snupress1947
인스타그램 @snupress
이메일 snubook@snu.ac.kr
출판등록 제15-3호

ISBN 978-89-521-1895-0 94300
978-89-521-1575-1 (세트)

이 저서는 2007년 정부(교육과학기술부)의 재원으로 한국연구재단의 지원을 받아 수행된 연구임(NRF-2007-361-AL0016).

❁ 역자 서문

20세기의 대표적 매체철학자로 꼽히는 빌렘 플루서(Vilém Flusser)는 자신을 포함한 우리 동시대인이야말로 인류사에서 몇 차례 되지 않는 문명사적 대변혁을 목격하고 있는 살아 있는 증인들이라고 천명한 바 있다. 여기에서 그가 말하고 있는 '대변혁'의 요체를 매체이론의 몇 가지 키워드를 빌려 표현한다면 다음과 같은 말로 요약될 수 있을 것이다. 인류의 문명은 이제 인쇄매체와 문자 코드가 인간의 커뮤니케이션을 주도했던 '구텐베르크 은하계(The Gutenberg Galaxy)'에서 벗어나 디지털 매체와 영상 코드가 인간의 새로운 커뮤니케이션 방식으로 등장한 '뉴미디어의 세계'로 진입하고 있다. 오늘날 우리가 일상적으로 경험하고 있는, 좀 더 엄밀히 말해 우리의 일상을 제어하고 지배하고 급속히 변화시키고 있는 새로운 매체환경과 커뮤니케이션 상황을 맥루언 식으로 '스티브 잡스 은하계(The Steve Jobs Galaxy)'로 명명하고, 오늘날 진행되고 있는 매체혁명의 상황을 '구텐베르크 은하계에서 스티브 잡스 은하계로'라는 표어로 요약하는 것에 사람들은 대체로 동의할 것이다. 주지하다시피 이러한 은하계 이동에 가장 강력한 추진력을 제공한 것은 전자기술과 정보기술 그리고 인공두뇌학의 성과에 힘입은 이른바 디지털 혁명이었다. 현기증을 일으킬 정도로 점점 더 가속화되고 있는 새로운 테크놀로지의 발전은 정치, 경제, 사회, 문화 등 인간생활의 제반 영역은 물론, 직장에서의 작업방식과 인간관계 등 일상의 영역에 이르기까지 인간의 생활세계에 근본적인 변화를 초래하고 있다.

'IT(Information Technology) 강국'을 자처하는 한국은 디지털 혁명이 초래한 이러한 변화를 선도하는 주도국까지는 아닐지라도, 적어도 주목받는 실험장이 되고 있다. 오늘날 우리는 전화, 카메라, 캠코더, 축음기, 텔레비전, 팩시밀리, 영화관 등등의 기능을 하나로 결합한 손바닥 크기의 기계장치를 주머니에 넣고 다니고, 이것을 지구촌 전체에 걸친 유통망, 통신망, 금융망, 교통망, 정보망과 연결된 네트워크의 단말기로 사용하는 시대를 살고 있다. 이제 우리의 일상이 되어버린 생활세계의 이러한 변화 양상을 여기에서 자세히 묘사하는 것은 불필요한 일일 것이다. 지금의 중년세대가 30년 전의 자신에게 지금의 생활상을 설명한다면 공상과학영화 이야기로 취급되리라는 것을 환기하는 것으로 충분할 것이다. 문제는 지난 한 세기여에 걸친 근대화 과정에서 그래왔듯이, 지금도 우리는 변화의 물결에 함께 실려갈 뿐, 변화의 구체적 양상을 면밀히 분석하고 그 의미를 깊이 있게 성찰하는 작업들, 이를 바탕으로 지금 우리가 서 있는 자리를 확인하고 새로운 전망을 제시하는 일을 제대로 수행해내지 못하고 있다는 것이다. 사회과학적 분석과 인문학적 성찰이 손을 잡고 매체환경의 변화가 초래하는 새로운 사회상과 인간상을 진단하는 일이야말로 지금 우리 학계에 주어진 중요한 과제가 아닐까 한다.

그러나 역으로 매체환경의 급격한 변화는 인문학과 사회과학에도 변화의 물결을 몰고와 새롭고 시의적인 과제를 안겨주고 있다. 20세기 후반에 등장하여 지금까지 학문적 사유와 문화운동의 흐름을 주도하고 있는 탈구조주의와 포스트모더니즘은 오늘날 인문사회과학이 처한 현실을 여실히 보여준 바 있다. 인간과 휴머니즘의 종언을 선언하는 인문학, 문자문화와 도서문화의 종말을 이야기하는 문학이론, 실재와 가상, 진리와 허위 사이의 구분을 폐기하려 하는 철학, 탈역사를 주장하는 역사관이 등장하여 전통적 인문학의 토대에 근본적인 질문을 던지고 있다. 전통적 인문학의 패러다임을 뒤흔들고 있는 이러한 일련의 흐름은 단지 학문 내의 문제에 그치는 것이 아니라, 현대사회가 처한 매체환경의 변화를 반영하는 현상으로 보아야 할 것이다. 다시 말해 이러한 일련의 '해체운동'의 배후에는 문자와 텍스트가 중심적 매체였던 구텐베르크 은하계의 학문체계를 대체할 새로운 학문체계, 지각 능력의 확장을 가져온 변화된 매체환경에 상응하는 학문체계에 대한 요구가 가로놓여 있다. 한마디로 20세기 인문학의 패러다임 변화를 규정했던 '의식에서 언어로'의 이른바 '언어학적 전환'에 이어, '언어에서 매체로' 나아가는 '매체론적 전환'을 통해 전통적인 '텍스트인문학'을 '매체인문학'으로 확장하려는 움직임이 오늘날 인문학의 새로운 동향으로 등장하고 있는 것이다. 그러나 이러한 새로운 인문학은 이제 정지작업을 시작했을 뿐, 그 위에 세워질 건물의 구조와 모습은 그 윤곽조차 가늠할 수 없는 것이 지금의 상황이다.

이러한 상황 인식하에 우리는 서울대학교 인문학연구원 HK문명연구사업단에 〈문명과 매체〉라는 이름의 공동연구팀을 구성하여 세미나를 진행해왔다. 우리가 세미나의 첫 번째 과제로 삼은 것은 오늘날 매체라는 주제와 관련하여 제기되고 있는 다양한 학문적 물음의 윤곽을 그려보는 것이었다. 이를 위해 우리는 매체이론 분야를 연구하고 있는 학자들을 초빙하여 토론을 하거나, 국내외에 소개된 주요 저서를 함께 읽는 등의 기획을 했으나, 세미나를 진행할수록 우리는 인류문화의 모든 측면, 학문의 모든 분야와 관련을 맺고 있는 이 주제의 방대함을 절감하고, 망망대해에서 헤엄을 치며 큰 바다의 윤곽을 그려보려는 듯한 당혹스런 느낌을 받았다. 이러한 경험을 통해 우리는 최근 인문학의 주요 동향을 매체의 관점에서 개관하고 조망할 수 있는 기본서의 필요성을 인식하고, 이러한 성격의 책을 찾던 중 독일 바이마르의 바우하우스대학 미디어학부 교수진이 편집하여 출판한 *Kursbuch Medienkultur: Die maßgeblichen Theorien von Brecht bis Baudrillard*(2004, 제5판)을 발견하여 함께 읽고 토론하는 작업을 진행했다. 이 과정에서 이 책이 매체이론에 관심을 갖는 국내 인문사회 분야의 전문가 및 학생들에게도 기본서로서 많은 도움을 주리라는 확신을 갖게 되어, 공동번역 작업을 거쳐 인문학연구원의 공동연구 총서로 출판하기로 뜻을 모으게 되었다.

공동번역 작업과 출판심사 과정을 거치면서 이 책이 지닌 몇 가지 두드러진 장점과 미덕을 확인할 수 있었다. 이 책의 장점은 첫째, 매체이론의 역사에서 중요한 위치를 차지하고 있는 이론가들의 대표적 텍스트들을 방대한 규모로 모아 엮어냈다는 것이다. 심사자가 심사평에서도 언급했듯이 이 책은 내용의 폭과 이론가의 범위에 있어 기존에 출판된 책들을 단연 능가한다. 이 책의 또 한 가지 장점은 이 책의 편저자들이 매체이론의 대가로 꼽히는 이론가들과 이들의 대표적 텍스트를 선정하고 이를 체계적으로 분류하기 위해 많은 노력을 기울였다는 것이다. 이는 목차를 일별하기만 해도 확인할 수 있다. 이 책은 기초적 논의에서부터 오늘날 중요하게 다루고 있는 여러 주제에 이르기까지 매체이론의 여러 영역을 아우르는 아홉 개의 장으로 구성되어 있으며, 각 장에는 관련 주제를 대표하는 이론가들의 대표적인 텍스트를 싣고 있다. 또한 각 장의 서두에는 해당 주제에 대한 전반적인 소개와 각 텍스트의 핵심내용, 그리고 각 텍스트들의 연관성을 설명함으로써 독자들의 이해를 돕고 있다. 이러한 구성을 통해 독자들에게 매체이론의 전개 과정에서 중요한 위치를 차지하고 있는 일차문헌에 접할 수 있는 기회를 제공할 뿐만 아니라, 이와 동시에 매체이론의 전반적 면모와 핵심주제들을 조망할 수 있는 시야를 열어준다는 데 이 책의 미덕이 있다. 이 책이 지닌 이러한 장점과 미덕을 고려하여 역자들은 이 책에 "매체이론의 지형도"라는 제목을 붙이기로 했다. 국내의 책 편집 방침을 고려할 때 한 권의 책으로 펴내기에는 책의 규모가 워낙 방대하여 우선 편저자 서문과 처음 네 개 장을 번역하여 『매체이론의 지형도 I』이라는 제목으로 내놓는다. 나머지 다섯 개 장도 곧 번역에 착수하여 이 책이 나온 후 머지않아 『매체이론의 지형도 II』도 독자들 앞에 내놓을 계획이다.

공동번역은 다음과 같은 여러 단계를 거쳐 수행되었다. 우선 역자들의 전공분야와 텍스트 분량을 고려하여 책임 번역할 텍스트를 정하여 초벌번역을 했다. 하나하나의 텍스트가 번역될 때마다 함께 모여 번역된 원고를 읽으며 용어와 내용에 대해 토론하는 과정을 거쳤다. 번역을 완료한 후에는 다른 역자들의 원고를 교차 교열하여 최종 교열본을 만들고, 마지막으로 각 장의 책임 교열자를 정하여 또 한 차례 교열하는 과정을 거쳤다. 이러한 과정을 통해 한 사람이 전체를 번역할 때 생길 수 있는 지식과 시야의 한계를 극복하면서도, 동시에 공동번역에서 생길 수 있는 용어와 문체의 오차를 어느 정도 줄일 수 있도록 노력을 기했다. 이처럼 나름으로 노력했음에도 불구하고 광범위한 분야에 걸친 난해한 텍스트들을 번역하는 일의 어려움으로 인해 서투른 번역과 본의 아닌 오역이 적지 않을 것이다. 독자 제현의 질정을 통해 바로잡을 수 있는 기회가 있기를 바란다.

이 책이 나오기까지 도움을 준 여러분께 이 자리를 빌려 감사의 뜻을 전하는 것으로 역자 서문을 마무리하고자 한다. 우선 번역 초기 단계에 원고를 꼼꼼히 읽고 출판 워크숍에서 번역작업과 관련된 적절한 조언을 주신 서울대학교 독어독문학과 정항균 교수께 감사의 마음을 전한다. 또한 심사규정으로 인해 소속과 성함은 알 수 없지만 출판심사에서 이 책의 가치를 높이 평가하여 역자들의 작업에 힘과 용기를 주고, 꼼꼼한 지적을 통해 많은 곳을 바로잡아준 두 분 심사자께도 감사의 인사를 전한다. 텍스트를 번역하여 펴내는 과정에서 토론과 조언을 통해 많은 생산적 자극을 준 서울대학교 인문학연구원의 동료교수들, 그리고 책을 펴내는 과정에서 실무적 도움을 준 행정실 직원들께도 감사의 뜻을 전한다. 끝으로 이 책의 편집과 발간을 맡아준 서울대학교출판문화원에 깊은 감사를 표한다. 이 책에 실린 텍스트들이 원래 지닌 가치가 번역을 거치는 과정에서 어느 정도나마 보존되어 있다면, 이는 모두 이 분들의 도움에 힘입은 것이다. 그럼에도 이 책의 내용에 결함이 있다면, 이는 물론 전적으로 역자들의 책임이다.

관악산 연구실에서

안성찬

❁ 편저자 서문

오늘날의 문화현상들이 모호하고 자의적인 다양한 형태로 나타나고 있는 만큼, 문화의 개념 또한 다루기 어려운 것일 수밖에 없으며, 문화에 대한 학문적 모델을 만들어내는 일도 대개 불충분한 모습을 보이고 있다. 하지만 우리가 문화란 무엇인가를 어떻게 규정하려 하든 간에, 한 가지 사실만큼은 현대의 역사적 전개 과정에서 항상 분명하게 드러났다. 그것은 문화적 사건은 매체 안에서 일어나며, 따라서 어떤 문화의 본질, 특징, 상태, 기능 및 기능방식은 바로 그러한 매체와의 밀접한 연관 속에서 형성된다는 것이다.

여기에서 '문화'를 종교와 학문, 예술에서 나타나는 의미의 방대한 상징체계 전체로 볼 것인가, 가치와 규범을 전승하고 확산하는 체계로 볼 것인가, 인식과 행위의 관습이 전개되는 양상으로 볼 것인가, 커뮤니케이션과 소통의 상황이 일상적이고 경험적으로 재생산되는 지평으로 볼 것인가, 아니면 문화산업과 예술산업 그리고 오락산업의 고급하고 저급한 부문들에서의 생산관계로 볼 것인가 하는 것은 그리 중요하지 않다. 이 모든 경우에 있어 문화는 매체를 빼놓고는 생각할 수 없다.

이처럼 문화가 매체 없이는 상상조차 할 수 없는 것이라는 사실에 주목하게 한 것은 19세기 초 이래로 새로운 매체가 연이어 등장하면서 근대와 함께 진행되어온, 심지어 근대를 정초했다고까지 할 수 있는 매체의 지속적인 변혁이다. 음성언어, 그림, 문자, 초기의 숫자체계에서 시작하여, 사진과 영화와 장거리통신의 코드화를 거쳐, 오늘날의 '컴퓨터 문자'에 이르기까지, 역사적·기술적·인식론적인 문화기술과 특히 매체적인 문화기술은 단지 도구에 그치는 것이 아니라, 바로 그 자체로서 이미 문화적 실천의 원천이 되어왔다.

이에 따라 근래에 들어와 매체학은 문화라는 복합적 현상에, 그리고 문화학은 매체라는 복합적 현상에 점점 더 주목하게 되었다. 하지만 백 년이 넘는 전통을 지닌 문화학이 확고한 학문적 위상을 지니고 있을 뿐만 아니라, 더 나아가 자신이 매체와 맺고 있는 관계를 표현할 수 있는 고유한 담론을 발전시켜온 데 비해, 이보다 훨씬 연륜이 짧은 매체학은 이제야 모습을 갖추기 시작했다.

이에 따라 매체학의 역사는 아직 서술되지 않았으며, 아마도 앞으로도 당분간은 그렇게 남아 있을 것이다. 이는 무엇보다도 오늘날 매체학이라는 이름으로 불리는 것이 누구의 후손인가 하는 것이 불분명하기 때문이다. 여기에 해당하는 것으로는 오랜 검증을 거친 문헌학, 예술과 역사 분야의 학문분과들, 송신기술, 저널리즘, 경제학, 커뮤니케이션학과 지식사의 문제들이 있는데, 이것들은 불명료하게 혼합되고 중첩되어 있어, 여기에서 분명한 것은 단지 그 공통의 장소가 불확실하고 공통의 대상도 의심스럽다는 사실뿐이다. 매체의 기능방식, 영향, 역사에 대한 물음이 다양한 학문 분야에 걸쳐 제기되고 있는 상황이지만, 매체학을 다루는 학과와 연구소가 설립되어 있음에도 불구하고, 그러한 물음에 대한 답변을 믿고 맡길 수 있을 만큼 확실하고 전범화된 학문분과의 단위는 아직 형성되지 못한 실정이다.

연구 테마가 이처럼 불확실한 상태로 분산되어 있다는 사실은, 역사적 의도에 입각하여 매체에 대한 지식이 등장한 대표적 시기를 규정하려 할 때 분명히 드러난다. 그 하나의 예는, 목소리의 숨결과 영혼이 살아 숨 쉬는 연설을 문자라고 하는 결함을 지닌 그림자와 구분했던 플라톤(Platon)의 경우다. 또 하나의 예는 대중문학과 도서 소비가 유혹에 빠지기 쉬운 사춘기 청소년들과 외로운 여성들의 심정에 미치는 악영향을 우려했던 계몽주의 시대의 교육자들과 의학자들이다. 또 다른 예로서 18세기 이후 화폐에서 보편적 매개자를 발견하고, 이를 "보이지 않는 손"의 은혜로운 섭리라고 선전한 고전경제학의 대표자들을 들 수 있다. 극장과 새로운 복제기술에서 지각과 의미와 경험의 역사성이 입증된다고 여겼던 미학자들도 여기에 들어갈 수 있을 것이다. 2차대전 이후로 모든 종류의 복잡한 체계를 커뮤니케이션과 컨트롤이라는 개념을 통해 정의하려 하고, 이에 따라 매체를 좁은 의미에서의 인공두뇌학, 다시 말해 피드백 장치로 정의하려는 기술자들과 학자들의 무리도 여기에 들어갈 수 있을 것이다.

문화의 이러한 매체적 연대기가 보여주는 불확실성은 동시에 연구와 탐구의 풍요로운 들판이 펼쳐져 있다는 것을 의미하는 것이기도 한데, 이러한 불확실성은 매체 개념 자체의 불안정성으로 인해 배가된다. 매체는 중간과 중간자, 매개와 매개자를 의미하며, 이러한 '사이'의 역할, 활동, 재료가 정확히 어떻게 이루어져 있는가에 대한 물음을 일깨운다. 홍수와 별의 운행에 대한 고대의 기록에서부터 오늘날 모든 입과 눈과 귀를 지배하는 대중매체에 이르기까지, 공기나 빛 같은 물리적 매개체에서부터 상형문자적으로, 음성학적으로, 알파벳기호와 숫자기호적으로 기능하는 기호들에 이르기까지, 그리고 선사시대의 미술이나 망원경, 축음기, 전화 등과 같은 기술에서부터 원근법, 극장, 문학 등과 같은 상징 형식이나 표현공간에 이르기까지, 이러한 것들은 모두 매체학의 대상 영역에 속하는 것으로 볼 수 있는 충분한 근거를 지니고 있지만, 매체학은 매체가 무엇인가를 본질적으로 정의할 수 있는 견고하고 지속력 있는 근거를 제시하지 못하고 있다.

따라서 매체학의 제일 공리는 아마도 매체란 없다는 것, 적어도 어떤 매체도 근본적이고 역사적으로 안정된 의미를 지니고 있지 못하다는 것이리라. 매체는 극장과 영화 같은 재현 형식으로도, 인쇄나 장거리통신 같은 기술로도, 문자·그림·숫자 같은 상징체계로도 환원될 수 없다. 물질적 운반체나 상징체계나 전송기술 그 어느 것도 단독으로 매체의 개념을 포괄하지 못한다. 매체이론이 근래에 차지하게 된 위치 안에서 우리가 하나의 공통된 지평을 찾으려 한다면, 매체에서 정보의 저장과 처리 방식, 그리고 데이터의 공간적·시간적 전송만을 인식해서는 안 될 것이다. 매체는 그것이 저장하고, 처리하고, 매개하는 것을, 그 자신이 만들어내는 것이면서 동시에 바로 그 자신 자체이기도 한 각각의 조건들에 연루시킴으로써 비로소 학문적이고 체계적인 대상으로서의 위상을 획득할 수 있다.

이것이 의미하는 것은 다음과 같은 각기 다른 방식의 전환이다. 여기에서 말하는 전환이란 매체가 메시지이고, 매체가 우리의 상황을 규정하며, 우리가 알고 경험하는 것은 오로지 매체를 통해서만 가능하다는 것이다. 이러한 관점에서 볼 때, 매체학은 기구나 코드뿐만 이 아니라, 이중의 의미에서의 매체적 사건과 관계한다. 매체적 사건은 매체를 통해 소통하는데, 여기에서 매체는 그 자체가 특수한 사건으로서 소통에 함께 참여한다. 매체는 읽을 수 있게 하고, 들을 수 있게 하고, 볼 수 있게 하고, 지각할 수 있게 한다. 하지만 이들은 모두 동시에 자기 자신과 이러한 감각들에 대한 자신의 참여를 폐기하여, 지각할 수 없고 무감각하게 만드는 경향을 지닌다. 기구와 기술과 상징체계와 제도에 의해 이루어지는 매체의 이러한 이중적 생성은 사전에 판정될 수 있는 것이 아니라, 사례에 따라 상이한 방식으로 이질적인 조건과 요소들의 결합에 의해 이루어지며, 좁은 의미에서의 매체문화적 관점을 열어줌으로써, 문헌학과 기술사와 커뮤니케이션학의 독점으로부터 매체학이 벗어날 수 있게 한다.

이러한 개방적인 물음이 이 책의 시작이며, 따라서 그 경계는 너무 좁게 보일 수도 있고 너무 넓게 보일 수도 있다. 너무 좁게 보이는 것은 이 책이 예를 들어 영화, 신문, 극장 등을 자세히 다루지 않기 때문이다. 너무 넓게 보이는 것은 '지각', '무의식의 기술', '지식의 형성' 등과 같은 몇몇 주제나 표제어들이 철학, 정신분석학, 지식사 등과 같은 서로 멀리 떨어져 있는 학문 분야들을 통해 제시되기 때문이다. 매체이론의 원전텍스트를 선정함에 있어 조심스럽고 수정 가능한 정전화 작업을 원칙으로 삼았으며, 비판이론, 토론토학파, 체계이론 등과 같은 개별 학파 및 이론을 철저하게 다루거나, 시각매체나 청각매체, 아날로그매체나 디지털매체 같은 특정한 매체 범주의 목록을 제공하는 것은 피하려 했다. 이 책의 요구는 매체문화적 물음의 스펙트럼이나 전반적 면모를 다음과 같은 여러 관점에서 제시하는 것에 있다. 첫째, 기술적 연원, 사회적 연원, 정신사적 연원 등 여러 상이한 출처의 기록을 통한 제시, 둘째, 기계, 장치, 혹은 복합적 설비 등으로 나타나는 다양한 매체 대상들의 폭넓은 수집을 통한 제시, 끝으로 이 책의 각 장에 마련된 특별한 주제에 집중하는 방식을 통한 제시가 그것이다. 여기에서 말하는 특별한 주제란 매체, 매체문화, 매체의 영향을 조망할 수 있는 대상으로 존재하거나 사라져가는 어떤 것으로 파악하는 것이 아니라, 문제를 제기하여 사유의 계기를 제공하는 주제를 뜻한다. 이 책에 실린 다양한 텍스트는 '매체'라는 대상을 전제로 하고 있는 것이 아니라, 그것을 구성하는 것이라는 점에서 공통점을 지닌다. 이 책을 구상함에 있어 근거로 삼은 기준은 매체학 연구의 방향, 이 책을 편찬한 우리의 경우에는 바이마르 바우하우스 대학의 매체학부가 지향하는 연구방향을 앞으로도 계속 규정하게 될 물음들의 지형도를 그려보려는 것이다.

로렌츠 엥엘, 요제프 포글

❁ 차례

역자 서문 · 5

편저자 서문 · 11

I 기초 작업

이 장의 개요 _ 올리버 팔레 · 23

기술복제시대의 예술작품 _ 발터 벤야민 · 31

사회구조와 상징적 교환매체 _ 탈코트 파슨스 · 54

뜨거운 매체와 차가운 매체 _ 마샬 맥루언 · 71

커뮤니케이션의 비개연성 _ 니클라스 루만 · 87

매체학(Mediology)을 위하여 _ 레지 드브레 · 106

II ABC...

이 장의 개요 _ 클라우스 피아스 · 123

구두음과 문자기호 _ 에릭 A. 해블록 · 130

구술성과 문자성 _ 월터 옹 · 151

언어 _ 마르틴 하이데거 · 168

책의 종말과 문자의 시작 _ 자크 데리다 · 177

알파벳에서 컴퓨터까지 _ 데릭 드 커코브 · 186

III 길, 채널, 전송

이 장의 개요 _ 로렌츠 엥엘 ·205
공간의 문제 _ 해롤드 이니스 ·216
커뮤니케이션망: 페넬로페 _ 미셸 세르 ·247
탈것 _ 폴 비릴리오 ·264
전화하기의 제스처 _ 빌렘 플루서 ·292
신호에서 의미로 _ 움베르토 에코 ·303

IV 대중-매체-문화

이 장의 개요 _ 브리타 나이첼 ·313
문화산업 개괄 _ 테오도르 W. 아도르노 ·322
유령과 매트릭스로서의 세계 _ 귄터 안더스 ·334
쇼 비즈니스의 시대 _ 닐 포스트먼 ·355
텔레비전의 순간들 _ 존 피스크 ·374

출전 ·405
참고문헌 ·411
찾아보기 ·425
문명총서 발간사 ·431

❁ 매체이론의 지형도 II 차례

I 논쟁

이 장의 개요 _ 올리버 팔레
커뮤니케이션 기구로서의 라디오방송 _ 베르톨트 브레히트
매체 이론을 위한 집짓기놀이상자 _ 한스 마그누스 엔첸스베르거
매체를 위한 레퀴엠 _ 장 보드리야르

II 지각

이 장의 개요 _ 로렌츠 엥엘
표상에서의 이미지 선택에 대하여 _ 앙리 베르그송
사물과 매체 _ 프리츠 하이더
감각적 인식으로서의 지각의 현상지도 _ 클라우스 홀츠캄프
실재와 객관성 개념의 구성 _ 에른스트 폰 글라저펠트

III 무의식의 테크놀로지

이 장의 개요 _ 요제프 포글
"신비의 노트(Wunderblock)"에 대한 기록 _ 지그문트 프로이트
장치: 현실의 인상에 대한 메타심리학적 고찰 _ 장-루이 보드리
정신분석과 인공두뇌학 _ 자크 라캉
욕망기계를 위한 강령적 결산 _ 질 들뢰즈 / 펠릭스 가타리

IV 인공두뇌학의 시대

이 장의 개요 _ 클라우스 피아스
뉴턴과 베르그송의 시간 개념 _ 노르베르트 비너
정보이론의 수학적 기초 _ 클로드 E. 섀넌 / 워렌 위버
계산 공간 _ 콘라드 추제
사이보그를 위한 선언 _ 도나 헤러웨이
인공두뇌학 혹은 기계의 메타테크닉 _ 막스 벤제

V 지식의 형성

이 장의 개요 _ 요제프 포글
역사의 아프리오리와 아카이브 _ 미셸 푸코
정보사회에서의 지식 _ 장-프랑수아 리오타르
현대의 신화 _ 롤랑 바르트
실체의 밤 _ 프리드리히 키틀러
하이퍼텍스트의 메타포 _ 피에르 레비

❁ 일러두기

1. 번역 판본으로는 다음의 책을 사용했다. Claus Pias/Joseph Vogl/Lorenz Engell/Oliver Fahle/Britta Neitzel(hrsg.), *Kursbuch Medienkultur. Die maßgeblichen Theorien von Brecht bis Baudrillard*, 5. Aufl., Stuttgart 2004.

2. 고유명사 표기는 국립국어원 외래어 표기법에 따르는 것을 원칙으로 했다.

3. 본문에서 굵은 글씨로 강조한 단어와 구절은 원문에 이탤릭체로 표시된 강조 표시에 따른 것이다.

4. 인명과 도서명의 원어는 처음에만 병기하는 것을 원칙으로 했다.

I

기초 작업

올리버 팔레(Oliver Fahle)

이 장의 개요

모든 학문 분야에는 대가가 있다. 이들은 대부분 현재에 이르기까지 해당 분야의 근본 방향을 규정하는 문제들의 윤곽을 그려내고 주요 질문들을 구상한 저자들이다. 또는 현재의 학문적 작업에서 빼놓을 수 없는 방법론적 도구들을 마련한 사람들일 수도 있다. 결국 대가란 학문 영역에 따라 강조점이 달라질 수는 있겠지만, 위의 첫 번째 항목이나 두 번째 항목에서, 혹은 두 항목 모두에서 일반적으로 인정받은 저자들이라 할 수 있을 것이다. 구식 표현을 쓴다면, 학파를 세운 사람들이 대가인 것이다.

다양한 기원을 가진 학문적 접근법들을—이 장에서는 미학, 문예학, 사회학—통합해야 하는, 매체학처럼 연륜이 짧고 이질적인 학문의 경우에는 '기초 작업'에 대한 장에서 어떤 저자와 텍스트 정전(正傳)을 다룰지를 아무런 이견 없이 결정하기는 분명 어렵다. 그럼에도 매체학의 대가라고 한다면 장차 '매체' 개념의 정의를 시도할 때 반드시 고려해야만 하는 그런 독자적인 정의를 제시한 사람이어야 한다는 기준을 생각해볼 수는 있을 것이다. 따라서 일정하게 선택된 대가의 스펙트럼은 부단히 새로운 논의의 대상이 되어야 하며, 언제나 하나의 제안으로 받아들여져야 할 것이다.

'기술복제시대의 예술작품'에 대한 **발터 벤야민**의 텍스트는 기술매체에 의해 변화된 문화적 현실을 설명하고자 한 초기의 시도다. 여기서 벤야민은 예술작품의 수공업적 제작 및 복제의 시대를 기술적-대중적 생산의 시대인 현재와 체계적으로 비교하고자 시도한다. 동시에 그는 매체구조와 사회적 조건의 연관성을 기술하고, 상이한 장치(Dispositive), 특히 회화와 영화의 장치에 대한 성찰을 전개한다. 기술적 복제가 가능해지면서 예술작품과 작품의 개념 자체도 변화한다. 벤야민은 처음으로 장치성(das Apparathafte)이라는 이념을 상세한 연구 대상으로 삼아, 기술매체의 지각 및 수용 조건에 대한 통찰을 제시해준다. 이로써 그는 1920년대에 봇물 터지듯 시작된 영화이론에 대한 연구 대열[1]에 합류했는데, 그의 분석은 상이한 매체들을 비교하는 접근법을 통해 그 시대의 다른 기획들을 넘어선다.

이로써 벤야민의 「기술복제시대의 예술작품(*Das Kunstwerk im Zeitalter seiner technischen Reproduzierbarkeit*)」은 오늘날까지 매체문화 내부의 논쟁을 규정하는 일련의 개념들을 제시했다. 진정성의 문제, 원본과 복사본의 관계, 전통과 현대의 관계가 여기에 속하며, 특히 '존재방식과 감각지각'의 역사적 변천 가능성에 대한 질문은 주목을 요

1 이러한 대열에 속하는 탁월한 연구로는 Béla Balázs, *Der sichtbare Mensch, oder die Kultur des Films*, Wien/ Leipzig 1924, 세르게이 아이젠슈타인(Sergej Eisenstein)의 글(*Das dynamische Quadrat*, Köln 1988), 지가 베르토프(Dziga Vertov)의 글(*Schriften zum Film*, München 1973)과 장 앱스탱(Jean Epstein)의 글(*Ecrits sur le cinéma*, Volume 1 & 2, Paris 1974/75) 등을 들 수 있다.

한다. 이 두 개념은 바로 문화와 매체라는 개념으로 번역될 수 있기 때문이다.

마샬 맥루언(Marshall McLuhan)이 매체문화에서 탁월한 위치를 차지한다는 점에 대해서는 의심의 여지가 없을 것이다. 맥루언은 1960년대에 특히 그의 스승인 해럴드 이니스(Harold Innis)의 논문[2]을 기반으로 한 『매체의 이해(*Understanding Media*)』[독일어 번역본 제목은 마술적 채널(*die magischen Kanäle*)]에서 포괄적인 매체이론을 구상했다. 이 구상은 그동안 정신과학과 사회과학에서 매체의 중요성을 전적으로 간과해왔음을 알린 계기가 되었을 뿐만 아니라, 포괄적인 개별 분석을 통해 매체 개념을 급진적으로 확장시켰다.

맥루언에게 무엇보다 중요했던 것은 매체문화의 전환을 기술하는 일이었다. 그는 이러한 전환을 뜨거운 매체와 차가운 매체라는 간편한 도식을 통해 첨예화했다. 그의 논의의 핵심은 구텐베르크 은하계[3]가 TV와 컴퓨터라는 전자매체 시대에 의해 대체되고 있다는 것에 있다. 새로운 매체 상황은 지각과 감각조직에 광범위한 영향을 미친다. 맥루언의 결정적인 중요한 테제는 매체가 중앙신경체계의 연장으로 이해될 수 있다는 것이다. 이를 통해 그는 궁극적으로 인간은 매체의 효과일 뿐이라는 결론으로 나아가게 되는 인간학적 질문을 제기한다.[4]

---

2 Harold Innis, *Kreuzwege der Kommunikation, Ausgewählte Texte von Karlheinz Barck*, Wien/ New York 1997 참조.

3 맥루언(M. McLuhan)은 이미 *Die Gutenberg-Galaxis. Das Ende des Buchdruckzeitalters*, Bonn/ Paris 1995에서 이에 대해 기술한 바 있다.

4 몇몇 학자도 이런 식의 질문을 제기한다. 예를 들면 Norbert Bolz, *Am Ende der*

이러한 테제들은 오늘날 증식을 거듭하는 매체 현실 속에서 점점 더 현재성을 지니는 것으로 보인다. 기술적으로 창조된 세계들과 인간이 맺는 관계에 관한 논의에서는 더욱 그렇다.[5] 그러나 미래를 진단하는 경향에도 불구하고 맥루언의 시각은 역사적이다. 인쇄혁명 시대에 대한 테제들에서 그는 처음으로 광범위한 역사적 단계들을 매체혁명과 체계적으로 연결시켰다.[6] 물론 맥루언의 에세이식 문체와 지금에 와서 보면 거의 전대미문의 매체낙관론은 1960년대 말에 강력한 반발을 불러일으켰다.[7] 1980년대와 1990년대에 매체학이 수립되고 제도화되면서 비로소 맥루언의 테제들은 매체문화를 논의하는 데 필수적인 기초가 되었다.[8]

맥루언이 매체 개념을 역사적이고 체계적으로 확장시켰다면, 사회학적 체계이론은 매체 개념에 대한 독자적인 개념 정의를 시도하고, 이러한 정의를 통해 점점 더 매체이론에서 영향력을 행사하게 된다. 상징적으로 일반화된 커뮤니케이션 매체라는 개념은 **탈코트 파슨**

Gutenberg-Galaxis, München 1993.

5 여기에 대한 문헌은 그 사이 엄청나게 많아졌다. 마지막으로 출판된 것은 Sybille Krämer (Hg.), *Computer Medien Realität, Wirklichkeitsvorstellungen und Neue Medien*, Frankfurt/ M. 1998이다.

6 그의 테제들은 이후에 이루어진 상세한 연구들의 선구적 토대가 된다. 후자에 속하는 연구로는 Michael Giesecke, *Der Buchdruck der frühen Neuzeit. Eine historische Fallstudie über die Durchsetzung neuer Informations- und Kommunikationstechnologien*, Frankfurt/ M. 1991이 있다.

7 Hans Magnus Enzensberger 1974, 117쪽 이하; Umberto Eco, *Über Gott und die Welt. Essays und Glossen*, München 1987, 252-265쪽 참조.

8 그의 테제들은 토론토 대학 교수가 된 그의 후계자들에 의해 계승되었다. Derrick de Kerckhove, *Schriftgeburten. Vom Alphabet zum Computer*, München 1995 참조.

스가 처음 사용한 것이다. 이 개념은 1950년대에 전개된 파슨스의 행위체계 이론에서 중요한 위치를 차지한다. 현대사회는 기능적 행위체계들을 형성한다. 즉 모든 체계 안에는 체계 유지를 위해 해결해야 할 기능적인 문제들이 생겨난다. 파슨스는 이러한 기능적 문제들을 저 유명한 네 가지 기능 도식으로 설명한다. 적응, 목표 달성, 통합, 그리고 잠재성 혹은 가치 보존(패턴 유지)이 그것이다.[9] 이러한 기능들은 체계마다 각기 다른 강도(强度)의 의미를 지닌다. 이를테면 적응이 재화 공급이라는 요구를 나타내는 경우에 그것은 경제체계의 부분이다. 목표 달성은 특히 정치체계에서 나타나고, 통합은 사회적 체계와 연관되며, 패턴 유지는 문화적 체계와 연관된다. 상징적으로 일반화된 커뮤니케이션 매체는 체계들 내부의 교환을 통합하고 규제한다. "파슨스는 그러한 상징적 구조들이 다양한 상황에 조응해야 한다는 사실과 관련해서 일반화라는 표현을 사용한다. 그러한 상징들은 한 번만 사용 가능한 것이 아니라 일반화된 것이다."[10] 파슨스에게 이러한 의미의 매체로 간주되는 것은 무엇보다 돈과 권력이다. 이 책에서 소개할 텍스트에서 파슨스는 사회학 이론의 광범위한 개념을 명백하게 매체의 관점에서 해명하고자 시도한다.

상징적으로 일반화된 커뮤니케이션 매체는 체계들 내부에서 일어나는 교환의 결정적 과정을 고정시킨다. 그러나 기능체계들의 구조적 변화가 배제되지는 않는다는 점을 강조할 필요가 있다. 오히려

---

9 Talcott Parsons, *Zur Theorie der sozialen Interaktionsmedien*, Opladen 1980; Parsons/ Bales/ Shils, *Working Papers in the Theory of Action*, New York 1953 참조. 자세한 설명은 Gerhard Hauck, *Geschichte der soziologischen Theorie*, Hamburg 1984 참조.

10 Detlef Horster, *Niklas Luhmann*, München 1997.

기능적으로 분화된 사회에서 모든 교환 과정은 '매체의 교환'을 통해 수행된다. 여기에서 그것이 균형의 과정인가 구조 변화의 과정인가는 중요하지 않다.

여러 관점에서 **니클라스 루만**(Niklas Luhmann)은 파슨스가 발전시킨 체계이론의 테제들에서 출발한다. 특히 그는 '상징적으로 일반화된 커뮤니케이션 매체'라는 개념을 상세하게 설명한다. 여기서 커뮤니케이션이라는 개념은 사회적 체계가 진화하는 토대가 된다. 루만은 "사회는 인간들로 구성된 것이 아니다. 사회는 인간들 간의 커뮤니케이션으로 구성된 것이다"[11]라고 강력히 주장한다. 그는 커뮤니케이션이 비개연적이라는 사실을 출발점으로 삼아, 커뮤니케이션의 이론적 조건들을 찾아내려 한다. 비개연적인 커뮤니케이션이 개연적인 커뮤니케이션으로 변형되는 과정, 즉 선택의 과정은 사회체계가 출현하는 토대이기 때문이다. 이러한 변형을 수행하는 것은 언어와 전파 매체 외에 상징적으로 일반화된 커뮤니케이션 매체다. 여기에서 루만은 파슨스의 도식을 결정적으로 확대하고, 이것을 무엇보다 커뮤니케이션에 연관시킨다.[12] 따라서 '상징적으로 일반화된 커뮤니케이션 매체'라는 개념의 맥락에서 '상징적'이라는 말은 (파슨스와 마찬가지로), "이러한 매체들이 차이를 극복하고 커뮤니케이션이 수용될 수 있는 기회를 만들어준다"[13]는 것을 의미한다. 이로써 커뮤니케이션 개념이 체계이론의 토대가 된다는 사실이 분명해진다. 왜냐하

11 Niklas Luhmann, *Politische Theorie im Wohlfahrtsstaat*, München/ Wien 1981.

12 하지만 커뮤니케이션이 수용될 기회가 결코 모든 기능 영역에서 동일하게 주어진 것은 아니라는 사실이 드러난다.

13 Niklas Luhmann, *Die Gesellschaft der Gesellschaft*, Frankfurt/ M. 1997, 319쪽.

면 체계란 개연적인 것이 된 커뮤니케이션과 다름이 없기 때문이다. 루만은 그의 방대한 저서에서 여러 기능체계를 기술하고, 각 체계에 상응하는 또 다른 매체들인 사랑, 재산, 진리 등을 해명했다. 결과적으로 대중매체에 대한 연구에서도 체계이론이 미친 영향은 여러 곳에서 입증될 수 있다. 특히 체계이론의 개념들은 매체이론적 구상의 접근법에 영향을 미쳤다.[14]

프랑스에서는 몇 년 전부터 상호학문성을 지향하는 매체학이 하나의 연구 분야로 자리 잡았다. 이 분야는 수많은 저술뿐만 아니라 매체학(Médiologie)이라는 명칭을 통해서도 주목의 대상이 되었다.[15] 이 학문의 창시자인 레지 드브레(Régis Debray)는 매체학을 상이한 학문 분야가 교차하는 지점이라고 정의한다. 즉 매체학적 사유는 혼종일 수밖에 없다는 것이다. 하나의 매체는 기술적 여건에 종속되고, 문화적 구도를 변화시키며, 사회정치적 학습방식의 구성요소가 된다. 이 세 영역—기술, 문화, 사회—을 함께 고려할 때에야 비로소 매체학이 연구하고자 하는, 이른바 매체 영역에 대한 사유가 가능하다.

드브레는 이러한 접근에서 맥루언을 계승하고 있지만, 개별적 매체가 문화적 구성체에 미치는 영향이 맥루언에 의해 과대 평가되었다고 생각한다. 매체만으로는 특정한 문화 형태를 결정적으로 산출

---

14 대표적 예로는 Luhmann, *Die Realität der Massenmedien*, Opladen 1996 참조. 매체학에서 구성주의적 접근법을 취한 루만의 기획도 이와 상당히 유사하다. 이에 대해서는 Schmidt/ Merten/ Weischenberg (Hg.), *Die Wirklichkeit der Medien*, Opladen 1994 참조.

15 이미 밝힌 Régis Debray, *Vie et mort de l'image*, Paris 1992; *Manifestes médiologiques*, Paris 1994; *Cours de médiologie générale*, Paris 1991 외에 특히 지금까지 총 6집이 나온 *Cahiers de la Médiologie*를 들 수 있다.

해내기에 충분치 못하기 때문이다. 오히려 매체는 주어진 환경에 통합되고 환경과 교환관계를 맺는다. 이처럼 비연속적이면서도 상호적인 교환관계는 드브레에게 생태학 개념을 암시해준다. 새로운 매체들을 집중적으로 다룬 연구서 『이미지의 삶과 죽음(*Vie et mort de l'image*)』에서 드브레는 이미지의 역사를 기술하고 있는데, 그의 테제에 따르면, 이미지의 역사는 사실상 시선의 역사가 될 수밖에 없고, 이미지의 지위, 즉 이미지를 바라보는 시선을 규정하는 것은 그때그때의 매체 영역이다. 그런데 시선은 기술적 과정(운반체), 상징적 과정(기능), 사회-정치적 과정(작용)들의 관계로서만 규정된다. 이러한 과정들은 상이한 차원들의 상상적 결합을 나타내는 중계(전송)의 개념 안에서 합치된다. 다음과 같은 말은 극단적이긴 하지만 정곡을 찌르는 표현이다. "네가 무엇을 보는지 내게 말하라, 그러면 나는 네가 왜 사는지, 네가 어떻게 생각하는지 네게 말해주마."[16]

매체학이 상이한 분과학문의 교차 속에서 과연 어느 정도로까지 하나의 독자적인 연구 방향으로 정착될 수 있을지가 제시되어야 할 것이다. 여기에서 암시되고 있는 용어의 변경이 다른 곳에서 이미 논의된, 근본적으로 새로운 방향의 정신과학을 낳을 수도 있을 것이다.[17]

• 윤미애 옮김

16 Régis Debray, *Vie et mort de l'image*, 296쪽 참조.

17 기술지향적 시각의 예로는 Friedrich A. Kittler (Hg.), *Die Austreibung des Geistes aus den Geisteswissenschaften, Programme des Poststrukturalismus*, München/ Wien/ Zürich 1980 참조.

발터 벤야민(Walter Benjamin)

기술복제시대의 예술작품

(1934/35)

예술이 정초되고 예술의 상이한 유형이 등장한 것은, 사물과 상황을 지배하는 힘이 우리에 비해 미미하기 짝이 없었던 사람들로, 우리 시대와는 판이하게 달랐던 시대로 거슬러 올라간다. 우리가 지닌 수단들이 적응력과 정확도에서 놀라운 성장을 보여주면서 가까운 장래에 고대 이래의 미적 산업에 획기적인 변화가 일어날 전망이다. 모든 예술은 더는 과거와 같은 방식으로 관찰되거나 다루어질 수 없는 부분, 현대 과학과 현대적 실천의 영향력을 더는 벗어날 수 없는 물질적 부분을 지닌다. 물질, 공간, 시간이 과거와 다른 양상을 띠게 된 것은 20년 전부터다. 우리는 엄청난 혁신이 예술의 테크닉 전체를 변화시키고, 그로써 발명 자체에도 영향을 미쳐서 결국에는 예술 개념 자체를 아주 마법적으로 변화시키게 될지 모른다는 점을 염두에 두어야 한다.

- 폴 발레리(Paul Valéry), 『예술론집(*Pièces sur l'art*)』 중
「편재성의 정복(La conquête de l'ubiquité)」에서

머리말

카를 마르크스(K. Marx)가 자본주의적 생산양식에 대한 분석을 시도했을 당시 그것은 아직 초기 단계에 있었다. 마르크스는 자신의 연구가 예측적 가치를 갖도록 했다. 그는 자본주의적 생산의 근본적 상황을 역추적하여, 그러한 관계로부터 장차 자본주의에 어떤 일이 일어날 것인지를 제시했다. 이에 따르면 자본주의는 무산계급에 대한 착취를 점점 더 심화할 뿐만 아니라, 자본주의 자체의 폐지를 가능하게 하는 조건들을 성숙시킨다는 것이다.

상부구조의 변혁은 하부구조의 변혁보다 훨씬 느리게 진행되어 그것이 문화의 제반 영역에서 생산조건의 변화를 관철시키는 데 반 세기 이상이 소요되었다. 오늘날에 이르러 비로소 이 과정이 어떤 형태로 일어났는지를 말할 수 있다. 이렇게 말하면서 우리는 모종의 진단적 요구를 제기할 수 있다. 이 요구는 권력을 쥔 후의 프롤레타리아트 예술에 대한 명제로 나타나지 않는다. 계급 없는 사회의 예술에 대한 명제는 더더욱 아니다. 그보다 그것은 현재의 생산 조건에서의 예술의 발전 경향에 대한 명제들로 나타난다. 이러한 발전 경향이 보여주는 변증법은 경제 못지않게 상부구조에서도 관찰될 수 있다. 따라서 그러한 명제들의 투쟁적 가치를 과소평가하는 것은 잘못된 것이다. 그 명제들은 창조성, 천재성, 영원한 가치, 비밀과 같은 일련의 전승된 개념들을 폐기시킨다. 이 개념들을 통제 없이 사용하게 되면 (그리고 현재로서는 통제하기 어려운 것이 사실이다) 사실자료들을 파시즘적 의미로 가공하는 결과를 낳게 된다. 아래에서 예술 이론에 새롭게 도입할 개념들은 파시즘의 목적에는 전혀 쓸모가 없다는 점에서 통상적 개념들과 구분된다. 그 대신 그 개념들은 예술의 정치에서 혁명적 요구들을 표명하는 데 사용될 수 있다.

I

예술작품은 원칙적으로 늘 복제가 가능했다. 사람들이 만든 것은 늘 사람들에 의해 모방될 수 있었다. 그러한 모방은 예술 실기 연습을 하려는 제자들이나 작품을 널리 보급하려는 장인들, 마지막으로는 이윤을 추구하는 제3자에 의해 수행되었다. 이에 비해 예술작품의 기술적 복제는 좀 새로운 현상으로 역사적으로 긴 간격을 두고 간헐적으로 나타나긴 했지만 점점 더 강도를 더해가면서 관철되었다. 그리스인들은 예술작품을 기술적으로 복제하는 두 가지 방법을 알고 있었다. 그것은 주조와 압형(押型)이다. 당시 대량으로 생산해낼 수 있었던 유일한 예술작품은 청동제품, 테라코타, 주화 정도였다. 그 밖의 것들은 모두 일회적인 것이었고 기술적으로 복제가 불가능했다. 목판이 등장함에 따라 처음으로 그래픽이 기술적으로 복제 가능해졌다. 그래픽의 기술적 복제는 인쇄를 통해 문자의 복제가 가능해지기까지 오랜 기간 동안 이루어졌다. 인쇄를 통한 문자의 복제 가능성이 문학에 불러일으켰던 엄청난 변화는 잘 알려져 있다. 세계사적 척도에서 바라본 현상 중에서 이러한 변화는 하나의 특수하면서 특별히 중요한 경우다. 중세에는 목판 외에 동판과 에칭(부식동판)이 생겨났고, 19세기 초에는 석판인쇄술이 등장한다.

석판인쇄술의 발명과 함께 복제기술은 근본적으로 새로운 단계에 들어선다. 돌 위에 도안을 올려놓은 것은 나무판에 새기거나 동판에 부식시키는 것과는 구분되는 훨씬 간편한 방법으로, 이를 통해 그래픽은 처음으로 그 산물들을 시장에 (예전처럼) 대량으로뿐 아니라 나날이 새로운 형태로 내놓을 수 있게 되었다. 그래픽은 석판인쇄술을 통해 일상의 모습을 그림으로 담아낼 수 있게 되었다. 이에 그래픽은 인쇄와 보조를 맞추기 시작했다. 하지만 인쇄와 보조를 맞추기 시작한 그래픽은 석판인쇄술이 발명된 지 수십 년도 지나지 않아 사진술에 의해 다시 뒤처지게 되었다. 사진술의 발명으로 손은 이미지의 복제 과정에서 처음으로 그때까지 담당해온 가장 중요한 예술적 임무들에서 벗어나게 되었고, 그러한 임무들은 이제는 렌즈를 투시하는 눈이 혼자 담당하게 되었다. 눈은 손이 그리는 것보다 더 빨리 포착하기 때문에 이미지의 복제 과정은 말하는 것과 보조를 맞출 수 있을 정도로 엄청나게 빨라졌다. 영화를 찍는 사람은 작업실에서 연기자가 말하는 속도와 동일한 속도로 영상을 촬영해서 고정시킨다. 석판 인쇄 속에 잠재적으로 삽화가 든 신문이 숨겨져 있었다면, 이제 사진술에는 유성영화가 숨겨져 있었다. 소리를 기술적으로 복제하는 일은 지난 세기 말에 시작되었다. 이처럼 한 방향으로 수렴된 여러 노력은, 발레리가 다음과 같은 문장으로 묘사한 상황을 예견 가능하게 만들었다. "물이나 가스, 전기가 거의 눈에 띄지 않는 손동작 하나로 멀리서 우리의 집안으로 들어와 우리에게 봉사하듯이, 우리는 사소한 조작만으로, 신호 하나로 우리 앞에 나타났다가 다시 사라져버리는 신호가 되는 그런 영상이나 소리를 갖게 될 것이다."[1] **1900년 전후에 기술적 복제는 전승된 예술작품 전체를 대상으로 삼고 예술작품의 영향력에 심대한 변화를 끼치기 시작함으로써 예술의 작업방식에서 독자적인 한자리를 차지할 정도의 수준에 도달했다.**

---

1 Paul Valéry, *Pièces sur l'art*, Paris(o. J.), 105쪽(La conquête de l'ubiquité).

이 수준을 연구하는 데서 가장 시사적인 방법은 두 가지 상이한 표현이 — 예술작품의 복제와 영화예술이 — 전승된 형태의 예술에 어떻게 소급해서 영향을 끼치는지를 살펴보는 일이다.

II

가장 완벽한 복제에서도 **한 가지**는 빠져 있다. 그것은 예술작품의 여기와 지금, 즉 예술작품이 놓여 있는 장소에서 그것이 갖는 일회적인 현존성이다. 다른 어느 것도 아닌 이러한 일회적인 현존성에서 그 작품이 존재하는 동안의 역사가 이루어졌다. 이 역사에는 시간이 흐르면서 예술작품의 물질적 구조에 일어난 변화들뿐만 아니라 그것이 편입된 소유관계의 변화도 포함된다.[2] 물질적 구조에 일어난 변화의 흔적은 복제품에서는 행해질 수 없는 화학적 또는 물리적 방식의 분석을 통해서만 발굴될 수 있으며, 소유관계에 일어난 변화의 흔적은 원작(Original)이 있는 장소에서 추적해야 하는 어떤 전통의 대상이다.

원작이 지금 여기 존재한다는 사실은 원작의 진품성(Echtheit)이라는 개념의 내용이다. 어떤 청동작품의 녹청을 화학적으로 분석하는 일은 그 작품의 진품성 여부를 확인하는 데 도움이 될 수 있다. 이와 마찬가지로 중세의 어떤 필사본이 15세기의 어느 문서고에서 나왔다는 증거 또한 그 필사본의 진품성 여부를 확인하는 데 도움이 될 것이다. **진품성의 영역 전체는 기술적 복제 가능성을 벗어나 있다. 물론 기술적 복제뿐 아니라 다른 복제 가능성도 마찬가지다.**[3] 그러나 진품

2 물론 예술작품의 역사는 이보다 더 많은 것을 내포하고 있다. 예컨대 '모나리자'의 역사는 17, 18, 19세기에 만들어진 복제품의 종류와 수를 포함한다.

은 통상 손으로 이루어진 복제에 대해서는 위조품이라는 낙인을 찍음으로써 자신의 권위를 완전하게 유지할 수 있지만, 기술적 복제에 대해서는 그렇지 못하다. 그 이유는 두 가지다. 첫째, 기술적 복제는 원작에 대해서 수공업적 복제보다 더 큰 독자성을 지닌다. 예컨대 기술적 복제는, 자유자재로 조정하면서 시점을 자의적으로 선택할 수 있는 카메라 렌즈에는 포착되지만 인간의 육안에는 미치지 못하는 원작의 모습을 강조해서 보여줄 수도 있고, 확대나 고속촬영술 같은 조작을 통해 자연적 시각이 미치지 못하는 이미지들을 포착할 수도 있다. 이것이 첫째 이유다. 둘째, 기술적 복제는 원작이 도달할 수 없는 상황에 원작의 모사(模寫)를 가져다놓을 수 있다. 무엇보다 기술적 복제는 원작으로 하여금 사진이나 음반의 형태로 수용자의 요구에 부응할 수 있도록 해준다. 사원은 제자리를 떠나 예술 애호가의 작업실에 수용되고, 음악당이나 노천에서 연주된 합창곡은 방 안에서 들을 수 있다.

예술작품을 기술적으로 복제한 산물이 처한 이러한 상황은 예술작품의 존속에 아무런 손상도 입히지 않을 수는 있다. 하지만 그러한 상황은 어쨌든 예술작품의 여기와 지금의 가치를 하락시킨다. 이것은 비단 예술작품뿐 아니라 예컨대 영화에서 관중 앞을 스쳐지나가는 풍경에도 해당되는데, 예술의 대상에서 일어나는 이러한 과정은

---

3 바로 진품성은 복제 불가능하기 때문에 기술적인 복제기법의 집중적 침투는 진품성을 구별하고 그 순위를 정할 구실을 만들어주었다. 그러한 구별은 미술품 상거래의 중요한 기능이었다. 미술상은 목판의 여러 탁본, 글자의 명각(銘刻) 이전과 이후의 탁본, 동판의 탁본 등을 구별해내는 데 뚜렷한 관심을 보였다. 목판화의 발명은 그 전성기가 오기 이전에 이미 진품성의 가치를 뿌리째 뒤흔들었다. 중세의 성모상은 그것이 만들어진 당시에는 아직 '진품'이 아니었다. 그것이 진품이 된 것은 그 후의 세기에 이르러서였는데, 지난 세기(19세기)에 가장 성행했던 것 같다.

자연적 대상에서는 볼 수 없는 아주 민감한 핵심을 건드린다. 그것은 곧 예술작품의 진품성이다. 어떤 사물의 진품성이란, 물질적 지속성에서 역사적 증언가치에 이르기까지 그 사물에서 근원적으로 전승될 수 있는 모든 것의 총괄 개념이다. 사물의 역사적 증언가치는 물질적 지속성에 바탕을 두고 있기 때문에 물질적 지속성이 사람 손을 떠나게 되는 복제에서는 사물의 역사적 증언가치 또한 흔들리게 된다. 물론 증언가치가 문제가 되는데, 그런 식으로 흔들리는 것은 다름 아닌 사물의 권위다.[4]

여기서 빠져나가는 것은 아우라라는 개념으로 요약해서 말할 수 있다. 즉 예술작품의 기술적 복제 가능성의 시대에서 위축되는 것은 예술작품의 아우라다. 이러한 과정 자체는 징후적인데 그것이 지닌 의미가 예술의 영역을 넘어서기 때문이다. **일반화해 말하자면, 복제기술은 복제된 것을 전통의 영역에서 떼어낸다. 복제기술은 복제를 대량화함으로써 복제된 것을 일회적으로가 아니라 대량으로 나타나게 한다. 또한 복제기술은 복제를 통해 그때그때 개별적인 상황에 있는 수용자에게 다가갈 수 있도록 함으로써 복제된 것을 현재화한다.** 이 두 과정은 전통으로 내려온 것을 엄청나게 뒤흔드는 결과를 가져온다. 전통의 이러한 동요는 현재의 인류가 처한 위기와 변혁의 이면이기도 하다. 이 두 과정은 우리 시대의 대중운동과 아주 밀접한 연관 속에 있다. 그 가장 강력한 매개체는 영화다. 영화의 사회적 의미는 아주 긍

4 〈파우스트〉의 아무리 보잘것없는 지방공연도 바이마르에서의 초연과 이상적인 경쟁을 벌인다는 점에서 그 어떤 〈파우스트〉 영화보다 낫다. 무대 앞에서 떠올릴 수 있는 전통적 내용[예컨대 괴테의 메피스토 속에는 젊은 시절 괴테의 친구인 요한 하인리히 메르크(J. H. Merck)가 숨어 있다는 등]은 스크린 앞에서는 아무런 쓸모가 없게 되었다.

정적 양상에서조차도, 아니 특히 그러한 긍정적 양상에서, 영화의 파괴적이고 카타르시스적인 측면 없이는 생각할 수 없다. 이 측면은 문화유산이 지니는 전통 가치들의 청산이다. 이 현상은 위대한 역사영화에서 가장 포착되기 쉬우며, 점점 더 넓은 영역을 포괄하게 된다. 1927년에 아벨 강스(A. Gance)가 열광적으로, "셰익스피어, 렘브란트, 베토벤이 영화화될 것이다. … 모든 전설, 모든 신화, 모든 종교의 창시자, 모든 종교까지도 필름을 통해 부활할 날을 기다리고 있으며 영웅들이 영화의 문전에 몰려들고 있다"[5]고 외쳤을 때, 그는 전통의 광범위한 청산으로 초대했던 것이다. 물론 그가 그런 뜻으로 말한 것은 아니지만.

III

역사적 시공간을 큰 단위로 나누어서 보면, 인간 집단의 총체적 존재방식과 더불어 지각의 종류와 방식도 변화를 겪는다는 사실을 알 수 있다. 인간의 지각이 조직되는 종류와 방식, 즉 그것이 일어나는 매체는 자연적으로뿐만 아니라 역사적으로 규정된다. 로마 후기의 예술산업과 빈 창세기(6세기경에 창세기의 여러 장면을 세밀화의 수법으로 묘사한 성서 창세기 필사본—옮긴이)가 생겨났던 민족 대이동의 시기는 고대와는 다른 예술뿐 아니라 다른 지각을 갖고 있었다. 빈 학파에 속한 리글(A. Riegl)과 비크호프(F. Wickhoff)는 민족 대이동기의 예술을 파묻어버렸던 고전문화 전통의 중압감에 반기를 들었던 학자들로서, 처음으로 민족 대이동기의 예술로부터 그것이 지배적이던 시대의 지각

5 Abel Gance, "Le temps de l'image est venu," in *L'art cinématograpique II*, Paris 1927, 94-96쪽.

조직을 추론해내고자 했다. 그들이 획득한 인식은 획기적이었지만 로마 후기 지각에 고유한 형식적 특징을 밝히는 데 그쳤다는 점에 한계가 있다. 그들은 지각의 변화 속에서 표현되는 사회적 변혁을 보여주려 하지 않았다. 아예 그런 기대도 할 수 없었다. 오늘날에는 그러한 통찰을 하기에 적합한 조건이 마련되어 있다. 오늘날 지각매체에서 일어나는 변화는 아우라 붕괴로 파악될 수 있는데, 이러한 변화의 산증인으로서 우리는 아우라 붕괴의 사회적 조건들을 제시할 수 있다.

위에서 역사적 대상과 관련하여 제안한 아우라 개념을 자연적 대상의 아우라 개념을 예로 들어 설명해도 좋을 것이다. 우리는 '아무리 가까이 있더라도 멀리 떨어져 있는 어떤 것의 일회적인 현상'으로 자연적 대상의 아우라를 정의한다. 어느 여름날 오후 지평선에 보이는 산맥의 줄기 혹은 휴식을 취하고 있는 자에게 그림자를 드리우는 나뭇가지를 조용히 바라보는 것—이는 이 산맥, 이 나뭇가지의 아우라를 들이마시는 것이다. 이러한 묘사에서 우리는 오늘날 아우라의 붕괴를 일으킨 것이 사회적 여건들임을 쉽게 이해할 수 있다. 아우라의 붕괴는 오늘날의 삶에서 날로 중요해지는 대중과 연관된 두 가지 사정에 기인한다. 즉 **사물을 공간적으로 또 인간적으로 자신에게 더 '가깝게 끌어오려고 하는' 것은 오늘날 대중이 지닌 열렬한 관심사인데,**[6] **모든 주어진 것의 일회성을 그것의 복제를 통해 극복하려는 대중**

6 사물을 인간적으로 대중에게 가까이 끌어다놓는다는 것은 그것의 사회적 기능을 시야에서 사라지게 한다는 것을 의미할 수 있다. 만약 오늘날 어떤 초상화가가 가족에 둘러싸여 아침식사를 하는 유명한 외과의사를 그릴 경우, 그의 그림이 의사들을 그 직업의 대표자로 그린—렘브란트가 그의 〈해부학〉에서 그린 것처럼—16세기의 화가들보다 더 정확하게 의사의 사회적 기능을 관객에게 묘사한다고 볼 수 없을 것이다.

의 경향이 그러한 관심사를 나타낸다. 어떤 대상을 상(像)으로, 아니 모사품이나 복제품으로 곁에 가깝게 두고자 하는 욕구는 나날이 제어할 수 없이 커지고 있다. 화보가 들어 있는 신문이나 주간뉴스 영화가 제공해주는 복제물은 상과는 분명히 구분된다. 상에서는 일회성과 지속성이 긴밀하게 연결된다면, 복제물에서는 일시성과 반복성이 연결된다. 대상을 그것의 껍질에서 끄집어내는 것, 즉 아우라의 파괴는, 복제를 통해 일회적인 것에서도 동질적인 것을 찾아낼 정도로 '세상에 있는 동질적인 것'에 대한 감각이 커져버린 지각의 특징이다. 이론의 영역에서 통계가 중요해지고 있다면 이에 상응하는 현상이 직관의 영역에서도 나타난 것이다. 현실을 대중에 맞추고 대중을 현실에 맞추는 일이 사고에서는 물론이고 직관에서도 무한한 중요성을 지니게 된다.

IV

예술작품의 유일성은 그 작품이 전통의 맥락에 편입되어 있다는 것과 동일하다. 물론 이 전통이라는 것은 그 자체가 살아 움직이는 것이자 지극히 변화무쌍한 것이다. 예컨대 고대의 비너스 상은, 그것을 제의(祭儀, Kult)의 대상으로 삼았던 그리스인들과 그 상에서 불길한 우상을 보았던 중세의 성직자들에게 각각 다른 전통의 맥락에 놓여 있다. 그러나 두 집단 모두에게 똑같이 다가온 것은 그 상의 유일성, 즉 그것의 아우라였다. 예술작품이 전통의 맥락에 편입되는 근원적 방식은 제의에서 표현되었다. 우리가 알다시피 가장 오래된 예술작품은 의식(儀式, Ritual)에 봉사할 목적으로 나타나 처음에는 주술적 의식에, 나중에는 종교적 의식에 쓰였다. 그런데 예술작품의 아우라적 존재방식은 의식에 봉사하는 기능을 벗어난 적이 한 번도 없다는 사실은 결정적 의미를 갖는다.[7] 달리 말해 **'진정한' 예술작품의 유일무이한 가치는 의식에 토대를 두고 있으며 예술작품이 그것의 원래적이자 최초의 사용가치를 지녔던 것도 이 의식에서였다.** 의식과의 이러한 연관이 아무리 매개된 것으로 나타난다고 할지라도, 그것은 아름다움에 대한 아주 세속적인 형태의 봉사에서 세속화된 의식으로 나타난다.[8] 르네상스에서 형성되기 시작해서 그 후 300년 동안 줄곧 지속되었던 아름다움에 대한 세속적 봉사는 이 시기가 지난 후 첫 번째 큰 타격을 입게 되면서 그러한 봉사의 토대를 분명히 드러냈다. 정말로 혁명적이라고 할 만한 최초의 복제수단인 사진술이 등장하고 (동시에 사회주의가 대두하고), 그로부터 100년 후에는 명백하게 드러날 어떤 위기가 다가오고 있음을 감지하면서, 예술은 예술의 신학에 해당

7 아우라를 '아무리 가까이 있더라도 멀리 떨어져 있는 어떤 것의 일회적 현상'이라고 정의하는 것은, 예술작품의 제의적 가치를 공간적·시간적 지각의 범주들로 표현하는 것과 다르지 않다. 멀리 있는 것은 가까이 있는 것의 반대다. 본질적으로 멀리 있는 것은 범접할 수 없는 것이다. 실제로 범접할 수 없다는 것은 제의적 상의 주요 특징이다. 제의적 상은 그 속성상 '아무리 가까이 있더라도 멀리 떨어져 있는 어떤 것'에 머문다. 우리가 그 상의 재료에서 어떤 가까운 것을 얻는다고 하더라도 그 상의 현상이 여전히 보존하는 먼 것의 작용을 중단시키지 못한다.

8 상의 제의적 가치가 세속화됨에 따라 그것이 갖는 일회성의 토대에 대한 생각도 점점 더 규정할 수 없게 되었다. 제의적 상에서 작용하는 현상의 일회성은 상을 제작한 사람이나 그의 조형적 성과의 경험적 일회성에 의해 수용자의 의식에서 점점 더 밀려나게 된다. 물론 아주 밀려나지는 않는데, 그 이유는 진품성(Echtheit)의 개념은 늘 진정한 귀속이라는 의미를 넘어서려는 경향이 있기 때문이다(이러한 면은 특히 수집가에게서 분명하게 나타난다. 수집가는 언제나 물신 숭배자의 면모를 지니고 있고 예술작품의 소유를 통해서 그 작품이 지닌 제의적 마력에 참여하기 때문이다). 그럼에도 예술작품의 관찰에서 진실된 것이라는 개념이 지닌 기능은 분명하다. 즉 예술의 세속화와 더불어 제의적 가치 대신에 진실성이 들어서고 있다.

하는 **예술지상주의** 이론으로 거기에 맞섰다. 이 이론에서 생겨난 것은 바로 '순수' 예술의 이념이라는 형태를 띤 부정적 신학이다. 부정적 신학은 예술에서 모든 사회적 기능뿐 아니라 대상의 소재에 따른 어떠한 규정도 거부한다[시문학에서 이러한 입장을 제일 먼저 취한 사람은 말라르메(St. Mallarmé)다].

이러한 제반 연관관계를 제대로 파악하는 일은 기술복제시대의 예술작품과 연관된 고찰에서 필수불가결한 요건이다. 왜냐하면 그것은 다음과 같은 매우 중요한 인식, 즉 예술작품의 기술적 복제 가능성이 세계 역사상 처음으로 예술작품을 의식에 봉사하는 기생적 존재방식에서 해방시켰다는 인식을 제공해주기 때문이다. 복제된 예술작품은 점점 더 복제 가능성에 입각한 예술작품의 복제품을 의미하게 된다.[9] 예를 들면 사진의 원판으로는 다량의 인화가 가능하다. 어

9 영화 작품의 경우 작품의 기술적 복제 가능성은 문학이나 회화 작품에서와는 달리 대중적 보급을 위해 외부로부터 부과된 조건이 아니다. 영화 작품의 기술적 복제 가능성은 직접적으로 영화 작품의 제작 기술 안에 근거한다. 영화 작품의 제작 기술은 아주 직접적인 방식으로 영화 작품의 대량 보급을 가능하게 할 뿐만 아니라, 대량 보급을 하지 않으면 안 되도록 강제한다. 그렇게 대량 보급을 강제하는 이유는, 개개인이 한 장의 그림을 살 수 있을지 모르나 한 편의 영화를 살 수는 없을 정도로 영화의 제작비용이 막대하기 때문이다. 1927년에 계산한 바에 따르면 규모가 큰 영화가 수지 타산을 맞추려면 900만 명의 관객을 확보하지 않으면 안 된다. 유성영화가 등장하면서 처음에는 수치가 줄어드는 현상이 나타났는데 그것은 언어 장벽으로 인해 관객의 수가 제한되었기 때문이다. 그리고 이는 동시에 파시즘이 국익을 강조한 것과 때를 같이한다. 그런데 영화가 입은 이러한 타격을—동시녹음의 발명으로 이러한 타격은 완화되었다—기록하는 것보다 더 중요한 일은 그것이 파시즘과 갖는 연관성을 파악하는 일이다. 영화가 입은 타격과 파시즘의 대두라는 두 현상이 동시에 일어난 것은 경제 위기에 기인한다. 경제적 혼란은 대체로 기존의 소유관계를 노골적인 폭력으로 고착시키는 시도를 낳았는데, 위기에 처한 영화자본으로 하여금 유성영화 개발을 위한 사전 작업을 강화하도록 촉구한 것도 그러한 경제적 혼란에 기인한다.

느 것이 진짜 인화냐고 묻는 것은 아무런 의미가 없다. **예술생산에서 진품성을 판가름하는 척도가 효력을 잃는 바로 그 순간, 예술의 모든 사회적 기능 또한 변혁을 겪는다. 제의에 바탕을 두는 대신 이제 예술은 다른 실천, 즉 정치에 바탕을 두게 된다**. (…)

XI

영화촬영, 특히 유성영화의 촬영 장면은 이전에는 결코 어디서도 상상한 적이 없던 광경을 보여준다. 영화 촬영에서는 연기 과정 자체에 속하지 않는 촬영장치, 조명장치, 촬영 스텝 등이 보는 사람의 시야에 들어오지 않는 지점이란 없다(물론 보는 사람의 눈동자가 촬영장치의 시점과 일치하는 경우를 제외한다면 말이다). 바로 이러한 상황이야말로 영화 제작소에서의 장면과 연극 무대에서의 장면 사이에 존재하는 유사성을 피상적이고 하찮은 것으로 만든다. 원칙적으로 연극에는 무대에서 벌어진 사건을 환영적인 것으로 즉각 꿰뚫어볼 수 없게 만드는 지점이 있다. 반면 영화 촬영 장면에는 이러한 지점이라는 것이 있을 수 없다. 영화의 환영적 성격은 이차적 성격을 지닌다. 그것은 편집의 결과이기 때문이다. 즉 **영화 제작소에서 기계장치가 현실에 깊숙이 침투해 들어가게 되면서, 기계장치라는 이물질로부터 해방된 순수한 현실이라는 측면은 바로 특수한 처리 과정의 산물, 즉 특별히 설치된**

유성영화의 도입은 잠정적으로 숨통을 터놓는 결과를 가져왔다. 그 이유는 유성영화가 또 다시 대중을 영화관으로 끌어들였을 뿐 아니라, 이를 통해 전기산업의 새로운 자본과 영화산업의 합작을 이끌어냈기 때문이다. 그러니까 유성영화는 외부에서는 국익을 증진시킨 것으로 보이지만, 내부에서 보면 영화제작을 과거보다 한층 더 국제화했다.

카메라 장치를 통한 촬영 결과이자 그렇게 촬영한 것을 동일한 방식으로 촬영한 다른 것과 조립한 산물로 나타난다. 기계장치에서 벗어난 현실의 측면은 여기서 현실의 가장 인위적인 측면이 되었고, 직접적 현실의 광경은 기술나라의 푸른 꽃[독일의 낭만주의 작가 노발리스(Novalis)가 1802년에 발표한 소설 『하인리히 폰 오프터딩엔』에서 주인공이 찾아 헤매는 신비로운 푸른 꽃을 암시하는 것으로 보인다—옮긴이]이 되었다.

연극무대와 대조되는 이러한 사정을 회화에서의 사정과 대비시켜 보면 더 많은 것이 드러날 수 있다. 여기서 우리는 다음과 같은 질문을 던져볼 수 있다. 카메라맨(Operateur)은 화가와 어떤 관계에 있을까? 이에 답하기 위해 외과의학에서 널리 쓰이는 수술의사(Operateur)라는 개념을 원용해볼 수 있을 것이다. 특정한 질서 속에서 외과의사는 마술사와 정반대되는 극단을 나타낸다. 손을 얹어 환자를 낫게 하는 마술사의 태도는 환자의 몸 깊숙이 들어가는 와과의사의 태도와는 다르다. 마술사는 자신과 환자 사이의 자연스러운 거리를 계속 유지한다. 이를테면 마술사는 환자 몸에 얹은 손을 통해 환자와의 거리를 좁히기도 하고, 그가 지닌 권위를 기반으로 그 거리를 벌리기도 한다. 외과의사는 정반대로 접근한다. 즉 그는 환자의 몸 안으로 들어감으로써 환자와의 거리를 좁힌다. 손으로 환자의 신체 기관을 조심스럽게 다룰 때에는 그 거리가 약간 벌어지기도 한다. 요컨대, 마술사와는 달리[일반의(一般醫)에게도 마술사적인 면이 숨어 있지만] 외과의사는 결정적 순간에 자신의 환자를 인간 대 인간으로 대하는 것을 포기하고 오히려 수술을 통해서 그의 안으로 파고들어간다. 마술사와 외과의사의 관계는 화가와 카메라맨의 관계와 같다. 작업할 때 화가는 주어진 대상과 자연스러운 거리를 유지하는 데 반해, 카메라맨은 주어진 대상의 조직 안으로 깊숙이 파고들어간다.[10] 이를 통해 두 사람이 얻게 되는 상들은 엄청나게 다르다. 화가가 얻는 상은 하나의 전체적 상이라면 카메라맨의 상은 여러 개로 쪼개진 상으로, 이러한 상의 부분들은 새로운 법칙에 따라 조립된다. **현실의 영화적 재현은 오늘날의 사람들에게 비할 데 없이 의미심장한 재현이 되고 있는데, 오늘날의 사람들이 예술작품에 대해 요구할 권리가 있는, 장치의 개입 없는 현실의 모습을 바로 이처럼 장치와의 집중적인 상호 침투를 통해 제공해주기 때문이다.**

XII

예술작품의 기술적 복제 가능성은 예술을 대하는 대중의 태도를 변화시킨다. 이를테면 피카소(P. Picasso)의 작품을 대할 때 취하는 매우 퇴보적인 태도는 채플린(Ch. Chaplin)의 작품을 대하면서 매우 진보적인 태도로 바뀐다. 여기서 진보적인 태도의 특징이 있다면 그것은, 바라보고 체험하는 데 대한 즐거움이 전문가적인 비평가의 태도와 직접적이고 긴밀하게 연결되고 있다는 점이다. 그러한 연결은 매우 중요한 사회적 징후를 나타낸다. 어떤 예술 형식의 사회적 중요성이 줄어들수록 수용자의

---

10 카메라맨의 대담성은 실제로 외과의사의 대담성과 비교될 수 있다. 뤽 뒤르탱(Luc Durtain)은 외과기술의 특수한 동작 기법의 목록을 작성하면서 "매우 어려운 시술에서 요구되는" 몇몇 기법을 열거하고 있다. "이비인후과 수술의 경우를 예로 들어보자…. 이른바 비강 내부의 원근법 시술이나 내면 후두경에 비친 반대 상을 보면서 후두 수술을 할 경우 요구되는 곡예적 기법이 그 예다. 또 다른 예로 시계공의 정밀성을 연상시키는 귀 수술을 생각해볼 수도 있을 것이다. 인간 신체를 치료하거나 구제하고자 하는 사람에게 얼마나 많은 단계의 정교하기 이를 데 없는 근육의 곡예가 요구되는가를 알기 위해서는, 쇠붙이가 반유동 상태의 조직과 실랑이를 벌이는 백내장 수술이나 중대한 개복술을 떠올려보면 된다."(Luc Durtain, "La technique et l'homme," in *Vendredi*, 1936년 3월 13일자, No. 19)

비판적 태도와 감상적 태도는 점점 더 분리된다. 이러한 면은 회화에 대한 태도에서 분명히 드러난다. 사람들은 관습적인 것은 아무런 비판 없이 감상하는 반면, 정말로 새로운 것은 반감을 가지고 비판하게 된다. 영화관에서는 관중의 비판적 태도와 감상적 태도가 일치한다. 여기서 결정적인 점은, 개개인의 반응들이 합쳐져서 관중의 집단적 반응을 만들어내지만 처음부터 개개인의 반응은 직접적으로 면전에서 형성된 집단의 영향을 받는다는 사실이다. 개개인의 반응들이 표출되면서 상호 통제가 일어나는 것이다. 다시 한 번 회화와 비교해보면 이해에 도움이 될 것이다. 회화는 늘 한 사람 내지는 소수의 사람들에 의한 감상을 특별하게 요구해왔다. 19세기에 일어난 것처럼 다수 관중에 의한 회화의 동시 감상은 회화의 위기를 보여주는 최초의 징표다. 이러한 회화의 위기는 오로지 사진 때문이 아니라, 사진과는 무관하게 예술작품이 대중을 요구하게 되면서 일어난 것이다.

동시적인 집단적 수용을 위해 대상을 제시하는 일은 예로부터 건축에서 가능했고 한때는 서사시에서, 오늘날에는 영화에서 일어나고 있지만, 회화에서는 가능하지 않다. 처음부터 이러한 사정만으로 회화의 사회적 기능에 대한 결론을 내릴 수는 없지만, 회화가 특수한 여건 속에서 자신의 본성에 반해서 대중과 직접 마주하는 순간에 이러한 사정은 회화에 심각한 타격을 가할 정도가 된다. 중세의 교회나 수도원, 18세기 말 영주의 궁정에서만 하더라도 회화의 집단적 수용은 동시적으로 일어난 것이 아니라 여러 단계를 거치고 위계적으로 매개되어 일어났다. 오늘날에는 사정이 바뀌었는데, 상의 기술적 복제 가능성으로 인해 회화가 휘말려들게 된 특수한 갈등이 이러한 변화 속에 표현된다. 당시 회화를 화랑이나 살롱에서 대중에게 전시하려고 시도는 했지만 그림을 감상하면서 그들 스스로를 조직하고 또 서로를 통제할 수 있는 길이 대중에게는 주어지지 않았다.[11] 그리하여 괴기영화 앞에서는 진보적인 반응을 보이는 동일한 관객이 초현실주의 앞에서는 퇴보적인 관객이 될 수밖에 없다.

XIII

영화의 특성은, 사람들이 촬영장치 앞에서 자신을 나타내는 방식뿐 아니라 장치의 도움으로 주변 환경을 자신 앞에 가져오는 방식에서도 볼 수 있다. 수행심리학은 카메라 장치의 능력이 어느 정도인지를 시험하기 위한 예시를 제공한다. 정신분석은 다른 측면의 예시를 제공한다. 실제로 영화는 프로이트(S. Freud)의 이론에 깔린 방법과 유사한 방법을 통해 우리의 지각세계를 풍부하게 해주었다. 50년 전만 해도 대화 도중의 잘못된 발언은 대체로 남의 주목을 받지 않은 채 넘어갔다. 처음에는 표면적으로만 진행되는 것처럼 보였던 대화 속에서 갑자기 심층적 시각이 열리는 경우가 있다 해도 이것은 예외에 속했다. 그러나 『일상생활의 정신병리학(*Psychopathologie des Alltagslebens*)』(프로이트의 저서—옮긴이) 이후 사정이 바뀌었다. 정신병리학은 지금

---

11 이와 같은 고찰방식은 투박하다는 인상을 줄지도 모른다. 그러나 위대한 이론가 레오나르도가 보여준 것과 같은, 회화의 시대에 대한 투박한 고찰방식을 참조해볼 수 있다. 레오나르도는 회화와 음악을 다음과 같이 비교했다. "회화가 음악보다 나은 이유는, 회화는 불행한 음악의 경우처럼 태어나자마자 죽지 않아도 되기 때문이다. … 생기자마자 사라져야 하는 음악은 니스를 사용해 영구히 남게 되는 회화보다 못하다"(Leonardo da Vinci, *Frammenti letterarii e filosofici*). Fernand Baldensperger, "Le raffermissement des techniques dans la littérature occidentale de 1840," in *Revue de Littérature Comparée*, XV/ I, Paris 1935, 79쪽(Anm. I).

까지는 지각된 것의 넓은 흐름 속에서 눈에 띄지 않게 흘러갔던 사물들을 하나하나 고립시켜 분석될 수 있도록 했다. 영화는 시각적 차원의 지각세계뿐만 아니라 청각적 차원에서도 이와 비슷한 지각의 심화를 가져왔다. 영화에 나타난 성과가 회화나 무대 장면에서 제시되는 성과보다 훨씬 더 정확하고 다양한 관점에서 분석될 수 있다는 사실은 지각의 심화라는 현상의 이면이다. 회화에 비해 영화의 성과를 더 잘 분석할 수 있는 이유는, 회화와는 비교할 수 없을 정도로 상황을 정확하게 재현하고 있기 때문이다. 무대 장면에 비해 영화에 나타난 성과를 더 잘 분석할 수 있는 것은 그러한 성과의 요소들을 더 용이하게 분리할 수 있다는 점에 기인한다. 이러한 사정은 예술과 과학의 상호 침투를 촉진하는 경향이 있는데 그것이 바로 영화의 중요한 의미다. 실제로 어떤 상황에서 정확하게 떼어내어 표본으로 만들어진—마치 신체에서 떼어낸 근육처럼—어떤 태도를 보노라면, 우리는 우리 마음을 강하게 사로잡는 것이 그것의 예술적 가치인지 아니면 학문적 이용가치인지 분간하기 어렵다. **지금까지 분리되어 있던 사진의 예술적 이용과 학문적 이용이 동일한 것임을 알 수 있도록 해주었다는 점은 영화가 지닌 혁명적 기능 중의 하나가 될 것이다.**[12]

---

12 이러한 상황과의 유사성을 찾다보면, 풍부한 시사를 던져주는 예를 르네상스 회화에서 보게 된다. 또 여기에서 우리는 일련의 새로운 학문들 혹은 새로운 학문적 자료들을 통합함으로써 눈부신 발전을 이룬 예술을 보게 된다. 르네상스의 회화는 해부학, 원근법, 수학, 기상학, 색채학을 요구한다. 발레리는 다음과 같이 쓰고 있다. "회화야말로 최고의 목표요 인식의 최고 증명 수단이라는 레오나르도의 이상한 요구처럼 우리와 동떨어진 생각도 없을 것이다. 심지어 레오나르도는 회화가 보편적 지식을 요구한다고 믿었으며, 오늘날 우리가 그 깊이와 정밀성에 놀라움을 금치 못하는 이론적 분석을 대담하게 시도했다."[Paul Valéry, *Pièces sur l'art*, 191쪽(Autour de

영화는 사진 목록을 클로즈업하거나 우리가 잘 아는 소도구들의 숨겨진 세부 모습을 부각시키고, 카메라 렌즈를 능숙하게 움직여 평범한 주위 환경을 탐구함으로써, 우리의 삶을 지배하는 필연성에 대한 통찰을 증가시켜준다. 그런가 하면 영화는 우리가 상상하지 못한 엄청난 유희공간을 우리에게 확보해주는 데 이른다! 술집과 대도시의 거리, 사무실과 가구가 있는 방, 정거장과 공장들은 우리를 절망적으로 가두어놓은 듯이 보였다. 그러다 영화가 등장해서 이러한 감옥의 세계를 10분의 1초 다이너마이트로 폭파시켜 이제 우리는 사방으로 흩어진 감옥 세계의 파편들 사이에서 유유자적하게 모험에 찬 여행을 한다. 클로즈업에서는 공간이, 고속촬영에서는 움직임이 확장된다. 확대촬영에서는 우리가 어쨌든 불분명하게나마 본 것이 좀 더 선명하게 보이는 데 그치는 것이 아니라, 물질의 전혀 새로운 구조가 형성된다. 마찬가지로 고속촬영은 이미 알려져 있는 움직임의 모티브를 드러내는 데 그치는 것이 아니라, 잘 알려진 모티브 속에서 전혀 알려져 있지 않은 모티브, 즉 "빠른 움직임의 느린 진행이 아니라 미끄러지는 듯한, 공중에 떠 있는 듯한, 세상 밖에 있는 듯한 움직임"[13]을 발견해낸다. 따라서 카메라에 나타나는 것은 눈에 나타나는 것과는 다른 성질을 지녔음이 분명해진다. 무엇보다도 사람의 의식이 작용하는 공간에 무의식이 작용하는 공간이 대신 들어선다는 점을 들 수 있다. 보통 우리는 사람의 걸음걸이가 대충 어떤지는 이야기할 수 있지만 정작 발걸음을 내뻗는 몇 초 동안의 자세가 정확히

Corot)]

13 Rudolf Arnheim, *Film als Kunst*, Berlin 1932, 138쪽.

어떠한지는 알지 못한다. 또 우리는 라이터나 숟가락을 잡으려고 할 때의 동작에 대해서도 대충은 알지만, 손과 쇠붙이 사이에서 어떤 일이 일어나며, 그때그때의 기분에 따라 어떻게 달라지는지는 거의 알지 못한다. 여기에 카메라는 그것이 지닌 보조수단, 즉 추락과 상승, 중단과 분리, 경과의 연장과 단축, 확대와 축소 등을 통해 개입한다. 정신분석을 통해 충동의 무의식적 세계를 알게 된 것처럼, 우리는 카메라를 통해 비로소 시각의 무의식적 세계를 알게 된다.

XIV

예로부터 예술의 가장 중요한 과제 중 하나는, 아직 충족되기에는 때이른 어떤 수요를 창출해내는 일이다.[14] 모든 예술 형식의 역사에는,

---

14 "예술작품은 미래의 반향들이 울려 퍼지는 한에서만 가치를 갖는다"고 앙드레 브르통(André Breton)은 말한다. 사실 완성된 모든 예술 형식은 삼중의 발전 경로의 교차점에 놓인다. 즉 우선 기술은 일정한 예술 형식을 향해 발전해간다. 영화가 등장하기 전에 사진 책자가 있었다. 이 사진 책자를 엄지손가락으로 넘기면 관찰자의 눈앞을 빠르게 스쳐지나가는 상들이 때로는 권투를 때로는 테니스 경기를 보여주었다. 또 장터에는 손잡이를 돌리면 그림들이 펼쳐지는 자동기계도 있었다. 둘째, 일정한 발전 단계에 이른 전통적인 예술 형식은 훗날 새 예술 형식에 의해 무리 없이 달성될 효과를 애써 얻으려고 한다. 영화가 퍼지기 전에 다다이스트들은 채플린이 자연스럽게 해냈던 동작을 그들의 행사에서 관중에게 보여주려고 노력했다. 셋째, 종종 눈에 띄지 않는 사회적 변화들은 새로운 예술 형식에 비로소 어울리게 될 수용의 변화를 유도한다. 영화가 아직도 관중을 형성하기 이전에 카이저파노라마에서는 일련의(정지 상태에 머물기를 그친) 상들이 그 앞에 모여든 관중에 의해 수용되었다. 관중들은 방문객 각자에게 하나씩 배당된 입체경이 달린 칸막이 앞에 앉았다. 이 입체경 앞에서는 그림이 하나씩 자동으로 나타나 잠시 머물다 사라지면 다른 그림이 나타났다. 에디슨도 이와 유사한 수단으로 작업했음에 틀림없다. (사람들이 스크린과 영사방법을 알지 못하던 시절에) 에디슨은 소수의 관객들에게 최초의 영화 테이프를 보여주었고, 관객들은 영상이 펼쳐지는 기계장치를 들여다보았다. 그 밖에 카이저파노라마 장치에는 발전의 변증법이 두드러지게 나타난다. 영화가 영상 관람을 집단

변화된 기술수준, 즉 새로운 예술 형식에서 비로소 무리 없이 조성될 수 있는 효과를 앞질러 억지로 획득하려고 하는 위기의 시기가 있다. 이른바 퇴폐기에 그런 식으로 예술에 나타나는 유별나고 조야한 형식들은 사실 예술의 가장 풍부한 역사적 에너지의 중심부에서 나온 것이다. 그러한 원시적 형식들로 넘쳐흐르는 최근의 예술운동이 다다이즘이다. 다다이즘이 지닌 충동은 지금에 와서야 비로소 인식 가능해졌다. **다시 말해 다다이즘은 오늘날 대중이 영화에서 찾는 효과를 회화(내지는 문학)의 수단을 통하여 창출해내려고 했던 것이다.**

근본적으로 새롭고 획기적인 수요의 창출은 언제나 원래의 목표를 넘어서게 된다. 다다이즘이 영화에는 아주 잘 어울리는 시장가치를 그보다 더 중요한 의도를—다다이즘이 여기서 기술하는 형태로 그러한 의도를 의식한 것은 아니지만—위해 포기할 때 그런 일이 일어난다. 다다이스트들은 그들 작품의 상품적 가치보다는 관조적 침잠의 대상으로는 부적합한 작품의 무가치성에 더 큰 비중을 두었다. 그들은 무엇보다도 그들의 소재를 근본적으로 격하시킴으로써 이러한 무가치성에 도달하고자 애썼다. 그들의 시는 '말의 샐러드'로서 외설적 문구나 언어의 상상 가능한 온갖 폐기물을 담고 있다. 단추나 승차권 같은 것을 몽타주해 넣은 그들의 그림도 다를 바 없다. 이러한 수단을 통하여 그들이 도달하는 것은, 생산의 수단을 빌려 복제의 낙인을 그들 작품에 찍음으로써 작품의 아우라를 가차 없이 파괴

적 관람으로 만들기 직전 빠르게 구식이 되어버린 이 기구의 입체경 앞에서, 과거 성직자들이 **밀실**에서 신상(神像)을 보던 때와 똑같은 밀도로 상의 개인적 관람방식이 다시 한 번 관철되었다.

하는 일이다. 아르프(Jean Arp)의 그림이나 아우구스트 슈트람(August Stramm)의 시 앞에서는, 드랭(André Derain)이나 릴케(R. M. Rilke)의 시 앞에서 하듯이 집중이나 입장 표명의 여유를 갖는 것이 불가능하다. 침잠이 부르주아 계급의 퇴폐 속에서 반(反)사회적 태도를 기르는 학교였다면, 거기에 맞서 정신분산은 사회적 태도의 한 양상으로 나타난다.[15] 실제로 다다이스트들의 시위는 예술작품을 스캔들의 수단으로 만들면서 그야말로 철저한 정신분산을 가능하게 했다. 무엇보다도 그들 작품은 공공연하게 불쾌감을 불러일으킨다는 **하나의** 요구를 충족시켜야 했다.

예술작품은 다다이스트들에 이르러 눈을 사로잡는 볼거리거나 귀를 솔깃하게 하는 음향물이기를 그치고 일종의 총알이 되었다. 예술작품은 관찰자에게 충격을 가했다. 그것은 촉각적 성질을 획득했다. 이로써 그것은 영화의 수요를 촉진하게 되었는데, 영화의 정신분산적 요소 역시 무엇보다도 촉각적인 요소인 것이다. 즉 영화의 정신분산적 요소는 관객의 눈에 단속적으로 밀려들어오는 영화 장면 및 카메라 시점의 교체에 기반한다. 영화가 펼쳐지는 영사막과 그림이 그려진 캔버스를 한번 비교해보자. 캔버스는 보는 사람을 관조로 초대한다. 즉 관람객은 캔버스 앞에서 자신의 연상의 흐름을 따라갈 수 있다. 영화 장면 앞에서는 그렇게 할 수 없다. 관람객이 영화 장면을 눈으로 포착하자마자 그것은 이미 다른 장면으로 바뀌기 때문이

---

15 이러한 관조적 침잠의 신학적 원형은 자신의 신과 단 둘이 있다는 의식이다. 시민계급의 전성기에 이러한 의식을 통해 교회의 후원을 떨쳐버릴 자유가 강화되었다. 그와 동일한 의식은 시민계급의 쇠퇴기에 이르러 잠재적 경향, 즉 각 개인이 신과의 교류에서 얻은 힘들이 공동체의 제반 관심사와 유리되는 은밀한 경향을 촉진시켰다.

다. 영화 장면은 고정될 수 없다. 영화를 몹시 싫어했고 영화의 의미에 대해서는 아무것도 몰랐지만 영화의 구조에 대해서는 많은 것을 파악했던 뒤아멜(G. Duhamel)은 이러한 사정을 다음과 같이 기술한다. "나는 내가 생각하고자 하는 바를 더는 생각할 수 없다. 움직이는 상들이 내 사고의 자리에 대신 들어앉았다."[16] 실제로 이러한 상들을 관찰하는 사람이 빠져들 연상의 흐름은 상들의 부단한 변화로 인해 중단된다. 여기서 영화의 충격효과가 나온다. 영화의 충격효과는 다른 모든 충격효과가 그러한 것처럼 단단히 정신을 차린 상태에서만 받아낼 수 있다.[17] **기술적 구조에 힘입어 영화는 다다이즘이 아직도 도덕적 충격효과로 포장했던 물리적 충격효과를 그 포장으로부터 해방시켰다.**[18]

• 윤미애 옮김

16 Georges Duhamel, *Scènes de la vie future*, 2e éd., Paris 1930, 52쪽.

17 영화는 현대인들이 과감히 맞닥뜨려야 할, 증대하는 삶의 위험에 상응하는 예술 형식이다. 충격효과에 자신을 내맡기고자 하는 욕구는 사람들이 자신을 위협하는 위험에 적응한 결과다. 영화는 지각체계에 일어난 심대한 변화들에 상응한다. 이 변화들은 개인적 삶의 차원에서는 모든 행인이 대도시의 교통에서 겪는 것이고, 역사적 차원에서는 오늘날의 모든 시민이 겪는 것이다.

18 다다이즘의 경우와 마찬가지로 입체파와 미래파의 경우에도 영화에서 중요한 시사점을 얻을 수 있다. 입체파와 미래파는 나름대로 기계장치를 통한 현실 침투를 자신의 방식대로 응용하고자 하는 예술의 불충분한 시도로 나타난다. 이들 유파는, 영화와는 달리 현실의 예술적 재현을 위해서 기계장치를 이용한 것이 아니라, 재현된 현실과 재현된 기계장치를 합금하는 방식으로 자신들의 작업에 착수했다. 입체파의 작업에서 지배적인 역할을 한 것은 광학에 바탕을 둔 기계장치의 구조에 대한 예감이다. 미래파에서는 영화필름의 빠른 진행에서 생기는 효과들에 대한 예감이 중요한 역할을 한다.

탈코트 파슨스(Talcott Parsons)

사회구조와 상징적 교환매체

(1975)

편집자 머리말

이 글은 원래 사회구조이론 선집에 실을 목적으로 집필한 것이다. 이 선집에 실어 달라는 청탁을 받은 것이 파슨스가 몇 년 전부터—동료들과 함께—관심을 가지고 있었던 특별한 주제를 다루는 계기가 되었다. 이 글은 사회체계와 그 밖의 행위체계의 구성요소로서의 상징적 교환매체를—**일반화된 상징 매체의 상호교환**—집중적으로 분석하고 있다.

매체의 특성

내가 매체이론을 고찰하면서 출발점으로 삼은 모델은 바로 **돈**[1]이었다. 이에 반해 최근에 와서, 특히 빅터 리즈(Victor Lidz)[2]의 연구가 나

1 John Stuart Mill, *Principles of Political Economy*, W. J. Ashley, ed. London 1909.

2 Victor Lidz, "Blood and Language: Analogous Media of Homeostasis," Paper, eingereicht bei der Daedalus-Konferenz über die Beziehungen zwischen Biologie und Sozialtheorie, Cambridge Mass. 1974; Victor Lidz, "The Analysis of Action to the Most Inclusive Level: An Introduction to Essays on the General Action Systems," in

온 이후로는, 매체이론에 대한 새로운 연구에서 **언어**와의 비교가 점점 더 전면에 부각되었다. 매체이론에 대한 고찰에서 우리는 무엇보다도 돈, 언어 등과 같은 현상들을 각각 그 자체로서만 고찰하고, 이를 행위체계의 다른 양상들과 가로질러 연결하지 않은 이전의 연구들을 비판했다. 우리의 시도는 그러한 현상들 하나하나를 매체라는 포괄적인 집합체의 구성요소로 취급하는 것을 목표로 삼았다. 지금까지는 사회체제 속에 자리 잡은 집합체들만—돈, 정치적 권력, 영향, 가치 결속 등—집중적으로 연구되어왔다. 그러나 이제 분석이 보편적인 행위체계로 확장되기에 이른 것이다. 여기에서 하나의 기본개념으로 선택된 것은 '지능'이었다. 그런데 이것은 사람들이 관습적으로 그렇게 생각하듯이 개인의 속성으로서의 지능이 아니라 매체로서의 지능이다. 우리는 보편적인 행위의 차원에 대한 네 가지 영역의 도식을 만들어내는 것을 출발점으로 삼았다. 그 시작은 마찬가지로 개인이지만, 이것은 말 그대로 시작일 뿐이고 많은 추가 작업이 요구되었다.

이러한 진전된 연구의 시발점은 내 이론적 작업에서 특히 네 가지 기능 도식 안에 들어 있는 두 가지 단계였다. 그 첫 번째 성과는 1953년 로버트 베일스(Robert F. Bales), 에드워드 쉴스(Edward A. Shils)와 함께 펴낸 『행동이론 작업보고서(*Working Papers in the Theory of Action*)』로 발표되었다. 그 이후로 진행된 두 번째 출발점은 닐 스멜서(Neil J. Smelser)와 함께 집필한 『경제와 사회(*Economy and Society*)』(1956)

Explorations in General Theory in Social Science, J. Lobser et al. ed., New York 1976.

에서 제시된 경제이론과 사회이론의 연관관계에 대한 내 견해를 근본적으로 수정한 것이다. 이러한 연구 이후에도 일반화된 매체에 대한 사유를 발전시키는 데는 몇 년의 시간이 더 필요했다. 돈에 대한 분석을 넘어선 첫 번째 시도는 정치적 권력에 대한 분석이었고, 두 번째 시도는 영향에 대한 분석이었다. 이 두 번째 연구와 관련하여 나는 처음으로 제임스 콜맨(James S. Coleman)을 만났다. 그는 〈여론조사협회〉 학술회의에서 행한 나의 강연에 대한 비평문을 발표했다.[3]

돈은 이미 일찌감치 지난 세기에 고전 경제학자들이 기술한 세 가지 중요한 기능을 지니고 있다. (1) 돈은 교환수단이다. 돈은 교환가치를 지니지 결코 사용가치를 지니지 않는다. (2) 흔히 말하듯이, 돈은 가치의 척도로 사용된다. 돈은 원래는 그 물리적 속성에 있어 완전히 이질적인 요소들인 상품과 용역과 생산요소들을 유용성이라고 하는 경제 단위와의 관련을 통해 비교를 가능하게 해주기 때문이다. (3) 돈은 가치보존의 수단으로 사용된다. 돈을 구체적인 상품이나 용역과 교환하면, (인플레이션 현상을 고려하지 않는 한) 손해가 아니라, 그 반대로 이익을 얻게 된다.

매체로서의 돈이라는 이론 모델을 다른 매체들로 확장하려는 노력은 형식적으로는 유사하지만 그 내용은 다른 경우들에서 이러한 속성에 해당하는 것을 찾아내는 것을 목표로 했다. 매체의 가장 중요한 척도 또는 **일차적** 속성은 **상징적 특성**이다. 이 특성은, 돈은 교환가치만 지닐 뿐 사용가치는 지니지 않는다고 했던 고전 경제학자

3 James S. Coleman, Comment on "On the Concept of Influence," in *The Public Opinion Quaterly* 27, 1963, 62-82쪽.

들의 명제에 잘 표현되어 있다. 이러한 척도는 언어적 상징에도 적용된다. 예를 들어 네 발 달린 포유동물의 일종인 '개'라는 단어는 짖거나 물 수 없지만, 실제의 개는 그렇게 할 수 있다. '상징적 특성'이라는 보편적인 표제어하에서 우리는 매체의 네 가지 속성을 도출해냈다. 그 첫 번째 것은 매체의 **제도화**인데, 이것은 특히 돈에 있어서는 사유재산과 관련된다. 다시 말해 매체는 일정 정도의 제도화를 통해 특징 지어진다. 돈의 경우 이러한 양상은 무엇보다도 국가권력에 의해 공인된 합법적 지불수단이라는 지위를 보장받는 것으로 표현된다. 권력의 경우 이러한 척도는 베버(Max Weber)가 "권력의 합법적 사용"[4]이라고 명명했던 것으로 우리를 이끌었는데, 베버에게 있어 이것은 모든 수단을 투입하여 목적을 달성하려는 태도에 대립되는 것으

---

4 번역에 대한 주석: "(...) what Weber calls legitimate use of power as distinguished from a Hobbesian capacity to again one's entis through baving, 'what it takes'(Hobbes, 1651)"라고 되어 있는 원전 구절에서, "권력의 합법적인 사용"이란 표현은 베버의 글에는 나타나지 않는다. 추측건대 "합법적인 지배(legale Herrschaft)"를 가리키는 것으로 보인다. Max Weber, *Wirtschaft und Gesellschaft*, 1964년 판(Kiepenheuer und Witsch), 9장 692쪽: "우리에게 '지배'가 무엇을 의미하는가, 지배는 보편적인 개념 '권력'과 어떠한 관련을 가지는가에 대해 좀 더 상세하게 규정할 필요가 있다. 권력이라는 매우 보편적인 의미에서의 지배, 즉 타인의 행동에 자신의 의지를 강요할 수 있는 가능성이라는 의미를 지니는 지배는 매우 다양한 형식들 사이에서 등장할 수 있다. (…)" *WuG*, 1장, 38쪽, §16: "권력이란 사회적 관계 안에서 자신의 의지를 저항에 맞서 관철시킬 수 있는 기회를 의미하는데, 여기에서 그러한 기회가 어디에 근거하는 것인가는 상관없다. 지배란 특정한 내용을 담은 명령에 대해서 상대방이 복종하도록 만들 기회를 의미한다." 또한 3장 157쪽: "그러므로 '권력'과 '영향'은 타인에게 행사할 수 있는 모든 형태의 기회를 말하는 것이 아니다. 이런 의미에서의 지배('권위')는 개별적인 경우에 있어 지극히 다양한 복종의 동기에 근거할 수 있다. (…) 지배의 유형들을 '전형적인 정당성 요구에 따라 구분하는 것'은 합목적적이다."

로 파악된다.[5] 물론 돈은 정치적 뇌물이라는 불법적인 통로로 흘러들어갈 수도 있고, 이와 유사하게 권력과 영향(력)도 불법적인 방식으로 사용될 수도 있다. 그러나 이것은 예외적인 경우이며 이 현상들의 본질적인 특징은 아니다.

둘째로는 평가와 교환에 있어 **특수한** 의미와 작용방식이 존재해야 한다. 매체로서의 돈에 대해 우리는 이러한 조건을 다음과 같이 정의했다. 돈은 **경제적** 교환 과정을 중개할 수 있는 매체다. 하지만 인간들 사이에는 돈으로 중개될 수 없는 많은 다른 교환 과정이 존재한다.

셋째 특성은 **순환성**(circulability)이라고 부를 수 있을 것이다. 돈과 상품은 손에서 손으로 돌고 돈다. 모든 매체는 상호작용의 형태에 있어 하나의 행위 단위에서 다른 단위로의 통제의 전이에 적합한 것이어야 한다.

넷째 특성은 정치권력을 이러한 맥락에 연관시킬 때 특히 중요한 것으로서, 모든 가능한 맥락을 고려하더라도 **권력은 결코 제로섬 게임의 속성을 가질 수 없다**는 것이다. 대부분의 정치학자들은 자신들의 주제인 권력이 제로섬 현상이라는 것, 다시 말해 어떤 집단의 권력이 커지면 바로 그 때문에 이에 상응하여 다른 집단의 권력 상실이 생겨

5 Thomas Hobbes, *Leviathan oder Stoff, Form und Gewalt eines kirchlichen und bürgerlichen Staates*, hg. von Iring Fetscher, Frankfurt/Main 1984. 번역에 대한 주석: 원문 텍스트를 앞의 주석과 비교해볼 것. 홉스는 권력을 자기 보존의 수단으로 간주했다. 복종당하지 않으려는 사람은 누구나 권력을 추구할 수밖에 없다. 제한된 권력에 만족할 사람은 아무도 없다. 『리바이어던』 11장에는 다음과 같은 구절이 나온다: "나는 권력을 추구하는 영원하고 부단한 권력욕을 모든 인간의 일반적인 성향이라고 생각한다. 이런 권력욕은 죽을 때까지 계속된다."

난다는 것을 명시적으로 확신하거나 암묵적으로 전제한다.[6] 경제학자들이 잘 알고 있듯이 돈의 경우에는 신용 창조라는 현상 때문에 그런 일이 일어나지 않는다는 것이 명백하다. 이와 유사하게 권력체계의 경우에도 제로섬 게임의 속성을 전제해서는 안 된다는 사실을 제시하는 데 우리는 많은 노력을 기울였다.

매체의 제도적 맥락

사회체제의 매체들을 사회구조와 이론적으로 연결시키는 일은—**집단**의 차원과는 다른—**제도**의 차원에서 이루어져야 한다. 이것은 매우 중요한 점이다. 유감스럽게도 이 두 차원은 사회학 전문용어에서 애초부터 거의 구분 없이 혼용되어왔다. 우리는 조직과 여타 집단을 제도라고 (이를테면 맥길대학 또는 몬트리올대학) 부르지만, 동시에 재산, 협약, 통치권도 제도라고 지칭한다. 집단과 관련하여 '구성원'이라는 개념은 당연히 의미를 지니지만, 이와 달리 두 번째 맥락에서는 '구성원'이라는 표현이 무의미하다. '제도의 구성원은 재산이다'라는 말은 언어적으로 불가능하다. 여기에서 말하고 있는 우리에게 중요한 의미를 지니는 제도란 규범과 원칙의 복합체로서, 이것은 법에 의거하여, 또는 사회를 통제하는 다른 메커니즘을 통해 사회적 행위와 사회적 관계를 조정하는 기능을 한다. 물론 그 성과는 경험적으로 각기 다르게 나타난다. 내 생각에 모든 매체는 이제 기능적으로 정의된 제

6 C. J. Friedrichs, *Man and His Government: An Empirical Theory of Politics*, New York 1963. Lasswell and Kaplan, *Power and Society*, New Haven 1950; C. Wright Mills, *The Power Elite*, New York 1956.

도복합체와 연결되어 있다.

경제의 경우 핵심적인 제도는 재산이다. 재산의 토대는 일정한 소유권이며, 이 소유권은 다시 사용권의 획득이나 포기, 통제와 이용 등으로 세분화될 수 있다. 법제사는 재산의 본질에 대해 끊임없이 토론과 연구를 진행해왔다. 소유권이 가능한 대상을 거칠게 구분하면 세 종류의 재화로 나눌 수 있다. (1) 물리적인 대상, (2) 용역, 즉 경제적 의미에서 유용하다고 평가되는 인간의 직무수행(performances), (3) 자산(significant assets)이 그것이다. 자산의 경제적 가치는 다른 관점에서 대상에 귀속될 수 있는 모든 특별한 속성으로부터 추상화된 것이다. 예를 들어 사적·공적 유가증권, 은행자산이나 보험증서 등은 각각 특수한 조건하에서 현금을 지급해야 할 권리를 명시하고 있다.

다른 중요한 경제적 제도들로서 직업과 계약이 있다. '직업'을 나는 본질적으로 경제적 과정의 산출(Output)로서의 용역에 대한 권리를 지칭하는 제도적 집합 개념으로 파악한다. 이 점에서 직업은 수행자로부터 사용자에게로 권리가 이전될 수 있는 제품이나 상품과 구분된다. 이러한 맥락에서 제품(commidity)은 (소유이전의) 조건을 확인할 필요 없이 소유가 양도될 수 있는 물리적 대상으로서의 산출이다. 이와 달리 용역은 수행자(performer)가 그 과정이 이루어지는 동안 사용자와 지속적인 관계를 맺기를 요구한다.

내 생각에 경제적 산출의 범주인 용역제공(services) 및 직업군을 경제이론의 의미에서 생산요소인 노동과 구분하는 일은 매우 중요하다. 노동은 다른 생산요소들과 결합하여 그 가치가 상승할 때만 용역제공이 된다.

계약을 우리는 경제 제도들을 통합하는 일차적인 관계의 차원으로 간주한다. 여기에서 중요한 것은 제도들의 관계망인데, 이 관계망은—경제적인 또는 법적인 특수한 맥락과는 달리—합법적인 교환과 소유의 조건들을 사회학적인 의미에서 규정한다. 계약의 본질에 대한 탁월한 사회학적 이론가로서 뒤르켐(É. Durkheim)을 들 수 있다.

그 규범이 일차적으로 경제적 의미를 지니지 않는 제도영역에서는 물론 다른 매체들도 영향력을 행사한다. 정치의 맥락에서 가장 중요한 제도영역은 지배권(authority)이다. 지배권은 제시 가능한 집단을(또는 집단의 일부 계층을) 결속하는 결정을 내리고 이를 집행할 수 있는 합법적 역량이라고 정의할 수 있다. 이때 지배권의 소유자는 집단의 이름으로 발언할 수 있는 권리를 지닌다. 지배권을 제도화하는 원칙적 형식은 주지하다시피 행정적·입법적·사법적 권력이다.

이러한 제한된 관계의 틀 안에서 인식될 수 있는 것은, 일반화된 매체의 구성요소와 이것이 구조의 구성요소에 연결되는 방식은 제도적 차원에서 볼 때 사회적 관계와 과정의 분석에 역동적인 요소를 끌어들인다는 사실이다. 포괄적으로 다음과 같이 말할 수 있을 것이다. 고도로 분화된 체계들 안에서 이루어지는 가장 중요한 교환 과정들은—그것이 균형의 과정이든 구조변화의 과정이든 간에—매체의 교환을 거쳐 수행된다. 즉, 매체는 고유한 가치를 지닌 산출 및 요소를 위해 작동하며, 역으로 고유한 의미를 지닌 산출과 요소는 매체와 교환된다.

이러한 교환 과정에서 매체는 규제하고 통합하는 기능을 만들어내거나 수행하는데, 여기에서 상호작용체계의 확장과 지속이 이루어지는 적법한 영역과 그 경계를 규정하는 것은 매체의 사용방식을 결정하는 규칙들이다. 내가 구상한 구조적 관점에 매체이론을 끌어들이게 되면, 구조분석에 흔히 가해지는 비난, 즉 역동적인 문제들을 올바르게 다루지 못하게 만드는 내재적이고 정적인 편향성에 빠질 수 있다는 비난을 반박하는 데에 뚜렷하게 기여할 수도 있을 것이다. 따라서 나는 역동성이라는 개념으로 균형 과정과 구조변화 과정을 포괄하려 한다는 것을 다시 한 번 강조해두고자 한다.

매체로서 돈이 지니는 일정한 특성과 그 제도화에 대해 검토해 보았으니, 그다음 차례로 이제 나는 돈을 넘어선 영역으로 확장을 꾀하는 첫 번째 중요한 시도, 즉 교환매체의 개념에 정치권력을 적용하려는 시도에 대해 언급하고자 한다. 이것은 돈을 분석하는 것보다 훨씬 더 어려운 일이었다. 돈의 분석에서 우리는 경제이론가들이 사회학적 목적으로 사용할 수 있도록 변용해준 돈의 개념에 의지할 수 있었다. 이미 언급했듯이 이것은 정치권력의 개념에는 유효하지 않으며, 특히 명시적이거나 암묵적인 제로섬 게임의 전제에 근거를 두고 있을 때는 더욱 그러하다. 그 외에도 또 다른 어려움들이 있다. 가장 중요한 어려움 중 하나는 권력 개념에 엄밀함이 결여되어 있다는 것이다. 이는 대다수의 정치학자들과 막스 베버(Max Weber) 같은 사회학자들이 계승하고 있는 홉스(T. Hobbes)의 위대한 전통에 기인한다. "한 사람이 지닌 권력은 (…) 미래에 나타날 재화에 도달하기 위한 현재의 수단에 있다"[7]는 홉스의 유명한 정의를 우리는 기억하고 있다. 베버[8]가 말했듯이, 권력이란 한 사회체제 안에서 한 구성단위가 저항

---

7 Thomas Hobbes, 같은 책, 66쪽.

8 Max Weber, *From Max Weber: Essays in Sociology*, H. H. Gerth and C. Wright Mills, ed., New York 1947, 180쪽. 번역에 대한 주석: 파슨스는 막스 베버를 독일어 원전이 아니라 미국에서 번역된 판본에서 인용했다. 그 때문에 어떤 텍스트의 어떤 부분인

을 무릅쓰고 자신의 의지를 관철시키는 **모든** 능력을 의미한다. 이러한 정의에 따르면 돈은 영향력이나 다른 수많은 현상과 마찬가지로 권력의 한 형식임이 분명하다.

이 문제에 대해 이론적으로 만족할 만한 해법을 찾는 것은 매우 어려운 일이었지만, 결국 발견할 수 있었다. 이 해법의 본질적인 두 가지 특징은 이것이 집단과 연관성을 맺고 있다는 것, 그리고 권력이 정당성에 뿌리를 두고 있다는 것이다. 우리의 **첫 번째** 테제는 정치권력의 개념이 주로 집단이라는 맥락에서 사용되어야 하는 개념으로서, 반드시 국가일 필요는 없는 어떤 집단 체제의 사안을 수행할 수 있는 능력을 지칭한다는 것이다. 홉스의 개인주의 버전은 집단에 소속되지 않은 개인들 사이의 관계에 관해 언급하고 있는데, 이것이 여기에 엄밀함이 결여된 이유 중 하나였다.

두 번째 본질적인 구성요소는 **구속력**(bindingness)이다. 구속력이 정당성에 기초하고 있다는 것은 의문의 여지가 없다. 즉 권력을 가진 개인들은 집단적으로 구속력 있는 결정을 내리고 이를 실행하는 정당한 권리를 지니고 있다. 이러한 관점에서 강제의 역할은 구속력 있는 결정을 수행할 때 강제적인 제재조치가 중요하다는 데에 있다. 정치적 구속력을 지닌 결정이 내려졌을 때, 당사자가 저항하면 대개 강제적인 제재조치가 가해진다는 사실은 일반적으로 유효하다. 물리적

지 확인하기 어려운 경우가 많다. 이 대목에서는 중요한 것은 권력을 "사회적 관계 안에서 저항에 맞서 고유한 의지를 관철시키는—그러한 기회가 어디에 근거하는 것인지는 상관없는—기회"로서 규정하고 있는 부분인 듯하다(『경제와 사회』 1장 16절). 다른 경우에도 원본에서 의도한 대목을 특정하기가 쉽지 않다. 다른 고전들, 특히 뒤르켐을 인용한 경우에도 마찬가지다.

폭력은 그러한 제재조치의 개념이라기보다는 오히려 극단적인 경우로서, 이러한 경우에는 사회적 상호작용의 상징적 요소들이 최소한으로 축소되어, 정당성의 문제와 상관없이 복종을 강요하거나 매우 강력한 동기를 마련한다.

이러한 분석의 전제는 '정치적'이라는 개념은 분석적으로 정의된 범주로서, 현상들의 구체적인 복합체를 가리키지 않는다는 것이다. 이러한 의미에서 이것은 '경제적'이란 표현과 유사성을 지닌다. 이 개념은 기술적·이론적 차원에서 분석적으로 정의된 구체적인 행동의 복합체와 관련된 것이지, 구체적인 행동방식과 관련된 것이 아니며, 혹시 그렇다고 하더라도 기껏해야 이차적 관련성을 지닐 뿐이다. 예를 들어, 체스터 바너드(Chester Barnard, 1909년 지금의 AT&T의 전신인 미합중국 전화기·전보 회사에 입사하여 뉴저지 벨 전화회사 사장을 역임한 입지전적 인물—옮긴이)의 유명한 저서 『경영자의 역할(*Function of the Executive*)』(1938)은 기업에서의 행동을 주로 다루고 있다. 그렇다고 해서 이 책이 경제이론서는 아니다. 나는 이 책을 정치 이론의 고전 중 하나로 꼽고 싶다. 여기에서 문제되는 것이 경제기업이기 때문에 이 기능이 경제 조직이나 경제 조직의 목적과 목표에 종속되어 있긴 하지만, 즉 바너드의 경우에는 재정적 지급 능력을 유지하고 이익을 내야 한다는 요구하에서 전화 서비스를 제공하는 일에 종속되어 있기는 하지만, 기업 집단은 분석적인 의미에서 정치적인 기능을 지닌다.

정치권력이라는 주제를 마무리하기 전에, 이러한 맥락에서 제로섬 게임의 문제와 관련하여 몇 가지 더 언급하고자 한다. 앞에서 말했듯이, 돈의 영역을 다루는 경제학자의 견해와 권력의 영역을 다루는 정치이론가들의 견해 사이에는 두드러진 차이가 나타난다. 왜냐하면 돈은 제로섬 게임의 조건에 종속되어 있지 않지만, 권력은 거의 '자연적으로' 이에 종속되어 있는 것으로 보이기 때문이다. 이러한 이분법은 무의미할 수 있으며, 경제의 변형 제로섬 게임 모델이 권력에도 유효할 수 있다는 점에서, 이 문제가 적어도 원칙적으로는 해결되었다고 말할 수 있다. 내 생각에 가장 중요한 문제는 정의된 의미에서의 권력이 새로이 권력체계에 유입되면서도, 이에 상응하여 다른 곳에서 권력의 축소가 일어나지 않는 과정이 있는가, 있다면 그것은 어떤 과정인가 하는 것이다.

돈의 경우 고전적인 사례는 은행에서 신용대부의 형태로 새로운 돈을 창출해내는 것이다. 은행은 은행고객의 재산인 자금을 대출자에게 일정한 조건하에서 빌려준다. 이는 예금자의 재정적 수지에 대한 위험을 불가피하게 내포하지만, 그럼에도 법적으로 정당한 일이며, '정상적인' 조건하에서는 상대적으로 안전하기도 하다. 은행의 예금자에 대한 관계와 대출자에 대한 관계 사이에는 근본적인 불균형이 존재한다. 예금자는 언제든지 예금 전액을 돌려달라고 요구할 수 있다. 그러나 은행은 대출해준 돈을 약속된 기간 전에는 돌려받을 수 없다. 따라서 어떤 의미에서 모든 정상적인 은행은 '지불 불능' 상태다. 하지만 지불 불능 상태에 들어간다는 것은 은행이 단지 예금보관소에 불과한 것이 아니라 경제적으로 생산적인 제도라는 전제조건이 된다.

우리는 정치적 지도의 기능에서도 은행의 신용위탁 기능과의 유사성을 찾아낼 수 있다고 주장하고자 한다. 정치적 지도는 약속을 하는데, 약속의 실행은 지도자를 선출하는 유권자의 내포적 동의에 의존한다. 여기에서 권력은 제도화된 지배 조건에 의해 보장된다. 정치적인 직책을 선출하는 경우에는 특히 그러하다. 일단 직책을 맡게 되면, 권력을 소유하게 된 자는 새로운 정치권력의 도움을 통해서만 실행될 수 있는 포괄적인 계획을 세운다. 투자수단인 은행의 신용대부처럼 (권력창출의 경우에도) 지도자는 시간이 지나면 성과를 낼 것이라고 기대하지만, 갑작스런 지불 요구를 충족시킬 수는 없다. 본질적으로 이러한 유형의 지도권은 정치적 신탁(fiduciary)의 지위를 사용하여 중요한 정치적 의도에 대한 신용을 창출한다는 것이 우리의 생각이다. 이러한 의도는 결정을 내리는 그 순간에는 정치적 효율성의 형태로 나타나는 어떤 완전한 '지불(pay-off)'도 해줄 수 없다. 정치에서도 은행의 신용창출과 똑같은 과정이 이루어지고 있다는 것이 우리의 견해다.

신용창출의 경우 권력은 신용대부계약이라는 구속력 있는 힘에 의거하여 경제적 투자를 지원하기 위해 동원된다. 이와 유사하게 권력창출의 경우에도 정치적 지도의 영향력이 권력의 확대를 지원하기 위해 동원될 수 있다. 이 두 경우 모두 그러한 지원은 인공두뇌학적 위계질서에서 한 단계 높은 위치에 있는 매체에서 생겨난다. 그렇다고 해서 이 두 경우에서 **오직** 이 한 단계 상위의 매체만이 고려되어야 한다는 결론이 도출되는 것은 아니다. 인공두뇌학적으로 상위에 있는 여러 가지 힘이 경우에 따라 다양하게 결합하여, 한 단계 상위의 매체를 통해 전체적인 효과가 '전달된다(kanalisiert)'고 보는 것이 옳을 것이다.

상징적 매체로서의 정치권력이라는 개념을 비교적 만족할 만한 방식으로 정립한 후, 그다음 단계의 작업은 사회체제의 기능들 속에 뿌리박고 있는 매체집단의 또 다른 구성요소들을 발견할 수 있는 가능성을 조사하는 것이다. 이 단계는 체계의 통합적인 기능들과 일차적으로 연결된 매체로 나아간다. 이것은 사회학 이론의 수많은 복잡한 고찰들로 이어진다. 이와 관련된 기존의 길들은 정치권력의 경우보다도 훨씬 더 불분명했다. 이러한 불확실성을 보여주는 지표는 돈의 개념은 차치하더라도, 권력처럼 분명한 개별 개념이 여기에는 아예 존재하지 않는다는 것이다. 그러나 대부분의 사회정치학적 논의에서 '영향' 개념이 사용되고 있다는 것을 고려할 때, 이 개념을 이러한 특수한 맥락에 적합한 상징적 표현으로 연구하는 것이 가능하리라고 우리는 생각했다. 우리는 권력과 영향 사이의 가장 중요한 구분 기준으로서, 전자에서는 집단적 구속성의 존재를, 후자에서는 구속성의 부재를 상정했다. 본질적인 문제는 다음과 같은 것이었다. 행위하는 구성단위(또는 구성단위의 계층)의 맥락에서 집단적 의미를 가지는 어떤 것을 '작동시키려고' 할 때 무슨 일이 일어나는가, 그리고 이 경우 권력과 영향이라는 두 사례의 차이는 어디에 있는가? 권력의 경우 우리는 집단 전체에 대한 결정의 구속력을 일차적인 기준으로 삼았었다. 이와 달리 행위하는 구성단위가 영향력을 사용하는 경우, 집단의 결정과 추천은 권력과 동일한 의미에서의 구속력을 갖지 못할 것이며, (계약)불이행은 어떤 강제력도 초래하지 않을 것이다. 이에 따라 우리는 영향력을 **설득력을 지니는 여론 형성**(persuasion)의 매체로 취급했다.

이러한 맥락에서 '여론 형성'은 단지 부분적으로만 적합한 개념이라고 할 수 있다. 우리가 볼 때 제재조치 패러다임에서 이 개념에 부여된 지위는 구속의 위협과 실행이라고 하는 부정적 제재의 두 범주의 상관성의 차이를 통해 명백하게 정당화된다. 영향의 특별히 중요한 형식인 여론 형성은 집단에 중요한 의미를 지니는 추천된 행위 과정에 대한 **정당성의 근거**(Rechtsfertigungsgründe)를 제시할 것을 요구한다. 사람들은 일반적으로 개별적 행위 단위들의 이해관계를 넘어서는 **집단적** 이해관계를 지향하는데, 이때 대체로 주어진 영역에서 도덕적 의무로 정의된 것에 호소한다.

이러한 문제를 다룰 수 있는 사회적 상호작용의 다양한 맥락이 존재한다. 나와 동료들에게 특별히 중요하게 보인 맥락은 전문적 용역의 수행, 그중에서도 특히 의료계였다. '의사의 지시'라는 개념에서 환자가 이 지시에 따르는 것이 처벌 위협 때문이 아니라는 것은 자명하다. 환자의 입장에서 볼 때 '처벌'의 본질은 아마도 건강상의 불이익일 것이다. 하지만 환자는 의사나 병원 측으로부터 어떠한 '처벌'도 받지 않고 독자적인 결정을 내릴 수 있다. 과로하지 말라는 경고를 무시한 환자에게 심장마비가 일어나는 경우, 이 심장마비를 의사가 강제한 것이라고 볼 수는 없다.

동시에 매체들의 근본적인 차이가 지니는 함의를 해명하는 것은 매우 힘든 일이었다. 예를 들어 영향은 특수한 정보의 전달이 아니라, 상호작용에 참여한 상대방을—의료의 경우 환자 개인의 이해관계 및 이와 관련된 공동체집단의 이해관계에 의거하여 의사의 '충고'를 받아들이는 환자들을—설득하기 위해 전문적인 지식과 경험에 의거한 특권적 지위를 사용하는 것으로 해석되어야 한다. 여기에서 거부의 결과는 환자가 직접 지는 것이지, 강제적인 제재조치가 뒤따르지는 않을 것이다. 이러한 의미에서 영향은 경제적인 이해관계나 정치적 구속력을 지니는 고려가 중요한 역할을 하지 못하는 체계 내에서 매우 중요한 방식의 커뮤니케이션 통제라는 사실을 우리는 인식하게 되었다.

내가 함께 참여한 대학의 체제에 대한 연구에서 특별히 중요한 경험적 연구결과가 제시되었다.[9] 대학의 맥락에서 주로 권력에 기반하고 있는 지위를 (또는 지위의 구성요소를) 영향과 명료하게 구분할 수 있다고 우리는 생각했다. 예를 들어 우리는 대학의 역할에 대한 조사에서 응답자가 전공학부의 학장이라는 지위를 선호하는가 아니면 전공학부에서 영향력 있는 '원로'라는 지위를 선호하는가라는 질문을 했다.[10] 설문에 참여한 사람들은 대체로 이 차이를 매우 정확하게 알고 있었으며, 대다수는 전공학부의 영향력 있는 구성원, 특히 명성이 높은 대학에 근무하는 구성원을 선호한다는 사실이 명백하게 드러났다. 전공학부의 학장은 직위에 의거하여 전공 분야 전반에 구속력을 지니는 일정한 결정권을 행사할 수 있지만, 전공 분야에서 영향력을 지닌 구성원은 전공학부의 집단적 결정 과정에서 투표를 한다거나 전공학부의 학장이나 다른 동료를 '설득'하는 경우 외에는 그렇게 할 수 없다고 우리는 생각했다. 따라서 극도로 분화된 체계에서 일반화될 수 없는 특별한 전문지식을 갖고 있는지 여부에 상관없이 특권적 지위에 있는 개인은 체제 내에서 강제적인 행위를 하지 않으면서도 매우 성공적으로 동료와 공동체에 동기를 부여할 수 있다는 것이 우리의 생각이다.

재산이나 지배와 마찬가지로 우리는 특권을 통합적인 체계나 혹

9 Talcott Parsons and Gerald M. Platt, *The American University*, Cambridge Mass. 1968.

10 Talcott Parsons and Gerald M. Platt, "The American Academic Profession: A Pilot Study," 미출간 논문, Cambridge Mass. 1968; Parsons and Platt, "Considerations on the American Academic System," in *Minerva* 6, 4 (1968).

은 **사회적 공동체**(societal community)와 관련된 중요한 제도적 범주로 간주했다. 경제적 영역에서의 효용이나 정치적 영역에서의 집단적 유효성과 마찬가지로 특권은 주로 연대라는 가치 유형을 통해 정당화되고 기능한다.

상대적인 특권의 부여를 우리는 영향을 행사함으로써 소위 자유로운 통합(valued association)을 위해 행위 단위들의 가치결속을 작동케 하고, 정치적 지지와 동일화 사이에서 벌어지는 상호작용을 (다수의) 연대관계 속의 구성원이라는 자격에 의거하여 규제할 수 있는 능력의 제도화로 간주한다.

• 황승환 옮김

마샬 맥루언(Marshall McLuhan)

뜨거운 매체와 차가운 매체

(1964)

쿠르트 작스(Curt Sachs)는 『세계 무용사(*Weltgeschichte des Tanzes*)』에서 "왈츠의 개선행진은 18세기의 마지막 3분의 2에 해당하는 시기를 가득 채웠던 저 열망, 즉 진실과 단순성, 자연과의 결속, 근원적인 것에 대한 열망의 결과였다"고 설명했다. 오늘날 재즈의 시대를 살고 있는 우리는 왈츠가 궁정의 집단적 무용 양식이라는 형식적·봉건적 장애물을 돌파하려는 '뜨겁고' 폭발적인 인간적 표현으로서 등장했다는 사실을 간과하기 쉽다.

전화 같은 '차가운' 매체를 라디오 같은 '뜨거운' 매체와 구별하고, 텔레비전 같은 '차가운' 매체를 영화 같은 '뜨거운' 매체와 구별하는 기본 원리가 있다. 뜨거운 매체란 단일한 감각을 '고밀도'로 확장시키는 매체다. 여기서 고밀도란 데이터로 가득 찬 상태를 말한다. 사진은 시각적인 면에서 볼 때 '고밀도'다. 반면 만화는 '저밀도'인데, 이는 제공되는 시각적 정보가 극히 적기 때문이다. 전화는 차가운 매체, 혹은 저밀도의 매체다. 왜냐하면 귀에 전달되는 정보량이 빈약하기 때문이다. 주어지는 정보량이 충분하지 않아서 듣는 사람이 그만큼 보충해야 하는 연설은 저밀도의 차가운 매체다. 반면에 뜨거운 매체는 이용자가 채워넣거나 완성해야 할 것을 거의 필요로 하지 않는다. 따라서 뜨거운 매체는 이용자의 낮은 참여도를 요구하고, 차가운 매체는 높은 참여도를 요구한다. 따라서 당연히 라디오 같은 뜨거운 매체는 전화 같은 차가운 매체와는 매우 다른 영향을 미치게 된다.

상형문자나 표의문자 같은 차가운 매체는 뜨겁고 폭발력이 강한 표음문자인 알파벳과는 매우 다른 효과를 낸다. 알파벳은 추상적인 시각적 밀도가 고도로 농축되었을 때 활자가 되었다. 인쇄문자는 전문성이 강화되면서 중세의 집단적으로 조직된 길드와 수도원을 깨부수고 극도로 개인주의적인 기업과 독점의 형태를 만들어냈다. 그러나 독점의 극단적인 형태가 수많은 사람의 인생에 군림하는 막강한 권력을 지닌 단체 조직을 다시 형성하자, 전형적인 반전이 일어났다. 문자라는 매체를 반복 가능한 인쇄라는 강렬한 형태로까지 '가열'함으로써 16세기의 민족주의와 종교전쟁들이 생겨났다. 돌처럼 무겁고 다루기 힘든 매체는 시간을 묶어놓는다. 이러한 매체는 글을 쓰는 데 사용되면서 실제로 매우 차갑게 되어, 시대를 결합하는 데 기여하는 반면에, 종이는 정치의 제국과 오락의 제국에서 모두 공간을 횡적으로 통합하는 데 기여하는 뜨거운 매체다.

뜨거운 매체는 차가운 매체보다 참여를 적게 허용한다. 그리하여 강의는 세미나에 비해 참여를 적게 허용하고, 책은 대화에 비해 참여를 적게 허용한다. 인쇄의 등장으로 이전까지 존재했던 많은 생활양식과 예술 형식이 배제되었지만, 많은 것이 기이할 정도로 새로운 강렬함을 갖게 되었다. 그러나 우리 시대는 '뜨거운' 형식은 배타적이고 '차가운' 형식은 포용적이라는 기본 원리를 보여주는 수많은 사례로 가득 차 있다. 한 세기 전 발레리나들이 발끝으로 춤을 추기 시작했을 때, 사람들은 발레라는 예술이 새로운 정신적 차원을 획득했다고 생각했다. 이 새로운 강렬함의 등장과 더불어 남성들이 발레에서 배제되었다. 또한 산업이 전문화되고 가사노동이 공동체 주변에 있는 세탁소, 제과점, 병원 등으로 갈가리 찢겨 나가자 여성의 역할도 세분화되었다.

강렬함 혹은 고밀도는 오락과 생활에서 모두 전문화와 세분화를 초래했는데, 이는 왜 모든 깊은 체험이 '경험으로 받아들여지거나' 수용되기 위해서는 일단 '잊혀지고' '검열을 받고', 매우 차가운 상태로 변화해야 하는지를 설명해준다. 프로이트 식의 검열은 도덕적 기능이라기보다는 학습의 필수적인 조건이다. 만일 우리가 우리의 다양한 의식 영역에 가해지는 모든 충격을 직접적으로 그리고 송두리째 받아들여야만 한다면, 우리는 즉시 정신지체를 동반하는 신경쇠약에 걸려, 매 순간 사출좌석의 단추를 눌러대게 될 것이다. '검열'은 우리의 생리학적 신경체계를 지켜주듯이, 중심적 가치체계도 보호한다. 그것도 경험이 시작되는 바로 그 지점에서 경험을 냉각시키는 아주 간단한 방법을 통해서 이를 성취해낸다. 많은 사람에게 이러한 냉각체계는 평생 동안 일종의 사후경직(Tottenstarre)이나 몽유병의 상태를 초래하는데, 이러한 상태는 특히 새로운 기술이 등장하는 시기에 잘 관찰된다.

차가운 기술을 대체하는 뜨거운 기술의 파괴적인 힘을 잘 보여주는 사례가 로버트 시어벌드(Robert Theobald)의 『부유한 자와 가난한 자(*The Rich and the Poor*)』에 나온다. 선교사들이 오스트레일리아 원주민들에게 쇠도끼를 가져다주자, 돌도끼에 기초를 둔 원주민들의 문화는 붕괴하고 말았다. 돌도끼는 그 수가 적었을 뿐만 아니라, 항상 남성의 우월적 지위를 과시하는 근본적 상징이었다. 선교사들은 예리한 쇠도끼를 대량으로 가져와, 여성과 아이들에게 나눠주었다. 심지어 원주민 남자들은 쇠도끼를 여자들에게 빌려야 했고, 결국 남성의 위엄은 파괴되고 말았다. 부족과 봉건적 지배를 토대로 하는 전통적 방식의 위계질서는 기계적이고 통합적이며 부단히 반복되는 특성을 지닌 뜨거운 매체를 만나게 되면 곧 붕괴해버린다. 돈·바퀴·문자와 같은 매체나 교환과 정보를 가속화하는 다른 전문적 형태들은 부족 조직을 분화시킨다. 이와 유사하게 예컨대 전기의 도입으로 생겨난 훨씬 강력한 가속화는, 유럽에 라디오가 보급되었을 때 우리가 경험한 바 있고, 텔레비전이 보급된 결과로 오늘날 미국에서 두드러진 양태로 등장한—부족적 조직에서 볼 수 있는 강렬한 공동체험과 같은—행동양식을 초래하고 있다. 전문화된 기술은 부족적 조직 형태를 파괴하고, 비전문적인 전기 기술은 부족적 조직 형태를 다시 만들어낸다. 노동과 능력의 재분배 결과로 생겨난 변혁의 과정에는 커다란 문화적 후진성이 동반되기 마련인데, 여기에서 사람들은 거의 불가피하게 새로운 상황을 과거의 상황으로 간주하게 된다. 이로 인해 사람들은 내파(Implosion)의 시대에 '인구 폭발(Bevölkerungsexplosion)'이라는 관념을 가지고 대처한다.

시계의 시대에 뉴턴(I. Newton)은 물리적 우주를 시계의 형상으로 생각하기에 이르렀다. 그러나 블레이크(W. Blake) 같은 시인들은 시계의 도전에 대응함에 있어 뉴턴보다 훨씬 앞서 있었다. 블레이크는 "오로지 보기만 하는 것과 뉴턴의 잠에서" 해방되어야 할 필요성을 역설했다. 그는 새로운 기계론의 도전에 대한 뉴턴의 응답 자체가 그 도전을 기계적으로 반복하는 것일 뿐이라는 사실을 매우 잘 알고 있었다. 블레이크는 뉴턴과 로크(J. Locke)와 그 밖의 다른 사람들이 최면에 걸린 나르시시즘의 유형이고, 이들에게 기계론의 도전에 적절히 대응할 수 있는 능력이 전혀 없다는 사실을 간파했다. 예이츠(W. B. Yeats)는 뉴턴과 로크에 대한 블레이크의 해석 전체를 다음과 같은 유명한 단시로 옮겼다. "로크가 무기력에 빠지고/ 정원이 시들어버리자/ 신께서는 방적기를 끄집어내셨다지/ 그의 옆구리에서."

예이츠는 기계론적이고 단선적인 관념연합설의 철학자 로크를 자신의 표상 이미지에 최면이 걸린 사람으로 묘사한다. 총체적 의식의 '정원'은 이제 종말을 고했다. 18세기의 인간은 방적기의 형태로 개성의 확장을 경험했는데, 예이츠는 여기에 전적으로 성(性)적인 의미를 부여한다. 그리하여 여자 자체는 남자의 기술적 확장으로 간주된다.

자신의 시대에 등장한 기계론적 세계관에 맞서 블레이크가 내놓은 처방은 유기체적 신화였다. 오늘날 전기의 시대 한복판에서 신화는 블레이크의 환상적 이미지를 불러들일 필요 없이, 그 자체가 수학적으로 표명되고 표현될 수 있는 자동적인 반응이 되었다. 블레이크가 전기의 시대에 대적한다고 해도, 전기적 형식을 단순히 반복하는 방식으로 전기의 도전에 대응하지는 않았을 것이다. 왜냐하면 신화란 원래 오랜 기간에 걸쳐 일어난 다층적인 과정을 복합적이고 시각적으로 형상화한 것이기 때문이다. 신화는 어떤 과정의 응축이나 내파이며, 오늘날 전기의 순간적인 속도는 신화의 영역을 산업사회의 일상적인 활동들로 옮겨놓고 있다. 우리는 신화적으로 살고 있으면서도, 여전히 원자적으로 사고하면서 평준화되고 있다.

오늘날의 학자들은 그들이 대상을 다루는 방식과 대상 자체 사이에 가로놓인 모순을 정확하게 의식하고 있다. 구약과 신약을 연구하는 성서학자들은 그들의 연구방식이 단선적인 데 반해 연구대상은 그렇지 않다는 말을 자주 한다. 이들이 다루는 대상은 신과 인간의 관계, 신과 세계의 관계, 인간과 이웃의 관계에 있다. 이 모든 것은 함께 존재하고, 동시에 존재하고, 상호작용한다. 히브리와 근동의 사고방식은 논의를 시작하면서 곧장 문제와 해결책에 다가가는데, 이는 구술 문화에서 보편적으로 나타나는 특성이다. 여기에서는 메시지 전체가 명백히 불필요하게 보일 정도로 끊임없이 동심의 나선 주위를 맴돈다. 따라서 메시지를 '삼켜버릴' 용의만 있다면, 처음 몇 문장만 임의로 취해도 메시지 전체의 의미를 알 수 있다. 프랭크 로이드 라이트(Frank Lloyd Wright)는 이런 방식에 입각하여 나선형적이고 동심원적인 형태를 기초로 구겐하임 미술관을 설계한 것으로 보인다. 이것은 불필요한 형식이지만, 전기의 시대에는 불가피한 형식이다. 이 형식에는 전기의 속도가 지니는 순간성의 특성과 중첩된 심층작용으로 인한 동심원의 도식이 필연적으로 나타나게 된다. 그러나 여러 차원이 무한히 서로 맞물려 있는 이러한 동심원의 형식은 통찰을 위해 필수적인 것이다. 실제로 이러한 동심원적 도식은 매체 연구를 위해 필수적으로 요구되는 통찰의 기법이다. 왜냐하면 그 어떤 매체도 독자적일 수 없으며, 오로지 다른 매체와의 지속적인 상호작용 속에서만 의미나 존재를 갖기 때문이다.

전기가 가져온 생활의 새로운 구조화 및 형성은 기계시대의 단선적이고 원자적인 낡은 분석 방식 및 방법과 점점 더 많은 충돌을 겪게 된다. 우리는 메시지의 내용에서 눈을 돌려 전체적인 효과를 연구하는 데 점점 더 주력하게 된다. 케네스 볼딩(Kenneth Boulding)은 그의 저서 『이미지(*The Image*)』에서 이렇게 말하고 있다. "메시지의 의미란 메시지가 표상 이미지를 통해 초래하는 변화다." 의미보다 효과에 더 관심을 두는 것이 우리가 살고 있는 전기 시대의 근본적인 변화다. 효과는 정보의 움직임 하나의 차원만이 아니라 전체적인 상황과 관련되기 때문이다. 특이하게도 정보보다 효과를 우선시하는 이러한 사태는 명예 훼손에 대한 영국인의 생각에서 인정을 받고 있다. "명예 훼손은 그것이 진실일수록, 그만큼 더 큰 분노를 불러일으킨다."

전기 기술이 끼친 첫 번째 영향은 불안이었다. 이제 전기 기술은 권태를 만들어내고 있는 것 같다. 개인생활이나 집단생활에서 오는 질병 및 스트레스의 모든 사례에 동반되는 경보, 저항, 소진의 세 단계를 우리는 이미 경험해왔다. 전기를 처음 접한 후 소진으로 인해 생겨난 우울증을 통해 적어도 우리는 차라리 새로운 문제들을 고려하려는 경향을 보이게 된다. 그러나 기계적이고 전문화된 서구 문명의 근본적인 경험을 거의 하지 않은 후진적인 나라들은 전기 기술을 훨씬 더 잘 이해하고 이에 대응한다. 산업화되지 않은 후진적인 민족들은 전자기(電磁氣)와 조우할 때 전문가의 태도를 극복할 필요가 없다. 그 밖에도 이들은 구술 문화의 전통을 아직 많이 간직하고 있는데, 이러한 전통문화는 현대 전자기의 전체적 '장(場)'의 성격을 총체적으로 지니고 있다. 구술 전통을 자동적으로 근절시켜버린 서구의 오래된 산업지역들은 전기 시대에 적응하기 위해 이러한 전통을 재발견해야 하는 문제에 봉착해 있다.

뜨거운 매체와 차가운 매체라는 견지에서 볼 때, 후진적 국가들은 '차갑고' 서구의 국가들은 '뜨겁다', '세련된 도시인'은 '뜨겁고' 시골 사람들은 '차갑다'. 그러나 전기의 시대에 흐름과 가치가 역전

되었다는 사실을 고려할 때, 과거의 기계 시대는 뜨거웠고 오늘날의 텔레비전 시대는 차갑다. 뜨겁고 빠르고 기계적인 춤인 왈츠는 화려함과 사치스러움을 선호하는 산업 시대에 상응하는 것이었다. 반면에 차갑고 함께 어울리고 강제성 없이 찰랑대는 트위스트는 즉흥적인 몸짓언어의 형태를 보여준다. 영화와 라디오로 대표되는 새로운 뜨거운 매체들의 시대에 등장한 재즈는 핫재즈(Hot-Jazz)였다. 하지만 재즈 자체는 거듭 반복되는 기계적인 왈츠의 형식이 완전히 결여된, 마치 춤에서 상상적인 대화가 일어나는 식의 느슨한 형식이 되고자 한다. 쿨 재즈(Cool Jazz)는 라디오와 영화가 준 최초의 자극을 받아들인 이후 매우 자연스럽게 생겨났다.

1963년 9월 13일자 『라이프(*Life*)』지 소련 특집호는 러시아의 레스토랑과 나이트클럽에서 찰스턴 춤은 용인되지만 트위스트는 터부라고 보도했다. 이 모든 것은 산업화의 길을 걷는 나라가 핫재즈를 경제개발계획과 완전히 어울리는 것으로 간주하는 경향이 있다는 것을 의미한다. 이와 달리 트위스트라는 '차갑고' 함께 어울리는 형식은 그러한 문화를 즉시 반동적인 것으로 여기고, 기계적인 것을 새로이 강조하려는 자신들의 견해와 어울리지 않는 것으로 느낄 것이다. 철사로 작동되는 기계인형 같다는 인상을 주는 찰스턴 춤은 러시아인들에게 전위적인 형식으로 보인다. 이와 달리 우리 서구인들은 모든 사람의 참여와 전체적인 삶의 표현을 기대하게 해주는 '차가운 것'과 원시적인 것에서 전위적인 것을 발견한다.

'전투적' 경쟁과 '따스한 빵' 같은 것은 텔레비전의 시대에는 즐거운 일이 되어버렸다. 그리고 텔레비전이라는 도끼의 일격을 맞은 모든 세일즈맨의 죽음은 뜨거운 미국 문화를 어떻게 대응해야 할지

모를 차가운 문화로 바꿔놓았다. 실제로 이것은 마거릿 미드(Magareth Mead)가 1954년 9월 4일자 『타임(*Time*)』지에서 묘사한 반전 과정을 겪고 있다는 인상을 준다. "기계와 보조를 맞추기 위해 사회가 너무 빨리 발전하고 있는 것에 대한 한탄의 소리가 많은 사람에게서 터져 나오고 있다. 우리가 충분하고 완전히 발전하고, 사회생활·교육·여가활동에서 일어나는 변화에 보조를 맞출 수 있다면, 급속한 발전은 커다란 장점을 지닌다. 우리는 전체 조직과 전체 집단을 한꺼번에 같이 변화시켜야 한다. 그리고 사람들 자신이 그러한 변화를 결심해야만 한다."

여기에서 미드는 후진적 문화에서 움직임이 동일한 형태로 가속화하거나 온도가 동일한 형태로 '가열'되는 것으로 변화를 파악하고 있다. 우리는 이제 다음과 같이 말할 수 있을 정도로 세계가 자동적으로 통제되는 것처럼 보이는 경지에 도달했다. "다음 주 인도네시아 라디오 방송 프로그램을 여섯 시간 줄이지 않으면, 문학에 대한 관심이 크게 줄어들 것이다." 혹은 "남아프리카에서 지난 주 라디오에 의해 가열된 종족감정의 분위기를 냉각시키기 위해, 다음 주 텔레비전 방송 프로그램을 20시간 더 편성할 수도 있다." 세계 경제의 균형을 유지하는 방법을 우리가 이미 어느 정도 알고 있듯이, 정서적 분위기를 안정시키기 위해 모든 문화를 프로그래밍할 수도 있을 것이다.

순수하게 개인적이고 사적인 영역에서도 우리는 다양한 시점과 계기에서 상황에 맞게 행동하기 위해서는 음조와 태도를 얼마나 자주 바꿀 필요가 있는지를 종종 깨닫는다. 영국의 클럽회원들은 동료들 간의 친목과 유쾌한 분위기를 유지하기 위해 종교와 정치 같은 뜨거운 화제를 언급하는 것을 그들의 사교적인 클럽에서 오랫동안 배제해왔다. 같은 맥락에서 오든(W. H. Auden)은 이렇게 말했다. "(…) 오늘날 이것이 옳다고 여기는 사람은 자신의 심장을 혀 위에 두지 않고, 혀 밑에 둔다(심장을 혀 위에 둔다는 것은 자신의 생각을 솔직하게 드러낸다는 것을 의미하고, 혀 밑에 둔다는 것은 자신의 생각을 감춘다는 것을 의미한다—옮긴이). (…) 오늘날 올바른 남성상은 이아고(Iago)에게 더 어울린다." [존 베처먼(John Betjeman)의 『매끄럽지만 간명하지 않은(*Slick But Not Streamlined*)』의 머리말]. 한편 인쇄술이 사회 분위기를 고도로 가열했던 르네상스 시대의 신사와 궁정 사람들은 연극적이고 고상한 인간의 자유롭고 냉정한 방임적 태도를 자신에게 적대적인 것으로 받아들였다. 이아고에 대한 오든의 언급은 이아고가 본능적으로 진지하고 전혀 냉정하지 못한 오셀로 장군의 또 다른 자아이자 조력자라는 사실을 떠올리게 한다. 진지하고 직선적인 장군을 모방하기 위해 이아고는 자신의 이미지를 뜨겁고 강렬하게 만들고, 자신의 심장을 혀 위에 둠으로써, 마침내 오셀로 장군은 자신과 같이 극도의 솔직하고도 진지한 마음을 지녔다는 의미에서 그를 '정직한' 이아고라고 확실히 판단하게 되었다.

『역사 속의 도시(*The City in History*)』에서 루이스 멈포드(Lewis Mumford)는 뜨겁고 과밀한 도시보다 차갑고 느슨하게 구획된 도시를 전반적으로 선호한다. 아테네의 위대한 시기는 촌락공동체와 능동적 참여방식에서 대부분의 민주적 관습이 유지되던 시기라고 그는 생각했다. 이 시기에 인간의 표현과 탐구의 온갖 방식이 갑작스레 출현했는데, 이는 그 후에 나타난 고도로 발달된 중심도시들에서는 불가능했다. 왜냐하면 고도로 발달된 상태라는 것은 그 정의에 있어 이미 능동적 참여의 기회가 희소해지고, 이러한 상태를 자신들의 통제하에 두려 하는 사람들에게서 분화와 전문화가 엄격하게 이루어졌다는 것을 뜻하기 때문이다. 예를 들어 오늘날 사업이나 경영에서 '활동 범위의 확대'라고 부르는 것은, 피고용인들에게 활동의 자유를 좀 더 많이 허락하여, 결국 자신의 직무 영역의 범위와 한계를 인식게 하는 것을 의미한다. 이와 유사하게 탐정소설을 읽을 때 독자가 공동 저자의 역할을 하게 되는 것은, 단지 이야기 줄거리에 생략되어 있는 부분이 많기 때문일 뿐이다. 망사 실크스타킹이 매끄러운 나일론에 비해 훨씬 더 육감적인 것은, 모자이크 처리된 텔레비전 영상처럼 눈이 수천 개의 손이 되어 그 이미지를 채우고 보완하기 때문이다.

『제4의 권부(*The Fourth Branch of Government*)』에서 더글러스 케이터(Douglas Cater)는 워싱턴 신문사 사무실의 기자들이 캘빈 쿨리지(Calvin Coolidge)라는 인물의 불확실한 이미지를 보충하거나 채워넣는 일에서 얼마나 커다란 즐거움을 느꼈는가를 서술하고 있다. 쿨리지가 순전히 캐리커처 같은 인물이었기 때문에 기자들은 쿨리지와 그의 사람들의 가장 중요한 이미지를 보충하지 않을 수 없다고 느꼈던 것이다. 언론이 그의 애칭 '캘(Cal)'에 '쿨(cool)'이라는 단어를 사용했다는 사실은 시사하는 바가 크다. 전적으로 차가운 매체라는 의미에서 캘빈 쿨리지는 자신의 이미지를 다른 사람들과 구분하게 해주는 어떤 자료도 없었다는 점에서 그에게 부여될 수 있는 단어는 이 한 단어뿐이었다. 그는 그야말로 '차가웠던' 것이다. '뜨거웠던' 1920년대에 신문이라는 '뜨거운' 매체는 캘이 매우 '차갑다'는 것을 발견하고 이러한 그의 이미지의 결여를 상당히 환영했다. 왜냐하면 이로 인해 신문은 쿨리지와 그의 사람들의 이미지를 각인하는 일에 능동적으로 참여하지 않을 수 없었기 때문이다. 이와 달리 프랭클린 델라노

루스벨트(Franklin Delano Roosevelt)는 언론의 뜨거운 소재였고, 신문이라는 차가운 매체의 경쟁자였으며, 신문과 경쟁관계인 또 다른 뜨거운 매체 라디오를 통해 신문을 공격하는 것을 매우 즐거워한 인물이었다.

이와 정반대로 잭 파(Jack Paar)는 텔레비전이라는 차가운 매체를 위해 차가운 쇼를 시작하여, 나이트클럽 소유자들과 이들의 동맹군인 신문 가십기사의 경쟁자가 되었다. 잭 파가 가십 칼럼니스트들과 벌인 전쟁은, '텔레비전 퀴즈쇼 스캔들'에서 보았듯이 뜨거운 매체와 차가운 매체 사이에 일어난 충돌의 숙명적인 사례라 할 수 있다. 신문과 라디오라는 뜨거운 매체를 한편으로 하고 텔레비전이라는 차가운 매체를 다른 한편으로 하여 벌어진 뜨거운 광고비 수주 경쟁이 극히 부당하게도 찰스 밴 도런(Charles van Doren)이 말려든 이 스캔들에서 문제를 혼돈스럽고 과열되게 만들었던 것이다.

1962년 8월 9일 캘리포니아 산타 모니카에서 AP통신은 다음과 같은 소식을 전하고 있다. "약 백 명의 교통위반자들이 과실에 대한 벌로 경찰이 보여주는 교통사고 영화를 관람했다. 그중 두 명은 구토와 쇼크 때문에 치료를 받아야 했다. … 오하이오 주 경찰이 제작한 영화 〈시그널 30〉을 보는 것에 동의하여 이 영화를 관람한 사람들은 벌금에서 5달러를 감면받았다. 이 영화는 찌그러진 차와 훼손된 시체를 보여주었고, 영상을 보는 관객들은 사고 희생자들의 비명 소리도 들어야 했다.

뜨거운 내용을 담은 영화라는 뜨거운 매체가 뜨거운 운전자들을 냉각시킬 수 있는가는 논쟁거리다. 그러나 이 문제는 매체에 대한 이해와는 아무런 관련이 없다. 뜨거운 매체를 사용하는 것이 감정이입이나 참여의 효과를 가져다주지는 않는다. 이런 맥락에서 인공 철폐(iron lung) 속의 아버지가 즐거운 표정을 짓고 있는 가족들에 둘러싸여 있는 모습을 보여준 보험회사 광고는 조심하라고 경고하는 세상의 그 어떤 지혜의 말보다도 더 독자들의 마음을 공포로 채워주었다. 이것은 사형제도와 관련해서도 생겨날 수 있는 문제다. 가혹한 형벌의 위협이 중대한 범죄를 방지하는 최선의 수단일까? 이를 폭탄과 냉전에 적용하면 대량 보복의 위협이 평화를 위한 가장 효과적인 수단일까? 인간의 모든 상황에 있어 포화 지점에 이르면 성급한 행동이 유발된다는 것이 분명한 사실이 아닐까? 어떤 유기체나 구조에서 이용 가능한 모든 수단과 비축물이 모두 사용되면, 도식의 반전이 일어난다. 폭력에 대한 경각심을 불러일으키기 위해 폭력 장면이 들어 있는 드라마를 보여주는 것은 오히려 잔학성을 유발할 수 있다. 스포츠에서 사용되는 난폭함은 적어도 어떤 조건하에서는 인간적 태도를 고무할 수도 있다. 그러나 폭탄과 보복 조치의 위협을 억제 수단으로 사용하는 것과 관련하여, 지속적인 테러의 결과가 감각을 마비시킨다는 것은 명백한데, 이는 원폭지하대피소 프로그램이 발표되었을 때 확인된 사실이다. 지속적인 각성 상태는 무관심이라는 대가를 치른다.

하지만 뜨거운 매체가 뜨거운 문명에서 사용되는가, 차가운 문명에서 사용되는가는 전혀 다른 문제다. 뜨거운 매체 라디오가 차가운 문화 혹은 문자가 없는 문화에서 사용되는 경우, 이것은 라디오를 오락으로 여기는 영국이나 미국과는 전혀 다른 격렬한 효과를 지니게 된다. 차가운 문화나 낮은 차원의 문자문화는 영화나 라디오 같은 뜨거운 매체에서 오락을 찾으려 하지 않는다. 라디오나 영화 같은 뜨거운 매체의 형식은 적어도 텔레비전이라는 차가운 매체가 서구의 고도의 문자문화 세계에 변혁을 초래한 것으로 입증된 만큼의 급격한 변혁을 낮은 문자문화에 불러일으킬 것이다.

차가운 전쟁과 뜨거운 폭탄의 공포와 관련하여 우리에게 시급한 문화정책은 유머와 놀이다. 놀이는 현대적 삶의 뜨거운 문제들을 유희적으로 모방함으로써 이 과열된 문제들을 식혀준다. 러시아와 서구의 스포츠 경쟁은 긴장 완화라는 목적에는 별로 기여하지 못할 것이다. 그러한 스포츠 행사가 오히려 기폭제가 되고 있다는 것은 분명하다. 서구의 매체에서 오락이나 재미로 간주되는 것이 차가운 문화에서는 불가피하게 격렬한 정치적 선동으로 나타난다.

뜨거운 매체와 차가운 매체를 사용하는 방식의 근본적인 차이를 찾아내는 방법 중 하나는 라디오의 교향악 연주 중계방송과 텔레비전의 교향악 리허설 중계방송을 비교하고 대비해보는 것이다. 캐나다의 CBC 방송 중에서 가장 뛰어난 두 가지를 꼽는다면 피아니스트 글렌 굴드(Glenn Gould)의 리사이틀 음반 취입 과정 방송과 스트라빈스키가 자신의 새 작품으로 토론토 오케스트라를 지휘한 리허설 방송이었다. 텔레비전 같은 차가운 매체가 제대로 사용되려면 과정에 대한 이러한 참여가 요구된다. 손쉬운 완성품은 라디오나 레코드 같은 뜨거운 매체에 적합하다. 프랜시스 베이컨(Francis Bacon)은 뜨거운 산문과 차가운 산문을 대조하는 일에 수고를 아끼지 않았다. 그는 '방법론'이나 '완성된 양식'에 맞춰 글을 쓰면서, 자신의 서술에 "보복은 일종의 야만적 정의다"라는 식의 아포리즘이나 단문을 덧붙여 대조시켰다. 수동적인 소비자는 완제품을 원한다. 하지만 더 많은 것을 경험하고 원인을 찾아내는 일에 관심 있는 사람은 아포리즘을 선택할 것이라고 베이컨은 말하고 있는데, 왜냐하면 아포리즘은 불완전하므로, 능동적이고 전인격적인 참여를 요구하기 때문이라는 것이다.

뜨거운 매체와 차가운 매체를 구분하는 원리는 "안경 낀 여자에게는 말도 걸지 말라" 같은 속담에 정확하게 들어 있다. 안경은 외부로 향하는 시선을 강조함으로써, 여성의 이미지를 과도하게 만든다. '그녀'의 이름이 매리언(Marion)이고, 직업이 도서관 사서라고 할지라도 이는 마찬가지다(매리언은 메러디스 윌슨이 1950년에 쓴 뮤지컬 〈음악가〉에 나오는 여주인공. 매리언 패루(Marion Paroo)는 시골 사서이자 음악선생인데, 남자를 찾아보라는 어머니와 주위 사람들의 권고에 전혀 귀 기울이지 않는 완고하고 까다로운 독신여성이다—옮긴이). 반면에 선글라스는 투시할 수 없고 접근하기 어려운 이미지를 만들어내는데, 이것이 오히려 능동적인 참여와 알고 싶은 강렬한 욕구를 이끌어낸다.

시각적이고 고도화된 문자문화에 속해 있는 경우에도, 어떤 사람을 처음 만날 때 그 사람 이름의 음향이 그의 시각적 인상을 희미하게 만들어서, 우리는 어쩔 수 없이 "당신 이름의 철자가 어떻게 되지요?"라고 묻게 된다. 반면에 구술문화에서는 한 사람 이름의 **음향** 자체가 매우 중요하다. 이것을 잘 알고 있던 제임스 조이스는 『피네건의 경야(*Finnegans Wake*)』에서 이렇게 말하고 있다. "누가 너를 그렇게 마비시켰는가?" 사람의 이름은 그 사람을 마비시키는 일격이고, 그 사람은 이로부터 결코 회복될 수 없기 때문이다.

뜨거운 매체와 차가운 매체의 차이를 검증하는 또 하나의 좋은 출발점은 누군가에게 거는 장난이다. 문자적 표현이라는 뜨거운 매체는 장난의 행동적이고 체험공유적인 측면을 완전히 배제한다. 그리하여 콘스탄스 루크(Constance Rourke)는 그녀의 저서 『미국의 유머

(*American Humor*)』에서 유머는 결코 장난이 아니라고 파악한다. 교양 있는 사람들에게 전적으로 신체적인 장난은 활판인쇄의 질서가 지닌 매끄럽고 동형적인 노선에서 우리를 내모는 언어유희만큼이나 거북살스럽다. 실제로 활자 매체가 지닌 고도의 추상성을 전혀 의식하지 못하는 교양 있는 사람들은 통속적이고 체험공유적인 예술 형식을 '뜨거운' 것으로 여기고, 추상적이고 고도로 문자문화적인 예술 형식을 '차가운' 것으로 여긴다. 존슨 박사는 권투선수의 미소를 지으며 이렇게 말했다. "부인, 아마도 눈치채셨겠지만, 저는 지나치게 소심할 정도로 교육을 잘 받았습니다." 존슨 박사의 "교육을 잘 받았다"는 말이, 인쇄된 책 페이지의 엄격함에 비견되는 백색 조끼가 외모에서 가장 중요하다는 생각과 같은 것을 의미한다는 전제에서, 그는 옳은 말을 한 것이다.

'안락함'은 시각적인 질서에서 벗어나 다른 감각들이 아무런 강제 없이 함께 작용할 수 있는 다른 질서에 가담하는 것에 있다. 이러한 상태는, 어떤 하나의 감각, 특히 시각이 상황을 지배하게 될 정도로 가열되면 소멸된다. 반면에 외부에 대한 모든 감각이 배제된 실험에서 피험자는 격렬하게 감각을 채우거나 보충하기 시작하여, 온전히 환각에 가까운 상태에 이르게 된다. 결국 하나의 감각만을 가열하면 최면 상태에 이르게 되고, 모든 감각을 냉각시키면 환각에 빠지게 된다.

• 박배형 옮김

니클라스 루만(Niklas Luhmann)

커뮤니케이션의 비개연성

(1981)

I

커뮤니케이션 없이는 어떤 인간관계도, 어떤 인간적 삶도 있을 수 없다. 따라서 커뮤니케이션에 대한 이론은 사회적 공동생활이라는 영역에서 몇몇 단면만을 다룰 수는 없다. 오늘날의 사회에서 커뮤니케이션의 개별적 기술과 이것이 초래한 결과가 새로운 것이라는 점에서 특별히 주목할 필요가 있다고 할지라도, 커뮤니케이션에 대한 이론이 그러한 개별 기술들을 연구하는 데 머물 수는 없다. 마찬가지로 개념에 대한 논의로 시작하는 것 또한 충분하지 않다.[1] 그러한 논의가 목적에 도달하려면, 우리가 그 개념을 통해 어디에 이르려고 하는지, 그리고 그 개념이 어떠한 이론적 연관 속에서 작동하는지를 알고 있어야만 한다. 이에 대해서는 어떠한 합의도 전제할 수 없다. 따라서 우리는 그러한 학문적 이론의 구조에 결정적인 영향을 미치는 두 가지 상이한 이론적 의도를 구분하는 일로 시작하고자 한다.

1 이러한 논의들이 일치하는 특징을 지니고 있다고 평가한 연구로는 Klaus Merten, *Kommunikation: Eine Begriffs-und Prozeßanalyse*, Opladen 1977을 참조할 것.

이론의 한 가지 방식은 상황의 개선 가능성을 묻는다. 그것은 완전성, 건강, 혹은 가장 넓은 의미에서 가능한 최상의 상태라는 관념들을 통해 규정된다. 베이컨(F. Bacon)과 그에게서 시작된 학문 운동은 이런 방식의 사유를 전개했다. 자연에 대한 인식과 오류 판단의 방지는 세계를 유지하는 데 절대적으로 필요한 것은 아니다. 사람들은 잘 보기 위해 광학을 필요로 하지는 않는다. 그러나 자연을 인식하고 오류 판단을 방지하는 것은 잘못된 것을 바로 잡거나 사람들이 살고 있는 조건들을 점진적으로 개선하는 데 기여한다.

이론의 다른 방식은 비개연성이라는 명제에서 시작한다. 그것은 첫 번째 방식과 마찬가지로 상태를 단지 있는 그대로 지속시키는 것에서 벗어나 습관적 기대와 일상생활의 안정성을 해체하고, 그 자체로서는 비개연적인 연관성이 도대체 어떻게 가능한지, 심지어 상당한 확실성을 가지고 기대할 수 있게 되는지를 설명하고자 한다. 베이컨과 달리 홉스(T. Hobbes)는 정치 이론을 그러한 비개연성의 가정 위에 수립했다. 갈릴레이(G. Galilei)와 달리 칸트(I. Kant)는 더는 자연에 대한 당연한 인식의 가능성을 믿지 않고 종합적 인식 자체에 의문을 제기하여, 그러한 종합적 인식이 가능하기 위한 조건에 대해 물었다. 여기에서 주된 질문은 실천적 개선에 대한 질문이 아니다. 여기에서 문제되는 것은 모든 개선에 선행하는 질문이다. 즉 어떻게 불가능한 것을 가능한 것으로, 비개연적인 것을 개연적인 것으로 변형하는 질서가 수립될 수 있는가?

다음의 고찰들은 전적으로 위에서 제기한 질문을 고수하면서, 커뮤니케이션 영역에 적합한 이론의 형식을 추구할 것이다. 그 이유는 그렇게 함으로써만 모든 사회에 토대가 되는 사태를 통일적으로 파악할 수 있기 때문이다. 그러나 고도성장사회와 복지사회에서 점점 더 전면에 대두되는 실천적 지향이라는 또 다른 이유들도 있다. 이제 더 이상 우리는 '자연'을 토대로—물리적 자연이든, 인간적 자연이든 간에—언제나 개선이 가능하다는 순진한 생각에서 출발할 수 없다.[2] 자연을 극복된 비개연성으로 파악하면, 우리는 이미 도달한 것과 개선해야 할 것을 판단하는 다른 척도를 얻게 된다. 그렇게 되면 적어도 질서의 해체가 언제나 재조합의 비개연성으로 귀착된다는 사실이 분명하게 드러난다.

II

여기에서 추구하는 유형의 커뮤니케이션 이론에 관한 주장은 첫째, 커뮤니케이션이 비개연적이라는 사실이다. 우리는 매일 커뮤니케이션을 체험하고, 실행하고, 또 그것 없이는 살 수 없음에도 불구하고, 커뮤니케이션은 비개연적이다. 눈에 보이지 않는 이러한 비개연성을 사전에 파악하는 것이 요구되며, 이를 위해서는 소위 반(反)현상학적인 노력이 필요하다. 이러한 과제는 커뮤니케이션을 현상이 아니라 문제로 파악할 때, 다시 말해 사태를 가능한 한 완전히 포괄하는 개념을 찾는 것이 아니라 커뮤니케이션이 도대체 어떻게 가능한지를 물을 때, 비로소 해결될 수 있다.

여기에서 우리는 여러 문제 **및** 커뮤니케이션이 이루어지려면 극

2 이러한 입장을 표명한 글로는 Joseph Glanvill, *The Vanity of Dogmatizing*, Londen 1661; Francis Hutcheson, *An Essay on the Nature and Conduct of the Passions and Affections*, London 1728, "Preface"를 참조할 것.

복해야 할 여러 장애물과 마주치게 된다.

첫째, 각자의 의식이 분리되어 있고 개별화되어 있는 상황에서 한 사람이 다른 사람이 의미하는 바를 **이해한다**는 것은 비개연적이다. 의미는 콘텍스트 속에서만 이해될 수 있는데, 모든 사람에게 콘텍스트란 무엇보다도 각자가 자신의 고유한 기억에 저장하고 있는 것을 말한다.

둘째, 비개연성은 수신자에게 **도달**할지 여부와 관련된다. 구체적 상황 속에 함께 있는 사람들이 아닌 다수에게 커뮤니케이션이 도달한다는 것은 비개연적이다. 문제는 공간적이고 시간적인 외연에 있다. 그 자리에 함께 있는 사람들의 상호작용체계는 커뮤니케이션이 실제로 이루어지는 데 필요한 주의력을 보장한다. 커뮤니케이션을 하려는 의지가 없다는 것이 드러나게 되면, 그 체계는 파괴된다. 이러한 상호작용체계에 통용되는 규칙은 그 체계를 넘어서까지 강요될 수는 없다. 따라서 커뮤니케이션의 당사자들이 유동적이고 지속적으로 존재하는 경우에도, 이들이 그러한 주의력을 가지고 있으리라고 전제하는 것은 비개연적이다. 사람들은 다른 상황에서는 다른 일을 하기 마련이다.

셋째, **성공**의 비개연성이다. 커뮤니케이션이 설령 이해된다고 할지라도 아직 이것이 받아들여진다는 보장이 주어진 것은 아니다. 커뮤니케이션의 '성공'이란 수신자가 커뮤니케이션의 선택적 내용(정보)을 자신의 태도의 전제로 받아들이는 것, 즉 선택에 또 다른 선택들을 연결시키면서 이를 통해 커뮤니케이션의 선택적 성격을 강화하는 것을 의미한다. 여기에서 자신의 태도의 전제로서 받아들인다는 것은 적절한 지침에 따라 행동하고 체험하고 사유하고 인식하는 것,

즉 특정 정보가 옳다는 전제하에서 그러한 정보를 처리하는 것을 뜻한다.

이상에서 말한 비개연성들은 수신자에게 커뮤니케이션이 도달하는 것을 방해하는 장애물일 뿐만 아니라 동시에 **좌절의 문턱**으로 작용함으로써, 전망이 없어 보이는 커뮤니케이션을 아예 단념하게 만든다. 커뮤니케이션을 하지 않는 것이 불가능하다는 규칙은[3] 그 자리에 함께 있는 참가자들 사이의 상호작용체계 내에서만 통용되며, 이 경우에도 그러한 규칙은 커뮤니케이션이 일어나도록 규제할 뿐이지 커뮤니케이션의 내용을 규제하는 것은 아니다. 사람들에게 도달하고 이해되고 성공하리라는 보장이 충분치 않으면 사람들은 커뮤니케이션을 포기하게 된다. 하지만 커뮤니케이션이 없다면 어떠한 사회체제도 형성되지 못한다. 따라서 커뮤니케이션 과정의 비개연성, 그리고 그러한 비개연성을 극복하여 개연성으로 변형하는 방식이 사회체제의 구조를 규제한다. 그러므로 사회문화적 진화의 과정은 한 사회가 사회체제를 구성함에 있어 중심축 역할을 하는 유망한 커뮤니케이션의 기회를 증진하고 변형하는 과정으로 이해할 수 있다. 이것이 단순한 성장 과정이 아니라 선택의 과정이라는 것은 자명하다. 이러한 선택의 과정이 어떤 종류의 사회체제가 가능한 것이고 어떤 체제가 비개연적인 것으로서 배제되어야 하는가를 결정한다.

세 가지 방식의 비개연성들은 서로를 강화한다. 각각의 비개연성

---

3 Paul Watzlawick, Janet H. Beavin, Don D. Jackson, *Pragmatics of Human Communications: A Study of Interactional Patterns, Pathologies, and Paradoxes*, New York 1967, 48쪽, 72쪽 이하.

은 순차적으로 완수되어 개연성으로 변형되는 것이 아니다. 오히려 하나의 문제가 해결되면 다른 문제의 해결이 그만큼 더 어려워질 수도 있다. 커뮤니케이션을 제대로 이해하게 되면, 커뮤니케이션을 거부할 이유도 그만큼 더 많아지게 된다. 커뮤니케이션이 현장참가자들의 범위를 넘어서게 되면 이해는 더 어려워지고 거부는 더 쉬워진다. '철학'은 상호부담의 증가라는 이러한 법칙에 그 기원을 두고 있는 것으로 보인다.[4] 문자가 공간적·시간적으로 제한된 범위의 **참가자를 넘어서는** 커뮤니케이션을 가능하게 만들면서, 사람들은 현장참가자들에게만 감동을 주는 자유로운 형식의 운문 리듬을 신뢰하지 않게 되었다. 이제 사태 자체에 대해 논증하지 않을 수 없게 된 것이다.[5]

비개연성이 서로를 강화하고 한 측면에서의 문제 해결이 다른 측면의 가능성을 제한한다는 이러한 법칙은, 인간의 상호 이해를 지속적으로 개선할 직접적인 길이 존재하지 않는다는 것을 의미한다. 그러한 목표를 갖게 되면 오히려 우리는 점점 요구들이 상충하게 되는 성장의 문제점에 봉착하게 된다. 현대의 매스커뮤니케이션 체제에서 사람들은 이러한 문제들이 해결되어 잘 작동하고 있다는 인상을 갖고 행동한다. 편집국이나 라디오방송국의 개별 부서에서는 그러한 문제들이 실제로 더는 눈에 띄지 않는다. 그럼에도 우리는 문제의 해결이 서로에게 부담으로 작용하고 새로운 문제를 거듭 야기하는 것이야말로 현대사회의 본질적 구조가 아닌가라는 질문을 제기하지 않

4 Eric A. Havelock, *Preface to Plato*, Cambridge Mass. 1963 참조.

5 운율적이 아닌 문학 형식의 기원에 대해서는 Rudolf Kassel, *Dichtkunst und Versifikation bei den Griechen, Vortrag vor der Rheinisch-Westfälischen Akademie der Wissenschaften*, Opladen 1981 참조.

으면 안 된다.

III

이러한 이론을 위해서는 비개연적 커뮤니케이션을 개연적 커뮤니케이션으로 변형하는 데 기여하는 모든 장치를 총괄적으로 지칭하는 개념이 필요하다. 이 개념은 앞에서 말한 세 가지 근본적 문제들에도 적용된다. 나는 그러한 장치들을 **매체**라고 부를 것을 제안한다. 일반적으로는 이를 대중매체라고 부른다. 대중매체는 커뮤니케이션을 현장부재자들에게 확장하는 기술, 특히 인쇄물과 방송으로 이해되고 있다. 파슨스는 여기에 상징적으로 일반화된 '교환의 매체(media of exchange)'라는 개념을 덧붙이고, 돈을 모델로 삼아 이에 상응하는 이론을 구성했다.[6] 그 이후로 사회과학에서 매체라는 개념은 두 가지

---

6 이 문제에 관한 매우 중요한 논문들이 최근에 발표되었다. Talcott Parsons, *Politics and Social Structure*, New York 1969. 다음의 논문도 참조할 것. Talcott Parsons, "Social Structure and the Symbolic Media of Interchange," in *Approaches to the Study of Social Structure*, hg. von Peter M. Blau, New York 1975, 94-120쪽. 방대한 참고문헌 중에서 괄목할 만한 논문들은 다음과 같다. David Baldwin, "Money and Power," in *The Journal of Politics* 33, 1971, 578-614쪽; Rainer Baum, "On Societal Media Dynamics," in *Explorations in General Theory in Social Science: Essays in Honor of Talcott Parsons*, hg. von Jan J. Loubser et al., Bd. 11, New York 1976, 579-608쪽; Jürgen Habermas, "Handlung und System-Bemerkungen zu Parsons' Medientheorie," in *Verhalten, Handeln und System: Talcott Parsons' Beitrag zur Entwicklung der Sozialwissenschaften*, hg. von Wolfgang Schluchter, Frankfurt/ Main 1980, 68-105쪽; Stefan Jensen, Jens Naumann, "Commitments - Medienkomponente einer ökonomischen Kulturtheorie?," in *Zeitschrift für Soziologie* 9, 1980, 79-99쪽. 또한 Talcott Parsons, *Zur Theorie der sozialen Interaktionsmedien*, Opladen 1990에 들어 있는 스테판 젠슨(Stefan Jensen)의 서문 참조.

상이한 의미로 사용되고 있는데, 이는 그때그때의 맥락에 따르거나 혹은 추가 설명을 통해서만 이해가 가능하다. 매체의 **개념**을 커뮤니케이션 과정의 비개연성이라는 **문제**에 적용함으로써 이 개념을 기능적 차원에서 정의하게 되면, 그러한 혼선을 제거하는 동시에 세 가지 상이한 방식의 매체들의 의미와 범위를 분명히 제시할 수 있을 것이다.

현장에서의 지각을 넘어 커뮤니케이션을 이해하게 해주는 매체가 **언어**다. 언어는 지각을 대체하고 대변하고 통합하기 위해, 또 이로부터 생겨나는 일치된 이해라는 문제를 해결하기 위해 상징적 일반화를 사용한다. 다시 말해 언어는 커뮤니케이션이 계속 이루어지기 위한 토대인 일치된 이해라는 인상을 만들어내기 위한 것으로 특화된다. ― 비록 이러한 인상이 매우 취약하게 만들어지기는 하지만.

확산매체를 대중매체라는 이름으로 지칭하는 것은 이 매체의 특성을 충분히 표현하지 못한다. 무엇보다도 문자의 발명은 직접적 현장참여자와 대면(face-to-face) 커뮤니케이션 체계의 경계를 넘을 수 있도록 하는 기능을 충족시켜준다. 확산매체는 문자를 이용할 수도 있고, 정보를 고정시키는 다른 형식을 이용할 수도 있다. 확산매체는 과대평가라고 볼 수 없을 영향력을 문화에 선택적으로 행사한다. 왜냐하면 확산매체는 기억력을 엄청나게 확대시키지만, 이와 동시에 후속 커뮤니케이션에서 다루어질 내용을 선택적으로 제한하기 때문이다.

커뮤니케이션 이론은 일반적으로 이러한 두 가지 방식의 매체에 집중해왔다. 그러나 이러한 집중은 심하게 균형을 잃은 모습을 보여주고 있다. 어떤 매체를 통해 커뮤니케이션이 성공할 수 있는가라는 질문을 여기에 덧붙여야만 비로소 우리는 사회의 커뮤니케이션 문제를 완전히 파악하는 이론에 도달할 수 있다. 세 번째 방식의 매체는 **상징적으로 일반화된 커뮤니케이션 매체**라고 부를 수 있다. 그 안에서만 커뮤니케이션의 목표가 비로소 실현되기 때문이다.[7] 파슨스는 사회체제의 차원에서 돈, 권력, 영향력, 가치몰입(value commitment)을 이러한 종류의 매체들로 꼽았다. 나라면 학문체제에 대해서는 진리를, 친밀한 관계 영역에 대해서는 사랑을 또 다른 커뮤니케이션의 매체로 덧붙였을 것이다.[8] 여러 상이한 매체들은 사회체제에서 가장 중요한 문명 영역들을 포괄하고, 근대사회의 경우에는 사회의 기초적인 하위체계들을 포괄한다. 여기에서 우리는 진화 과정에서 커뮤니케이션 기회의 상승이 체계 형성에 얼마나 커다란 영향을 미치고, 경제·정치·종교·학문 등 특수한 체계의 분화에 얼마나 커다란 작용을 가하는지 알 수 있다.

상징적으로 일반화된 커뮤니케이션 매체는 확산기술이 참여자들 사이의 상호작용의 경계를 넘어서게 만들고, 그 숫자가 정확하게 알려지지 않은 비참여자와 아직 정확하게 알려지지 않은 상황을 위해 정보를 확정하는 것이 가능하게 되었을 때에야 비로소 출현한다.

---

7 그 내용이 무엇인지 충분히 이해하기 위해 필요한 용어의 문제는 아직도 전혀 해결되고 있지 않다. 파슨스의 연장선상에서 때로는 교환매체, 때로는 상호작용매체, 때로는 커뮤니케이션 매체 등으로 불리고 있다. 어떠한 단어도 완전히 만족스럽지 않다. 새로운 이론적 발견의 경우에 흔히 그렇듯이 주어진 언어에서 그에 정확하게 부합하는 단어를 찾는 것은 어려운 일이다.

8 "Einführende Bemerkungen zu einer Theorie symbolisch generalisierter Kommunikationsmedien," in Niklas Luhmann, *Soziologische Aufklärung*, Bd. 2, Opladen 1975, 170-192쪽 참조. 파슨스 연구를 위해서는 Niklas Luhmann, "Generalized Media and the Problem of Contingency," in Jan J. Loubser et al., 같은 책, 507-532쪽 참조.

다시 말해 그것은 일반적으로 사용 가능한 문자의 발명을 전제로 한다.[9] 커뮤니케이션의 가능성이 크게 확장되면, 상호작용체계에서 주어졌던, 즉 현장 참여를 조건으로 한 성공 보장은 실패한다. 그러한 성공 보장은 **한층 더 추상적**이고 동시에 **한층 더 전문화된** 수단으로 대체되거나 적어도 이를 통해 보완되어야 한다. 그리스 고전 시대에는 이에 따라 새로운 부호들[*nomós*(법), *alétheia*(진리), *philia*(사랑)]과 이에 상응하여 분화된 규범체계가 형성되는데, 이러한 규범체계는 이에 상응하여 더 비개연적이 된 커뮤니케이션에 대해서도 어떤 조건하에서 수용을 기대할 수 있는지를 규정한다. 그 이후로는 모든 상황에 통용되는 통일된 의미론을 구성하여 커뮤니케이션의 성공을 위한 조건을 통합하는 일이 다시는 이루어지지 못했다. 인쇄술의 발명 이후에는 이러한 커뮤니케이션 매체 사이의 차이가 더욱 심화되어, 결국 자연법과 도덕법의 통일적 기초가 무너지고 말았다. 국가이성, 사랑의 정열(amour passion), 방법론적으로 획득된 학문적 진리, 돈, 법은 성공적 커뮤니케이션의 각기 다른 비개연성에 특화됨으로써, 각기 다른 길을 걷게 된다. 이것들은 각기 다른 커뮤니케이션 방법을 이용하게 된다. 예컨대 국가이성은 군대와 행정조직을, 사랑의 정열은 살롱이나 (출판 가능한) 편지나 소설을 이용하게 된다. 여기서 다양한 기능체계로의 분화가 일어난다. 이러한 기능체계는 결국 사회 신분질서의 포기와 근대사회로의 이행을 가능하게 만든다.

---

9 이와 관련하여 그리스 도시에서 일어난 발전은 많은 것을 시사한다. Jack Goody/ Jan Watt, "The Consequences of Literacy," in *Comparative Studies in Society and History* 5, 1963, 304-345쪽 참조.

이러한 간략한 소묘는 우리의 이론적 구상의 이중적인 측면을 보여준다. 질서는 비개연적인 커뮤니케이션이 역설적으로 가능하게 되고 사회체제 안에서 정상화됨으로써 생겨난다. 이때 확산의 비개연성이 기술적으로 극복되면, 이는 성공의 비개연성을 상승시킨다. 커뮤니케이션 기술의 영역에서 일어나는 변화를 통해 문화에 새로운 요구가 제기된다. 한 문화에서 설득의 수단을 정하는 방식은 설득력을 보장하는 조건의 변화에 따라 달라짐으로써, 어떤 것은—예를 들어 '기억'의 숭배—불필요해지고, 어떤 것은—예를 들어 '새로운 것'의 숭배—가능하게 된다. 전체적으로 분화와 전문화가 증가하는 경향과 자의(恣意)를 더 제도화해야 할 필연성이 두드러지게 된다. 이와 동시에 생명의 진화가 일반적으로 그러하듯이,[10] 점점 더 변화가 가속화된다. 이에 따라 증가하는 비개연성을 기존의 것에 의거해서 극복하는 과정이 점점 더 빠르게 진행된다. 비개연성의 극복은 시간 때문에 점점 비개연적이 되면서 어쩔 수 없이 빠르게 진행되는 것을 선택할 수밖에 없게 된다.

IV

오늘날 작동되고 있는 새로운 대중매체의 작용에 대한 고찰은 문제를 너무 좁게 설정하는 결과에 이를 수 있다. 이러한 고찰은 '대중' 개념에 정향되어 개인의 태도에 미치는 매체의 작용을 묻기 마련이다. 이러한 시각은 대중언론, 영화, 방송을 통해 개인의 태도가 대중

---

10 Gerard Piel, *The Acceleration of History*, New York 1972 참조.

적으로 왜곡된다는 사실로부터 사회적 결과들을 도출한다. 이러한 관점에서 이 분야에서 부각되는 변화, 이를테면 오로지 자신의 집안에서 방송이나 커뮤니케이션에 접근하는 기회의 확장을 예측하게 된다. 이런 식의 연구가 가능하다는 점을 반박하지는 않겠다. 그러나 문제를 이렇게 좁게 설정하면 중요한 변화들이 눈에 들어오지 않게 된다. 사회는 언제나 분화된 체계이기 때문이다. 즉 사회는 단지 다수의 개별적 행동으로 이루어진 것이 아니라, 부분체계를 형성하고 부분체계 속에 또 부분체계들을 형성한다. 행위는 가족, 정치, 경제, 법, 보건체계, 교육 등과 같은 부분체계에 속할 때에만 사회적 중요성을 획득할 수 있다. 여기에서 말하는 중요성이란 상황을 넘어서는 효과를 지닌다는 것을 의미한다.

사회적 커뮤니케이션 가능성의 구조를 토대로 오늘날의 사회에서 일어나는 변화를 조망하려면 훨씬 더 포괄적인 관점에서 출발해야 한다. 커뮤니케이션 자체의 비개연성이라는 문제와 분화된 체계로서의 사회라는 관념은 상호 일치한다. 체계는 커뮤니케이션의 비개연성이 개연적인 것으로 변형되는 것으로 나타난다. 따라서 확산기술의 변화뿐만 아니라 커뮤니케이션의 성공 기회의 차이, 그리고 그러한 기회의 변화와 두 문제 영역의 상호작용도 함께 고려해야 한다. 이 모든 것에 또 하나의 문제가 덧붙여지는데, 체계 분화를 통한 매개와 별도로 개인의 태도와 동기에 직접적으로 작용하는 것이 있는가라는 질문이 그것이다. 체계이론의 의미에서 볼 때 개인의 태도와 동기는 사회체계의 환경에 속하는 것으로서 사회체계에 반작용을 가한다. 최근에는 교육체계 분석에서도 잠재적이고 인구통계학적인 효과라는 문제가 일종의 숨겨진 커리큘럼(hidden curriculum)[11]이라는 표제어 아래 대두되었다. 이와 전적으로 유사하게 (이 점에서 대중매체와 학교 교실에서의 대중교육이 비교될 수 있는데), 조직화된 대중매체 또한 사회의 다른 부분체계들이 의존할 수 있는 입장 및 태도 목록을 선택적으로 제한할 수 있다고 추정할 수 있다.

이처럼 광범위하게 추출한 연구 프로그램을 이 자리에서 대략적으로나마 소묘하는 것은 물론 불가능한 일이다. 따라서 가능한 몇 가지 질문을 사례를 통해 제시하는 것으로 만족할 수밖에 없다.

1) 한 사회의 보존 및 발전을 위해 기능적으로 필요한 조건들을 규정하려 한다면, 커뮤니케이션 성공 기회의 상승이 모든 기능 영역을 동일한 효과로 촉진한다는 전제에서 출발해서는 안 된다. 유럽에서 출발한 근대사회는 상징적으로 일반화된 몇 가지 커뮤니케이션 매체에 지금까지 크게 의존해왔다. 방법론적으로 보장된 학문적 진리, 돈, 법에 의거하여 분배된 정치권력 등과 같은 매체들은 매우 효과적인 것임이 입증되었다. 이에 상응하여 사회를 총체적으로 이해하는 데 있어 학문, 경제, 정치가 중요한 것으로 대두되었다. 보편적 행위체계에 대한 파슨스의 이론 역시 모든 기능 영역이 분화의 논리에 따라 동일하게 하나의 커뮤니케이션 매체를 사용한다는 전제에서 출발한다. 소망이 이론이 된 것이다.[12] 하지만 우리는 기능적 필연성과 커뮤니케이션 기회의 일치가 자연적으로도, 이론적으로도 보장되지 않는다는 통찰에 친숙해져야 한다.

---

11 특히 Robert Dréeben, *On What is Learned in School*, Reading Mass. 1968 참조. 이 책은 전체적으로 매우 낙관적인 평가를 하고 있다. .

12 이와 관련하여 돈과 다른 커뮤니케이션 매체를 유비관계로 보는 시각의 한계에 대해서도 비판이 제기되었다. 최근의 연구로는 특히 Habermas, 같은 책을 참조할 것.

여기에서 특히 중요한 것은, 교육에서부터 임상치료와 재활에 이르기까지 사람을 변화시키려는 모든 노력에서는, 이러한 기능 영역이 거의 전적으로 커뮤니케이션에 기초하고 있음에도 불구하고, 상징적으로 일반화된 커뮤니케이션 매체가 발전될 수 없었다는 사실이다. 사람들에게 그들이 변해야만 한다는 것을 납득시키기 위해 남아있는 유일한 가능성은 참가자들 사이의 상호작용이다. 이를 뒷받침해줄 과학적으로 보장된 기술은 엄밀한 의미에서 존재하지 않는다.[13] 진리도, 돈도, 법도, 권력도, 사랑도 성공을 보장해주는 충분한 자원은 아니다. 인력과 상호작용을 위한 비용이 점점 더 많이 이 문제 영역에서 지출되지만, 사람들은 이러한 비용지출이 과연 기술적 비효율성을 상쇄해줄 수 있는지, 또한 어떻게 상쇄할 수 있는지를 알지 못한다. 이러한 사례는 발전이 매우 불균형하게 일어난다는 것을 보여준다. 몇몇 영역에서는 비개연성을 일상적으로 기대 가능한 것으로 변형시키는 데 성공한다. 나아가 기초 과정에서는 자유로운 결정에 기반하고 있는 복잡한 체계를 기술적으로 조정하는 일이 가능해진다. 다른 영역에서는 발전이 침체되는데, 그 이유는 성과에 대한 요구가 증대하면서 간단한 상호작용체계 내에서도 비개연성이라는 절망스러운 문턱이 생겨난다는 데 있다.

2) 다음의 사례들은 확산기술이 사회의 기능 영역 및 커뮤니케이션 매체에 미치는 가역작용에 대해 질문하면서 발견된 것이다. 인쇄

---

13 Robert Dréeben, *The Nature of Teaching: Schools and the Work of Teachers*, Glenview III. 1970, 특히 26, 81, 82쪽 이하 참조. 또한 Niklas Luhmann/ Karl Eberbard Schorr, "Das Technologiedefizit der Erziehung und die Pädagogik," in *Zeitschrift für Pädagogik* 25, 1979, 345-365쪽 참조.

술의 발명이 사회체제의 중요한 기능들을 충족시키는 조건들을 매우 신속하게 변화시켰다는 것은 확실하다. 종교의 분열을 초래한 종교적 급진화는 상당 부분 인쇄술로 인해 생겨난 것이다. 인쇄술은 어떤 사람이 취한 입장을 공적으로 고정시킴으로써 그 사람은 자신과 동일시된 입장을 더는 철회하기 어렵게 만들기 때문이다.[14] 정치에서는 인쇄술을 통해서 제후에게 봉사하지 않고도 정치적 영향력과 정치적 경력을 쌓을 수 있는 가능성이 생겨난다. 궁정의 관직을 포기하는 것이 무조건 정치적 영향력을 포기하는 것을 의미하지 않게 되어,[15] 정치가 이것을 고려하지 않을 수 없게 된 것이다. 사교와 친밀한 관계의 영역에서 인쇄술은 한편으로는 교양의 가능성을, 다른 한편으로는 탈선의 소망을 초래했다. 인쇄술은 모방하라고 유혹하면서, 동시에 모방의 가능성을 과도하게 만든다.[16] 인쇄술은 규칙을 권하면서, 동시에 기분 내키는 대로 규칙을 지킬 것을 권한다.[17] 일반적으로 말

---

14 Elisabeth L. Eisenstein, "L'avénément de l'imprimerie et la Réforme: Une nouvelle approche au problème du démembrement de la chrétienté occidentale," in *Annales ESC* 26, 1971, 1355-1382쪽 참조.

15 이와 관련된 읽을거리로는 J. H. Hexter, *The Vision of Politics on the Eve of the Reformation: More, Machiavelli, and Seyssel*, London 1973 참조.

16 이는 17세기 이래로 특히 여성과 관련하여 많이 논의된 문제다. 예를 들어 J. Bosq, *L'honneste femme* (증쇄본), Rouen 1639, 17쪽 이하 참조. Pierre Daniel Huet, *Traité de l'origine des romans*, Paris 1670 (재인쇄), Stuttgart 1966, 92쪽 이하 참조. 17세기 이후의 논의로는 Georg Jäger, *Empfindsamkeit und Roman*, Stuttgart 1969, 57쪽 이하 참조.

17 Erich Köhler, "Je ne sais quoi: Ein Kapitel aus der Begriffsgeschichte des Unbegreiflichen," in Erich Köhler, *Esprit und arkadische Freiheit: Aufsätze aus der Welt der Romania*, Frankfurt/Main 1966, 230-286쪽; Christoph Strosetzki, *Konversation: Ein Kapitel gesellschaftlicher und literarischer Pragmatik im Frankreich*

하면, 이에 따라 인쇄술은 기능체계가 선택하는 작동방식의 목록을 변화시키고 가능성을 확장하지만, 동시에 선택을 어렵게 할 수도 있다.

이는 대중매체가 교양으로부터 독립해서 교양의 가능성을 현저하게 확대한 뒤에도 유효할 것이다. 하지만 그 주된 노선을 알 수 있을까? 사람들은 추측에 의존한다. 자신의 유효성에 대한 유일한 보증을 방송되고 있다는 사실에서밖에는 찾을 수 없는 방송문화가 생겨날 수도 있다. 그렇다면 아르놀트 겔렌(Arnold Gehlen)이 미국을 보면서 추측했듯이,[18] 도덕이 권력을 부패하게 만드는 것일까? 그 반대의 경우도 동시에 두드러지게 나타나는 것은 아닐까? 방송에 이미 전제되고 있는 것을 변화시킴으로써 권력이 도덕을 부패하게 만드는 경박한 놀음을 하고 있는 것은 아닐까?

대중매체가 정치의 출발점이 되는 전제조건들을 변화시킨다는 테제들보다 더 분명한 것은 형식적인 효과들이다. 무엇보다 커다란 변화를 겪고 있는 것은 대중매체에 지속적으로 반영되는 정치의 시간구조다. 정치는 이러한 재귀성을 통해서 가속화된다. 정치는 자신이 행하는 일이 보고된다는 사실과 그것이 보고되는 방식에 매 순간 반응해야 하기 때문이다. 이처럼 거울을 보면서 춤추는 것이 요구되면서 정치이론에 대한 방향 설정은 실질적으로 배제된다. 사람들이 항상 실시간 정보를 알지 않으면 안 된다는 사실로 인해, 민주주의 사회에서 엄청나게 확대되고 있는 정치참여의 전제조건들이 다시금

---

des 18. Jahrhunderts, Frankfurt/Main 1978, 125쪽 이하 참조.

18 Arnold Gehlen, "Die gewaltlose Lenkung," in *Die elektronische Revolution: Wie gefährlich sind die Massenmedien*, hg. von Oskar Schatz, Graz 1975, 49-64쪽 참조.

제한된다.

이러한 분석이 어떤 현실적 내용을 갖든지 간에 이를 주도하는 시각은 비개연적인 것을 개연적인 것으로 변형시키는 일체의 성과를 선택한다는 일반적 테제다. 새로운 기술을 통해 비개연적이고 개연적인 커뮤니케이션의 수준이 위치 변화를 일으킬 때마다 제도적 해결책은 새로운 균형을 찾아야 한다. 다시 말하지만 만족스러운 해결책이 모든 기능 영역에서 항상 가능하리라는 보장을 어디에서 구할 수 있을 것인가?

3) 바로 위에서 살펴본 대로 확산기술이 기능체계에 가하는 직접적 가역작용이라는 문제와 대중매체의 조직화된 체계가 개인의 입장과 행동을 변화시킬 것인가라는 문제는 구분되어야 한다. 개인의 입장과 행등은 사회적으로 연결 가능한 태도를 선택적으로 작동케 하기 위해 사회가 기댈 수 있는 자원이다.[19] 이는 당연히 정치·학문·가족 형성·종교 등의 가능성에 다시금 간접적인 영향을 미친다. 그러나 이러한 기능체계들은 구성원들의 심적 동기에 의한 강요가 없더라도 직접적으로 대중매체에 반응한다. 예를 들어 큉(Küng) 사건을 둘러싼 교회정치적 문제를 생각해보라(한스 큉은 스위스의 로마 가톨릭교회 사제이자 저명한 기독교 신학자로서 교황 무오류성 교리를 비판하는 등 교회의 교도권과 마찰을 빚어 공식적으로 가톨릭 신학을 가르치는 자격을 박탈당했다—옮긴이). 대중매체를 의식한 도발과 반발, 용기와 주저, 개혁 의지와 입장 고수가 이 사건에서 연출되고 있다.

---

19 여기에서 전제된 이론적 구상에 대해서는 Niklas Luhmann, *Interpenetration-Zum Verhältnis personaler und sozialer Systeme* 참조.

이 문제는 둘째 치고 이미 언급한 대중매체의 '인구통계학적' 효과라는 것이 있을 수 있다. 이러한 효과에서 형성되는 집단적 심성은 모든 사회체계가 고려해야만 할 조건들을 산출한다. 그렇다고 예를 들어 텔레비전을 통해 대중적인 동일한 태도가 주민들에게 나타나고 있다는 식으로 생각해서는 안 된다. 오히려 인쇄와 방송의 전제들, 즉 어떤 것이 정보로 보이기 위해 필요한 전제들이 동시에 전달된다고 생각할 수 있다.[20] 이런 종류의 전제들 중에서 아마도 가장 중요한 전제는 어떤 것이 보도될 만한 가치를 지니기 위해서는 **새로운 것** 내지는 **색다른 것**으로 보여야만 한다는 것이다. 이것은 단조로운 반복(축구, 사고, 정부의 담화문, 범죄 등)을 배제하는 것이 아니라, 오히려 그것을 포함한다. 이와 유사한 선택의 원칙으로 **갈등**이 있다.[21] 항상 연속성보다 불연속성을 강조하는 그러한 전제들이 불안을 조장한다고 생각하지 않으면 안 된다. 이를 통해 **안전**에 대한 요구와 변화에 대한 **참여**, 불안과 요구가 동시에 생겨날 수 있다. 사회의 정치체제와 경제체제에 있어서는—양자의 연관성이 사적 자본의 질서에 의해 수립되는가 아니면 국가 자본의 질서에 의해 수립되는가에 상관없이—, 주민의 기대에 부응하는 것이 점점 더 어려워질 수도 있다.

"지금 우리가 올바른 질문을 하고 있는 건가요?" 대중매체에 대

---

20 여기에서 우리는 차이로 선별된 것만을 정보로 간주하는 정보 개념을 전제한다. 이는 다시금 비교 도식을 전제로 한다는 것을 의미하는데, 비교 도식은 정보 가능성의 조건으로 기능하지만 정보와 함께 전달되지는 않는다. 즉 수신자에 의해 통제되거나 커뮤니케이션을 통해 응답되는 것은 아니다(혹은 그렇게 되는 것이 매우 힘들다).

21 이 문제에 대해서는 특히 Hans Mathias Kepplinger, *Realkultur und Medienkultur: Literarische Karrieren in der Bundesrepublik*, Freiburg 1975 참조.

한 유네스코 회의에서 나온 질문이다.[22] 우리의 문제를 개관하는 일을 마무리하면서, 우리 역시 이것이 과연 '올바른' 질문인지 확신할 수는 없다. 철학자라면 '올바른' 질문이라는 것이 존재하기는 하는가라는 물음을 제기할 것이다. 아무튼 커뮤니케이션 연구라는 문제를 좀 더 근본적으로 설정하고 지금까지보다 더 체계적으로 발전시키는 것은 가능한 일이다. 비개연성과 체계 형성의 연관성은 이러한 작업을 위해 체계이론이 마련한 구상 중 하나다. 비개연성의 문제에서 출발한다면 우리는 전적으로 올바른 질문은 아닐지라도 심오한 질문, 즉 커뮤니케이션과 사회의 연관성을 전문적인 커뮤니케이션 연구의 주제뿐 아니라 사회이론 자체의 핵심 주제로 보는 질문을 던지게 될 것이다.

* 윤미애 옮김

22 "Mass Media in Society: The Need of Research," UNESCO Reports and Papers on Mass Communication Nr. 59, Paris 1970.

레지 드브레(Régis Debray)

매체학(Mediology)을 위하여

(1994)

내 주장에 대한 비판은 약간의 입문적인—동시에 개괄적인—개념 정의를 통해 완화될 수 있을 것이다. '매체학'이란 고도의 사회적 제기능, 그리고 이것이 전송의 기술적 구조와 맺는 관계를 다루는 학문 분야를 말한다. 나는 '매체학적 방법론'이라는 말로 매체학을 하나의 인간집단이 행하는 상징적 활동(종교, 이데올로기, 문학, 예술 등) 및 그 조직 형식과 흔적을 파악하고 자료로 보존하여 유통시키는 양식 사이의 검증 가능한 상호관계를 수립하는 것을 일컫는다. 내가 출발점으로 삼고 있는 작업가설은 흔적의 보존과 유통이라는 마지막 지평이 앞의 상징적 활동과 그 조직 형식에 결정적인 영향을 미친다는 것이다. t 라는 한 시점에서 이루어지는 사회의 상징 생산은 이 시점에서 통용되는 저장 기술과 따로 떼어 설명될 수 없다. 다시 말해 사유의 동역학은 흔적의 물리적 속성과 분리될 수 없다.

메시지의 전달 수단은—이는 불가피한 통로인데—분석을 위해 본질적이지만 한계를 지닌 요소다. 맥루언이 말하는 의미에서의 매체는 건물의 지상 1층만을 의미한다. 따라서 우리는 거기에 머물러 있을 수 없다.

요컨대 대상과 산물보다 작동 과정이 더 중요하다. 그러므로 우리는 실체주의의 함정에 빠지지 않기 위해 장치(Dispositiv)로서의 **매체**(Medium)를 배치(Disposition)로서의 **매개**(Mediation)에 통합해야 한다. 아니면 책, 그림 등과 같은 문화적 명사를 **읽기**와 **보기** 등 이에 상응하는 동사에, 혹은 무엇보다도 읽기와 보기 행위의 다양한 변형에 (읽기와 보기의 다양한 방식, 즉 사회적 틀 및 상이한 양식을 읽고 관찰하는 다양한 방식에) 통합해야 한다. 여기에서 하나의 전환이 이루어진다. 즉 이상적 통일체로서의 텍스트가 대상으로서의 책보다 더 중요하지 않게 되고, 대상은 다시금 그 변형들보다 더 중요하지 않게 된다. 우리의 관심을 끄는 영역은 그 중간 영역, 그 중간층이다. 왜냐하면 우리는 전달의 중간 지대, 매개자, 인터페이스(Interface)를 다루기 때문이다. 그러나 **인터**(inter)라는 접두사는 그것이 결합하는 개념들과의 관계에서 항상 현실의 이차적 질서를 의미하기 때문에, 우리는 행위(Aktion)라는 단어에서 접미사 **이온**(ion)을 더 선호한다. 예컨대 이번과 같은 경우에 우리는 기술과 문화 사이의 상호작용(Interaktion)을 더 선호한다. 하지만 비록 중간 영역이 결정적인 것이라고 할지라도, 우리의 언어는 정확히 그 반대다. 우리의 언어는 지극히 자의적으로 관계의 기호를 존재의 언어보다 하위에 두고, 행위를 존재의 하위에 놓는다. 따라서 매체학자는 마르셀 프루스트(M. Proust)가 마들렌 빵에 대해, 그리고 지그문트 프로이트(S. Freud)가 실수에 대해 다루었던 것과 같은 방식으로 매체를 연구한다. 그 이상도 그 이하도 아니며, 따라서 그리 많은 것을 다루지는 않는다. 매체학의 잘못된 친구인 **미디어**라는 단어는 "정보를 대량으로 확산하는 모든 전달자[신문, 라디오, 텔레비전, 영화, 광고 등, 『프티 로베르(*Petit Robert*)』 사전 참조]"를 지칭한다. 우리가 볼 때 매체는 결코 특정한 학문 분야에 귀속되는 자율적이고 일관된 영역을 구성하지 않는데, 그 이유는 우선 그것이 중층결정성으로 인해 전달의 과정에 관여하는 다수의 결정요소를—과학적·기술적·정치적·문화적·이데올로기적 요소 등등—결합하고 있으며, 나아가 이것이 더는 특수하고 과시적인 것이 아니라, 글로벌하고 영구적인 문제에서 도출된 것이라는 데 있다. 아리스토텔레스가 수사학에 대해 생각했던 것이나 플라톤이 문자와 소피스트들에 대해 생각했던 것, 혹은 비유적으로 말하면 최초의 중요한 '특종기사'의 저자이자 희생자였던 마라톤의 주자가 생각했던 것은 지금 유행하는 대중매체학이 아니라 우리의 영역에 직접적으로 해당한다. 우리 시대의 매체들은 원거리의 시점과 시간의 깊이 안에서만 해명될 수 있다. 커뮤니케이션 사회학자가 아니라 매체학자로서 텔레비전을 다루려고 한다면, 우리는 우리 선조들의 관점에 입각하여 비잔티움 시대의 성상, 판화, 사진, 영화와의 대조를 통해 텔레비전을 탐구해야 한다. 부분이 전체를 통해 이해될 수 있듯이, 순간은 과정을 통해 이해될 수 있다.

그렇다면 우리 연구의 대상이 단수로서의 매체라는 말인가? 그렇지는 않다. 하지만 상징의 환경이 지배적인 매체에 의해 구조화되는 만큼, 이 낡은 개념을 고찰하는 것 외에는 다른 방법이 없다. 하지만 여기에 따르는 조건이 있는데, 그것은 이 개념을 그것의 복합성 안에서 보아야 한다는 것이다. 그 이유는 무엇보다도 이 개념이 대개 신비적이고 단순화된 방식으로 사용된다는 데 있다. 메시지의 전달에 있어 매체라는 개념은 상호 모순되지는 않지만 상호 연결되는 것도 아닌 네 가지 다양한 방식으로 사용되고 있다. 1. 상징의 보편적 수행(단어, 문자, 아날로그 그림, 디지털 연산), 2. 사회적 커뮤니케이션 코드(구어적 메시지가 표현되는 자연어 — 라틴어, 영어, 체코어 등), 3. 물질적 입력과 저장 수단(음향, 파피루스, 양피지, 종이, 자기테이프, 모니터), 4. 특정한 연결망과 연관된 기록장치(수기 원고, 인쇄물, 사진, 텔레비전, 전산). '매체'가 그 본래의 의미에서 장치-운반체-과정의 체계를 의미한다는 것에 합의하기로 하자. 이 체계는 구조적이고 유기적으로 매체학적 혁명을 초래했다. 운반체 혹은 연결망을 고려하지 않는 문자기록의 과정은 매체의 본성을 구체적인 방식으로 특정할 수 없다. 우리가 볼 때 컴퓨터 화면 위의 문자는 종이로 된 운반체 위의 동일한 기호와는 다른 매체로 나타난다. 그것은 그림의 영역에서 비디오의 영역으로 옮겨진 것이다. 이로부터 문자/구어 등과 같은 개략적인 이항대립이 불충분하게 여겨지는 이유가 설명된다. 이것은 운반체와 연결망을 고려하지 않고 있다.

매체혁명이 기존 언어학의 코드를 건드리지는 않을 것이다(인쇄가 프랑스어의 구문과 단어를 변화시키지는 않았다). 마찬가지로 이것이 다른 전달방식을 폐기하지도 않을 것이다(16세기에도 사람들은 설교를 했으며, 이것을 손으로 썼다). 인쇄는 그 자체로서 독자적으로 새로운 물질적 운반매체를 만들어낸 것이 아니었다. 펄프로 만든 종이가 그 이전에 이미 존재했다. 인쇄는 독창적인 형식을 만들어낸 것도 아니었다. 로저 차티어(Roger Chartier)가 보여주었듯이, 고대 이래의 '필사본(Codex)'이 이미 여러 세기 전부터 알려져 있었으며, 구텐베르크 이후에도 백 년 이상 수고본이 남아 있었다. 하지만 인쇄가 잠재적으로만 존재했던 시기의 이러한 타성과 의식에도 불구하고, 구텐베르크가 발명한 기술은 대중에게 문자를 교육함으로써 독서의 양상까지는 아닐지라도 적어도 글의 상징적 위상과 사회적 범위를 근본적으로 변화시켰다. 납으로 된 활자는 종이를 필요로 한다. 하지만 종이는 납활자가 없이는 생명을 얻을 수 없었을 것이다. 동력은 납과 종이의 짝짓기에서 나왔지만, 기호의 중세적 생태환경 속에서 이루어진 이러한 변혁을 양적·질적으로 야기한 것은 결국 활판인쇄술의 발명이었다. 바로 이것이 '근대성'이라고 하는 새로운 인류학적 구조를 만들어낸 원동력이었던 것이다.

이러한 성격의 모든 혁명은 수많은 요소에 의해 결정된다. 매체혁명에 필수적이지만 단독으로 충분조건은 아닌 매체를 그 유일한 창시자로 제시하는 것은 환원주의적 태도일 것이다. 보그너(D. Bougnoux)가 말했듯이 기계장치는 프로그램의 절반에 불과하고 환경이 나머지 절반을 규정하며, 그 인과성은 순환적이다. 매체는 환경 속에서만 성장하고, 수요를 통해 지배하거나 지배하지 못하게 된다. 데이비드 랜더스(David Landes)가 시계에 적용했던 다음과 같은 공식이 최초의 수쇄 인쇄기와 최초의 인쇄물에도 적용될 수 있을 것이다. "시계가 시간을 측정하려는 관심을 불러일으킨 것이 아니라, 시간을 측정하려는 관심이 시계의 발명을 초래했다."[1] 전염병학과 세균학은 이러한 맥락에서 매우 유익한 시사점을 제공한다. 바이러스의 가변성이 숙주환경의 기능인 것과 마찬가지로 (인간에게 에이즈를 유발하는 바이러스는 침팬지에게는 무해하다) 매체의 영향이 지니는 가변성

1 D. Landes, *L'heure qu'il est*, Paris 1987, 98쪽. 이러한 요구는 베네딕트 교단과 시토 교단의 개혁 이후 매일 미사와 기도를 정확한 시간에 행하는 것을 옹호하던 수도원의 환경에서 나온 것이다.

은 문화적·사회적 환경이 어느 정도의 저항력을 지니고 있는가에 의해 설명된다(모든 인간은 그 나름의 면역체계를 지니고 있다). 동일한 메커니즘이 어떤 경우에는 전염성을 지니고, 다른 경우에는 아무런 영향을 미치지 못하는 것으로 나타난다. 11세기 중국에서는 활자 인쇄를 생산적으로 안착시키는 데 실패했다. 그러나 그 후 15세기에 활자 인쇄는 세계의 반대편에 등장하여 발전을 거듭함으로써 목판이 납으로 대체되기에 이르렀다. 중국의 목판 인쇄는 제한된 수요의 인쇄를 충족할 수 있었으므로 대규모 투자가 필요 없었으며, 더구나 서예의 특성을 재현하는 데는 목판 인쇄가 더 적합하기도 했다. 기원전 12세기 미케네의 환경은 생각을 선형적 음성기호로 기록하는 일이 '더 증대되지' 않도록 만들었다. 이로 인해 이 신발명은 군주의 밀실에 제한되고, 서기 계층의 손에 맡겨져 관료들의 통제를 받았다. 몇 세기 후 아테네의 환경은 이러한 기록방식을 받아들여 궁전 안에서 비밀로 보관되던 것을 법률 공표와 아고라에서의 시민의 평등을 위한 수단으로 변모시켰다. 따라서 기술과 문화의 인과적 관계는 저절로 생겨나는 것도 아니고 단선적으로 이루어지는 것도 아니다. 어떤 방식의 태도가 주어진 환경 안에서 선형문자를 발전시킬 것인지, 아니면 발전시키지 않을 것인지에 대해 예견할 수는 없다. 반면에 우리는 저장의 이러한 과정을 알고 있지 못한 문화가 다음과 같은 이런저런 행위를 보여주지 않을 것임을 알고 있다. 즉 이런 문화는 분류체계, 사건의 목록, 항목에 기입하는 일 등등을 (다시 말해 비모순의 논리학, 선형의 역사, 축적된 기억 등등을) 알지 못한다. 하지만 생태환경은 이미 오래전부터 인과관계의 메커니즘을 체계의 모델과 교환해오지 않았던가? 사하라 사막에 비가 오지 않는 것은 그곳에 식물이 없기 때문이 아니라, 비가 오지 않기 때문에 그곳에 식물이 없다는 것을 우리는 알고 있다. 기독교는 우리가 책이라고 부르는 서책(*codex*)이 두루마리(*volumen*)에 승리를 거두도록 해주었다. 두루마리는 다루기 불편하여 예배에서 읽는 데 적합하지 않았던 것이다. 그리고 서책의 승리는 기독교가 이교적 관습에 승리하는 데 기여했다. 이 두 현상이 상호작용하며 서로를 산출해냈던 것이다.

매체를 형성하는 운반체/장치의 그 어떤 체계도 실증적이고 역사적인 매체학의 본래 대상을 이루는 사회공학적 복합체로서의 매체/환경의 거대한 체계와 일치하지 않는다. '환경'은 단지 무대장치 혹은 순환의 외적 공간에 지나지 않는다. 환경은 사회조직을 통한 우회로에 놓여 있는 흔적들의 의미론을 제약한다. 환경은 '관습의 논리'(자크 페리오, Jacques Perriault)를 통해 수신되는 메시지의 의미지평을 확정하면서 동시에 그러한 메시지의 운반체 역할을 한다(호의, 물러섬, 적의, 승낙 등). 이러한 '논리'는 허공에 떠 있는 관습 코드가 아니고, 잠재적 사용자 무리에 균등하게 배포된 자율적인 관습 모드도 아니다. 관습의 논리는 오히려 지위와 지식의 위계적 분배, 각각의 운반체에 대한 접근의 조직화된 규율과 관련되어 있다는 점에서 잠재력의 정치적 지도와 혼융되어 있다.

역사의 연동장치가 작동하는 환경은 구체적으로는 사회적 전달장치 안에서, 그리고 그러한 장치를 거쳐 생성된다. 여기에서 중요한 것은 소유자, 보증인, 평가자, 중개인 등의 연결망으로 구성된 공간이다. 예를 들어 인쇄의 경우에는 출판업자, 서적판매상, 교사, 도서관원, 낭독회의 조직자, 지역 교양단체의 책임자 등이 이에 해당한다. "그들이 정보를 선택하고, 배포하고, 활성화한다. 그들이 정보를 가치 있고 소화할 수 있게 만든다. 그들이야말로 정보를 획득하고 변형하는 추진력이다."[2] 하지만 모든 새로운 환경은 작동의 잠재력을 변화시키고, 이를 통해 기존의 개별적 연결망이 지니는 정치적 의미도 변화시킨다. 일반적으로 새로운 것이 낡은 것을 내몬다. 모든 매체혁명은 각기 고유한 '연결장치'와 '개폐장치'를 만들어내며, 하나의 문화적 환경의 역사는 병렬되거나 중층을 이루는 전달장치 (오늘날에는 교육망, 출판, 인쇄, 라디오, 텔레비전 등이 여기에 해당될 것이다) 사이의 단락(短絡)과 경쟁의 역사로 해독되고 기록될 것이다.

미래학자들의 오류나 전위 예술가들의 실망은 일반적으로 매체의 영향에 대한 과대평가에, 그리고 이와 동시에 환경의 둔중한 외관에 대한 과소평가에 기인한다. 이에 대해 설명하는 것은 어렵지 않다. 매체가 새로운 것일 때, 환경은 그 **정의**상 낡은 것이기 때문이다. 환경은 혁신과 서사적 연상들로 구성된 지층, 재생 가능한 제스처와 전설로 이루어진 팰림프세스트(Palimpsest. 원문을 전부 또는 일부 지우고 그 위에 새로 쓴 두루마리나 낱장 형태의 필사본—옮긴이), 지나간 모든 시대의 운반체와 상징들의 총목록이다. 나는 파피루스, 양피지, 종이, 컴퓨터 화면이다. 나는 10계명이고, 프랑수아 비용(François Villon)이고, 레닌(W. I. Lenin)이고 맥킨토시다. 나는 국제통용기호이고, 알파벳이고, 텍스트와 하이퍼텍스트이고, 수고본이고, 인쇄된 페이지이고, 빛을 내는 모니터다. 환경은 개인에 관계되고 동시에 매체영역에 관계된다. 모든 매체영역은 이질적인 **매체공간들**을 매우 구체적으

2 Michel de Certeau/Luce Giard, *L'Ordinaire de la communication*, Dalloz 1983, 8쪽.

로 전제한다. 프랑스는 비디오의 영역에서 볼 때 "횡단거리가 1시간 30분인 육각형"이고, 여기에서 화면은 빛의 속도로 전송된다. 하지만 에어버스와 '라이브'도 말(馬)의 주력에 의거해 측량된 구역, 즉 데파르트망(Département, 말이 하루에 주파할 수 있는 공간)을 폐지하지 못했다. 기호의 최근 지층은 기록보관소에 영원히 새로 기입되는 과정 속에서 가장 오래된 지층들을 통해 우리에게 주어진다. 그리하여 새로운 것은 낡은 것 안에서, 그리고 그 위에서 영향력을 발휘한다. 도구의 잠재력을 실제로 사용할 때 나타나는 영원한 낙후성, 하나의 사건과 이 사건에 투영된 기대 사이의 괴리는 이를 통해 설명된다. 이러한 괴리에서 일상적 실천의 강력한 점착성, 목적으로부터의 소외, 도구장치의 무시가 일어난다. 그리고 때로는 연대기를 손질하는 작업이 가져다주는 놀라운 기쁨도 생겨난다. 모든 문화, 모든 개인은 그 운반체 앞에서 어쩔 수 없이 그러한 작업에 직면한다.

지금까지 이야기한 것을 요약해보자. '**매체학**(Medioloie)'이라는 개념에서 단어의 한 부분을 이루는 '매체(media)'는 복수로서의 매체들(Medien)이나 단수로서의 매체(Medium)를 의미하는 것이 아니라, '**매개**(Mediationen, Vermittlungen)', 즉 기호의 생산과 사건의 생산 사이에서 이를 연결하는 과정과 몸체의 역동성 전체를 의미한다. 여기에서 말하는 '사이'는 브루노 라튀르(Bruno Latour)가 '하이브리드(Hybride)'라고 불렀던 것, 즉 기술적 본성과 사회적·문화적 본성을 동시에 지닌 매개와 유사하다. 우리는 이러한 교차와 혼융을 다루기에는 너무 준비가 부족하다. 기호의 건물은 세 개의 층위로 이루어져 있다. 물리적(혹은 기술적) 층위, 의미론적 층위, 정치적 층위가 그것이다. 하지만 개별 분과학문들은 지금까지 이 건물을 분리시켜 연구해왔다. 첫 번째 층위는 '과학기술사'에, 두 번째 층위는 '문화학'에, 세 번째 층위는 '사회학'에 각각 할당되어왔다. 이러한 분산은 실천의 영역에도 해당된다. 기술관료와 엔지니어에게는 케이블과 '문화장비', 즉 용기(容器)를 돌보는 일이 맡겨지고, 지식인과 예술가에게는 메시지와 의미, 즉 내용을 돌보는 일이, 그리고 끝으로 권력자와 결정권자에게는 실행을 감시하고 이익을 산출해내며 영향을 관리하는 일이 각각 맡겨져 있다. 하지만 상징적 표현이 행위로 이행하는 것을 의미하는 "처녀에서 유부녀로의 이행"은 위에서 본 경계선을 지키지 않는다. 매체학의 경우도 마찬가지다. 매체학은 경계를 넘나드는 것으로 스스로를 이해하고 있으며, 확립된 기존의 제도와 전문용어목록(Nomenklatur)을 가로지른다. 이성의 시대는 항상 사유할 수 없는 것을 사유하기 위해 통분되지 않는 것과 대결하고, 대륙들을 연결해야만 하지 않았던가? 우리 인간은 무의식적으로 다음과 같은 질문들을 분리해온 것으로 보인다. 기술에 대한 질문—어떤 기계가 여기에서 작동하고 있는가—, 의미론적 질문—어떤 담론이 여기에서 이해되고자 하는가—, 정치적 질문—어떤 권력이 여기에서 어떤 방식으로 그리고 누구에게 작용하는가—등이 그것이다. 매체학자는 그 배경에 무엇이 놓여 있는가를 찾는 것이 아니라, 그 사이에서 어떤 일이 일어나는가를 탐구하며, 기술사가와 기호학자와 사회학자가 차지하고 있는 세 개의 안락의자 사이에 등받이조차 없는 자신의 작은 의자를 놓아야만 하는 불편하면서도 불가피한 위치에 처해 있다. 학문세계에서 영예로운 자리를 차지하고 있는 이 학과들 중 그 어느 것도 기호의 작동과 관련하여 모든 것을 포괄하는 질문을 제기하지 않고 있다. 몇몇 예외적인 경우를 제외하면 철학은 기술의 양상과 역사의 변화에 거의 관심을 보이지 않는다. 역사학은 역사학대로 인간학의 불변적 상수와 이를 기술할 수 있는 개념을 소홀히 한다. 사회학자들은 객체와 그 기술적 특수성에 관심을 기울이지 않고, 기술사가들은 주체와 그 마음 상태에 무관심하며, 기호학자들은 두 가지 모두에 관심을 보이지 않는다. 우리가 보기에는 바로 이러한 이유로, 그리고 또한 좀 더 나은 대안이 없기 때문에, 이 학문 분야들을 넘어서서 아무런 장애 없이 주체의 전체 세계를 객체의 체계와 연결해주는 통로로 들어서는 것이 정당화된다.

신경학은 뇌와 정신 사이에 벌어진 틈을 극복하려 노력한다. 사회에 대한 연구는 최근까지도 한편으로는 기계 및 도구를 정신적인 것과 문화로부터 분리시켜왔다. 즉 한편에는 테크놀로지의 역사가, 그리고 다른 한편에는 '도덕적' 학문이 자리 잡고 있다. 걸레가 수건과 뒤섞이면 안 되었던 것이다. 그렇게 되면 즉시 통속적 유물론이라는 둥, 순진한 환원주의라는 둥, 진부한 결정론이라는 등의 비난을 수반한 방어전이 시작될 것이기 때문이다. 하지만 정치사와 지성사를 구성하는 논리와 한 시대의 집단적 태도를 파악하기 위해서는 여러 분야의 혼합이 불가피한 것으로 보인다. 그러한 논리와 태도를 과거에는 '지배적 이데올로기'라고 불렀는데, 오늘날에는 이것을 "사회정신의 연결망"(자크 르 고프, Jacques Le Goff)으로 보려는 것 같다. 매체학의 정신적 단초는 지성적 삶과 물질적 삶과 사회적 삶이 **겹치는 곳**에 손가락을 올려, 매우 잘 기름칠 된 이 경첩이 마찰음을 내도록 하는 데 있다. 매체학의 정신적 단초는 우리의 거대서사에서 배제된 제3자, 소프트웨어와 하드웨어의 결합을 통해 연결을 이루어내는 제3자로서의 동력을 재발견하는 데 있다. 18세기 프랑스의 정신사조에 대한 분석은 매체학자에게 흥미로운 작업일 것인데, 이러한 분석은 그러한 비정형적 사이, 즉 사회적 중력의 극점을 이루는 핵심장소를, 즉 학술원과 문화기관 외에도 클럽, 살롱, 서클, 비밀집회, 서재, 문학단체 등 지적 논의가 이루어지는 중심장소를 다루게 될 것이다. 문학보다 서점이, 공공장소보다는 만남의 장소가, 위대한 사상가보다는 '사상의 집무실(Denkbüros)'이, 작가보다 서적판매상이 더 흥미로운 분석대상이 될 수도 있을 것이다. 이러한 관점에서 보게 되면, 계몽주의는 텍스트 분석을 통해 파악되거나 파악 가능해질 수 있는 담론이나 원리의 집합으로서의 교설이 아니라, '기호의 생산과 순환과 보존' 체계에 생겨나는 변화를 의미한다. 다시 말해 계몽주의는 사회를 규정하는 연결점과 연결망의 등장과, 의례와 새로운 실천의 운반체로서 의견 산출이라는 목적을 위해 기능하는 인터페이스의 등장으로 나타날 것이다. 결국 근본적으로 중요한 것은 사이에서 작동하는 몸체들의 이동을 통해 공공 정신의 연결고리를 재구성하는 일이다. 프랑스혁명을 규정하는 것은 계몽주의의 이념이나 주제들이 아니라 이러한 종류의 수리논리학으로서, 이것이 없었다면 그 이념이 형태를 지닐 수 없었을 것이다.

역사가에게는 이것이 '발신자에게로의 귀환'처럼 들릴 수도 있을 것이다. 아주 구체적으로는 아니지만 이러한 단초를 현장에서 추적해온 것이 곧 심성의 역사가 아니겠는가? 사건사의 사이공간과 잔여물을 연구하라고 가르친 것이 바로 심성의 역사가 아니었는가? 일상적인 것, 자동적인 것, 집단적인 것을 역사의 신기원을 이룬 영웅들이나 사회적으로 가시화된 것의 정점들보다 더 우선시하라고 가르친 것이 바로 심성의 역사가 아니었는가? 자크 르 고프는 중세의 설교문, 그림, 조각과 관련하여 다음과 같이 말한 바 있다. "대중매체는 심성의 특권화된 수단이자 매트릭스다." 그리고 로저 차티어는 계몽주의의 확산과 관련하여 다음과 같이 말했다. "수용의 형식은 언제나 전유의 형식으로서 그것이 수용한 것을 변형하고 재구성하고 넘어선다." 이러한 상황에 직면하여, 한 세기 전의 역사를 다루는 매체학의 학도는 오늘날의 신경화학자가 과거의 강단 심리학을 다룰 때와 유사한 좋은 인상을 줄 수도 있겠지만, 자신이 심성의 역사가에게 제공하는 것이 사회사를 연구하는 사회학자보다 아직 적다는 사실을 확인하게 될 것이다. 매체학자는 역사에 대한 새로운 작업방식을 통해 찾아낸 경험 사례들을 재구성함으로써, 설명까지는 아닐지라도 개념화의 매우 거시적인 모델을 내놓을 수 있을 것이다. 심성을 의미하는 'mens'라는 단어에서 유래한 심적인 것(das Mentale)이 위쪽을 지향한다면, 문화의 물질성은 아래쪽을 지향한다. 우리가 사회의 심적 장치를 시공간을 통제하는 기술에 관련시키게 되면, 그때 우리는 논쟁의 열기를 식히기 위해 겸허한 자세로 다른 직업군과의 연결을 꾀할 것이다. 그리고 이를 통해 영혼(Psyche)의 생물학적 운반체에 대해 그러하듯이 심성의 매체적 운반체에 소위 환원주의의 역할을 부여하고, '가치의 교정' 같은 개념들을 '벡터의 이동'으로 표현하게 될 것이다. 이에 따라 '학문적 인간(*Homo academicus*)'에 대한 사회분석은, "철학자의 특권적 위치를 포기하지 않고도 사회학의 방법론과 외견상의 학문성을 이용하기 위해"[3] 로지효과(logy-effect)에 [그라마톨로지,

3 Pierre Bourdieu, *Réponses*, Paris 1992, 131쪽.

마르크솔로지(Marxology), 고고학(archaeology), 기호학(semiology) 등에] 기대는 동시대 철학의 소위 귀족주의에 학문적 인간을 귀속시키는 성급함을 벗어나게 될 것이다. 전체세계에 대한 자족적이고 자기관련적인 사유에 가담하는 것에서 멀리 벗어나, 역사적 사건의 우연성에 몸을 담그고, 사건의 마그마로부터 보편적인 특성의 필연성이 지니는 몇 가지 구조를 찾아내는 것 외에는 아무것도 하지 않는 것이 차라리 더 나을 것이다. 단지 인식만을 얻으려 하는 역사가와는 달리, 매체학자는 살 아래 숨어 있는 뼈대의 구조를, 부드러움 속의 단단함이라고 지칭할 수 있는 것을 드러냄으로써 그것을 설명하려 한다.

솔직히 말해 매체학의 요구는 분리를 폐지하는 것이라기보다는 벡터와 가치의 상호교차를 강화하는 것이라고 말해야만 한다. 그 목표는 이데올로기를 탈이데올로기화하고, 신성한 것을 탈신성화하는 것에 있으며, 그리고 역으로 물질적 운반체를 정신화하고, 우리의 도구를 심리화하는 데 있다. 또한 동일한 운동 안에서 우리의 기억기술 장비를 정신화하고, 우리의 정신적 장치를 테크놀로지화하는 데 있다.

• 안성찬 옮김

II

ABC...

클라우스 피아스(Claus Pias)

이 장의 개요

문자와 음성의 매체적 위상에 대한 물음은 매체학에서 가장 활발한 토론거리 중 하나가 되고 있다. 니체(F. Nietzsche)에 의해 수사학과 허위가 복권되고, '언어 위기'와 **언어학적 전환**이 일어난 이후로 언어를 통한 지각, 의식, 현실의 구조화가 점차 시야에 들어오게 되었다. 이와 병행하여 축음기, 전화, 라디오 등의 기술적 매체들이 상징을 저장하는 문자의 한계를 넘어, 실제 음성을 저장하고 전송하는 것을 가능하게 했다. 이에 따라 매체의 특수성에 대한 관심이 생겨나면서, 주로 문자와 음성 자체의 물질성,[1] 필기도구와 기록체계가 사유에서 지니는 의미,[2] 문자나 데이터 운반체의 문화적 의미,[3] 또는 수학이나 정보학의 형식언어에 의한 세계산출방식[4]에 대한 관심이 생기게 되었다.

---

1 *Materialität der Kommunikation*, hg. von H. U. Gumbrecht und K. L. Pfeiffer, Frankfurt/M. 1988.

2 Friedrich Kittler, *Grammophon, Film, Typewriter*, Berlin 1986.

3 Harold A. Innis, *The Bias of Communication*, Toronto 1951.

4 Sybille Krämer, *Symbolische Maschinen. Die Idee der Formalisierung in geschichtlichem Abriß*, Darmstadt 1988.

여기에 선별한 텍스트들은 세 가지 관점에서 문자성에 대한 질문을 제기한다. 해블록(E. Havelock)과 옹(W. Ong)은 커뮤니케이션의 역사라는 관점에서, 하이데거와 데리다는 음성과 문자의 존재론적 지위(동시에 형이상학과 그에 대한 비판의 문제)에 대해서, 커코브(D. de Kerckhove)는 문자의 몸체와 글쓰는 사람의 신체의 심적 공간에 대해 질문을 제기한다.

월터 옹과 에릭 해블록은 매체의 역사에서 플라톤과 이오니아의 모음 알파벳 도입에서부터 논의를 시작하여, 망각 가능성을 내포한 테크놀로지인 문자화가, 사용자를 기억과 정체성의 압박에서 벗어나게 해주었다고 주장한다. 문자는 항상 소리로 바뀔 수 있고, 따라서 소리를 만들어내는 장치라고 할 수 있다는 점에서,[5] 문자에 대한 변증법적 사유가 필요하다. 기록 가능하고, 그때그때 말로 실행될 수 있는 지식은 전달자 및 시간과 공간으로부터 독립되는데, 이를 통해 문자는 '이념들'의 모델, 형이상학 자체의 모델로 발전할 수 있었다. 동시에 글쓰기는 철학적 사유의 모델, 즉 글쓰기와 읽기가 수행되는 밀랍판이라는 비유로 표상될 수 있는 영혼의 모델을 제공했다.

이와 같은 사회인류학적 고찰방식은 매체사적 영향에 의한 생산단계에 따라 시기를 구분하는 문화사에 대한 시각을 열어준다.[6] 그 예로서 1920년대 영화에 의거하여 벨라 발라즈(Béla Balázs)가 구상한

---

5 Jesper Svenbro, *Phrasikleia, Anthropologie de la lecture en Grèce ancienne*, Paris 1988.

6 Albrecht Koschorke, "Platon/Schrift/Derrida," in *Poststrukturalismus. Herausforderung an die Literaturwissenschaft*, hg. von Gerhard Neumann, Stuttgart/Weimar 1997, 40-58쪽.

"시각 문화",[7] 또는 오토 노이라트(Otto Neurath)가 '말의 문화'에 대립시킨 "시각의 시대"가 '구텐베르크 은하계'라고 하는 커다란 영향을 미친 맥루언의 테제[8]에서 다시 등장하는 것은 그 한 예라 할 수 있다. 도서문화의 종말과 전자 네트워크를 통한 지구촌 형성의 시작을 알리는 맥루언의 이 멋진 명제는, 문자 이전 문화에 속했던 구술 능력과 청취 능력이 부분적으로 다시 도래하고 있다는 사유를 보여준다. 구술적 사유, 수화적(手話的) 사유, 인쇄술적 사유, 전자적 사유라는 월터 옹의 네 가지 도식은 라디오와 전화의 '이차적 구술성'이라는 논제로 귀결되고, 집단적 기억의 역사에 대한 르루와-구랑의 저서[9] 역시 전자 기록의 시기로 끝맺고 있다. 나아가 문자문화의 출현과 그 결과에 대한 잭 구디와 이안 워트의 (덜 유럽중심적인) 연구[10]도 여기에 꼽을 수 있을 것이다. 컴퓨터가 민간의 다양한 분야에 적용되고, 최초의 네트워크가 형성되기 시작하던 1960년대에 함께 시작된[11] 이러한 연구들은, 매체사에 대한 논의의 초석이 되었다.

해블록이나 옹과 달리 하이데거와 데리다에게 중요한 것은 문자(들)의 사회발생론이 아니라, 일종의 '흔적의 아프리오리'다. 수학

---

7 Béla Balázs, "Der sichtbare Mensch," in *Schriften zum Film*, hg. von H. H. Diederichs, W. Gersch und M. Nagy, München 1982, Bd. 1, 51-58쪽.

8 Marshall McLuhan, *The Gutenberg Galaxy*, Toronto 1962.

9 André Leroi-Gourhan, *Le Geste et la parole*, 2 Bde, Paris 1964/1965.

10 Jack Goody/Ian Watt, "The Consequences of Literacy," in *Literacy in Traditional Societies*, hg. von Jack Goody, Cambridge 1968, 27-68쪽.

11 예를 들어 릭라이더(J. C. R. Licklider)의 인간-기계-커뮤니케이션의 공존에 대한 연구와 구상, 컴퓨터와 컴퓨터 게임과 타임셰어링시스템, 텍스트 처리의 평가방식 등이 이 시기에 이루어졌다.

적 정보이론은 정보를 의미로부터 분리했을 뿐만 아니라, 정보의 불연속적이고 연속적인 원천을 제공하는 인간의 언어와 커뮤니케이션 장치에 대한 모델을 마련해주었는데(II권의 '인공두뇌학의 시대' 장의 개관 참조), 이는 말하기와 쓰기의 매체적 조건에 대한 사유를 요청하는 하나의 도전이었다. **마르틴 하이데거**는 "언어가 정보로 변형되는 현상"을 기술의 "난립(Gestell)"[12] 안에서 일어나는 도전으로 인식한다. 그에게 "기술적" 언어는 존재사의 분기점을 의미한다. "전승된" 언어는 "내적인 것"으로 사유되고 외부로 표출되어, "말의 영역에 침입한 메커니즘"[13]의 배후로 되돌아가지 못하고, "말하기" 자체로서 매체기술적 사건의 형태를 취하게 된다. "말을 하면서 현존재는 자신을 표현한다. 현존재가 '내적인 것'으로서 외부로부터 차단되어 있기 때문이 아니라, 이해하는 행위를 통해 세계-내-존재(In-der-Welt-Sein)로서 이미 '외부에' 존재하기 때문이다. 말해진 것은 바로 외부 존재(Draußensein), 즉 상태의 그때그때의 방식이다 (…). 말하기에서 내적-존재(In-Sein)의 상태를 알리는 언어적 목록에는 억양으로 나타나는 어조와 말의 속도로 나타나는 '말하기 방식'이 있다."[14] "말하기 자체에서 신의 가까움"이 생겨나려면, 신의 나타남을 언어의 효과로서 가능하게 만들기 위해 최소한 두 가지가 보장되어야 한다. 언어가 탈은폐의 기술로 파악된다는 점에서 그러한 보장에는 (위험에 구원의 요소가 들어 있듯이) 정보이론이 눈에 띄지 않게 들어 있다.

12 Martin Heidegger, *Die Technik und die Kehre*, Stuttgart 1962, 23쪽.

13 Martin Heidegger, *Parmenides*, Frankfurt/M. 1982, 125쪽.

14 Martin Heidegger, *Sein und Zeit*, 16. Aufl., Tübingen 1986, 162쪽.

요컨대 한편으로 말의 전달은 "듣기"의 형식으로 일어나는[15] 잉여적인 것(Redundanz)으로서, 여기에서 듣기는 "음의 데이터"가 아니라 말해진 것을 인지하고, "순수 소음"이 아니라 오토바이나 행진 대열을 인지한다는 점에서 "귀 기울이기"와 구분된다.[16] 다른 한편으로 말하기는 그것이 비개연적인 것일 때, 즉 "수다(Gerede)"나 "끄적거림(Geschreibe)"과는 다른 것일 때에만 성공을 거둔다. 말하기의 비개연성을 보존된 언어로부터 "남김없이 퍼내고" "쟁취해야"[17] 한다. 다시 말해 그러한 비개연성이 구술적이고 상황적인 요소들을 통해 증대하는 가능성들의 '시적' 고양이 되게 해야 한다.

자크 데리다는 하이데거를 계승하면서 동시에 그의 굴절된 음성중심주의를 비판한다. 그는 하이데거의 음성중심주의에 교차되어 나타나고 있는 '존재(Seyn)'에서 형이상학을 향한 최종적으로 가능한 입장이자 갈등을 내포하고 있는 입장을 인식한다. 이러한 입장은 충족되지 않은 문자성과 달리, 음성의 자기현현에 기반한 형이상학이라는 것이다. 데리다의 주장에 따르면, 이러한 형이상학은 말하기와 인지하기가 일치하는 현존의 개념을 참칭하는데, 이러한 현존 개념은 기호성과 소리의 실체를 모두 망각하게 만든다. "기표가 소리 속에서 사라지는 경험은 자의적인 환상이 아니다. 바로 그러한 경험이야말로 진리의 이념을 규정하는 조건이기 때문이다."[18] 결국 진리는 매체 경쟁에서 생겨나는 것이며, 여기에서 문자는 단지 유예, 이차적 보충

15 Martin Heidegger, *Unterwegs zur Sprache*, Pfullingen 1959, 219쪽.

16 Martin Heidegger, *Sein und Zeit*, 163쪽.

17 Martin Heidegger, *Sein und Zeit*, 169쪽.

18 Jacques Derrida, *Grammatologie*, Frankfurt/M. 1983, 38쪽.

대리, 혹은 충족되고 현존하는 말에 기능적으로 기생하는 것으로 나타난다. 해블록이나 옹과는 달리, 데리다가 볼 때 형이상학의 정초는 문자가 이루어낸 매체사적 업적이 아니라, 목소리에 우월권을 부여한 결과다. 문자와 기표의 복권을 위한 데리다의 노력은 해블록이나 옹과의 이러한 차이에 기초를 두고 있다. 그의 시도는 적어도 다음과 같은 두 가지 결과를 가져온다. 첫째, 문제의 핵심은 모든 기호의 반복 가능성에 대한 통찰에 있으며, 이를 통찰하면 "인용 가능한 진술과 유일한 진술 사건"의 대립이 사라지게 된다.[19] 둘째, 이는 문자 개념의 탈경계화와 개방을 초래할 것이며, 이에 따라 구술언어가 문자의 한 측면임이 드러나게 되어, 구술언어도 수학의 형식언어, 프로그래밍 언어, 또는 기술매체의 기록체계와 동등한 지위를 지니게 된다.

문자 개념이 이렇게 확대되면 언어와 문자의 결합이 붕괴되고, 비상징적 연관이나 우월적인 (내지는 '근원적인') 구술성과 무관한 글, 혹은 색인과 같은 글이 시야에 들어오게 되며, 이는 특히 컴퓨터에 의해 두드러지게 되는데, 이러한 사실은 데리다에게서는 암시되는 정도에 그치고 있다.[20] **데릭 드 커코브**는 이러한 생각을 발전시켜, 문자체계 자체의 신경, 근육, 감각의 기초에 대해 질문을 던지고, 문자체계의 인식적 작용(수평화, 시간화, 원자화, 인과성, 추상화)[21]을 탐구하여 이러한 작용을 '역사의 프로그래밍'으로 제시한다. 컴퓨터와 컴퓨

---

19 Jacques Derrida, "Signatur, Ereignis, Kontext," in *Randgänge der Philosophie*, Wien 1988, 291-314쪽.

20 Jacques Derrida, *Grammatologie*, 154쪽.

21 Derrick de Kerckhove, *Schriftgeburten. Vom Alphabet zum Computer*, München 1995, 24-30쪽.

터 화면이 등장한 오늘날에 이르러서는 이차적 구술성의 이미지를 비판적으로 수정하는 일이 필요한 것으로 보인다. 인터페이스는 알파벳과 숫자로 구성된 문자를 이해하지 못해도 시청각적으로 이용하는 것을 가능하게 해준다. 그러나 이미지, 문자, 음의 합일은 2진법이라는 공통적이고 통분 불가능한 문자 토대에 근거를 두고 있으며, 이는 항상 편집된 프로그램 코드의 실시간 효과에 불과하다. 하드웨어와 소프트웨어 기술에 의해 소위 '지극히 우둔한 수동적 사용자'가 조종되는 상황에 직면하여 문자, 말, 인식에 대한 물음이 새롭고도 변화된 방식으로 나타난다. 컴퓨터라는 조건하에서 구술성과 문자성의 관계는 문자성과 비문자성에 대한 물음으로 전환된다. 이러한 물음은 한편으로는 인터페이스와 관련하여, 다른 한편에서는 알고리즘과 프로그램 코드와 관련하여 제기된다.[22]

• 안성찬 옮김

22 Friedrich Kittler, "Die Evolution hinter unserem Rücken," in *Kultur und Technik im 21. Jahrhundert*, hg. von G. Kaiser, D. Matejovski und J. Fedrowitz, Frankfurt a. M./New York 1993, 221-223쪽.

에릭 A. 해블록(Eric A. Havelock)

구두음과 문자기호

(1982)

"문맹(illiteral)"의, "비문자(nichtliteral)"적, "문자 이전(präliteral)"

'고전주의의 절정기(Hockklassik)'라고 불리는 시기에, 즉 페리클레스와 세 명의 그리스 극작가가 살던 시대에, 그리스인들에게 문맹의, 비문자적, 문자 이전 등의 표현들을 가리키는 표현이 전혀 없었다는 사실은 다소 충격적이다. 그들은 오직 음악적 인간이나 비음악적 인간, 교양 있는 인간이나 교양 없는 인간이라고만 했는데, 여기에는 그럴 만한 이유가 있었다. 여기에서 문자를 안다는 것과 교양이 있다는 것이 꼭 동의어는 아니었음을 엿볼 수 있다. 그리스 단어 'grammatikos'는 4세기에 사용되었다. 그것은 읽을 줄 아는 사람을 가리키는 단어였는데, 읽을 줄 안다고 해서 그러한 능력이 교양과 동일하다는 뜻은 아니었다. 더 박식한 국민이었던 로마인들은 고도의 교양을 그리스어 지식 위에 쌓았는데, 그리스어로 커뮤니케이션이 가능한가와 무관하게, 그리스어는 로마인들이 열심히 읽었던 언어였다. 로마인들은 "문학/학문에서 교양을 쌓은 사람", 다시 말해 글자를 읽을 줄 아는 사람이라는 뜻의 리테라투스(litteratus)라는 개념을 만들었다. 그 반대 개념인 일리테라투스(illitteratus)는 '문학'과 문자문화를 알지 못하는 사람이라는 뜻이었다. 서구 현대사회에서 "무학, 문맹(illiteral)"('교육받지 못한'이라는 의미—옮긴이)이라는 개념은 읽지도 쓰지도 못하는 사람들에게 사용하는 표현으로서, 이러한 사람들은 지적 능력이 부족하다는 평가를 받거나, 다른 식으로 불리한 대접을 받는다. 이 표현은 경멸의 의미가 있고, 생존 투쟁에서 뒤처진 사람들을 가리킨다. 이들은 소위 그다지 머리가 좋지 못한 사람들로 간주되는 것이다. 우리는 이 표현의 의미를 확장해서 인간의 사회에까지 적용한다. 즉 어떤 사회가 산업국가에 비해 경제적으로 뒤처진 경우에, 그들의 가난과 "후진성"이 문맹에서 기인한다고 간주하는 것이다. 이러한 사고방식은 교육받은 계층에만 한정되지 않는다. 자유주의적 시각을 지닌 한 저자는 1970년 10월에 『뉴욕타임스』[1]에 다음과 같이 쓰고 있다. "세계 인구의 3분의 1에서 절반에 이르는 사람들이 기아와 영양실조를 겪고 있다. 저개발국가 사람들이 인류의 다수를 형성하고 있고, 소련, 미국, 서유럽의 국민들보다 더 빠르게 늘어난다. 오늘날 세계에는 20년 전보다 1억 명 더 많은 문맹자가 있다. 총 8억 명의 문맹자가 있다." 이 글에서 눈에 띄는 것은 "기아", "영양실조", "저개발"이 자동적으로 문맹과 연결된다는 점이다. 한 사회에서 이러한 기준에 따른 형식적 구분은 그리스에서는 찾아보기 어려울 것이다. 이 사실은 우리에게 의아하게 생각될 수 있다. 그러나 현대의 문자화된 사회에서 소수라고 추정되는 일단의 사람들에게 이 표현

---

1 이에 관해서는 E. A. Havelock의 글 "Prologue to Greek Literacy," in *Lectures in Memory of Louise Taft Semple*, Norman, Okla. 1973, 347-348쪽을 볼 것.

을 경멸의 의미로 사용하는 것은 부당한 일 혹은 오류에 속한다. "비문자(nichtliteral)"적이지만 "문맹(illiteral)"이 아닐 수 있는 문화들이 있기 때문이다. 부분적으로 혹은 완전하게 문자성을 이룩하기 이전에도 인간사회는 존재했다. 현대 개개인들의 문맹을 우리 자신의 사회에 앞서 존재했던 인간 사회의 비문자적 성격 혹은 문자 이전의 성격과 혼동해서는 안 된다.

그리스인들의 문자 이전 상태

하지만 비문자사회는 어딘지 야만적이고 거칠거나 원시적이라는 견해가 종종 제기된다. 이런 식으로 구술문화, 즉 구술언어를 사용하는 문화에 대해 그 문화적 의미를 부인함으로써, 결국 그러한 문화는 비-문화로 평가된다. 이러한 생각이 얼마나 잘못된 것인지는 그리스 문화의 예를 드는 것으로 충분하다. 비록 그 예가 일정한 역사적 시기에 한정된 것이기는 하지만, 기원전 1100년에서 700년 사이의 그리스인들은 완전히 비문자 상태였다. 이제 이 점에 관해서는 반박의 여지가 없는 금석문 자료의 증거가 있다. 그럼에도 그리스는 바로 이 몇백 년 사이에 그리스 명성의 근간이 된 사회조직과 예술적 업적의 최초 형식들을 만들어냈다.

아마도 그러한 발전은 처음에는 천천히 진행되었을 것이다. 기원전 1100년경에서 900년까지는 그다지 큰 발전이 없었다. 고고학은 미케네 궁전의 물리적 쇠락을 분명히 확인했는데, 이러한 사실로부터 그 이전에 무역, 예술, 규제된 생활방식을 가능하게 했던 정치적·사회적 제도들도 쇠퇴했다는 추론이 관행화되어왔다. 미케네 시대를 덮친 이러한 암흑기에 대한 주장은 최근에 의문이 제기되고 있다. 어쩌면 그 주장이 옳을 수도 있지만, 제프리 커크(Geoffrey Kirk) 교수가 최근에 강조했듯이, 기원전 900년 이후의 수백 년을 암흑기라고 부르는 것은 그 시대에 대해 모르는 사실이 아주 많다는 의미 정도로 이해해야 할 것이다. 기원전 900년에서 650년 사이의 시간을 연대기적으로 한 단위로 묶으면, 이 시기에 고전적 문화가 희미한 형태로나마 출현하고 있음을 분명히 알 수 있다. 이는 기원전 6세기와 5세기에 나타난 자료들을 토대로 한 연구를 통해 밝혀진 것이다. 그러한 문화는 어떠한 형식으로 출현했는가? 가장 중요한 형식은 제도였다. 그것은 폴레이스(poleis)라고 불리는 단체조직, 즉 그리스의 도시국가에서 구현되었다. 그리스의 이러한 생활방식의 모든 중요한 특성은 기원전 10세기에 확립되어 기능을 발휘한 것으로 보인다. 커크 교수는 초기 거주 운동이 일어난 후에 성립된 소아시아 해변 거주지와 관련하여 다음과 같이 말한다.

"귀족주의 정부 형태와 연방체제를 갖추고 있던 이오니아 도시들은 기원전 9세기에 고도의 사회적 안정을 누렸으며, 이미 그 이전에 어느 정도 이러한 상태에 도달했던 것으로 보인다."[2] 오늘날 일치된 견해에 따르면, 이오니아는 기원전 7세기 이전에는 모국에 비해 부유하지 않았다. 그뿐만 아니라 기원전 10세기에 그리스 모국의 도시들은 촌락의 생활방식을 훨씬 넘어선 사회생활의 형식들을 유지했던 것으로 추측된다. 기술적 측면에서 볼 때 그리스 도시들은 철을 연마하거나 녹이는 기술을 가지고 있었다. 이는 미케네 사람들이 가

---

2 G. S. Kirk, *Songs of Homer*, Cambridge 1963, 49쪽.

지고 있지 못했던 능력이다. 그러나 무역과 항해 능력은 미케네의 수준을 능가할 수 없었던 것 같다. 기원전 8세기 즈음 그리스 도시들에 건축된 사원들은 현재 부분적으로 석조 형태로 보존된 고대의 옛 건축 설계와 세공을 목조의 형태로 미리 보여주고 있다. 이 시기 초기에는 예술 영역에서 기하학적 장식 양식이 발명되어 완성되었고, 동양풍이 우세하던 이후의 시기에 자연주의적 모티브들이 도입되었는데, 쐐기문자가 그리스에서 유통되기 시작한 것도 대략 이 시기로 보는 것이 맞을 것이다. 이 시기에 호머의 언어예술이 탄생했다는 것도 반박할 수 없는 사실이다.

이러한 사실에 비추어볼 때, 문화적 세련화를 일정 정도의 문자화와 동일시하는 견해는 거부해야 한다. 전적으로 구두의 커뮤니케이션에 기초한 문화도 하나의 문화를 이룰 수 있기 때문이다.[3]

역사시대에 속하든 선사시대에 속하든 간에, 고대사학자들의 연구대상인 그리스적 삶의 실제는 인간이 살아온 시간 안에서 짧았던 한순간에 전개된 것이다. 그러한 삶의 실제는 헤아릴 수 없이 먼 과거로부터 시작된 인간의 무한한 문화사 중 전형적인 한 조각일 뿐이다. 인간 진화의 관점에서—이런 표현을 써도 된다면—인간이라는 동물의 '구두성의 단계(Oralität)'를 되돌아보면, 다음과 같은 인식에 도달하지 않을 수 없다. 즉 구술언어가 인간이라는 종에 근본적인 것이며, 그에 비하면 읽기와 쓰기는 최근에 일어난 우연으로 여길 수 있다는 것이다. 인간의 지능을 문자성과 동일시하려는 것은 기묘한

3 E. A. Havelock, 같은 책, 347-348쪽.

문화적 오간이다. 아테네의 민주주의가 제대로 작동하기 위해서는 문자가 존재해야 한다는 가정은 설득력이 없다.[4] 적어도 오늘날 인도의 예는 이러한 억측을 반박한다고 보아도 좋을 것이다. 인간의 두뇌는 수백만 년의 세월에 걸쳐 일어난 기나긴 자연 선택의 과정 속에서 오늘날과 같은 용량을 가지게 되었다. 측정 가능한 범위에서 우리의 두뇌는 수만 년 전 조상의 두뇌와 그다지 차이가 나지 않는다. 우리가 커뮤니케이션을 위해 언어를 사용할 수 있는 두뇌를 가졌다면, 그들 또한 그러했다. 그러한 능력은 우리가 인간 존재로서 갖는 특성일 뿐만 아니라, 모든 인간 문화의 기초에 속한다. 선사시대부터 인간의 문화는 구술언어의 체계로서 존재해왔다. 이에 비해 문자의 시대는, 즉 문자성이 점점 증대하게 된 연속적 단계들은 인류의 역사에서 보면 한순간에 불과하다.

인간 언어의 기능방식에 기초하고 있는 현상인 문자성의 역사에 대한 연구에서 인간 언어의 법칙, 조건, 기능방식을 완전히 이해하기 위해서는, 읽기가 발명되기 이전의 구두 커뮤니케이션의 문화 안에서 구술언어의 법칙과 기능방식이 어떠했는지를 이해해야 한다. 오늘날 미국에서 우리는 아이들에게 읽기를 가르칠 때 많은 어려움을 겪는다. 그 이유는 아마도 그들에게 구두로 낭송하는 기술을 동시에 가르치지 않은 데 있는 것이 아닐까? 선조들의 구술문화를 받아들일 만큼 충분히 두뇌가 발달한 아이들을 구술문화에 편입시키지 않는다면, 그들이 갖고 있는 구술적 언어 지식을 문자의 시각적 형태로 바

4 이에 반대되는 대표적 의견으로는 F. D. Harvey, "Literacy in the Athenian Democracy," in *Revue des Etudes Grecques* 29, 1966, 585-635쪽.

꾸는 인위적인 단계를 성공적으로 완수할 것이라고 기대할 수 없지 않을까?

문자성으로 나아간 그리스인들의 특수한 경우를 우리는 구술적 상황에 문자가 진입하는 과정으로 보아야 할 것이다. 먼 옛날부터 내려온 비문자성의 오랜 관습에 문자성이라는 새로운 관습이 막 진입하던 시기에는 아직 문자성의 특성에 대해 어떠한 언급도 없었다. 이러한 시각에서 볼 때, 핀다로스(Pindaros)와 플라톤은 완벽한 비문자성에 매우 가까웠다. 구두로 작문하고 재현하는 방식을 고려하지 않고 문자로 전해져온 그들의 문학적 단어들을 이해할 수 있겠는가? 구술언어 사회는 그 명칭대로 어떠한 언어학적 기록도 남기지 않았다고 할 수 있다. 그러나 다행히도 그리스의 경우는 그렇지 않았다. 그 이유는 뒤에서 설명할 것이다. 그리스에서 일어난 문자 혁명에 대한 모든 서술은 언제나 그리스의 구술문화에 대한 연구를 배경으로 한다. 우리의 연구에서도 구술문화를 우선적으로 연구해야 할 것이다.

수의 상징 대 언어 상징

오늘날 우리가 사용하는 수학은 글자를 아는 주민 대다수의 능력을 초월하는 높은 수준의 지적 연마를 필요로 한다. 정밀과학에서 진전된 연구를 수행하기 위한 전제조건이 수학 능력이라는 말은 대학의 학술 연구에서는 이미 진부하게 들린다. 훌륭한 수학자는 훌륭한 음악가와 마찬가지로 타고나는 것이지 교육되는 것이 아니며, 소위 교육받은 계층에서도 소수에 속한다는 사실은 경험적으로 증명된 것으로 보인다. 이는 말을 기록하는 발명이 숫자를 기록하는 발명보다 더 쉽게 이루어질 수 있다는 역사학적 견해를 뒷받침해왔다. 오래된 문명이—그 특별한 예는 바빌론 문명인데—산수를 그리스인들보다 훨씬 뛰어나게 다룰 줄 알았다는 사실은 금석문 자료에 의해 입증된다. 그렇다면 바빌론 사람들은 적어도 그리스인들과 동일한 수준의 문자를 가지고 있었어야 한다. 그러나 발명된 문자들을 개관해 보면—지구상의 어느 장소에서 발견된 것이든 간에—우리 선조들은 읽기를 배우기 오래전에 이미 숫자를 세는 법을 배웠다는 나의 결론을 뒷받침해줄 것이다. 다시 말해 양(兩)을 시각적으로 상징화하는 것이 말(言)을 상징화하는 것보다 더 쉽게 이루어졌다. 이는 분명히 이해할 수 있는 일로서, 그 이유는 양은 시각적 단위인 반면에, 언어의 음은 그렇지 않다는 데 있다. 그뿐만 아니라 일상 언어로 묘사되는 '대상들' 대다수는 쉽게 시각화될 수 없다. 밀알의 크기나 달의 변화는 손으로 잡거나 눈으로 관찰하여 파악할 수 있다는 점에서 유사한 현상들이다. 이 현상들을 관찰할 때, 눈과 손이 함께 움직임으로써, 눈으로 본 것의 가시적 상징들을 진흙이나 돌 혹은 뼈에 새겨넣을 수 있다. 이집트의 기하학이 그리스보다 더 오래되었고 (증명될 수 있는 사실은 아니지만), 바빌론의 대수학이 플라톤이 사용한 것보다 더 발전된 계산법을 사용해서 4차 방정식을 풀 수 있었던 데 비해, 로마의 숫자체계는 그보다 수세기 전의 바빌론의 숫자체계보다 현저하게 뒤떨어지고 비효율적이었다. 하지만 이것이 뛰어난 기하학을 실행하기 위해서는 이집트인과 바빌로니아인도 그리스인이나 로마인과 적어도 같은 수준의 문자적 교양을 가지고 있어야 한다는 것을 의미하지는 않는다. 많은 사람이 알고 있듯이, 우리는 완전한 의미의 교양에 속하는(literate) 어휘를 습득하기 이전에, 머릿속에서 혹은 종이 위에서 비교적 능숙하게 덧셈을 배운다. 이로써 우리는 우리 자신의 유년기에서 인류 발전의 이전 단계를 반복한다.

아마도 실제로는 인도에서 생겨난 것이고, 현대적 계산을 가능하게 만든 소위 아라비아 숫자는 그리스에서 이미 문자문화가 형성된 후 오랜 시간이 흐른 기원전 1100년 이전까지도 유럽에 나타나지 않았음이 분명하다. 훗날의 발명이 없었다면 지금 우리가 살고 있는 산업과 학문의 시대는 불가능했을 것이다. 아라비아 숫자의 도움을 받지 못한 고대의 문자성은 문화적으로 한계를 지니고 있었다. 고대의 문자성은 특정하고 근본적인 의미에서 원초적인 기술과 과학이었다. 그러나 고대 문자의 가장 위대한 업적은 시각적 상징체계에 구술언어를 끌어들인 데 있다. 이러한 상징체계는 감옥을 의미하는 것이 아니라, 새로운 시작, 언어의 자유, 초창기 구술언어의 규범을 넘어서는 수단을 의미했다.

말하기 대 읽기

우리는 구술언어를 그것의 우연한 기록인 문자와 자주 혼동한다. 구술언어는 우리가 말이라고 부르는 것으로 이루어져 있는데, 이 말은 '기록'될 수 있기 때문이다. 또는 어떤 문화를 비문자적이라고 여기는 데서 느끼는 정신적 압박감도 이러한 혼동을 초래한다. '말(Wort)'이라는 표현은 언어학적 음이라는 의미와 어떤 물질적 바탕에 적은 가시적 대상이라는 의미를 모두 포괄한다. 케말 아타튀르크(Kemal Atatürk)는 자신이 통치하기 전까지 터키어에 사용된 아랍 문자를 폐지하고, 이를 완전히 다른 로마식 문자로 대체하라고 명령했다. 이것은 구술언어의 변화 없이, 단지 음을 받아 적을 때 정확성을 높여서 필사를 더 유연하고 융통성 있게 만들었을 뿐이다. 비교적 근래에 있었던 이러한 역사적 사실로 인해 언어와 언어의 가시적 상징의 차이를 우리가 분명하게 인식하고 있었다고 생각할 수도 있을 것이다. 하지만 사실은 결코 그렇지 않다. 전문적 학문이건 대중적 학문이건 간에 언어학 연구에서 저자가 이러한 혼란에 빠지지 않는 경우는 거의 찾아보기 힘들다.

이러한 혼동은 고대로까지 거슬러 올라가, 이미 아리스토텔레스에게서 나타나고 있다. 아리스토텔레스는 발음할 때 입술과 혀의 기능에 대해 논하면서 'gramma'라는 표현을 아주 분명하게 "최소단위의 음"이라는 의미로 사용했다. 내가 인용한 글의 저자 진(Zinn) 교수는 다음과 같이 강조한다. "agrammatos의 단순한 의미는 '쓰이지 않은' 혹은 '교육받지 못한'이다. 즉 '철자로 이루어지지 않은' 혹은 '어떠한 철자도, 학문이나 문학도 알지 못하는', 즉 무지한(illiterat)이라는 의미다. 아리스토텔레스는 문자 그대로 '철자'를 의미하는 그리스어 표현 'gramma'를 자주 이렇게 확대된 의미로 사용했다." 이렇게 보는 것은 아리스토텔레스에게 아첨하는 것이며, 아마도 그가 받아 마땅한 이상의 아첨일 것이다. 단어의 '확대된' 사용은 혼동을 초래할 수 있다. 눈에 보이는 문자 상징을 표시하는 표현을 보이지 않는 음을 표시하는 데 사용한 것이다. 여기에서 언어는 글로 쓰인 형태로만 존재한다고 생각하는 관행이 생겨났다. 이러한 전문가적 실수가 처음 나타난 곳은 당시로서는 획기적인 언어분석이라 할 수 있는 플라톤의 대화편 「크라틸루스(Cratylus)」다. 하지만 플라톤은 이 책의 형식적인 부분에서는 그러한 실수를 피하고 있다. 이러한 오류는 다음과 같은 점에서 이해할 수 있는 것이기도 하다. 언어를 연속적 흐름이 아니라 개개 단위의 음들로 이루어진 것으로 보고, 'gramma'를 하나의 '철자'가 재현하는 음의 단위에 사용하는 것이 당연하다는 인식이 알파벳을 발명하기 위한 전제조건이기 때문이다. 바로 이러한 재현이 음의 단위에 대한 지각을 가능하게 만들었던 것이다.

습관화된 이러한 혼동은 문자성을 당연하게 받아들이는 문화의 구성원들의 머리에서만 일어날 수 있다. 항상 반복되는 혼동은 현대적 논쟁의 두 영역, 즉 유아교육이나 외국어 학습이라는 어려운 과제에서 다시 나타난다. 말을 배우는 아이의 능력은 보통 읽는 법을 배우는 능력과 동일시된다. 근본적인 '학습문제'가 아이들에게서 구두 어휘의 문제이기보다 읽기의 문제로 분류된다.

호모 사피엔스가 커뮤니케이션을 위해 구술언어를 사용하는 종이라는 점은 생물학적이고 역사적인 사실이다. 이는 호모 사피엔스의 정의다. 이 정의에 비추어보면 호모 사피엔스는 글을 쓰거나 읽는 사람이 아니다. 반복하여 말하면, 인간은 백만 년 이상에 걸친 자연선택 과정에서 언어 사용 능력을 습득했다. 발화를 표현하기 위해 문자로 된 상징을 사용하는 것은 우리가 발명한 유용한 관습이지만, 그것이 우리의 유전자에 기입되기에는 아직 아주 짧은 시간밖에 지나지 않았다. 아마도 50만 년 안에는 가능할지도 모르겠다. 어쨌든 모든 언어는 언어의 근본구조를 건드리지 않고, 언어 사용자가 결정한 모든 임의적 문자 상징체계로 옮겨 적을 수 있다.

요약하면, 읽는 인간은 말하는 인간과 달리 생물학적으로 결정된 것이 아니다. 읽는 인간은 비교적 최근의 역사에서 등장한 우연한 사건이며, 읽는 인간이 즐겨 사용하는 모든 문자 상징도 마찬가지다. 따라서 문자와 언어의 관계를 평가할 때에는 신중해야 한다. 구술언어의 법칙이 어떤 것이든 간에, 언어가 '기록될' 때 문자체계는 구술언어의 법칙에 있어서는 별로 의미를 지니지 않았다고 추정해볼 수 있다. 문자 상징을 가지고 작업할 수밖에 없는 학자들에게는 이러한 결론이 별로 마음에 들지 않겠지만, 문자 상징은 주어진 언어가 과거에 어떠했고, 지금은 어떠한지를 보여주는 유일한 증거다. 다시 그리스의 예를 들면, 우리는 그리스의 알파벳이 헬레니즘 시대에 표준화되었다는 점은 인정하지만, 호머가 처음으로 기록되었을 때, 그의 말이 어떻게 철자로 옮겨졌는지는 알지 못한다. 확실한 것은 그 시대의 정서법, 즉 사용된 철자의 형식들이 헬레니즘 시대와 비잔티움 시대의 문자와 상당히 달랐을 것이라는 사실이다. 하지만 그렇다고 해서 이것이 구슬언어의 표현적 의미에 영향을 미친 것은 아니다. 구두로 표현했을 대와 글로 적었을 때 말이 '의미하는' 것 사이에는 사용된 문자에 따라 항상 일정한 간극이 존재할 것이다.

중국어의 사례는 문자와 언어가 서로 완전히 분리된 두 가지 기능을 나타낸다는 규칙의 예외라고 할 수 있다. 실제로 서양이 중국어에 점차 친숙해지면서, 언어와 언어를 나타내는 문자가 정신적으로 혼합되어 있다는 생각이 강화되었다. 그 이유는 중국 문자가 표어문자라서, 하나의 기호가 말의 음성 요소가 아니라 하나의 단어 전체를 가리킨다는 데 있다. 기호가 더 큰 단위나 '문자기호'와 결합하여, 개개 단어들이 '하이픈(Bindenstrich)'으로 연결된 효과를 갖게 함으로써, 개개 단어가 단독으로는 매개하지 못하는 의미를 다른 단어와 결합하여 함께 전달할 수 있게 되는 것이다. 이러한 '부가효과(Additionseffekt)' 때문에 중국어 체계를 사고나 개념을 상징하는 데 사용하는 '표의문자'로 분류하는 오류로 이끌 수 있다. 특정한 의미에서 하나의 단어가 발화되면, 그 단어는 실제로 하나의 사상으로 변화된다. 아마도 관념론 철학자들은 이러한 견해를 단호히 거부하겠지만, 그러한 견해가 여전히 가능하기 때문에, 중국어가 표어문자라고 주장하는 사람들과 이에 반대하여 표의문자라고 주장하는 사람들 사이에 많은 논쟁이 생겨나게 된다.

여기서 강조해야 할 것은 다음 세 가지 사항이다. 첫째, 기호와 발화된 단어 전체 사이의 상응관계로 인해 부주의한 사람들은 문자기호가 그리스어의 의미에서 전적으로 '음성학적'이라고 간주하는 오류에 빠질 수 있다. 둘째, 발화된 중국어와 이것이 글로 표현된 문자기호가 함께 하나의 유일한 언어체계의 두 측면을 구성한다는 잘못된 믿음에 빠질 수 있다. 셋째, 하나의 기호가 하나의 완전한 단어를 재현하고, 문자기호가 완전한 단어들의 조합을 재현하며, 한 언어에서 단어의 숫자가 이론적으로 무한하기 때문에, 중국어 체계는 기호들의 숫자에 있어서는 경제성 요구를 충족시킬 수 없음이 분명하다. 한 언어의 음소들을 근접한 형태로나마 상징화하는 체계라야 그러한 요구를 쉽게 충족할 수 있다. 결과적으로 전문학자들과 달리 평균적인 중국어 사용자들이 어렵지 않게 읽을 수 있는 진술의 숫자와 다양성은 제한적이다. 무수한 상징의 형식들을 기억하는 능력이 제한적이기 때문이다. 중국의 대중이 제한된 어휘와 제한된 통사구조를 가진 마오쩌둥 의장의 격언들을 생각과 행동의 지침으로 받아들일 수 있었던 것은, 그 격언들이 쉽게 읽히고 쉽게 입에 올릴 수 있는 것들이었기 때문이다.

교육받은 중국인('교육받은'이라는 표현은 중국의 의미에서이지, 유럽적 의미에서가 아니다)이 그의 독해 어휘를 늘리려 한다면, 문자 상징을 읽을 수 있기 위해 상당한 훈련을 해야 한다. 이것은 진화 과정의 정상적 흐름에 역행한 것일까? 우리의 두뇌에 기호화된 일반적인 언어관습들은 청각적인 것이지 시각적인 것이 아니다. 인간의 사고 능력은 생물학적으로 그의 언어 능력과 상관관계를 맺고 있다. 또한 인간의 사고 능력은 자신의 언어집단이 선택한 모든 방언 안에서 구어로 커뮤니케이션하는 능력, 즉 다른 모든 사람에게 자신의 의사를 전달하는 능력과 상관관계를 맺고 있다. 비청각적 수단을 통해 커뮤니케이션의 통일을 도모한 중국 관료계급(Mandarin)의 지배가 구두의 방언들을 서로 근접시키려는 모든 경향, 중국에서 구어 공통어(*lingua franca*)를 발전시킬 수도 있었을 경향을 방해했다고 볼 수도 있지 않을까? 이것이 고도로 문명화된 나라이면서 기묘하게도 매우 특수한 의미에서 '후진적'인 중국의 역설을 설명해줄 수도 있다. 또한 중국이 다른 문화에 자신을 이해시키려 할 때, 지속적으로 부딪치는 어려움도 이를 통해 설명될 수 있다. 러시아 혁명이 도시적 현상인 반면에, 중국 혁명은 분명히 농촌사회의 요구에 대한 응답이라 할 수 있는데, 이러한 차이는 두 가지 서로 다른 문자 커뮤니케이션 형식을 사용하는 데서 생겨난 차이, 즉 한쪽은 알파벳 형식을 사용하고 다른 쪽은 고대적 형식을 사용하는 데서 생겨난 차이라고 주장할 수도 있을 것이다.

이 연구의 의도에 있어 중국어는 역사적으로 그리 중요한 예가 아니다. 셈어든 그리스어든 간에 유럽의 문자체계에서 철자들은 음성학적인 것이며, 철자의 형태는 원래 철자의 기능과 상관이 없다. 그럼에도 역사적으로 볼 때, 철자의 형태는 그것이 처음 생겨났을 때 사용자들의 예술적 상상력에 비합리적인 것까지는 아닐지라도 매우 진기한 매력을 발산했다. 엄밀히 말해 정서법은 구술언어의 시녀로서, 구술언어의 소리를 가능한 한 정확하고 빠르게 고정시키는 역할만 할 뿐, 결코 자신의 고유한 본성을 가져서는 안 된다. 그리스어 체계는 처음 발명되었을 때 이러한 규정에 일치하는 것처럼 보였다. 그러나 우리가 곧 보게 되듯이, 중국어의 예술적 매력은 표의문자의 서예를 통해 유럽과 아랍 국가들에서 문자가 발전하고 형상화되는 과정에서 그에 반대되는 영향을 미쳤다. 문자 기호의 이러한 시각적 발전은 언어의 목적, 즉 인간 집단의 구성원들 사이에 직접적 커뮤니케이션을 가능하게 한다는 목적과는 아무런 연관성이 없다. 이러한 목적에 반해, 여러 지역에 경쟁적으로 생겨난 서예의 중심지에서 아랍어와 라틴어 문자를 시각적 대상으로 다듬게 되면서, 문자를 인식하고 이용하는 능력의 확산은 오히려 제한되었다. 예술 형식으로서의 서예가 이후에 종식된 것은, 학문과 사회화를 특징으로 하는 현대인의 등장을 알리는 지표다. 이는 환영할 만한 발전이라 할 수 있다. 만약 언어의 속성과 문자의 속성을 혼합하는 경향이 계속되었다면, 서예의 종식은 지금까지만큼 실현되지 못했을 것이다.

'쓰기'라는 단어의 다양한 의미

쓰기와 필기된 말의 역사는 흔히 너무 단순화되어 다루어지고 있다. 그리하여 예컨대 '쓰기'라는 표현은 고대 이집트에서 현대 유럽에 이르기까지 어느 정도 동일한 양상의 결과를 가져온 개별적 발명들을 표시하는 것처럼 취급되어왔다. 이러한 태도는 역사 전체를 비문자 시기와 문자 시기라는 두 시기로 구분하려는 편견을 반영하고 있다. 쓰는 작업에 사용되는 다양한 기술적 도구나 재료와는 무관하게 사실 '쓰기'라는 표현은 사용자의 재인식을 돕는다는 주된 목적을 어떻게 실현하는가에 따라 매우 상이한 능력을 갖는, 역사적으로 구분 가능한 일련의 기술적 수단을 가리킨다. 주어진 문자 상징 혹은 기호에 대한 시각적 지각은 원래 기호에 '속하거나', 기호에 '적합한' 어떤 '생각'을 기호와 결합하거나, 그러한 생각을 불러일으키기 위해 사용되었다. 소위 동굴주민들의 예술을 쓰기의 한 형식으로 간주한다면, 돌이나 뼛조각에 표시하는 쓰기의 용례는 선사시대로까지 거슬러 올라간다. 고고학자들은 매우 오래된 뼈들에 새겨진 표시가 달의 변화를 통해 나누어진 시간의 흐름을 나타낸다고 해석했다. 좀 더 체계적인 규모의 쓰기 방법은, 사회가 최초로 도시화되면서, 구술언어보다 더 세련된 정보저장 방법이 요구되는 사회적 상황이 형성된 주거 지역에서 나타났던 것으로 보인다. 오늘날 발굴된 유물들을 통해 확인되듯이, 그러한 발전은 기원전 4세기경 이집트와 메소포타미아의 하천 삼각주 지역에서 이루어진 것으로 보이며, 확실하지는 않지만, 아마도 그 후에는 메소포타미아와 인도 사이의 인더스 강 계곡과 근동 지역에서 이루어졌다. 이 모든 지역에서 그러한 발전은 서로 무관하게 일어난 것일까? 이집트의 문자체계와 메소포타미아의 문자체계가 결합했을 가능성도 있으나, 이를 보여주는 증거자료는 확실하지 않다.

이러한 초기 형태의 문자체계들은 우리의 서술대상이 아니다. 이에 대한 고찰은 방향을 벗어난 것일 수 있다. 왜냐하면 처음에 이것들은 세 가지 상이한 심리적 작업을 상징화하기 위해 이용되었기 때문이다. 그 첫째는 양을 세고 비교하는 작업이고, 둘째는 외부 세계에 속하는 물리적 객체들을 관찰하는 작업이고, 셋째는 이러한 객체들에 이름을 붙이고, 이름과 객체를 서로 결합시키는 기술이다. 이러한 정신적 행동을 직접 상징화하기 위해 상징들이 사용되었다. 이러한 상징들은 두뇌에서 일어나는 심리적 과정으로 곧장 넘어갔다. 어떤 의미에서 그러한 상징들은 상당히 수준이 높았다. 이 상징들은 음소들만 다루는 것으로 만족하지 않았다. 마침내 언어학적 음들을 '모방'한다는 제한된 목적만을 추구하는 체계가 등장했다. 이 마지막 체계만이 문자성에 대한 우리의 연구 대상이다. 사고나 느낌을 새기고, 표시하고, 그리는 데 이용된 모든 체계는 역사가 길다 하더라도 우리에게는 중요하지 않다. 성공적이거나 발전된 문자체계는 사고와 전적으로 무관한 체계다. 역설적으로 말해 말이 오로지 정신을 통해서만 발화되는 것이라 해도, 문자체계는 순전히 발화된 말의 수동적인 도구일 뿐이다.

따라서 추상적으로(*in abstracto*) 쓰기에 대해 말하거나, 이것을 보편적 현상으로서 논하는 것은 오류다. 그것의 모든 특수한 작용이 특정한 사회체제 안에서 일어나는 특수한 문자체계만이 존재한다.

쓰기에 대한 읽기의 우선권

구두 발언과 기록된 말은 모두 커뮤니케이션을 목적으로 하는 행위이거나 그러한 행위를 재현한다. 발언을 듣지 않고, 문자를 읽지 않으면 본래적 의미의 커뮤니케이션 행위는 일어나지 않는다. 커뮤니케이션은 한 사람이 말하거나 쓰고, 다른 사람이 듣거나 글로 적은 것을 인식하는 것을 통해, 두 사람 혹은 그 이상의 사람들 사이에서 자기 전달의 행동이 이루어져야 비로소 완수된다. 문자성의 개념과 문제를 다룰 때에는 이처럼 자명한 것을 언급하는 것도 때로 필요하다. 왜냐하면 문자성을 역사적 현상으로 관찰하는 역사가들은 대개 문자성의 발전 정도를 쓰기의 역사에 의거하여 평가해왔지만, 문자성의 실제 조건은 쓰기의 역사가 아니라, 읽기의 역사에 달려 있기 때문이다. 과거를 연구하는 데 있어 읽기의 실천, 습득, 확산에 대한 확실한 정보를 얻는 것이 쓰기보다 훨씬 더 어렵다. 쓰기는 그것이 어떻게 어떤 목적으로 사용되었건 간에, 인공적 유물의 형태로 남아 있기 때문이다. 쓰기에 대한 고대의 실천은 돌이나 점토에 새겨진 글자, 분량이 적긴 하지만 이집트의 면사포나 파피루스 조각에 적힌 글자에서 증거를 찾을 수 있다. 중세 후기부터는 양피지나 종이처럼 닳기 쉬운 재료에 적은 기록이 많다.

그러나 읽기는 물질적 유물이 아니라 행위다. 이 때문에 학자들은 과거의 문화에 읽기가 존재했다는 사실이나 읽기의 범위에 대해 상대적으로 주목을 덜 하게 된다. 문자를 적는 사람이나 '글 쓰는 사람'은 커뮤니케이션을 목적으로 하지 않고도, 기호를 재료에 새겨넣을 수 있다. 이러한 행위는 부모의 행동을 흉내내어, 자신만 해독할 수 있는 상징들로 쓴 '편지'를 자기 자신에게 보내는 아이들의 경우처럼, 유아론적(唯我論的, solipsistisch)일 수도 있다. 어른들에게는 문자 기록이 오로지 기억을 위한 것일 수 있다. 그는 다른 사람과 구두로 커뮤니케이션하기 전에 기억을 새롭게 하기 위해, 자신이 쓴 '메모'를 훑어볼 수도 있다. 내 생각에는 고대의 많은 비문도 이와 다르지 않은 것으로 보지만, 이는 어느 정도 극단적인 상황이다. 그러나 우리가 일단 유아론적 쓰기의 이론적 가능성을 고찰하여 그 경계를 이론적으로 확장하면, 다음과 같은 점을 이해할 수 있게 된다. 즉 문자를 오로지 혼자 해독할 목적으로 사용하는 것이 극히 드문 비전형적이고 극단적인 경우인 반면에, 읽기 능력을 비교적 소집단에 제한하는 것은 드물거나 비전형적인 경우가 전혀 아니라는 사실이다. 그리스식 알파벳 이전에 사용된 체계들은 그 정도는 상이하지만 모두 제한적으로만 확산되었다. 이것들은 전문가나 엘리트들에 의해 읽기 전문가나 읽기 엘리트들을 위해서 사용되었고, 그 이유가 어떤 것이든지 간에, 정보나 신앙의 내용을 이러한 형태로 보존하는 기억술의 보조수단으로서 기억을 보완하는 역할을 했다. 이러한 결론을 뒷받침하는 증거들은 여기서는 유보하겠다. 다만 문자성이 이집트나 미케네, 메소포타미아나 그리스에 문자가 존재했다는 역사적 사실로만 정의되지 않는다는 발언의 정당성을 예시하기 위한 증거들은 제시할 필요가 있다. 문자성은 글을 적을 때 사용하는 기술에 의존하지만, 그러한 기술의 존재만으로 정의할 수 있는 것은 아니다. 그것은 오히려 오직 읽기 능력에 의거하여 정의될 수 있는 사회적 상태를 말한다. 이러한 능력이 연구나 조사를 통해 쉽게 해명되는 현상은 아니라 할지라도, 이러한 사실이 읽기 능력을 간과하는 것에 대한 변명이 되지는 않는다. 증거가 있다 해도, 이는 간접적인 것이며, 추론을 통해 얻어낼 수밖에 없다. 그리스인의 경우 그러한 증거들은 개별적 문학 구절이나 비문들의 일정한 관습을 통해 얻을 수 있다. 이러한 비문들은 읽을 줄 아는 대중이 있었다는 추론을 가능하게 한다. 또한 대개 낭송은 표현하지만 읽기는 매우 드물게 표현하는 예술작품의 다양한 묘사를 통해서도 증거를 얻을 수 있다. 사실 읽기가 행해지는 모든 문화의 작가들과 예술가들에게 있어 읽기는 잠재적인 것으로 눈에 드러나지 않는다. 노래나 음악, 놀이나 싸움, 먹기나 달리기, 심지어 잠자기나 죽음 등은 그렇지 않다. 우리가 오늘날 정상적인 것으로 여기는 인간의 모든 행위 중에서 읽기야말로 역사적 기록이 가장 빈약하게 남아 있는 행위다. 그러나 우리는 그런 행위가 오늘날에도 존재하고, 고대에도 존재했음을 알고 있다. 그러나 어느 정도의 규모로 어떤 조건하에서 존재했는지 우리는 알지 못한다.

정확한 대답을 가로막는 이러한 어려움들이 있다고 해도, 이것이 문자성에 대한 모든 고찰의 기반이 될 특정한 공리적 조건들을 설정하지 못하게 하는 것은 아니다. 우리가 '문자적'이라는 표현을 개인에게 적용할 수 있다면, 이것의 실제 의미는 다음과 같은 사실에서 도출된다. 이 사람의 문자성은 읽을 줄 아는 일정한 수의 사람들과 공유된다. 이 사람과 그의 동료들은 일상적 능력을 일상적 재료에 적용할 뿐만 아니라, 이와 동시에 자동으로 서로 커뮤니케이션 관계를 맺게 된다. 한편으로 모든 사람은 기록을 읽고 습관적으로 이를 행하는 한에서만 문자적이다. 그는 이 기록을 어렵사리 해독하는 것이 아니라, 유창하고 빠르게 인식한다. 또 한편으로 문자로 된 것은 다른 사람들도 읽을 수 있도록 만들어진 것이 아니라면 어느 누구에게도 읽을거리로 존재할 수 없다. 이론적으로 로빈슨 크루소는 고독을 달래기 위해 작은 서재에 채울 책들을 장만하여 자신의 섬에 들어갈 수도 있을 것이다. 하지만 이 책들은 결코 그 한 사람만을 위해 만들어진 것이 아니다. 그 '저자들은' 독서를 하는 공중이 읽으리라는 기대를 가지고 그 책들을 저술했을 것이다.

이처럼 글을 읽을 줄 아는 대중이 구술언어를 사용하는 전체 주민에 대해 차지하는 비율이, 특정한 역사적 시점에 '문자성'과 '문자적 인간'이 어느 정도 존재하는가를 규정한다. 한마디로 문자성은 단 하나의 결정인자만 지닌 개념이 아니다. 문자성의 완전한 의미에 도달하기 위해서는, 이 개념을 양적으로 특화하여, 개인의 읽기 행위가 수행되는 독자층의 범위를 알아내야 한다. 미리 이야기해 두자면, 그리스에 바로 앞서 존재했던 문화에서 나타나는 제한된 읽기 능력을 고려하여, 우리는 이러한 그리스 이전 문화의 문자성을 수공업적 문자성(craft literacy)이라고 불러야 한다. 그리스인이 기원전 700년 이후에 이전의 문자체계들을 능가하는 고유한 문자체계를 창조했을지라도, 적어도 150년 동안의 그들 문화에 대해서는 '수공업적 문자성'이라는 개념을 적용해야 할 것이다. 기원전 6세기 말과 5세기에 읽기 관습이 빠르게 확산되면서, 반(半)문자성, 낭송문자성, 그리고 끝으로 문헌적 문자성의 시기에 대해 서술할 수 있게 된다. 문헌적 문자성에 도달한 것은 기원전 4세기 초에 헬레니즘 문화가 지중해를 넘어 확산되면서부터다. 유동적 활자의 발명에 의한 활판인쇄의 문자성은 아직 역사의 대기실에서 기다리고 있었다. 그 사이의 시기인 로마 제국이 몰락한 후 수세기 동안은, 거의 유럽 전체가 성직자 계급이 담당한 일종의 수공업적 문자성의 시대로 후퇴했다는 사실을 언급해야 할 것이다. 이는 터키 언어와 문자에 의해 정복된 후의 동로마 제국에도 마찬가지로 적용된다.

• 윤미애 옮김

월터 옹(Walter Ong)

구술성과 문자성

말의 테크놀로지화

(1982)

자율적 담론의 새로운 세계

고대나 원시시대의 구술성을 더 깊이 이해할수록 우리는 새로운 문자 세계를 더 잘 이해할 수 있다. 문자의 세계란 무엇이며, 문자화된 인간이란 원래 무엇을 의미하는가? 문자화된 인간이란 사고 과정이 단순한 자연적 과정에 뿌리를 두고 있는 것이 아니라, 쓰는 기술로 각인된 방식에서 형성되는 존재를 말한다. 문자화된 의식은 문자가 없다면 글을 쓸 때뿐만 아니라 생각을 구술할 때도, 지금 생각하는 것처럼 그렇게 생각할 수 없을 것이다. 쓰기는 다른 어떤 발명보다도 인간의 의식을 더 많이 변화시켰다.

쓰기는 이른바 "맥락에서 자유로운" 언어[1]나 또는 "자율적인" 담론[2]을 가능하게 한다. 담론이란 글쓴이로부터 독립되어 있기 때문에, 여기에서는 구술적인 말하기처럼 질문을 던지거나 이의를 제기할 수

1 E. D. Hirsch, *The Philosophy of Composition*, Chicago 1977, 21-23쪽 및 26쪽.

2 David R. Olson, "On the language and authority of textbooks," in *Journal of Communication*, 30(4), 1980, 186-196쪽.

없다.

구술문화에도 일종의 자율적인 담론이 있는데, 이것은 제식(祭式)에서 사용되는 의례적인 문구[3]나 예언적 경구 또는 예언의 형식으로 존재한다. 여기에서 발화자는 단지 매체에 불과하다. 예언은 신의 목소리로 간주되었기 때문에, 델포이 신탁은 예언에 대해 책임질 필요가 없었다. 문서, 나아가 인쇄물은 다소간 이러한 예언적 속성을 지니고 있다. 신탁이나 예언처럼 책은 실제 책이 '말했던', 더 정확하게 말하자면 글을 썼던 근원으로부터 진술을 떼어놓는다. 우리가 근원에, 즉 작가에게 다가갈 수 있다면 그 사람에게 이의를 제기해보겠지만, 도대체 작가는 책 속 어디에 있단 말인가? 우리는 텍스트에 대고 책임을 추궁할 수는 없다. 완벽하고도 가차 없는 비판을 한 다음에도 텍스트는 여전히 비판하기 이전의 텍스트로 존재한다. 그렇기 때문에, '그렇게 씌어 있다'라는 표현이 통상적으로 '그것은 진실이다'라는 표현으로 간주되는 것이다. 그것은 또한 책이 불태워지곤 했던 까닭이기도 하다. 어떤 텍스트가 세상 사람들 모두의 견해에 역행하는 무엇인가를 주장한다면, 그 텍스트는 텍스트로 존재하는 한 계속 그렇게 주장할 것이다. 텍스트는 그 자체로 고집스럽다.

플라톤, 글쓰기 그리고 컴퓨터

플라톤이 『파이드로스(*Phaidros*)』와 「일곱 번째 편지」에서 글쓰기에

3 David R. Olson, 같은 책, 187-194쪽; Wallace L. Chafe, "Integration and involvement in speaking, writing and oral literature," in *Spoken and Written Language: Exploring Orality and Literacy*, Deborah Tannen, ed., Norwood 1982.

대해 제기했던 이의가 오늘날 컴퓨터에도 마찬가지로 적용된다는 사실에 대부분의 사람들은 굉장히 놀랄 것이다. 플라톤은 『파이드로스』에서 소크라테스(Sokrates)를 내세워 글쓰기란 비인간적이라고 말한다. 왜냐하면 글은 사실상 사고 과정의 내부에서만 발견할 수 있는 것을, 마치 사고의 외부에 설정할 수 있는 것처럼 기능하기 때문이다. 글은 하나의 사물이며, 생산된 그 무엇이다. 이것은 물론 컴퓨터에도 적용된다. 둘째, 플라톤의 소크라테스는 글이 기억을 파괴한다고 주장한다. 내적인 힘 대신 외적인 힘에 의지하는 인간은 잘 잊어버리게 되며, 글이 사고력을 약화시킨다는 것이다. 오늘날 전자계산기가 구구단표를 외워 나온 결과를 대체하는 인간 외부의 원천이 될 수 있다는 사실을 걱정하는 이들은 비단 부모만이 아니다. 사고가 해야 할 일을 가로채서 그 힘을 빼앗아가기 때문에, 계산기는 사고력을 약화시킬 수 있다는 것이다. 셋째, 우리는 기록된 텍스트에 질문을 할 방법이 전혀 없다. 우리는 누군가에게 말한 내용을 설명해 달라고 부탁하면 설명을 들을 수도 있다. 하지만 사람이 아니라 텍스트에 묻는다면, 이미 질문을 야기했던 대개 우스꽝스런 단어들만 눈에 들어올 뿐이다. "허튼 것들이 들어가면, 허튼 것만 나온다"라는 컴퓨터 기술에 대한 오늘날의 비판도 동일한 이의 제기다. 넷째, 플라톤의 소크라테스는 구술문화의 논쟁적 정신을 고수함으로써, 기록된 말은 자연스러운 구술된 말과는 달리 자기변호를 할 수 없다고 이의를 제기한다. 즉, 실제의 말과 사고는 항상 본질적으로 사람 사이의 콘텍스트 속에 존재한다는 것이다. 글은 수동적이고, 외적이며, 비현실적이고 부자연스런 세계 속에 자리 잡고 있다는 것이다. 이것은 컴퓨터에도 그대로 적용된다.

이러한 이의 제기는 더군다나 인쇄의 경우에도 적용된다. 플라톤의 주장에 감탄한 사람들은 인쇄의 발명도 유사한 우려를 야기했다는 사실에 더욱 더 감탄하게 될 것이다. 라틴어 고전 인쇄를 촉진시켰던 히에로니모 스쿠아르시아피코(Hieronimo Squarciafico)는 1477년 "책이 너무 많아져서 사람들이 배움을 소홀히 한다"고 한탄했다.[4] 책은 기억을 파괴하고, 정신이 해야 할 일을 빼앗아감으로써 (전자계산기와 마찬가지로!) 정신을 약화시키며, 참고도서들로 인하여 현명한 사람들의 수준이 저하된다는 것이다. 물론 다른 사람들은 인쇄를 위대한 기회로 간주했다. 누구나 현명해질 수 있다는 것이 그 이유였다.[5]

플라톤의 주장에는 약점이 있다. 그는 자신의 문제 제기에 힘을 보태기 위해 그 내용을 문자로 표현하지 않을 수 없었다. 마찬가지로 인쇄에 반대하는 주장을 널리 퍼뜨리기 위해 인쇄 비판자들은 자신들의 견해를 인쇄하지 않을 수 없었다. 컴퓨터에 대한 비판의 약점은 컴퓨터에 반대하는 사람들이 자신들의 의견을 글로 써서 그것을 다시 컴퓨터 단말기의 도움으로 인쇄한다는 것이다. 문자, 인쇄, 컴퓨터 기술—이것들은 말을 테크놀로지화한 역사의 이정표들이다. 일단 말이 테크놀로지화되면, 발전된 기술적 성과의 도움 없이는 이것을 비판할 효율적인 방법은 존재하지 않게 된다. 더구나 새로운 기술은 비판을 촉진하는 데 이용될 뿐만 아니라, 사실상 그것에 의해 비로소 비판이 생기게 된다. 글쓰기에 대한 비판을 포함한 플라톤의 철

4 Malcolm Lowry, *The World of Aldus Manutius: Business and Scholarship in Renaissance Venice*, Ithaca 1979, 29-32쪽에서 재인용.

5 Malcolm Lowry, 같은 책, 31쪽 이하.

학적-분석적 사고는, 우리가 앞서 살펴보았듯이,[6] 글쓰기가 정신적 과정에 끼친 영향 덕분에 비로소 가능해졌다.

해블록(Eric A. Havelock)이 지적했듯이,[7] 사실상 이것은 플라톤의 인식론 전체가 부지중에 구술문화의 세계, 즉 예전의 구술적이며 활동적인, 온기가 있고 인간들 간에 소통이 있던 세계(플라톤의 국가에서 추방된 시인이 대표하는 세계)를 강력적으로 거부하고 있다는 것을 보여준다. 이데아(*idea*)라는 용어, 즉 형상(Form)은 시각적인 것과 연관된다. 이데아는 라틴어 비데오(*video*)처럼 '보다'라는 어원에서 유래한다. 비전(Vision)이나 비디오리코더(Videorekorder)도 마찬가지다. 플라톤의 형상은 가시적인 형상에서 유추된 것이다. 플라톤의 이데아는 소리도 없고, 움직임도 없고, 차갑고, 어떤 상호작용도 없이 고립되어 있으며, 인간 생활의 일부가 아니라 완전히 인간 생활 저편에 존재한다. 물론 플라톤 자신도 자신의 무의식 속에서 작동하고 있는 심리적인 힘을 의식하지 못했다. 그 힘 때문에 문자에 익숙한 인간인 플라톤은 잔존하고 있는 구술성에 대하여 글로 써서 반응, 혹은 과잉반응을 보이게 된 것이다.

그러한 숙고들은 원래 말해진 말과 이것을 기술적으로 변형된 모든 말 사이에 존재하는 역설에 대해 생각하도록 한다. 사태가 이렇게 머리 아플 정도로 복잡하게 된 까닭은 두말할 나위도 없이 사고가 가차 없이 성찰하기 때문이다. 그리하여 작업을 수행하는 데 사용하는 외적인 보조수단조차도 '내면화된다.' 다시 말해 고유한 성찰 과정의

6 Eric A. Havelock, *Preface to Plato*, Cambridge Mass. 1963 참고.

7 Eric A. Havelock, 같은 책.

일부로 된다.

쓰기에 내재된 매우 흥미로운 역설 중 하나는 쓰기가 죽음과 밀접한 관련이 있다는 점이다. 이러한 연관은 문자가 비인간적이고 사물화된 것이며 또한 기억력도 파괴한다고 했던 플라톤의 비난에도 은연중에 들어 있다. 그러한 사례는 글쓰기에(그리고/또는 인쇄에) 대한 수많은 다른 설명에서 무수히 발견된다. 고린도 후서에 "문자는 죽이는 것이요, 영혼은 살리는 것이니라"(3장 6절)고 한 것이나, 호라티우스가 자신이 쓴 세 권의 송가(Oden)집을 언급하면서 "나는 광석보다도 더 오래갈 기념비를 세웠도다"[8]라고 한 것은 자신의 죽음을 예견하고 한 말이었다. 또한 헨리 본(Henry Vaughan)은 옥스퍼드의 보들리언 도서관에서 "모든 책은 토머스 보들리 경(卿)을 위한 묘비명"이라고 확언한 바 있다. 이러한 사례는 인용사전을 펼쳐보면 얼마든지 발견할 수 있다. 로버트 브라우닝(Bobert Browning)의 극시 「피파 지나가다(Pippa Passes)」의 한 구절인 "책장 사이사이에 넣어둔 / 시든 노란 꽃"은 책장 사이에 싱싱한 꽃잎을 넣어두는 관습이 당시에 성행했음을 말해준다. 한때는 싱싱했지만 이제는 죽어버린 꽃은 구술 텍스트의 심리적 등가물이다. 역설은 살아 있는 세계에서 추방되어 시각적인 것에 엄격히 제한된 텍스트의 죽음이 무수히 많은 독자의 삶에서, 무한한 콘텍스트 안에 지속되거나 소생할 가능성을 보장한다는 사실에 있다.[9]

---

8 Horaz, *Oden* 111, 30, 1.

9 Walter J. Ong, *Interfaces of the World*, Ithaca/London 1977, 230-271쪽.

글쓰기는 기술이다

플라톤은 글쓰기를 외적이고 낯선 기술이라고 간주했다. 오늘날 많은 사람은 컴퓨터 기술에 대해 그와 유사하게 생각한다. 오늘날 우리는 글쓰기를 깊이 내면화했고 우리 본질의 일부로 만들었지만, 이것은 플라톤 시대에는 전혀 생각할 수도 없는 일이었다.[10] 그 때문에 인쇄나 컴퓨터 기술을 기술이라고 생각하는 데 익숙한 우리는 글쓰기를 기술이라고 간주하는 게 여간 어려운 일이 아니다. 하지만 쓰기(특히 알파벳으로 쓰기)는 도구나 기구의 사용이 전제가 되는 기술이다. 연필이나 붓 또는 펜이 필요하고, 종이나 가죽 혹은 나뭇조각 등과 같이 정교하게 마무리된 표면이 필요하며, 잉크나 물감 등도 필요하다. 클랜치(M. T. Clanchy)[11]는 자신이 쓴 책의 '쓰기의 기술'이라는 장(章)에서 이 문제를 중세라는 맥락에서 상세하게 설명한다. 쓰기는 세 가지 기술 가운데서 어떤 의미에서는 가장 강력한 기술이다. 인쇄와 컴퓨터는 쓰기가 시작한 것을 이어받았을 뿐이다. 다시 말해 쓰기란 역동적인 소리를 움직이지 않는 공간에 제한하고, 오로지 구술된 단어들만이 존재할 수 있는 삶의 현장으로부터 말을 분리하는 것이다.

입으로 말하기가 자연스럽다면, 이와는 달리 쓰기는 완전히 인공적이다. 인간은 자연스럽게 쓸 수 없다. 구술은 각각의 문화권에 속하는 모든 인간이, 육체적으로나 혹은 정신적으로 장애가 없는 한, 말하기를 배운다는 의미에서 자연스럽다. 말하기는 의식적인 생활을 만

10 Eric A. Havelock, 같은 책.

11 M. T. Clanchy, *From Memory to Written Record: England, 1066-1307*, Cambridge Mass. 1979, 88-115쪽.

들고, 의식적인 생활은 무의식의 깊은 곳에서 나와 의식화된다. 물론 이것은 의식적이든 무의식적이든 사회가 뒷받침해주기 때문에 이루어질 수 있는 일이다. 우리가 문법규칙의 명칭을 제대로 알지 못하면서도 문법규칙을 사용할 수 있다거나 새로운 규칙을 만들 수 있다는 의미에서 본다면, 문법규칙은 무의식 속에 살아 있다.

글쓰기나 글은 반드시 무의식에서 솟아나올 필요가 없다는 점에서 말하기와 구분된다. 말이 글로 변화되는 과정은 의식적으로 고안된, 명명할 수 있는 규칙의 지배를 받는다.

내가 글쓰기를 인공적이라고 말할 때, 이는 그것을 폄하하려는 것이 아니라 오히려 예찬하려는 것이다. 다른 인공적인 창조물과 마찬가지로, 아니 다른 모든 것 이상으로 글쓰기는 무한한 가치가 있으며, 인간의 모든 잠재력을 실현함에 있어 본질적인 중요성을 지닌다. 기술은 외적으로 도움이 될 뿐 아니라, 내적인 요소도 가지고 있다. 즉, 기술은 내면적인 의식의 발전이며, 말에 영향을 미칠 때는 특히 그러하다. 그러한 발전은 흥미진진할 수 있다. 글쓰기는 의식을 고양시킨다. 자연스런 환경에서 멀어지는 것은 우리에게 유익하며, 어느 모로 보나 인간 생활에 반드시 필요한 일이기도 하다. 살기 위하여, 완전하게 이해하기 위하여, 우리는 가까이 있는 것도 필요하지만 거리를 두는 것도 필요하다. 글쓰기는 이러한 거리를 만들어내며, 그럼으로써 다른 어떤 것과 비교할 수 없을 정도로 의식에 기여한다.

기술은 인공적이다. 그러나—매우 역설적이게도—인공은 인간에게 본질적인 것이다. 신중하게 내면화된 기술은 인간의 삶을 퇴화시키는 것이 아니라, 그 반대로 오히려 향상시킨다. 이를테면 현대의 오케스트라는 고도의 기술적 성과다. 바이올린은 악기, 즉 도구다. 오르간은 펌프, 풀무, 발전기 등—이 모든 것은 연주자에게는 완전히 외부적인 사물이다—동력장치를 갖춘 거대한 기계다. 베토벤의 5번 교향곡 악보는 고도로 숙련된 기술자를 위한 세심한 지침을 담고 있다. 거기에는 도구들을 어떻게 다루어야 하는지 정확하게 규정되어 있다. 레가토(*Legato*)는 다음 건반을 치기 전까지는 손가락을 건반에서 떼지 말라는 지시며, 스타카토(*Staccato*)는 건반을 치자마자 손가락을 떼라는 지시다. 이런 식으로 지시가 계속된다. 모튼 서보닉(Morton Subotnick)의 〈들소(The Wild Bull)〉와 같은 전자음악곡을, 소리가 기계장치에서 만들어진다는 이유로 거부하는 것은 쓸데없는 일임을 음악 연구가라면 누구나 잘 알 것이다. 오르간의 소리가 어디에서 나온다고 생각하는가? 아니면 바이올린의 소리나, 더 나아가 휘파람 소리는 어디에서 나온다고 생각하는가? 바이올린 연주자나 오르간 연주자는 기계적인 장치를 사용해서, 이 장치가 없으면 표현할 수 없는 감동적인 그 무엇을 표현할 수 있다는 것은 사실이다. 물론 그런 수준에 도달하기 위해 바이올린 연주자나 오르간 연주자는 기술을 내면화해야 하고, 그 도구 또는 기계를 제2의 본성으로, 즉 자기 영혼의 일부로 변화시켜야만 한다. 도구가 소리를 내도록 하는 기술을 익히기 위해서는 수년 동안의 연습이 필요하다. 그러한 도구의 내면화, 그러한 기술의 습득은 인간 영혼을 풍요롭게 만들고, 인간 정신을 확장하며, 내적 삶을 강화한다. 쓰기는 도구를 사용하는 음악보다 훨씬 더 깊게 내면화된 기술이다. 그러나 글을 파악하기 위해서는—다시 말하자면 과거와의, 즉 구술성과의 관계를 이해하기 위해서는—쓰기는 기술이라는 사실을 잊지 말아야 한다. (…)

구술성, 쓰기 그리고 인간

오랫동안 '문명화된' 인간은 자신을 '원시인'이나 '야만인'과 구분하려 했으며, 수다를 떨 때나 칵테일 파티를 즐길 때뿐만 아니라 학술적인 역사서나 인류학 연구에서도 그러했다. 클로드 레비스트로스(Claude Lévi-Strauss)의 『야생의 사고(*La Pensée sauvage*)』[12]는 최근 수십 년 동안의 중요한 인류학적 연구 중 하나로 손꼽히고 있으며, 이 책에서도 자주 인용되고 있다. 그 이전에도 뤼시앵 레비브륄(Lucien Lévi-Bruhl)의 『열등 사회의 정신 기능(*Les Fonctions mentales dans les sociétés inférieures*)』[13]과 『원시인의 정신세계(*La Mentalité primitive*)』,[14] 로웰 강연을 수정해서 출판한 프란츠 보아스(Franz Boas)의 『원시인의 심성(*The Mind of Primitive Man*)』[15] 등이 있었다. '열등'이란 표현은 말할 것도 없고 '원시'나 '야만'이라는 표현도 평가절하의 의미가 있다. 어느 누구도 원시적이라거나 야만적이라고 불리기를 바라지 않는다. 그리고 이러한 표현들을 다른 사람들에게만 적용하고 대조적으로 우리는 그렇지 않음을 보여주면 위안이 된다. 이것은 '문맹'이란 표현과 상응한다. 이전 상태를 부족이나 결핍이라고 인식함으로써 부정적으로 규정하기 때문이다.

구술성과 문자성의 대립에 대한 오늘날의 연구에서, 선의에서 나왔을지라도 본질적으로는 근시안적인 이러한 접근방법은 이전의 의식 형태를 더 긍정적으로 바라보는 것으로 대체되고 있다. 최근에 출

12 Claude Lévi-Strauss, *Das wilde Denken*, Frankfurt/Main 1968.

13 Lucien Lévi-Bruhl, *Les Fonctions mentales dans les sociétés inférieures*, Paris 1910.

14 Lucien Lévi-Bruhl, *Die geistige Welt der Primitiven*, München 1927.

15 Franz Boas, *Das Geschöpf des sechsten Tages*, Berlin 1955.

판된 라디오 강연 시리즈에서 레비스트로스는 직접 "우리가 흔히 **원시적**이라고 잘못 부르고 있는 사람들"에 대해 그들의 의식이 조야하다거나 근본적으로 다르다거나 하는 저간의 평가와는 달리 그들을 옹호했다.[16] 그는 '원시적'이라는 표현을 '문자가 없는(schriftlos)'이라는 표현으로 바꾸기를 제안한다. 하지만 '문자가 없는'이라는 표현은 다시금 글쓰기에 대한 선입견에 근거하는 부정적인 언급이다. 지금까지 우리가 알고 있는 지식에 근거하여 우리는 '구술적'이라는 덜 폄하적이면서도 긍정적인 표현을 제안하는 바다. 자주 인용되는 레비스트로스의 "야생의 사고는 전체화된다"라는 말은 "구술적인 사고는 전체화된다"는 표현으로 바뀌게 될 것이다.

구술성은 결코 이상적인 상태가 아니며, 과거에도 그러했던 적이 없다. 구술성을 긍정적으로 본다는 것은 구술성을 영속적인 상태로 보고 어떤 문화를 예찬한다는 의미가 아니다. 문자성은 문자가 없다면 상상조차도 할 수 없는 가능성을 말과 인간 생활에 가져다주었다. 오늘날의 구술문화는 구술적 전통의 가치를 인정하고 있으며 이러한 전통의 상실에 맞서 싸우고 있다. 하지만 가급적이면 빨리 문자성을 획득하지 않으려고 하는 구술문화를 나는 본 적이 없다. (물론 문자화에 저항하는 소수의 사람들이 존재하긴 하지만 그들은 금세 잊히고 만다.) 그럼에도 구술성은 결코 하찮게 여길 만한 것이 아니다. 구술성은 문자화된 인간에게는 허용되지 않는 창조물을 만들어낼 수 있다. 『오디세이』가 그러한 경우다. 구술성은 또한 결코 완벽하게 근절될 수 있는

---

16 Claude Lévi-Strauss, *Mythos und Bedeutung*, hg. von Adelbert Rief, Frankfurt/Main, 1980, 27쪽.

것도 아니다. 어떤 텍스트를 읽는다는 것은 그것을 구술화하는 것이기 때문이다. 구술성도, 구술성에서 문자성이 생겨나는 것도 모두 의식의 발전에 필수불가결한 요소다.

정신과 문화에 있어 대부분의 발전이 구술성에서 문자성으로의 이행과 관련 있다고 주장한다고 해서, 이것이 글쓰기가 (그리고/또는 그 후속물인 인쇄가) 모든 변화의 유일한 원인이라는 의미는 아니다. 연관관계는 환원주의적 고찰방식이 아니라 상관적 고찰방식에서 열린다. 구술성에서 문자성으로의 이행은 우리가 지금까지 알고 있는 것 이상으로 대부분 심리적 발전과 사회적 발전에 밀접하게 연관되어 있다. 식량 생산, 상업, 정치 조직 그리고 인간 생활의 다른 영역들에서의 발전은 이행 과정에 중요한 역할을 한다. 그러나 이러한 발전의 대부분은, 심지어 전부라고 해도 과언이 아닐 정도로, 구술성에서 문자성으로의 발전을 통해 종종 심화되었고 나아가 큰 영향을 받았다. 반대로 인간 생활의 다양한 영역에서의 발전들은 문자성으로의 이행에 영향을 주기도 했다.

'매체' 대 인간의 커뮤니케이션

'매체(Medien)'(단수 형태인 Medium은 점차 덜 쓰이는 추세다)라는 개념은 구두로 하는 커뮤니케이션이나 인간의 다른 모든 커뮤니케이션의 특성에 대해 잘못된 인상을 전달할 수도 있다. 우리는 커뮤니케이션의 '매체' 또는 '매체들'이라는 말을 떠올리면, 이것이 '정보'라고 부르는 재료를 '파이프'를 통해 어떤 장소에서 다른 장소로 전달하는 것이라고 생각한다. 나의 정신은 상자다. 나는 상자에서 하나의 정보 단위를 꺼내서 이것을 코드화한 다음(즉, 파이프를 통과할 수 있도록 파이프의 크기와 형식에 맞춘 다음) 파이프(서로 다른 두 가지 사이에서 전달하는 매체라는 파이프)의 한쪽 끝에 집어넣는다. 정보는 파이프의 한쪽 끝에서 다른 쪽 끝에 도달하게 되고, 거기에서 누군가가 정보의 코드를 해독한 다음(본래의 형식과 크기로 정확하게 재현한 다음) 정신이라고 부르는 상자 모양의 용기에 넣는다. 이 모델은 분명 인간의 커뮤니케이션과 어떤 연관성이 있긴 하지만, 있다고 해도 거의 미미한 정도다. 그리고 자세히 살펴보면 이 모델은 부지불식간에 커뮤니케이션 행위를 교란하고 있다. 그 때문에 맥루언(M. McLuhan)은 자신의 저서에 [매체는 메시지(message)가 아니라] 『매체는 마사지다(*The Medium is the Massage*)』라는 비틀린 제목을 붙였던 것이다.

인간의 커뮤니케이션은, 구두로 하는 것이든 다른 종류의 것이든, 그것이 수행되기 위해서는 고려할 수 있는 **피드백**이 필요하다는 점에서 '매체' 모델과는 근본적으로 구분된다. 매체 모델에서는 메시지가 발신자로부터 수신자에게로 이동한다. 실제적인 인간의 커뮤니케이션에서는 발신자는 무엇인가를 보낼 수 있기 전에 이미 발신 위치뿐만 아니라 마찬가지로 수신 위치에도 존재해야 한다.

말을 하기 위해서 우리는 어떤 한 사람이나 다른 여러 사람에게 말을 걸어야 한다. 이성적인 사람이라면 숲을 돌아다니면서 맹목적으로 아무것에나 말을 걸지 않는다. 혼잣말을 하는 경우에도 이중적인 역할을 상정할 필요가 있다. 그럴 것이 내가 말하는 것은 현실연관성에, 또는 현실연관성에 대한 나의 상상에, 다시 말하자면 고려할 수 있는 대답에 의존하기 때문이다. 나는 어른과 아이에게 동일한 메시지를 보내지는 않을 것이다. 말을 하기 위해 나는 이미 그 이전에 어떤 식으로든, 즉 과거의 관계를 통해서든, 시선의 교환을 통해서든,

나를 나의 대화상대자와 연결시켜준 제삼자와의 접촉을 통해서든, 또는 수많은 다른 관계를 통해서든 간에, 말하려고 하는 상대방의 의식과 커뮤니케이션하고 있어야 한다. (말은 말하는 상황 이상의 것을 포함하고 있는 표현이다.) 나는 타인의 의식 속에 있는 무엇인가를 느껴야 한다. 그래야 그것에 나 자신의 말을 연관시킬 수 있다. 인간의 커뮤니케이션은 결코 일방적인 것이 아니다. 그것은 항상 대답을 요구할 뿐만 아니라 그 형식과 내용도 선취된 대답의 영향을 받는다.

이것은 대화 상대자가 나에게 대답하게 될 내용을 내가 정확히 알고 있다는 말이 아니다. 하지만 나는 일련의 대답을 적어도 대략적으로나마 예측할 수 있어야 한다. 나의 메시지를 상대방의 의식 속에 넣으려면 나는 어느 정도 미리 상대방의 의식 속에 존재해야 한다. 상대방에게도 동일한 것이 역방향으로 적용된다. 무엇인가를 표현하기 위해서 나는 한 명이든 여러 명이든 타인을 머릿속에 가지고 있어야만 한다. 이것이 인간의 커뮤니케이션이 가지는 역설이다. 인간의 커뮤니케이션은 상호주관적이지만, 매체 모델은 그렇지 않다. 이러한 의식 작용을 나타내기에 적합한 어떤 모델도 물리적인 우주에는 없다. 인간 고유의 의식 작용은 주체들이 깊이 있고 상호주관적인 교류를 촉진하는 진정한 공동체를 형성할 수 있는 인간의 능력을 보여준다.

커뮤니케이션의 매체 모델과 함께 생활할 준비가 되어 있다는 것은 글쓰기적 사고방식을 의미한다. 한편으로 말이 무엇보다도 정보 전달 기능을 하는 것은 구술문화보다는 오히려 앞서 살펴본 쓰기문화에서다. 구술문화에서 말은 오히려 수행에 더 중점을 두고 있으며, 누군가에게 무엇을 하는 방식이다. 다른 한편으로 문자 텍스트는 그 때문에 언뜻 보기에 정보의 일방통행로처럼 보인다. 그럴 것이 텍스트가 생산될 때 그 자리에는 어떤 실질적인 수신자(독자, 청자)도 존재하지 않기 때문이다. 하지만 말을 할 때나 글을 쓸 때나 수신자가 존재해야만 한다. 그렇지 않으면 어떤 텍스트도 생산될 수 없다. 텍스트는 실제 인간으로부터 고립되어 있기 때문에, 쓰는 사람은 한 명 이상의 허구적인 인물들이 생기도록 해야 한다. "작가의 독자는 항상 허구다."[17] 일반적인 경우 쓰는 사람에게 실제적인 수신자는 존재하지 않는다(어떤 경우 수신자가 있다고 하더라도, 원래의 메시지를 쓰는 행위는 그 사람이 존재하지 않은 것처럼 행해진다. 그렇지 않다면 왜 글을 쓰겠는가?). 독자를 허구적으로 상상하는 것이 쓰기를 그토록 어렵게 만든다. 글쓰기 과정은 복잡하며 불확실성을 담고 있다. 나는 내가 속해 있는 그 전통을—원한다면 상호 텍스트성이라 해도 좋다—알아야 한다. 그 전통에 서 있어야 실제 독자를 위해 실제 독자가 할 수 있고 하려고 하는 허구적인 역할을 고안할 수 있다.

내면으로의 전환: 의식과 텍스트

늦잡아 보더라도 헤겔 시대 이후 인간 의식은 지속적으로 발전한다는 인식이 성장해왔다. 인간으로 존재한다는 것은 개인으로 존재한다는 의미이며, 따라서 유일하고 반복할 수 없는 존재라는 의미다. 그럼에도 역사적 인식이 점증한 덕분에 우주 속에서 개인이 스스로를 느끼는 방식이 시간이 흐름에 따라 특정한 방식으로 계속 발전해왔다고 생각한다. 구술성에서 문자성으로의 발전에 대한, 그리고 문자

17 Walter J. Ong, 같은 책, 54-81쪽.

성, 인쇄, 전자매체의 텍스트 가공 등의 결과에 대한 최근의 연구들은 이러한 발전이 글쓰기와 어떤 연관관계에 있는지를 점점 더 분명히 밝혀주고 있다.

역사적으로 볼 때 의식의 발전은 자율적인 개인의 내면적인 본질에 점점 더 많이 주목하고 있는 점이 특징이다. 그러한 내면성은 비록 각 개인이 소속되어 있는 공동체 조직으로부터 필연적으로 분리되어 있다고 간주되지는 않지만, 상대적으로 동떨어져 있다. 정체성 의식과 인간존재는 상호 귀속된다. '나'라고 말할 수 있는 사람이라면 누구나 자기 자신에 대한 명백한 개념을 가지고 있다. 성찰하고 정체성을 표현하는 데는 장구한 발전 시간이 필요하다. 단기간에 그러한 발전 과정이 뿌리를 내린 경우도 있다. 예를 들어 보자. 에우리피데스(Euripides)의 희곡에 나타난 위기를 아이스킬로스(Aeschylos)의 초기 비극에 나타난 위기와 비교해보면, 전자는 사회적 전망의 위기라기보다는 오히려 내면적 의식의 위기다. 장기간에 걸친 발전은 자아와의 명백한 철학적 논쟁이 유사하게 뿌리내렸음을 보여준다. 이러한 자아와의 논쟁은 칸트(I. Kant)에게서 좀 더 엄밀하게 고찰되었고, 피히테(J. G. Fichte)에 와서는 핵심적 위치를 차지하게 되었다. 키르케고르(S. A. Kierkegaard)에 와서 자아는 관심의 초점이 되었고, 20세기에 와서는 실존철학과 인격철학에서 두드러지게 나타났다. 에리히 칼러(Erich Kahler)는 그의 저서 『내러티브의 내향적 전환(*The Inward Turn of Narrative*)』[18]에서 어떻게 해서 서구의 서사기법은 내면적·인

18 Erich Kahler, *The Inward Turn of Narrative*, Princeton 1973.

격적 위기를 점점 더 많이 다루게 되었는지 그리고 서사기법은 그 위기를 어떻게 표현하고 있는지를 자세하게 설명했다. 에리히 노이만(Erich Neumann)이 융(C. G. Jung)의 개념 틀에 따라 자신의 저서 『의식의 발생사(*Ursprungsgeschichte des Bewußtseins*)』[19]에서 다룬 의식의 단계들은 역사적으로 자의식적이고 명료하면서도 고도로 개인적인 내면성을 지향해서 전개되고 있다.

고도로 내면화된 의식단계에서 개인은 공동체 조직에 무의식적으로 결속되는 경향이 줄어든다. 글쓰기가 없었더라면 의식은 아마 그러한 의식단계에 결코 도달하지 못했을 것이다. 누구나 태생적으로 소유하고 있는 구술성과 누구도 태생적으로 소유하지 못한 쓰기 기술 사이의 상호작용은 정신의 깊은 곳까지 영향을 미친다. 개체발생적으로 보든 계통 발생적으로 보든 간에, 명료하게 표현된 언어를 이용하여 처음으로 의식을 밝히는 것은 구술적 언어다. 의식은 우선 주체와 대상을 분리한 다음 양자를 연관시킨다. 또한 의식은 인간을 사회에 연결시킨다. 쓰기는 분리와 소외를 초래하지만, 마찬가지로 고도의 동일성도 가져온다. 쓰기는 자기의 감정에 날개를 달아주고, 개인들 간의 의식적인 상호작용을 고무한다. 쓰기는 의식의 확장이다.

• 황승환 옮김

19 Erich Neumann, *Ursprungsgeschichte des Bewußtseins*, Zürich 1949.

마르틴 하이데거(Martin Heidegger)

언어

(1962)

예로부터 인간은 식물이나 동물과 달리 언어적 존재라고 일컬어왔다. 이 명제가 말하려는 것은 인간이 다른 능력과 더불어 말하는 능력도 있다는 것이 아니다. 이것이 말하고자 하는 것은 인간을 인간이라는 생명체로 만들어주는 것은 바로 언어라는 것이다. 인간은 말하는 자로서 인간이라는 것이다. 하지만 인간이란 도대체 누구이고, 인간이란 무엇인가? 그리고 말한다는 것은 무엇을 의미하는가? 이 두 가지 질문을 내놓는 것만으로도 여기에서 조망이 불가능한 방대한 물음이 모습을 드러내고 있음을 인식하는 데 충분할 것이다. 하지만 물음의 이러한 방대함보다도 우리를 더욱 불안하게 하는 것은 여기에서 제기된 물음을 적실하게 풀어나가도록 해주는 신뢰할 만한 실마리가 처음부터 결여되어 있다는 데 있다. 그러므로 우리는 기술의 경우에서 그랬던 것처럼 언어의 경우에도 통상적인 견해를 견지하기로 하자.

언어는 1. 인간의 능력, 활동, 수행이다.

언어는 2. 발음과 청각 도구의 작동이다.

언어는 3. 생각이 주도하는 심적 동향의 표현과 전달로 상호 이해에 기여하는 것이다.

언어는 4. 실재하는 것과 실재하지 않는 것을 표상하고 제시하는 것이다.

언어에 대한 이 네 가지 정의는 그 자체가 이미 다의적인데, 빌헬름 폰 훔볼트(Wilhelm von Humboldt)는 이러한 정의를 심오한 근거 위에 수립했으며, 이를 통해 언어와 관련된 문제 전체를 포괄적으로 규정하고 있다. 언어에 대한 그의 여러 고찰에서 단 하나의 문장만 인용하는 것으로도 충분할 것이다.

> 언어가 단지 상호 이해를 위한 교환수단에 불과한 것이 아니라, 정신이 자신이 지닌 힘의 내적 작업을 통해 자신과 대상 사이에 수립해야만 하는 참된 세계라는 느낌이 영혼에 일깨워진다면, 영혼은 언어(세계로서의 언어) 안에서 발견되고 그 안에 세워지는 참된 길 위에 서 있는 것이다.[1]

훔볼트의 이 문장은 부정적인 진술과 긍정적인 진술을 함께 담고 있다. 긍정적인 진술이 말하고자 하는 것은 모든 언어는 세계관이라는 것, 즉 그 언어를 말하는 민족의 세계관이라는 것이다. 언어는 인간의 정신과 대상 사이에 존재하는 중간세계다. 언어는 주체와 객체의 이러한 사이에 대한 표현이다. 언어의 본질에 대한 훔볼트의 이러

1 Wilhelm von Humboldt, *Über die Verschiedenheit des menschlichen Sprachbaues und ihren Einfluß auf die geistige Entwicklung des Menschengeschlechtes*, Berlin 1836. Faksimile-Druck nach Dümmlers Orig.-Ausgabe von 1836, Bonn 1960. §20, CCXXI쪽.

한 통찰은 일찍부터 언어학과 문예학에 영향을 미쳐왔다. 그 대표적 예로서 레오 바이스게르버(Leo Weisgerber)와 그의 학파가 수행한 연구나 교과부 장관 게르하르트 슈토르츠(Gerhard Storz)의 중요한 저서 『언어와 문학(*Sprache und Dichtung*)』(1957)[2]을 들 수 있다.

훔볼트의 문장에 들어 있는 부정적인 진술이 강조하는 것은 언어가 단지 교환과 이해의 수단에 불과한 것이 아니라는 것이다. 문제는 그러한 통상적인 견해가 현대 기술의 지배로 인해 새로운 활력을 얻고 있을 뿐만 아니라, 더욱 공고해지고 극단적일 정도로 일방적으로 상승하고 있다는 데 있다. 그러한 견해는 '언어는 정보다'라는 명제에 깊이 침윤되어 있다.

기술은 자신을 수단으로 이해하고 있으며 모든 것을 이러한 관점에서 생각한다는 점에서, 언어를 전달과 전언의 수단으로 여기는 기술적 해석은 당연할 수밖에 없다고 사람들은 생각할지도 모른다. 하지만 기술과 언어의 고유한 본질에 대해 지금까지 고찰한 것에 비춰본다면, 그러한 설명은 피상적인 것에 지나지 않는다. 그 대신에 우리는 다음과 같은 물음을 제기해야만 한다. 언어를 단순히 정보로 규정하는 것에는 자연 에너지를 마련하고 확보하는 일에 인간을 내모는 현대 기술의 본질이 어느 정도로 작동하고 있는가? 언어의 본질에는 어느 정도로 기술적 언어, 즉 정보로 규정될 만한 취약점과 가능성이 있는가?

이러한 물음에 거칠게나마 대답하기 위해서는 두 가지가 필요하

2 Gerhard Storz, *Sprache und Dichtung*, München 1957.

다. 한편으로 언어의 본질에 대한, 다시 말해 인간이 말한다는 것은 본래 무엇을 의미하는가에 대한 충분한 정의가 필요하다. 다른 한편으로 기술적 의미에서 정보란 무엇인가에 대해 엄밀하게 그 경계를 정하는 것이 필요하다.

훔볼트가 언어를 세계관으로 해명한 것은 적실하게 인식한 것이기는 하지만, 이것은 언어의 본질이 무엇인가, 발언한다는 것은 무엇인가라는 문제를 여전히 규정하지 않은 채로 남겨두고 있다. 여기에서는 깊이 고찰하지 못하고 넘어갈 수밖에 없지만, 그 어떤 이유들로 인해 훔볼트는 언어를 음성과 문자라고 하는 외적인 것을 통한 내적인 것의 표현, 즉 마음의 표현으로 규정하는 데 머물 수밖에 없었다. 발언한다는 것은 원래 말하는 것이다. 끊임없이 발언하면서도 아무것도 말하지 않는 사람이 있을 수 있다. 이에 반해 침묵이 많은 것을 말할 수도 있다. 그런데 말한다는 것은 무엇일까? 본래의 언어가 이 단어로 우리에게 무엇을 생각하게 하는가에 주의를 기울임으로써 우리는 그 의미를 경험할 수 있다. '말한다'는 것은 제시(Zeigen)하는 것이다. 그러면 제시한다는 것은 무엇을 의미하는가? 그것은 어떤 것을 보고 듣게 하고, 어떤 것을 나타나게 한다는 것을 의미한다. 말해지지 않은 것은 제시되지 않은 것, 나타나도록 하지 않은 것이다. 말을 통해 나타나는 것은 현존하는 것이다. 말을 통해 현존하는 것은 현존으로서 나타난다. 동시에 말 속에는 부재하는 것 자체도 나타난다. 하지만 인간이 말할 수 있는 것, 제시할 수 있는 것, 나타나게 할 수 있는 것은 오로지 그에게 스스로를 제시하는 것, 스스로 나타나는 것, 스스로를 드러내는 것, 스스로에게 말을 걸어오는 것뿐이다.

그러나 또한 제시함으로써의 말함이 표상되고 수행될 수 있는 것은, 제시가 기호(Zeichen)를 제공하는 한에서다. 이때 기호는 스스로를 제시하지 않는 것에 대한 알림과 전언이 된다. 울려 퍼지는 음, 번쩍이는 빛은 그 자체로서는 기호가 아니다. 기호는 그것이 그때그때 무엇을 의미하는가에 대해 미리 약속이 되어 있을 때, 즉 말해졌을 때 비로소 기호가 된다.

모르스부호(Morsezeichen)에 대해 생각해보자. 모르스부호는 점과 선, 그 숫자와 배열을 제한하여 언어음에 질서를 부여한다. 개별적 기호는 점과 선의 두 가지 형태 중 하나의 형태만을 지닐 수 있다. 여기에서 기호의 순서는 예와 아니오를 결정하는 작업으로 귀착된다. 이러한 작업을 위해 전송장치가 마련되고, 이 장치가 만들어내는 전기의 흐름과 충격이 추상적 기호를 제공하는 도식을 실행하여 그 도식에 상응하는 전언이 전달된다. 이러한 전달이 가능하기 위해서는 모든 기호가 명료하게 정의되어야만 한다. 또한 모든 기호의 조합이 명료하게 특정한 진술을 의미해야만 한다. 정보에서 남게 되는 언어의 유일한 특성은 논리연산의 공식으로 변환될 수 있는 문자의 추상적 형식이다. 여기에서 필연적으로 요구되는 기호와 공식의 명료성이 확실하고 신속한 전언을 가능하게 한다.

말하는 것으로서의 언어를 단순히 기호를 전달하는 전언으로서의 언어로 변환하는 기술적이고 계산적인 원리가 대용량 계산장치의 구조와 작업의 기초가 된다. 우리의 고찰을 위해 결정적으로 중요한 문제는 기계장치의 기술적 가능성이 언어가 언어로서 존재할 수 있고 존재해야 하는 방식을 규정한다는 점이다. 여기에서 언어의 방식과 특성은 형식적 기호 전달의 기술적 가능성에 의해 규정되고, 일련의 '예와 아니오'에 대한 결정이 그러한 기호 전달을 가능한 최대의 속도로 수행한다. 계산장치의 어떠한 프로그램들이 설정될 수 있는지, 이른바 기계장치에 어떠한 프로그램들이 공급되어야 하는지는 기계의 구조와 수행 능력에 달려 있다. 언어의 방식은 기술에 의해 규정된다. 하지만 그 반대명제도 유효한 것이 아닐까? 다시 말해 기계의 구조는 언어의 과제를, 예를 들어 번역의 과제를 따르는 것이 아닐까? 하지만 그런 경우에도 언어의 과제는 항상 기호와 그 순서의 명료성을 요구하는 기계장치에 처음부터 원칙적으로 예속되어 있다. 그런 이유로 시는 원칙적으로 프로그래밍이 불가능하다.

현대 기술의 절대적 지배로 인해 최대의 정보량을 추구하는 기술적 언어의 힘과 요구와 역량은 상승일로를 걷고 있다. 기술적 언어는 형식화된 전언과 기호 전달의 체계를 향해 질주하기 때문에, 기술적 언어는 언어의 고유성에 대한, 다시 말해 현존하는 것과 부재하는 것, 즉 가장 넓은 의미에서의 현실을 제시하고 나타나게 하는 것으로서의 말하기에 대한 가장 심각하고 위험한 공격이다. 인간이 자신을 둘러싸고 지탱해주는 존재자뿐만 아니라 존재자로서의 자기 자신과 맺는 관계는, 나타나게 하기에, 즉 발언되고 발언되지 않은 말하기에 근거한다. 이 점에서 본래의 언어에 대한 기술적 언어의 공격은 동시에 인간의 가장 고유한 본질에 대한 공격이기도 하다.

기술의 지배가 모든 것을 규정한다는 그런 의미에서 우리가 정보를 전언과 지시의 명료성과 확실성과 속도 때문에 최고의 언어 형식으로 여긴다면, 결국 인간의 존재와 삶에 대한 인식도 이에 따르게 될 것이다. 그 예로서 현대 기술이 가장 널리 확장된 분야인 인공두뇌학의 창시자 중 한 사람인 노르베르트 비너(Norbert Wiener)는 다음과 같이 말한 바 있다. "세계 전체를 보고, 세계 전체에 명령을 내린다는 것은 모든 곳에 존재한다는 것과 거의 같은 의미를 지닌다."[3] 또 다른 곳에서 그는 이렇게 말한다. "활동적으로 산다는 것은 적절한 정보를 가지고 산다는 것을 의미한다."[4] 언어와 인간을 정보이론적으로 표상하게 되면, 활동도 배움을 의미하는 것으로 기술적으로 해석된다. 이를 노르베르트 비너는 다음과 같이 표현한다. "배운다는 것은 그 본질에 있어 피드백이다. 피드백에 있어 행위의 도식은 앞선 경험에 의해 변화된다." "피드백은 행위 형식의 매우 보편적인 특성이다." "재전송은 체계의 작업 성과를 체계 자체에 재접속함으로써 체계를 조종한다."[5]

기계장치는 조종의 원순환을 특징으로 하는 피드백의 기술적 과정을 인간 언어의 전달체계만큼이나 (기술적으로 더 우월하지는 않다고 해도) 잘 수행해낸다. 따라서 언어에 대한 모든 기술적 이론의 마지막 걸음은 (첫걸음은 아닐지라도) 다음과 같이 설명될 수 있다. "언어는 인간에게 주어진 독점적인 본성이 아니라, 어느 정도는 인간에 의해 개발된 기계장치와 공유하는 본성이다."[6] 이러한 명제가 가능하기 위한 전제는 언어의 고유한 본성이 단순히 기호의 전달로서의 전언으로 환원되어야 한다는 것, 즉 위축되어야 한다는 것이다.

하지만 언어에 대한 정보이론은 불가피하게 한계에 부딪친다. "언어의 한 부분을 (기호체계로 형식화하여) 명료하게 만들려는 모든 시도는 명료하지 않은 자연적 언어의 사용을 그 전제조건으로 한

3 Norbert Wiener, *Mensch und Menschmaschine*, Frankfurt/Main 1952, 95쪽.

4 Wiener, 같은 책, 114쪽.

5 Wiener, 같은 책, 63쪽 이하.

6 Wiener, 같은 책, 78쪽.

다."[7] '자연적' 언어, 즉 기술에 의해 발명되지 않은 언어가 언어의 본질을 기술적으로 변형하려는 모든 시도의 배후에 보존되어 동시에 작용하고 있는 것이다.

여기에서 '자연적' 언어라고 명명된 언어, 기술적이 아닌 일상언어는 강연의 제목에서 이야기한 전승된 언어를 의미한다. 전승은 단순한 계승이 아니다. 전승은 최초의 것을 보존하는 것이며, 이미 발언된 언어의 새로운 가능성을 지켜내는 것이다. 이러한 언어는 발언되지 않은 것을 내포하고 선사한다. 언어의 전승은 언어 자체에 의해 수행되는데, 이때 그것은 보존된 언어에서 출발하여 세계에 대해 새로이 말하고, 이를 통해 아직 보이지 않는 것을 나타나게 하기 위해 인간을 필요로 한다. 이것이 바로 시인의 사명이다. 따라서 이 강연의 제목인 "전승된 언어와 기술적 언어"는 대립을 가리키는 데 그치는 것이 아니다. 이에서 더 나아가 이 제목의 배후에는 인간을 그 본질의 가장 깊은 곳에서부터 위협하고 있는 위험이 끊임없이 증대되고 있다는 사실이 암시되어 있다. 다시 말해 앞서 존재했고, 앞으로 존재할 것이고, 현재 존재하고 있는 모든 것에 대한 인간의 관계가 이러한 위험에 처해 있다. 첫눈에 단지 두 언어의 차이로만 보이던 것이 결국 인간을 주재하는 사건으로서, 세계에 대한 인간의 관계와 관련되고 그 관계를 뒤흔드는 사건으로서 드러나게 된 것이다. 이는 세계의 생존과 관련된 문제다. 하지만 오늘날의 인간은 끊임없이 쏟아지는 최신 정보에 뒤덮여 그 충격을 전혀 생각하지 못하고 있다.

---

7 Carl Friedrich von Weizsäcker, "Sprache als Information," in *Die Sprache, Fünfte Folge des Jahrbuchs Gestalt und Gedanke*, München 1959, 70쪽.

따라서 산업시대의 힘 앞에서 모국어 수업이 전문교육에 대비되는 일반 교양교육과는 전혀 다른 어떤 것이 되어야 하지 않는가를 숙고해야 한다. 교양교육을 대신하는 이러한 언어수업이, 언어를 위협하고 언어에 대한 인간의 관계를 위협하고 있는 그러한 위험에 대한 성찰이자, 동시에 언어의 비밀 안에 숨어 있는 구원에 대한 성찰이 되도록 해야 하지 않는가에 대한 숙고가 필요하다는 것이다. 이러한 언어는 발언되지 않은 것과 발언될 수 없는 것에 우리를 다가가게 할 것이다.

• 안성찬 옮김

자크 데리다(Jacques Derrida)

책의 종말과 문자의 시작

(1967)

소크라테스, 글을 쓰지 않은 자

- 니체

언어의 문제는 사람들이 이에 대해 어떻게 생각하든 간에 결코 여러 문제 중 하나였던 적은 없었다. 하지만 오늘날만큼 이 문제 **자체가** 매우 다양한 연구 및 의도, 방법론과 이데올로기에서 지극히 이질적인 담론들의 광범위한 지평 전체를 획득한 적도 없다. '언어'라는 단어의 평가절하, 이 단어에 보장된 신용대부에서 어휘의 저열함을 드러내 보여주는 모든 것, 요컨대 별로 힘들이지 않고 유혹하려는 꼼수, 유행과 전위의식에의 수동적 몰입, 한마디로 무지라고 요약할 수 있는 그 모든 것이 이를 증언해준다. '언어'라는 기호의 인플레이션은 기호 자체의 인플레이션, 절대적 인플레이션, 인플레이션 그 자체다. 하지만 그러한 인플레이션의 한 측면, 그 그늘이 그것을 다시금 징후로 만들고 있다. 즉 이 위기는 동시에 하나의 증상이기도 한 것이다. 이러한 위기가 어느 정도는 자신의 뜻에 반(反)하여 보여주는 것은, 역사적·형이상학적 시대는 결국 그 시대의 총체적 문제 지평을 언어로 규정할 **수밖에 없다**는 사실이다. 욕망이 언어놀이에서 떼어내려 하는 모든 것이 다시금 언어놀이에 의해 파악될 뿐만 아니라, 이와 동시에 언어의 경계가 사라지면서, 언어 자체가 생존을 위협받고 와해되어 뿌리를 상실할 위험에 처해 있기 때문에, 언어는 그 경계가 사라지는 것처럼 보이는 순간, 언어가 자신에 대해 더는 확신을 가질 수 없게 되는 바로 그 순간에, 그것의 본래적 유한성 안으로 다시 내던져지고, 언어를 넘어서는 것처럼 보였던 무한한 기의에 의해 고정되고 **둘러싸일** 수밖에 없다.

프로그램

그 필연성이 거의 인지되지 못하고 있는 신중한 움직임과 더불어 적어도 지난 이천 년 동안 언어라는 이름 아래 결집되어오다가 이제 문자라는 이름으로 옮겨가거나 적어도 그 이름으로 요약될 수 있는 모든 것이 시작된다. 거의 인지되지 못하고 있는 필연성을 가지고 문자의 개념이 언어의 외연을 넘어서려는 것으로 보인다. 즉 이 개념은 (커뮤니케이션, 관계, 표현, 의미나 사유의 표기 및 구성 등으로 이해되는) 언어 일반의 특수하고 파생적인 보조 형식에 머무르지 않고, 상위 기표의 일관성 없는 복제, 즉 기표의 기표를 지칭하는 것에 머무르려 하지도 않는다. 문자는 언어를 이 단어의 모든 의미에서 포착하려는 것으로 보인다. 문자라는 단어는 여전히 기표의 기표를 지칭하기는 하지만, 기이한 빛 속에서 기표의 기표는 이제 더는 우연한 타락한 이차성을 정의하는 것이 아니라는 것이 명백해지고 있다. 이와 반대로 '기표의 기표'는 언어의 운동을 그 근원에서 기술하지만, 그 구조가 기표의 기표로 밝혀진 근원은 그것이 본래 산출하는 것을 스스로 폐기하고 소멸시킨다는 것을 사람들은 이미 감지하고 있다. 여기에서 기의는 항상 기표로 기능한다. 사람들이 문자에 맡길 수 있다고 믿어온 이차성은 이미 모든 기의 일반에, 그리고 항상, 즉 **유희의 시초와 시작부터** 영향을 미친다. 서로를 지칭하는 기표의 유희에서 벗어난 기의는 존재하지 않는다. 바로 그러한 기표의 유희가 언어를 구성하지만, 언어는 결국 최종적으로는 이 유희에 다시 귀속되고 만다. 문자의 도래는 유희의 도래다. 사람들이 기호의 유희를 제어할 수 있다고 여겼던 경계를 말소함으로써, 확실성을 담보해주는 모든 기의를 낚아채고, 아직 유희로 파악되지 않은 피난처를 찾아내고, 지금까지 언어의 영역을 통제해온 요새를 허물어버림으로써, 오늘날 유희는 자신에게로 되돌아오고 있다. 엄밀히 말해 이는 '기호'의 개념과 그 논리 전체의 해체로 귀결된다. 언어 개념이 지닌 외연의 경계가 허물어진 순간에 이러한 **범람**이 발생한 것은 우연이 아니다. 앞으로 우리가 보게 되듯이 이러한 범람과 소멸은 동일한 의미를 지니는 동일한 현상이다. 서구의 언어 개념[그것의 다의성을 넘어서서, 그리고 발화(파롤)와 언어(랑그) 사이의 협소하고 문제 있는 대립을 넘어서서 음소나 문자소의 생산, 언어, 목소리, 청각, 음성과 호흡, 발화된 단어 **일반**과 연결되는 언어 개념]은 최초의 문자[1]의 대역 혹은 위장임이 오늘날 드러난 듯하다. 최초

---

1 여기에서 최초의 문자에 대한 언급은 역사적 사실의 연대기적 우월성에 동의하는 것이 아니다. 예를 들어 주지하다시피 메차니노프(Metschnaninow)와 마르(Marr), 그리고 후에는 루코트카(Lukotka) 등이 문자는 "음성언어에 선행한다"고 강조한 바 있다. (이러한 결론은 『대 소비에트 백과사전』 초판에 채택되었지만, 후에 스탈린에 의해 철회되었다. 이에 대한 논의는 V. Istrine, "Langue et écriture," in *Linguistique, Recherches, internationales à la lumière du marxisme*, Nr. 7, Mai/Juni 1958, 35쪽, 60쪽. 또한 P. 반 지네컨(P. van Ginnekens) 신부가 제시한 테제에도 이에 대한 논의가 들어 있다. J. Février, *Histoire de l'écriture*,

의 문자는 이러한 전환 이전까지 '구어의 대리보충'(루소)에 불과한 것으로 여겨졌던 문자보다 더 근본적인 것이다. 문자가 단순한 '대리보충'에 불과한 것이 아니었던 만큼, '대리보충'의 새로운 논리를 구성하는 것이 요구된다. 이러한 요구가 루소독법에서 우리를 인도할 것이다.

앞서 말한 것과 같은 오용은 경탄하거나 유감스러울 수 있는 역사적 우연이 아니다. 이러한 운동의 절대적 필연성에 대한 판정은 다른 어떤 법정에서도 내려질 수 없다. 음성(*phone*)의 특권은 우리가 피할 수 있는 선택에 의존하고 있지 않다. 그것은 '경제'의 계기에 (다시 말해 '생존', '역사', '자기와의 관계로서의 존재'의 계기에) 상응한다. 음성 실체를 통한 '언어 안에서의 자기 지각'(이는 비외부적이고 비현세적인, 따라서 비경험적이고 비우연적인 기표로서 나타나는데)의 체계는 한 시대 전체에 걸쳐 세계사를 지배하고 세계의 이념을 산출해왔으며, 심지어 세계에 속하는 것과 세계에 속하지 않는 것, 외부와 내부, 관념성과 비관념성, 보편적인 것과 비보편적인 것, 초험적인 것과 경험적인 것[2] 사이의 차이에서 출발하여 세계의 근원이라는 이념을 산출해왔다.

불균등하고 상당히 불안정한 성과를 이루어낸 이 운동은 그것이 지향하는 목적(*telos*)에 따라 문자를 2등급의 도구적 기능에 국한시킨 것으로 보인다. 이렇게 하여 문자는, 충족된 말, 완전히 충만한 모

Paris 1948-1959, 5쪽 이하 참조. 그러한 논의의 용어들 및 전제들이 의심을 야기하는 이유를 차후에 제시할 것이다.

2 이 문제를 우리는 『목소리와 현상(*La voix et le phénomène*)』(Paris 1967)에서 상세히 다룬 바 있다.

습으로 **현전하는** (그 자신에, 기의에, 그리고 타자에, 즉 현전 일반이라는 주제 전체의 전제조건인 타자에 현전하는) 말의 번역이 되고, 근원적이고 그 자체로서는 해석에서 벗어나 있는 말의 대리언어이자 해석으로서 언어에 봉사하는 기술이 된다.

언어에 봉사하는 기술이라는 말을 했다고 해서, 이것이 우리에게 친숙한 기술의 보편적 본질에 기대려 한다거나, 역사적으로 정의된 문자의 좁은 개념을 전형적으로 **파악하는** 일에 도움을 줄지도 모르는 기술의 보편적 본질에 기대려는 것은 아니다. 이와 반대로 우리는 문자의 의미와 근원에 대한 물음의 방식이 기술의 의미와 근원에 대한 물음의 방식에 선행하거나, 적어도 이 두 가지가 서로 연관되어 있다고 확신한다. 그런 이유로 기술의 개념은 문자의 개념을 간단하게 해명해주지 못한다.

사람들이 언어라고 부르는 것은 그 기원과 종말에 있어 문자의 한 계기, 본질적이고 규정된 한 양식, 한 현상, 한 국면 혹은 한 종류인 것처럼 보일 수도 있다. 모험이 진행되고 있는 동안에는 바로 모험 자체이기도 한 그러한 사실을 망각하게 만들어, **잘못된 흔적**에 다가가게 할 수 있었다. 전체적으로 볼 때 이러한 모험은 그리 오래 지속되지 않았다. 우리는 그러한 모험이 거의 3천 년 전부터 기술과 로고스중심주의적 형이상학을 결합시킨 역사와 합일되었으며, 이제 **고갈**되기에 이르렀다고 말할 수 있다. 이에 대한 한 가지 예로서 오늘날 많은 사람들에 의해 회자되고 있으며, 특히 도서관의 발작적인 증식에서 나타나고 있는 책 문화의 죽음에 대해 언급하고자 한다. 그 모든 외양과는 달리 책의 죽음은 의심할 바 없이 (그리고 예로부터 항상 그래왔듯이 어떤 하나의 방식으로) 음성언어의 (소위 **충만한** 음성언어의) 죽음을 알리고, 문자의 역사와 문자로서의 역사에서 새로운 변환을 고지할 뿐이다. 이는 이미 수세기에 걸쳐 고지되어왔다. 수세기라는 시간의 간격이 여기에서 계산의 척도가 된다. 하지만 동시에 역사의 지속성이 지극히 이질적이라는 특성도 무시해서는 안 될 것이다. 가속화와 그 질적 의미를 과거 리듬의 박자계로 측정하려고 하면 아마도 오류를 야기할 것이다. 여기에서 '음성언어의 죽음'이 일종의 은유라는 것은 의심의 여지가 없다. 소멸에 대해 이야기하기 전에 음성언어가 처한 새로운 상황에 대해, 그것이 더는 지배자가 아니게 되는 구조 안에서의 그것의 예속된 위치에 대해 사유해야만 할 것이다.

문자 개념이 언어 개념을 넘어서고 그것을 포괄한다는 주장은 물론 언어와 문자에 대한 특정한 정의를 전제로 한다. 그러한 정의의 정당성을 입증하지 못한다면, 앞에서 언급한 인플레이션 운동에 굴복하게 될 것이다. 인플레이션 운동이 '문자'라는 단어를 얻게 된 것은 결코 우연이 아니다. 실제로 얼마 전까지만 해도 사람들은 행동, 운동, 사유, 성찰, 의식, 무의식, 경험, 정서 등에 '언어'라는 말을 써왔는데, 이러한 태도와 그 필연적 동기가 쇠퇴했다는 것을 밝히는 것이 그 근원을 찾는 것보다 더 쉬운 일일 것이다. 오늘날 사람들은 이 모든 것과 다른 많은 것에 '문자'라는 말을 사용하는 경향이 있는데, 이를 통해 상형문자와 표의문자 혹은 표음문자의 물리적 모습들뿐만 아니라, 그러한 모습들을 가능하게 하는 것 전체를 지칭하고 있다. 또한 문자는 기표를 넘어서서 기의 자체를 지칭하고, 더 나아가 그것이 알파벳이건 아니건 간에, 심지어 그것에 의해 공간으로 퍼져나가는 것이 목소리의 영역이 아닌 경우까지 포함하여, 표기 일반에서 일어나는 모든 것을 지칭한다. 그리하여 촬영과 안무도 문자로 지칭하고 회화, 음악, 조각의 '문자'라는 말도 등장했다. 마찬가지로 스포츠의 문자라는 말도 할 수 있을 것이며, 오늘날 이 영역을 지배하고 있는 기술을 고려할 때 군사의 문자와 정치의 문자라는 말도 충분한 정당성을 가지고 사용할 수 있을 것이다. 이 모든 것의 목표는 이러한 활동에 이차적으로 주어진 표기체계뿐만 아니라, 이러한 활동의 본질과 내용 자체를 지칭하는 것에 있다. 또한 오늘날의 생물학자들은 생물 세포의 가장 기본적인 정보전달 과정과 관련하여 문자와 **프로그램**이라는 말을 하고 있다. 끝으로 인공지능 **프로그램**에 포괄된 모든 영역은 그 본질적 경계선이 설정되건 않건 간에 문자의 영역이 될 것이다. 영혼, 생명, 가치, 선택, 기억 등의 개념을 포함하여 얼마 전까지 기계와 인간을 대립시키는 데[3] 사용된 모든 형이상학적 개념들을 인공두뇌학의 이론이 포기하리라는 것을 우리가 받아들일지라도, 인공두뇌학 그 자체에 원래 역사적이고 형이상학적인 것이 존재한다는 사실이 마침내 드러날 때까지, 인공두뇌학은 문자, 흔적, 문법(Gramma), 문자소(Graphem) 등의 개념을 고수할 수밖에 없을 것이다. (예로부터 인간에게 부여되어온 변별적 특징과 이것이 함축하는 모든 의미체계를 통해) 인간에 속한 것 혹은 인간에 속하지 않는 것으로 규정하기 이전에, 문법 혹은 문자소는 근본요소를 지칭하는 이름일 수도 있다. 이러한 근본요소는 결코 단순한 요소가 아니다. 중심으로 이해되건, 아니면 더는 쪼갤 수 없는 원자로 이해되건 간에, 이것은 보편적인

---

3 노르베르트 비너(Norbert Wiener)는 '의미론'을 완전히 포기하고, 생물과 무생물을 대립시키는 것을 너무 조야하고 막연한 것으로 간주했는데, 그럼에도 그는 기계의 부분들을 지칭하기 위해 "감각기관", "신체" 등의 용어를 계속해서 사용했다.

근원적 종합명제의 근본요소일 것이다. 이러한 종합명제를 구성하고 있는 것은 형이상학적인 대립체계 내에서 정의되어서는 안 되며, 따라서 보편적인 **의미**의 근원은 물론이거니와 보편적인 **경험**의 근원이라고 불러서도 안 된다.

이러한 상황은 오래 전부터 고지되어왔다. 그런데 왜 이러한 상황이 이제야 **그 자체**로서 **사후적으로** 인식되기에 이른 것일까? 이러한 물음은 끝나지 않을 분석을 요구할 것이다. 그러므로 우리의 한정된 논지로 이끌어줄 몇 가지 논점만을 취하기로 하자. 앞에서 우리는 **이론** 수학에 대해 언급한 바 있다. 이론 수학의 문자를 감각적으로 지각할 수 있는 표기로 이해하건 (이것은 이미 그 형식의 동일성과 관념성을 전제로 하며, 따라서 '감각적 기표'라는 통상적 개념을 원칙적으로 불합리한 것으로 만드는데), 아니면 기의의 관념적 종합으로 이해하건 간에, 또한 그것을 다른 차원에서 작동하는 문자로 이해하건, 아니면 이를 넘어서서 보다 깊은 의미에서의 이행으로 이해하건 간에, 수학의 문자가 음성의 생산과 완전히 결부된 적은 없다. 표음문자를 사용하는 문화들 안에서 수학은 단지 자국 내의 외국 영토에 불과한 것이 아니었다. 문자를 연구하는 모든 역사가는 이러한 상황을 지적하고, 동시에 그토록 오랫동안 보다 편리하고 "보다 영리한"[4] 문자로 여겨온 알파벳 문자의 불완전성에 대해 환기하고 있다. 이러한 자국 내의 외국 영토야말로 과학 언어의 실천이 음성문자의 이상과 이에 내포된 형

4 예를 들어 A. Leroi-Gourhan, *L'écriture et la psychologie des peuples* (Protokoll eines Colloquiums, 1963 126쪽, 148쪽, 355쪽. 다른 관점에 대해서는 Jakobson, *Essais de linguistique générale*, 불어판 116쪽 참조).

이상학(형이상학 전체)에, 그리고 특히 **에피스테메**(Episteme)의 철학적 이념에 의문을 제기하는 장소다. 이것은 또한 철학적 이념과 밀접한 관계를 맺고 있는 **역사**(*historia*)의 이념에 의문을 제기하는 장소이기도 하다. 함께 전진하는 단계에서 철학적 이념과 역사의 이념은 분리와 대립을 통해 서로 관계를 맺어왔다. 역사와 지식, 히스토리아와 에피스테메는 (그 어원과 철학에서뿐만이 아니라) 언제나 현전의 재획득을 **위한** 우회로로 규정되어왔다.

하지만 이론 수학을 넘어선 정보 실행의 발전은 '메시지'라고 불리는 것의 가능성을 확장했으며, 이에 따라 이제 메시지는 더는 발화된 언어를 '문자로 옮긴' 번역이나, 발화된 말로서 온전히 보존될 수 있는 기의의 번역이 아니게 되었다. 게다가 녹음기술이 확장되고, 발화된 말을 보존하여 말하는 주체가 없는 곳에서도 그것을 마음대로 사용할 수 있게 하는 수단들이 증대되었다. 문자의 인류학과 역사학에 연결되는 이러한 발전은 서구의 형이상학적·과학적·기술적·경제적 모험의 중심이 되어온 음성문자가 시공간적으로 한정되어 있다는 것을 우리에게 가르쳐주고 있다. 음성문자는 지금까지 그것에서 벗어나 있던 문화 영역에 자신의 법칙을 강요하려 할 때 그 한계에 부딪친다. 인공두뇌학과 문자의 '인문학'의 이러한 우연치 않은 만남은 심각한 지각 변동을 예고하고 있다.

• 안성찬 옮김

데릭 드 커코브(Derrick de Kerckhove)

알파벳에서 컴퓨터까지

(1990)

정보 또는 커뮤니케이션?

우리는 이제 더는 정보의 시대가 아닌, 커뮤니케이션의 시대에 살고 있다. '정보사회'나 '정보문화'와 같은 형식적인 말들은 매우 기억하기 쉽지만, 실제로 무엇이 일어나는지를 이해하기 어렵게 만든다. 컴퓨터는 정보를 조작하는 것이 아니라, 전기 자극들을 조작하는데, 이것들은 기본적인 작동방식에서 본다면 신경 시스템의 자극들에 비견할 만하다. 오늘날 우리에게 가장 친숙하게 통용되는, 과학기술과 관련된 비유들은 신경 시스템에 의해 제공되고 있다. 전신에서부터 인공위성까지 과학기술적 감성의 지구적 네트워크가 만들어져 있다. 따라서 우리의 과제는 정보 개념(이것은 어떤 인간적 경험을 '의미'로, 또는 언어와 유사한 형식으로 바꾸어놓은 것의 결과를 지칭한다)과 커뮤니케이션 개념(이것은 훨씬 포괄적이며 또한 강제되지 않은 채로 어떤 의미론적 독해작용을 거치는 일종의 교환 과정을 의미한다), 이 두 개념을 구별하는 일이다.

알파벳과 서적 인쇄는 경험을 의미론적 기체(Substrat)로 축소시켰고 여기서—구어로 의사교환(Austausch)하는 경우에도—커뮤니케이션 행위자의 감성적인 참여를 점점 희미하게 만들었다. 오늘날 커뮤니케이션이 정보보다 우위에 있다면, 그리고 맥루언의 메타포를 사용하여 매체 자체가 메시지, 즉 그것의 내용이라고 본다면, 이는 지구에 사는 인간 간의 의사교환 대부분이 더 이상 언어를 통해서 매개되지 않기 때문이다.

단지 우리가 계속해서 생산성의 상승을, 그리고 대량생산에 의한 판매량의 증대를 그 특징으로 하는 산업시대에 머무를 경우에만, 우리는 우리의 시대를 계속해서 정보의 시대로 간주할 수 있다. 그렇게 되면 우리는 확실히 산업적 '하드웨어'에서 정보과학(Informatik)의 '소프트웨어'로 넘어가는 것에 만족하게 된다. 그리고 여기서 추구되는 것은 산업적 '하드웨어'가 갖는 생산, 소비 그리고 마케팅의 법칙들을 그대로 물려받는 것이다. 그런데 이렇게 한다면 심각한 판단 착오를 범하는 것이다! 왜냐하면 산업시대의 토대는 힘과 운송(Kraft und Transport)의 원리들이기 때문이다.

여기서는 결국 근육 시스템의 외적 형상화로 귀착하는 사회적이고 문화적인 은유들이 사용된다.

신경 시스템은 근육 시스템보다 본질적으로 미묘하고 복잡하다. 그것은 그저 설명만이 아니라 실제적인 자극을 필요로 한다. 우리는 이제 우리가 살고 있는 세계를 신경 시스템과의 비교를 통해 발견하고 이해할 수 있다. 왜냐하면 신경 시스템과 지구적 커뮤니케이션은 속도, 분별, 정확성, 축소화, 일반화, 민감성, 통일성, 흐름, 복원(Regeneration), 체계적이고 인공두뇌학적인 기능 원리들, 동시성, 산재한 전체 효과들의 병렬 등과 같은 속성을 공통적으로 갖는다. 두 '네트워크'는 전기의 작용에 기초하는 자극-반응-피드백 시스템에 의거하여 기능한다. 우리는 인간, 기술, 환경 간의 공생관계에 의해 각인된 미래에 직면하고 있다. 이것이 바로 생태학이 신봉하는 교조(Credo)다.

전기는 알파벳의 발전 노선과는 반대의 길을 간다. 후자는 폭발적이었으며 언어의 분절화 및 원자폭탄에 도달했다. 이와는 달리 전기는 내파(Implosion)의 경향이 있다. 그것은 우리에게 매체를 통해 전 세계와 커뮤니케이션을 하도록 요구하며, 컴퓨터가 지배적인 계산기술로 작동하는 곳에서 지구적인 생태학적 의식을 도입하라고 요구한다.

알파벳에서 컴퓨터까지: 논리의 발명

알파벳에서 컴퓨터까지 서양의 역사는 제임스 조이스(James Joyce)의 다음과 같은 언어유희에 요약되어 있다. "alforabit", 이 말은 "모든 것은 디테일 속에 들어 있다" 정도의 의미다. 사실상 컴퓨터는 그 선조가 그리스의 알파벳인 대가족에서 최근에 태어난 후손이다. 알파벳과 컴퓨터 사이의 직접적이고 은밀한 친족성은 우리의 정신적인 유기조직(Organisation)을 조건지우고 있다. 그리스의 알파벳은 최초로 인간의 문화 속에 하나의 시스템, 그것도 철저히 자동적인 시스템을 가져왔다. 이것은 또한 컴퓨터 프로그램에도 해당되는 말이다. 당신의 프로그램이 작동하자마자, 당신이 컴퓨터 언어에서 당신의 상징들에 어떤 가치를 부여하느냐에 전혀 관계없이, 그 프로그램은 자신의 논리가 지니는 극히 엄격한 규칙들을 따른다. 이렇게 하여 우리는 알파벳과 컴퓨터가 갖는 근본적인 패러독스에 부딪치게 된다. 양자는 우리가 그것들에 부여하는 의미들로부터 독립적인 반면, 그것들은 동시에 가치와 의미들의 병치된 양상들을 재생산하고 또 조종한다.

이러한 사실은 '컴퓨터 언어'에 있어서는 분명해 보인다. 프로그램 유형 중에 그 프로그램이 무엇을 의미하는지, 또는 컴퓨터가 왜 이 프로그램을 수행하는지를 알아야만 하는 프로그램은 없다. 혹시 알파벳도 바로 그러한 원리에 따라 진행되는가? 바로 그렇다! 서양 문화와 다른 문화들 간의 차이가 바로 여기에서 나온다. 3천 년 이상 우리는 커뮤니케이션 시스템을 사용해왔는데, 이 시스템은 언어의 모든 논리적 자원을 활용하면서도, 스스로를 그것들이 적용되는 맥락 속으로 집어넣지는 않는다. 영국의 유명한 언어학자 존 오스틴(John Austin)이 다음과 같이 말했던 것처럼 말이다. "단어들 자체는 아무것도 의미하지 않는다. 인간이 비로소 그것들에 의미를 부여한다." 그러나 이것은 단지 문자에만 해당되고, 그것도 단지 완전한 알파벳에만 해당된다. 다시 말해 모음과 자음에 상응하는 고정된 기호를 사용하는 알파벳에만 해당된다.

그리스어의 알파벳은 의미에 복종하는 것이 아니라 의미를 자신에게 복종시키는 최초의 문자체계다. 이 알파벳의 발명 이래로 문자가 전달하는 의미는 더는 고정될 필요가 없다. 오히려 문자 자체가 이제 의미를 만들어낸다. 다른 문자 형식들에서 우리는 그것들을 읽을 수 있기 위해 그것들이 재생산하는 언어를 알아야 한다. 즉 우리는 텍스트를 해독하기 위해, 끊임없이 그 의미로 돌아가야 한다. 이런 다른 문자 형식들과는 대조적으로 그리스어 알파벳과 라틴어 알파벳에서 우리는 그 어떤 임의의 음절 조합도 읽을 수 있다. 그것들의 의미를 전혀 모르고서도 말이다.

우리는 이러한 사실이 부차적이라고 말하게 될 것이다. 마치 문자 자모의 소리를 듣기 위해 읽는 것처럼! 이러한 관찰은 개인적인 독서에서는 중요하지 않다. 그러나 텍스트의 생산에서, 그리고 상이한 시대에 상이한 사람들에 의해 만들어진 문헌들의 상호작용에서 이러한 사실은 결정적인 의미를 지닌다. 만일 당신이 발화된 언어의 모든 소리를 재생산하는 문자 형식을 사용하고, 이때 이 형식이 당신으로 하여금 의미연관성을 만들어내도록 하지 않는다면, 당신은 아랍어 시스템이나 중국어 시스템과 같은 다른 문자 시스템과 비교하여 다음과 같은 장점을 기술할 수 있을 것이다.

1. 당신은 미리 모든 단어를 알지 않고서도, 모든 임의적 주제에 대한 모든 진술을 읽을 수 있다. 그리하여 당신은 당신의 문화에서 만들어진 모든 생산물과 관련을 맺을 수 있고 당신의 앎을 확장할 수 있다. 당신이 아마도 우선은 이해하지 못하는 특수한 단어는 반복을 통해서, 그리고 문맥을 통해서 이해될 것이며, 아니면 당신이 놓치게 되는 단어나 문장의 의미를 당신은 전문가들에게 물어볼 것이다. 모든 문헌은 학문적인 접근방식을 만들어낸다. 왜냐하면 문헌보관실에서 많은 관찰이 이루어지기 때문이다. 그러나 완전히 알파벳적인 문헌은 문헌보관실을 민주화한다. 왜냐하면 거기서 이루어지는 관찰들이 전문적으로 인정받은 감정(鑑定)과 상관없이 널리 퍼질 수 있고 그리하여 잠재적으로는 시민 전체가 문헌보관실에 관여하고 참여할 수 있다.

2. 당신은 아주 새로운 자유를 향유하며 글을 쓸 수 있고, 단지 그저 문법의 규칙들과 논리적 추론의 질서를 토대로 삼아 새로운 의미를 찾아 나설 수 있다. 당신은 철저히 목적에 입각하여 당신의 아이디어를 문어(文語)의 도움을 받아 시험해볼 수도 있을 것이다. 그러나 당신은 예컨대 어떤 다른 텍스트에서 발췌한 것을 인용함으로써

의미들과의 우연한 만남을 통해 이득을 얻는 경험을 하게 될 것이다. 이러한 처리방식의 가장 극단적인 예는 초현실주의자들의 "자동기술법(écriture automatique)"이다. 그러나 이들이 이렇게 작업하기 오래전에 대화편(플라톤)에서 그리고 시도들(몽테뉴의 『수상록』)에서 이러한 전적으로 새로운 사고의 실험을 한 바 있다.

3. 그리하여 당신은 현실적이고 상상적인 경험을 기술하는 데 필요한 생각 가능한 모든 조합을 시험해보기 위하여, 모든 인간 언어의 복합성과 비상한 풍부함으로부터 이득을 얻을 수 있다. 독자 또한 자신의 입장에서 해석의 커다란 열린 공간을 얻게 된다. 그는 자신이 한 텍스트의 특정한 생각과 자극을 무시하고 넘어갈 것인가, 아니면 그 반대로 특정한 구절들을 강조하고 자신의 해석에 그의 경험에서 얻어진 자료들을 덧붙일 것인가를 결정할 수 있다. 완전한 알파벳은 종종 놀라움과 새로움을 가져올 수 있다. 이와는 달리 다른 문자(기록)체계들은 다의성, 혁신을 피하고자 한다. 오히려 이것들이 강조하는 것은 현재 축적된 지식을 지속적으로 확인하는 일이다. 이와 반대로 그리스의 알파벳은 우리로 하여금 일상적 삶을 끊임없이 새로 고안해내도록 해왔다.

4. 그리하여 구약성서나 베다, 우파니샤드 또는 코란과 같은 문헌의 유형들은 전체적인 앎을 신성한 것의 형태로 보존하는 경향이 있다. 왜냐하면 그것들은 읽혀지기 위해서 복잡한 해석의 그리고 해독의 행위에 의존하기 때문이다. 이미 쓰여 있는 것은 쓰여 있는 것이다. 그리스 알파벳에서 쓰여 있는 것은 마치 거의 구두로 합의된 것과 마찬가지로 계속적인 변화가 가능하다. 단지 그것이 모두의 재량에 맡겨져 있다는 결정적인 차이가 존재하기는 하지만 말이다.

5. 어떤 그리스어 텍스트 또는 라틴어 텍스트가 모든 시기에, 모든 장소에서, 모든 방식으로, 모든 사람에 의해 읽힐 수 있게 될 가능성은 우리에게 순간의 필요에 맞추어진 즉흥적 해석을 발전시키는 것을 허용한다. 처음에 이러한 유연성의 결과는 끔찍한 것이었다. 15세기에서 17세기에 걸쳐 일어난 종교전쟁은 성경에 대한 새로운 해석이—이는 서적 인쇄를 통해 전체 인구에게 알파벳 기술이 확대됨으로써 비로소 가능해졌는데—가져온 파생적 결과였다. 개신교가 인쇄된 텍스트가 만들어낸 결과였다면, 로마 교회는 필사본이 만들어낸 결과였다. 유럽 민족들은 이 공포스러운 소란 상태를 극복하고 나서, 관료주의적인 규칙들로 이루어진 새로운 우주 안에서 그들의 균형감을 다시 회복하게 되었다.

우리의 문자는 우리를 구어가 갖는 제한들 및 맥락에서 해방시켰고, 이와 동시에 구어의 표현력, 커다란 유연성, 그리고 정신적 작업에서의 장점을 보존했다.

이와 비교해볼 때 마찬가지로 구어의 강제적 제한들에서 해방된 중국의 표의문자는 새로운 것을 만들어냄에 있어 알파벳을 사용하는 문자에 비견할 만한 잠재력을 발전시키지 못했다. 왜냐하면 그것은 그저 관념들에 스스로를 묶어두기 위해 구어가 갖는 다양성과 풍부함을 상실했기 때문이다.

따라서 알파벳은 우리의 첫 번째 컴퓨터 프로그램이다. 그러나—겉으로 보기에 (M.I.T.의) 마빈 민스키(Marvin Minski) 식으로 정보과학의 미래에 대한 전망을 불러일으키는—뇌와 컴퓨터의 비교는 (이에 따르면 우리는 결국 오류와 "생물학적인 방해들"로부터 영원히 해방된다는 것인데), 즉 새로운 과학기술에 대한 물신 숭배적이고 유치한 담론은 완전히 다음과 같은 사실을 간과하고 있다. 컴퓨터는 결코 인간 언어에 대한 척도가 아니며, 또한 앞으로도 그럴 수가 없다는 사실 말이다. 오직 두뇌만이 언어나 문자를 고안해낼 수 있다. 알파벳은 두뇌를 적절히 자극할 수 있도록 우리가 지금까지 발명해낸 최상의 프로그램이다.

알파벳은 구어로부터 사유의 형식을 만들어냈고 그것을 개인들의 반성적 사고를 위해 사용될 수 있도록 해놓았다. 정보처리의 대부분의 형식은 그로 인해 구두적-모음적(vokalischen)-공개적인 교환으로부터 사적-정적(靜的)-사유적인 교환으로 옮겨갔다. 집합적 의식은 개인적 의식이 되었다. 인쇄매체와 전자매체의 커다란 차이는 전자가 말해진 것을 내면화하는 반면, 후자는 말해진 것을 외면화한다는 점에 있다. 내면화된 언어는 사적이고 개인적이며, 그리고 그것을 사용하는 사람의 소유물이 된다. 문자를 통해 독자는 그를 둘러싼 정보를 자신의 개인적인 동기에 따라 자기의 것으로 만든다. 만약 당신이 당신의 정보를 통제한다면, 당신은 또한 자기 자신을 통제하는 것이며, 당신은 당신 자신의 주인인 것이다. 이것이 우리가 오늘날 민주주의라고 부르는 것의 기원이자 의미다. 이와 반대로 전자매체를 통해 이러한 정보는 당신의 예측을 벗어난다. 당신 자신의 통제는 별 의미가 없게 될 정도로까지 축소된다. 이러한 이유로 해서 우리는 새로운 종류의 지구적 의식 속으로 이제 막 들어가게 되는 것이다.

전신, 사진, 영화와 더불어 개인적인 자기 통제의 이러한 내적 우주는 사라져버렸다. 사진 기술을 통해 우리는 외적인 세계에서 오는 감각적이고 정신적인 자극들의 연합체에 대한 통제를 축소하는 공격적인 몽타주에 굴복하게 되었다. 라디오 및 텔레비전과 더불어 몽타주의 처리방식은 우리를 광고와 여론조사의 자의성에 맡겨버리는, 일종의 끊임없는 변조(Modulation)가 되었다. 워크맨에 의해 우리는 트랜지스터의 외적 표현물이 된다. 어느덧 우리는 누구나 알고 있듯이 컴퓨터의 '영혼'인 반도체의 기능을 이해할 수 있는 상황에 이르게 되었다.

새로운 매체와 '정보'

전신과 모르스식 전신기호

맥루언이 설명했듯이, 전신은 인쇄면의 형태를 변화시켰다. 여기에서는 모든 뉴스가 일회적인 시간하에서 수집되어, 선형적인 연속의 패턴이나 표제보다는 그래픽적인 관점에 따라 정리된다. 광고, 뉴스 그리고 다른 내용들(공상소설 시리즈, 만화 등등)의 복합체는 신문시장과 정보의 질 모두를 변화시켰다. 사진술과 견사스크린 날염법은 『주르날 드 트레부(*Journal de Trevoux*)』나 『메르쿠르 드 프랑스(*Mercure de France*)』 같은 2단으로 구성된 신문 지면의 단조로운 배치를 바꿔놓았다. 뉴스의 수집과 보급이 상당한 정도로 가속화되고, 개선되고, 확대되고, 또 증대했다. 신문은 그것이 미치는 범위와 그것의 도달 거리, 그리고 중요성을 증대시켰다. 독자의 수도 늘어났고, 점점 더 다양한 계층을 포괄하게 되었다. '뉴스 시장'은 독자와 시간의 관계, 그리고 독자와 시대의 관계를 변화시켰다. "하루-또-하루"라는 시간감각이 신의 눈으로 본 영원한 시간성이라는 표상을 대체했다. 그다음에는 라디오와 텔레비전을 통해 하루의 흐름 자체가 변화하게 될 차례였다. 뉴스의 범위가 증대한 것은 시장에서 구입할 수 있는 제품의 수를 증대시켰고, 특정한 목표 집단을 위한 시장의 수도 증대시켰다. 광고는 시장과 제품에 대한 뉴스의 확대를 훨씬 능가하는 '신제품'의 분포를 위한 네트워크가 되었다.

전신은 디지털이면서 동시에 아날로그다. 왜냐하면 그것은 인간 언어의 홍수를 모르스 전신기호에 맞게 불연속적인 단위들로 축소하기 때문이다. 그러나 이 전신기호가 빛의 속도로 확장되기 때문에, 그것은 연속된 흐름에 대한 지각을 서서히 없애버린다. 이 전신기호가 바로 컴퓨터의 발전을 준비했다. 그러나 그것은 그에 앞서 라디오에 먼저 도달했다.

라디오

처음에 전신은 단지 신문에만 종속된 것으로 보였다. 그러나 그것은 라디오로 발전하면서, 자신의 고유한 네트워크를 만들어냈다. 원래 라디오는 전신의 효과를 강화하기 위한 것이었다. 그러나 그것은 광고를 받아들이면서, 전신의 경쟁자로 등장했다. 뉴스의 속도, 그리고 그것이 갖는 직접적 현존성의 인상은 라디오를 통해 두드러지게 증가했다. 사건의 목격자들이 이제부터는 현장에서 생생한 뉴스를 전해줄 수 있게 되었다. 생방송 보도들은 부분적으로는 얼마 전까지만 해도 정보의 전달 구간과 소요시간 때문에 생겨난 분리를 극복한 것처럼 보였다. 라디오 뉴스는 개인적이면서 동시에 공적이며, 또 일종의 공적인 수다다. 이와 달리 신문은 어떤 다른 사람들을 위해 작성되고 발행된 것과 같은 인상을 준다. 이와 대조적으로 라디오에서의 목소리는 당신에게 직접 말을 건넨다. 독일과 이탈리아에서 '민족의 지도자'를 위해 군대를 모집했을 때 이 목소리가 발휘한 효과는 이를 설명해준다. 그러나 라디오의 근본적인 효과는 그것이 우리와 언어의 관계를 변화시켰다는 데 있다. 우리는 새로운 구두적인 커뮤니케이션 법칙들에—이 법칙들은 광범한 대중에 접근 가능한 것으로서 넓은 외연을 점하는 네트워크를 넘어서 갑자기 스스로를 확장했는데—놀랐다. 라디오는 시각적으로 정적인 서적 인쇄의 방식을 통해 파편화되고 분리되어버린 지구가 구술적인(oralen) 코드와 통일될 수 있다는 인상을 불러일으켰다.

텔레비전

텔레비전은 전신과 사진, 영화와 라디오의 효과를 결합한 매체로, 라디오를 강화하고 더 확장한 것이다. 텔레비전은 발생 장소에서의 시각적 현재성을 기존의 라디오에 추가하고, 사건을 시청자가 있는 곳에 가져다준다. 라디오가 목소리를 우리의 집 안으로 가져왔다면, 텔레비전은 몸 전체를 전달해준다. 텔레비전은 언론에 영향을 끼친다. 그것이 사회에 정착하면서, 기사의 길이가 줄어들었다. 텔레비전이 시청자의 주의력과 집중력을 떨어뜨렸기 때문에, 평론지(Revuen)와 잡지들의 생산과 판매가 촉진되었다. 텔레비전은 의미와 유희하는 새로운 관계를 만들어냈다. 왜냐하면 그것은 각각의 생산물들(뉴스, 광고, 프로그램 구성)의 의미론적 내용의 지위를 커뮤니케이션의 다른 가치들과 동일한 것으로 만들었기 때문이다. 텔레비전은 강력하기는 하지만 아주 지속적이지는 않은 영향을 끼친다. 그것은 전체 인구의 단기 기억 속에서의 흥분 또는 아드레날린 충격과 비교할 수 있다. 이것과 비교해볼 때 라디오의 효과는 그다지 강력하지 않고 의미론적 내용과 결부되어 있다. 라디오 방송은 청취자의 기억에 비교적 오래 남아 있다. 이와는 달리 인쇄매체는 장기 기억의 기능에 호소한다. 즉 그것의 정서적 영향은 본질적으로 더 약하다. 이 매체의 스타일과 처리방식은 구별된다. 텔레비전은 짧고 재미있는 상투적 문구와 슬로건들을 필요로 한다. 이것은 텔레비전에서의 광고와 설문조사에도 해당한다. 텔레비전은 행위와 움직임을 필요로 한다. 그것은 2차원적이지만 (그것의 주변적인 관찰방식과는 모순적으로) '중심와(中心窩, foveale)' 시각을 작동시킨다. 텔레비전에서의 신속한 몽타주는 영화와는 대조적으로 연속되는 흐름의 효과가 지양되는 결과에 이른다. 이것은 변조(Modulation)의 효과를 만들어낸다. 비디오리코더의 일반적인 확산에 이르기까지 텔레비전의 영혼은 시청자에게 새로운 시간감각을 전달하는 '라이브-상황'에 있었다. 그렇지만 오늘날 텔레비전 기술은 이미 예술 형식이 될 시점에 도달했다.

텔레비전은 우리의 감성적 현존에 대한 기술적 통제를 표현하고 조종하기 위해 개발되었다. 이로부터 그것이 갖는 광고와의 친근성이 설명된다. 이와는 달리 라디오는 목소리의 조절과 억양을 요구한다. 인쇄매체는 라디오보다 훨씬 뒤처진 상태에 머물러 있다. 왜냐하면 인쇄매체의 방식이 구식이 되어버린 시대에, 이 매체가 오락과 기분전환의 형식 외에 변함없이 믿고 있는 것은 논설 지면이며, 선입관에 사로잡힌 의견 뒤에 숨어 스스로를 지키려 하고 있기 때문이다.

컴퓨터

컴퓨터는 편집실의 구조를 바꿔놓았다. 그것은 뉴스거리의 저장, 선택 가능성, 연결망, 다양한 구성 가능성, 판매와 보급을 뚜렷하게 증대시켰다. 전신이 단지 점에서 점으로의 전달 기능만을 가졌다면, 컴퓨터는 정보의 저장을 탈중심화했는데, 그것은 컴퓨터가 전 지구적으로 서로 연결된 데이터 뱅크를 활용하여 정보를 사용 가능하게 만들었기 때문이다. 오늘날의 리포터들은 이동 가능한 컴퓨터에서 자신들의 문서를 작성하여, 이것을 전화나 팩스로 전달한다. 편집자와 디자이너는 한 면의 레이아웃이 인쇄되기 전에 그것을 검토할 수 있다. 개별 그룹들의 협업도 가능하게 된다. 그것은 한층 더 직접적이고 덜 관료적이며 또 능률적이다. 기본 장비 비용을 제외한다면 비용도 더 저렴하다. 모든 신문은 컴퓨터의 데이터 뱅크에 있는 공동의 저장장치를 사용할 수 있다.

컴퓨터는 언어 표현을 위해 가장 적합한 기술인데, 그것은 컴퓨터가 언어를 기계언어로 대체하기 때문만이 아니라, 그것이 이전에는 우리의 의식적인 과제 영역에 속했던 인지적 작업의 많은 부분을 떠맡기 때문이다. 컴퓨터는 적어도 논리적 차원, 분석, 척도와 비율, 데이터의 분류, 시뮬레이션, 투사(Projektion), '디자인' 및 작곡(Komposition)에 관한 것에서 우리를 대신해 생각한다. 컴퓨터는 심지어 시각적 특징을 인지하는 새로운 기술 덕분에 우리를 대신해 읽을 수도 있다. 여기에 우리의 개인적인 결정 능력의 종말을 예기하는 위험이 놓여 있을까? 컴퓨터는 제록스가 이전에 관료주의 조직을 장악했던 것처럼 우리의 사유를 장악할 것인가?

전환: 커뮤니케이션의 영혼

컴퓨터는 우리를 두 개의 근본적인 원리들에 따라 변화시킨다. 당신은 그 속에서 현재 세계시장을 지배하는 커다란 두 가지의 제품 범주를 재인식하게 될 것이다.

1. 컴퓨터는 우리의 가장 중요한 인지적 구조를 표현하고 기계화한다. 이로부터 데이터 처리를 위한 소프트웨어 생산 시장이 등장하게 된다.

2. 컴퓨터는 점차 인간의 신체와 공생관계에 있게 될 것이다. 왜냐하면 기계의 전기자극이 뇌의 신경자극에 의해 신속하고 회귀적인 활로로 옮겨질 것이기 때문이다. 이것은 이 두 결합체의 구성과 조정 상태를 변화시킨다. 이러한 상호접근은 아주 많은 변화는 아닐지라도, 더욱 더 풍부한 물량의 전자 게임 제품을 만들어낸다.

서양에서 우리가 사유라고 지칭하는 것은 정보의 홍수에 대한 뇌의 저항에 상응한다. 이렇게 볼 때, 우리가 자본이라고 부르는 것은 가치들의 홍수에 맞선 은행의 저항의 산물이다. 두 가지의 처리방식으로부터 축적, 세분화, 압축과 같은 구성 형식들이 생겨난다. 문자화된 문화의 토대는 인간 담론의 디지털화다. 인간 개개인은 자신의 개인적 관점과 분리할 수 없는 통일성을 이루어내야 한다고 믿었다. 여기에서 개인이 생산하는 정보들은 전문가적 감정(鑑定), 기술적 고안, 상상적인 창조, 통제의 힘으로, 또 사람들이 돈으로 바꾸어놓을 수 있었던 가치들로 변환되었다. 우리는 모두 우리의 교양 수준, 사회적 지위, 개인적인 소질에 따라 다소간에 효과적으로 저항할 수 있었다. 이에 반해 오늘날 우리는 바야흐로 반도체가 되려는 시점에 놓여 있다.

연산처리 장치는 트랜지스터처럼 강화장치도 아니고, 저항처럼 억제장치도 아니다. 그것은 분배 시스템이다. 그것은 그 기능방식 면에서 우리가 신경 시스템을 표상하는 모습과 유사하다.

왜 특정 문화는 컴퓨터에 적응하는 데 좀 더 적합한가? 나는 이에 대해 하나의 그림을 가지고 대답하려 한다. 트랜지스터를 반도체로 변환시키는 것은 쉽다. 왜냐하면 하나의 저항을 그것의 회로 안으로 집어넣기만 하면 되기 때문이다. 이와 달리 어떤 저항을 반도체로 바꾸는 것은 훨씬 어려운 일이다. 동양문화권은 서양의 전통과 교육 시스템을 그저 약간 훑어보는 것만으로, 한 세기도 안 되는 기간에 그에 고유한 창조적이면서도 규제적인 에너지를 통제하여, 이것을 컴퓨터 기술에 적용했다.

우리는 우리의 사고가 전자매체에 의해 우리의 실존으로부터 축출된 이래로, 반도체의 그림에 의거하여 우리의 사고에서 발생한 것을 구체화할 수 있게 되었다. 많은 순진한 철학자들이 그랬듯이 우리가 단순히 디지털의 지배로부터 아날로그적인 것의 지배로 넘어갈 것이라고 믿은 것은 잘못이었다. 컴퓨터가 없다면, 그것은 맞는 예측이었을 것이다. 라디오와 텔레비전은 우리를 '바보로 만들었을' 것이다. 왜냐하면 이것들은 우리의 비판적인 판단 능력을 다른 것으로 대체하거나, 또는 세계와 대면하지 못하게 하여, 서서히 약화시키기 때문이다. 컴퓨터와 함께 의미의 조정과 조작의 방식이—이런 방식들은 본래 우리의 뇌에서 알파벳을 통해 이루어졌던 것인데—기계로 이전되었고, 이제 우리는 이러한 일로부터 벗어나게 되었다.

결론

오늘날 역학관계가 변화하고 있다. 전자매체는 인간의 언어를 다시 공적인 일로 만들었다. 오늘날 대부분의 정보는 더 이상 고립된 사적인 의식 속에서, 또는 독자와 텍스트의 상호작용 속에서 처리되지 않는다. 라디오와 텔레비전의 등장과 함께 정보처리는 오히려 전자매체의 대규모 공적 환경 속에서 이루어진다. 서적 인쇄 시대의 힘의 상징이었던 돈도 전화통화와 컴퓨터 연산처리 장치에서의 전기자극(신용카드) 속으로 사라져버린다. 오늘날 대두되는 커다란 문제는 더 이상 사적인 의식(프로이트)이나 집단적인 무의식(융)에 대한 문제가 아니라 집단적으로 의식된 것의 문제다. 국제적인 테러 행위는 정치 영역에서 더 이상 고착화된 사회질서에 대한 저항의 표현이 아니다. 그것은 오히려 생존의 권리를 가지고 있으면서도, 그들의 목소리를 경청하게 할 다른 수단을 갖지 못한 소수민족의 분노를 증명하려는 것이다. 테러 행위는 새로운 매체가 만들어낸 결과다.

핵폭탄을 가진 초강대국들의 대결은 우리로 하여금 지구의 통합을 위해 진력하라고 진지하게 강요한다. 그러한 근본적인 상호결합은 지구적 의식의 발전을 가속화하기 위해 필요하다. 생태학과 환경보호를 위한 조치들은 우리의 미래를 위한 유일한 희망이다. 왜냐하면 이것들이야말로 개인의 정체성을 파괴하지 않는 포괄적인 의식을 위한 모델이기 때문이다. 우리는 이제부터 '매체의 생태학'에 대해 숙고해야 한다. 세계에서 일어나는 사건들에 대한 보도가 더 이상 고립된 사건들이 아니라, 언젠가는 거대하고 보편적인 경향을 드러내고 기술하는 기상학적 대자보(Bulletin)의 형식으로 만들어질지도 모를 일이다.

• 박배형 옮김

III

길, 채널, 전송

로렌츠 엥엘(Lorenz Engell)

이 장의 개요

모든 매체는 구체적인 대상, 도구, 상품, 제도 등의 형식으로, 그리고 그러한 형식에 의해서 우리와 조우한다. 이것은 신문, 영화, 망원경, 계산기 그리고 무수한 다른 사례에서도 마찬가지다. 매체의 특성을 파악하는 것은 개별 매체학자들의 과제다. 이와 달리 매체문화는 매체 전체와 그리고 문화의 발생에 기여하고 문화에 영향을 끼치는 속성과 관련이 있다. 따라서 매체문화는 무엇보다도 매체적인 것에 관한 개념이 필요하다. 그러한 개념은 세 가지 요구를 충족시켜야 한다. 첫째, 그 개념은—포괄적으로—모든 구체적인 개별 매체를 결합하고 능가해야 하며, 둘째, 그것은 개별 매체의 상세한 구분을 허용해야 하며, 셋째, 매체적인 것을 비매체적인 것과 구별해야 한다. 왜냐하면 모든 것이 매체라면 매체는 아무것도 아닐 것이기 때문이다.

하지만 매체는 전적으로 추상적이어서 상상하기가 쉽지 않으며 전달하기 어려운 경우가 많다. 그래서 매체의 추상적인—특히 문화적인—기능과 작용을 구체적인 이미지로 옮겨놓는, 매체적인 것에 대한 은유가 적지 않다. 매체에 대한 은유 가운데 가장 처음 나타났고 동시에 가장 설득력 있으며 가장 확실한 영향력이 있는 것으로는 운송수단의 은유가 있다. 모든 매체는 운송수단이며, 그것은 시간과 공간의 한 점에 있는 (더 정확하게 규정될 수 있는) 무엇을 (더 정확하게 규정될 수 있는) 다른 무엇으로 각기 고유한 길과 (더 근접하게 규정될 수 있는) 채널로 그리고 각기 특별한 방식으로 전송한다. 그러므로 매체적인 것은 전송-이미지의 도움을 받아 파악될 수 있다.

이러한 은유의 두드러진 단순성이 때때로 주목할 만한 탐구적인 다층성을 은폐하고 있는 듯이 보인다. 예를 들면, 매체학과 커뮤니케이션학이 출발점을 어디에 두느냐에 따라서, 말하자면 전달될 수 있는 것이 무엇이든, 전달의 출발점과 도착점에서든, 또는 전달 자체의 통로나 방식 — 그리고 도구 — 에서든 개별 학문이 어디에 의문을 가지고 접근하느냐에 따라서, 이러한 은유는 매체학과 커뮤니케이션학의 매우 다양한 개념을 구별하는 데 기여할 수 있다. 이를테면 좁은 의미에서 보면 '뉴스'와 같은 전달하는 대상들과, 시간과 공간에서 전달의 출발점과 도착점에 대한 상태나 과정을 전달 수단과 방법에 따라 고찰하는 마지막에 언급한 접근법은 매체학적으로 특수하게 간주되는 커뮤니케이션학적 고찰과는 거리가 있다.

이 장에 실린 텍스트들은 모두 이러한 전제에서 출발한다. 이 텍스트들은 풍성함과 다양성 그리고 특히 매체문화를 이해하기 위한, 매체학의 전송이론적 견해에 대한 놀랄만한 영향력을 기록하고 있다. **해롤드 애덤스 이니스**(Harold Adams Innis)의 선집 『커뮤니케이션의 편향(*The Bias of Communication*)』[1]에 들어 있는 「공간의 문제」는 본보기

1 Harold A. Innis, *The Bias of Communication*, Toronto 1951.

가 될 만한 글이며 전체 원칙에 대해 학파를 형성할 정도로 영향력이 있다. 예전에 시카고대학에서 조지 허버트 미드(G. H. Mead)나 존 듀이(J. Dewey)와 같은 중요한 미국의 사회학자와 조우한 경제사가인 이니스는 캐나다에서 운송과 운송로의 문제에 관심을 가지고 모피 거래 교역로와 철도 역사에 관한 연구를 시작했다.[2] 북아메리카의 인쇄업[3]에 대한 경제사적 연구로 그는 '정신의 운송로'('정신의 교역로', 마샬 맥루언)[4]라는 문화학적으로 매우 중요한 장을 열었다. 『제국과 커뮤니케이션(*Empire and Communication*)』[5]에서 이니스는 제국의 구조와 확장과 지속이 전달수단들에 대한 대책과 이들 각각의 속성에 의존한다고 밝히고 있다.

이와 유사하게 「공간의 문제」는 국가 조직과 권력 행사를 특히 시간과 공간에 대한 지배로 기술하는 것과 관련이 있다. 시간 속에서 공간의 지배는 모든 전송 과정과 전달 과정의 구조적 기본 패러다임이다. 그리하여 시공간적 출발점과 도착점 사이의 연관성이 확실해지고 영향권의 영토적·이데올로기적 일관성이 정의된다. 이러한 전제를 토대로 이니스는 이집트와 바빌론에서부터 나치 제국까지의 제국들을 개괄적으로 탐구하고 있다. 이니스의 특별한 공로는 고대 이집트의 피라미드 건설이나 파피루스 생산, 그리고 종교적 신념의 전

---

2 Harold A. Innis, *Staples, Markets, and Cultural Trade. Selected Essays*, Montreal 1995 참조.

3 Harold A. Innis, "The Press – A Neglected Factor in the Economical History of the 20th Century," in Harold A. Innis, ed., *Changing Concepts of Time*, Toronto 1952.

4 Harold A. Innis, *Kreuzwege der Kommunikation*, hg. von Karlheinz Barck, Berlin 1997.

5 Harold A. Innis, *Empire and Communication*, Toronto 1950.

환 및 영토의 지리적 확장 등 지금까지 이질적으로 보였던 현상들을 상호 연관시킨 점에 있다. ―물질적·비물질적― 상품의 운송로와 운송 가능성은 언제 어디에 도달할 수 있는지, 나아가 심지어 거래한 상품과 운송된 상품이 동일한지를 규정한다. 지배와 문화는 이러한 척도에 따라 구조화된다.

이니스는 자신의 이론에서 지배는 본질적으로 공간에서 정적으로 표현되고 시간에 (힘겹게) 반하여 안정화되는 집중화 형식들과 시간 안에서 오히려 역동적으로 표현되고 공간에서 (힘겹게) 유지되는 탈집중화 형식 사이에 존재하는 특유의 대립을 확립했다. 한편으로는 ― 예를 들면 사제 계급이 지배하는 ― 제한적이고 통제된 매체 접근이나 매체 사용과 연관된 위계적 매체문화와, 다른 한편으로는 이니스가 이집트 제국의 변화에서 보여준 바 있는 열린 매체문화, 관료 문명에 전형적인 매체문화, 교육지향적인 매체문화가 여기에 상응한다. 구조주의 과학철학자 **미셸 세르**(Michel Serres)도 이 장에 포함된 텍스트 「커뮤니케이션망: 페넬로페」가 들어 있는 방대한 연구서 『헤르메스(*Hermes*)』[6]에서 매체사적으로 논증하고 있다. 그 역시 커뮤니케이션의 공간을 연구하면서 공간적으로 정의된 점들의 연결을 강조하고 있다. 미셸 세르는 커뮤니케이션의 개념사를 철학적 및 현상학적으로 전개하고 있으며, 양 측면을 의미심장한 이미지들 속에서 결합하고 있다. 오디세이의 아내 페넬로페는 낮에는 옷을 짰다가 밤이 되면 다시 풀었다. 그러나 그 옷은 ― 세르는 언제나 어원상의 근거를 제시

---

6 Michel Serres, *Hermes*, Bd. 1-5, Berlin 1991-1994.

하여 논증한다—다름 아니라 텍스트, 즉 커뮤니케이션이다. 페넬로페의 텍스트는 더 이상 단선적이지 않으며 오히려 선을 넘어 그물망 형태다. 그리고 그것은 뒤집을 수 있다. 다시 말하면, 짠 것, 이미 말한 바와 같이 전달된 것은 철회되고 환원될 수 있다. 이런 식으로 세르는 기호학적인 기원(야콥슨)[7]과 사회학적인 기원(라스웰)[8]의 초기 커뮤니케이션 이론을 발전시켰던 발신자, 채널, 수신자라는 단순한 선형적 전달 도식에 대한 대립 개념을 발전시켰다.

게다가 세르는 위상학적인 공리를 이용함으로써 자신의 모델을 수학적으로 정당화했다. 위상학은 공간 속의 점을—전달할 때 점의 연결이 문제가 된다—각각의 특성과 독자성에 따라 단일하게 규정할 수 있게 하고, 위상학적인 그물망의 각 점에서 각기 다른 점으로 직접 전달할 수 있는 가능성을 기술할 수 있게 한다. 바로 이 점에서 기하학과 구분된다고 세르는 강조한다. 기하학은 공간 속의 점들을 도식화하고 유사한 형태의 모듈식의 망을 기술한다. 그 망 속에서는 두 (교차)점 사이의 결합은 대개 다른 점들 위로 지나가게 된다(다시 말하면 두 점은 인접해 있지 않다). 그리하여 모든 매체적 점은 다른 점들과의 가상적 연관에서 나타난다. 피드백이라는 단지 뒤집기만 할 수 있는 선형성과는 달리 페넬로페의 망에서는 전송을 취소하는 것도 생각할 수 있다. 세르는 여기에서 커뮤니케이션의 직접성과 상호관계의 문제를 해결할 수 있는 전망을 제시한다. 이 문제는 나중에 보

---

7 Roman Jakobson, "Die sechs Eunktionen der Sprache," in *Poetik. Ausgewählte Aufsätze 1921–1971*, Frankfurt/M. 1979.

8 H. D. Lasswell, *Politics. Who Gets What, When and How*, Chicago 1911.

드리야르(J. Baudrillard)가 매우 예리하게 표현했던[9] 것과는 완전히 다른 것이다.

세르에 따르면, 선형적·기하학적 커뮤니케이션 모델과 그리고 상응하는 전달 실천과 진술 실천은 특정한 논법을, 즉 서구의 합리성과 특히 엄밀한 학문의 발전이 특징인 인과적·논리적 그리고 변증법적 논법을 야기한다. 이와는 달리 망상적·위상학적 전달은, 이를테면 역사적 과정을 이해할 때 요구되는, 해석이 열린 복잡한 사고방식을 초래한다.

폴 비릴리오(Paul Virilio)의 매체이론 역시 운송, 교통, 이동의 현상에 초점을 맞추고 있다. 선형성에 대한 철학적·수학적 대립 개념을 고안한 세르와는 달리, 그는 오히려 선형적 전달 과정과 이동 과정의 현실적인 경과를 고찰했다. 여기에서 그는 속도와 가속도를 선형적 운동의 본질적인 시금석으로 삼았으며, 자신이 '질주론(dromology)'[10]이라 부른 고유한 속도 연구를 가정했다. 모든 전달 수단과 커뮤니케이션 수단은 얼마나 빨리 작업하느냐에 따라 선행하는 수단과 구분된다. 그리하여 문화의 발전 단계는 속도의 수준에 따라 구분되며 그리고 기술적으로 야기된, 매체문화 발전의 일반적인 가속도 법칙이 존재한다. 그 법칙은 자극을 점점 더 빠르게 인지하고 더 빠르게 가공하고 더 빠르게 전달할 수 있게 한다. 비릴리오에 따르면 여기에서 전쟁 기술과 환상 기법(Illusionstechniken)은 효과적으로 상호작용하면서 속도를 규정한다.

그러나 동시에 이 표면의 운동층 아래쪽에는 "급격한 정지 상

---

9 Jean Baudrillard, 이 책의 원서 *Kursbuch Medienkultur*의 279-299쪽 참조.

10 Paul Virilio, *Geschwindigkeit und Politik. Ein Essay zur Dromologie*, Berlin 1980.

태”,[11] 즉 일반적인 카타락시(Kataraxie)가 형성된다. 비릴리오의 파국적 가정에 따르면 과도한 이동은 돌변하여 부동(不動) 상태가 된다. 최소 시간 안에 각각의 모든 점이 각각의 다른 점으로 이동될 수 있다면 모든 것은 도처에 항존하게 된다. 움직임과 부동은 서로 옮아간다. 비릴리오의 텍스트는 극단적인 움직임이 반대 상황으로 전복되는 현상, 정적과 운동이 교체되는 현상에 주목한다. 이미지가 움직일 수 있게 된 이후, 즉 영화의 발명 이후로, 주체의 움직임이 공간을 통해, 이미지와 이미지 속의 단지 상상으로만 존재하는 움직임을 통해 대체되는 경향이 생겼다. 동시에 기차, 자동차, 비행기 등의 현대적인 이동수단은 이동한 공간을 단순한 이미지로 보도록 하는 데 기여했다. 주체는—극장 또는 비행 시뮬레이션이나 전투 시뮬레이션에서 혹은 자동차나 비행기의 좌석에 앉아—꼼짝하지 않으면서 그의 시선은 경직되어 있다. 이와는 달리 매체적으로 야기된 이미지들은 고유한 움직임을 완전히 대체할 수 있는 움직임의 환상을 만들어낸다. 빠른 운동을 실현시키기 위해 한때 필수적이던 엔진의 힘은 이미지를 생산하는 기계의 계산 능력으로 대체된다. 매체들은 운송을, 공간의 깊이와 시간의 흐름을 시뮬레이션한다. 그리하여 커뮤니케이션도, 그리고 종국에는 자기 자신도 시뮬레이션한다.

비릴리오는 한편으로는 단편적이고 에세이적이며 개별 사례들이 풍부하게 제시된 매우 논쟁적인 문체로, 다른 한편으로는 가속도 테제라든지 또는 매체 발달에 전쟁이 결정적인 역할을 했다는 주장

---

11 Paul Virilio, *Rasender Stillstand*, München 1992.

등 몇 가지 근본적인 테제들로 1980년대의 매체학에 큰 영향을 미쳤다.[12] 이러한 측면에서 비릴리오는 오늘날까지 거의 수용되지 않고 있는 미셸 세르와 구분된다. 이와는 달리 **빌렘 플루서**(Vilém Flusser)의 글들은 상대적으로, 적어도 독일에서는, 영향을 끼쳤다. 플루서 역시 쌍방향 커뮤니케이션이 가능한 노출된 장소와 다양하게 구조화된 매체망에 관심을 가지고 있다. 이 장에 실린 플루서의 텍스트는 매우 현상학적으로 전개되고 있으며, 미래에 일어날지도 모르는 다소 종말론적인 발전에 대한 회의가 아니라 오랫동안 일상에서 사용해온 전송매체인 전화를 엄밀하게 관찰하고 있다. 이 텍스트는 중요한 매체인 전화에 대해 기술한 몇 안 되는 이론 중 하나다.[13] 이 이론에서 그는 언제나 반복적으로 등장하는 근심, 즉 커뮤니케이션망은 위계적으로 정리되고 묶여져 (말 그대로 "파시즘적인"[14]), 연결 대신 분배에만 기여하는 지배망이 구축될 수도 있다는 주장을 발전시켰다. 여기에 그는 탈중심적인, 점-대-점-연결을 특권화하는 그리고 좁은 의미에서 쌍방향 망을 대립시켰다. 세르가 이론적으로 제기했던 망의 구조에 대한 의문이 플루서에게서는 권력 행사와 집중화의 문제로—그리고 이것은 이니스의 견해와도 비교할 만하다—확장되어 되돌아왔다.

그러나 플루서는 자신의 독창성을, 주변으로 전달하는 속성이 가

12 특히 Paul Virilio, *Krieg und Kino*, München 1986.

13 전화에 대한 이론들로는 다음과 같은 자료들이 있다. *Telefon und Gesellschaft*, Bd. 1-3, hg. von der Arbeitsgruppe Telefonkommunikation, Berlin 1989; Bd. 4: Bernhard Debatin, "Telefon und Kultur. Das Telefon im Spielfilm," Berlin 1991; *Please Hold The Line. Ein Telefon-Buch*, hg. von Ulrich Baron, Leipzig 1996.

14 Vilém Flusser, *Ins Universum der technischen Bilder*, Göttingen 1985.

지는 함의를 서술할 수 있었던 덕분이라고 말한다. 전화의 전달방식은 전달의 출발점과 도착점을 나타내는 형식들에 대한 우리의 태도를 각인한다. 정형화된 언어와 움직임의 양식, 기대되는 태도와 정신적 이미지, 그리고 여타의 전형적으로 일상 문화에서 행해지는 소소한 관례들의 현상적 이미지는 전화기의 구조 덕분이다. 이러한 영향력은 전화기가 무엇보다도, 겉모습의 변화는 일단 제쳐둔다면, 지난 80년 동안 거의 변하지 않았다는 사실을 통해 발휘될 수 있었다. 물론 플루서는 휴대전화의 확산, 전화시장의 자유화, 그리고 다른 매체들과 전화의 통합을 이끌었던 전화-혁명에 관한 글을 쓰기도 했다.

이와 더불어 전달 은유의 다양한 분화가 감지된 이후, 매체 과정에서 다양한 길과 채널로 그리고 여러 도구의 도움으로 실제로 전송되는 것이 무엇인지에 관한 의문은 여전히 남아 있다. 여기에서 추구된 노선에 충실하게, 이 의문은 원칙적인 방식으로, 다시 말하면 전송하는 개별 대상들과는 분리하여 제기되어야 한다. 커뮤니케이션 과정에서 무엇이 '전달'되는가? 이러한 질문은 매체학 전반에 걸친 핵심적인 문제라고 입증되고 있다. 전송의 중요성, 내용, 의미 등은 말하자면 결코 전송되지 않는 경향이 있다. '뉴스'도 '메시지'도 전송되지 않는다. 전송되는 것은 오로지 신호이며, 이 신호는 오직 양적으로 수학적으로 기술적으로만 서술될 수 있을 뿐이지 진술의 '내용'이나 '질'에 대해서는 절대 기술될 수 없다. 1950년경의 정보이론은 이러한 상황을 첨예하게 환기시키고 있다. 기능, 중요성, 의미 그리고 이와 더불어 문화적 충격은 항상 전송의 저편에서야 비로소, 즉 가공과정에서야 전송된 신호에 귀속된다. 하지만—의미의—가공이 전송에서 어떤 식으로 상상될 수 있겠는가, 연쇄적으로 전송된 신호를 통해 특정한 의미생성 과정이 어떻게 어느 정도 신빙성 있게 생성될 수 있을 것인가?

이 장의 마지막 텍스트 「신호에서 의미로」에서 **움베르토 에코**(Umberto Eco)는 이러한 문제를 추적하고 있다. 섀넌(C. E. Shannon)과 위버(W. Weaver)의 모델에 따라 정보이론의 기본 공리를 매우 유익하게 해설한 다음, 에코는—단순한—기계적 신호 가공을 더 복잡한 인지 과정과 비교한다. 첫 번째 단계로 도달하는 신호 패턴—이를테면 광점(光點) 체계—은 이미 존재하는, 예를 들면 저장된, 제2의, 구성된—상상적 이미지와 같은—신호 패턴을 야기할 수 있다. 이것은 자동적으로 또는 조건적으로 일어나기도 하지만 선택적으로 일어나기도 한다. 두 번째 단계에서는 도달하는 신호 패턴이 마찬가지로 저장된 기존의 패턴을 이미 한 번 야기된 자극의 다른 배열들과 비교될 수 있다. 이것 역시 다시 선택적으로 일어날 수도 있다. 이러한 초기의 자극은 외적인 인지가 중요하다. 이제 전달되는 신호 패턴은 비유적으로 이전에 이미 한 번 인지되었던 대상에 대한 지시로 파악된다. 마침내—그리고 결정적으로—요청된 패턴은 추가적인 인지 패턴의 완전한 연쇄를 야기해서 전달된 신호에 의해 환기된 이미지를 의미로 채운다.

단순한 신호에서 의미로의 전이를 기술한 에코의 모델에서 결정적으로 중요한 것은 의미란 다양한 전달 사이의 관련성들의 효과라고 판명된 점이다. 즉, 저장, 연쇄, 가공이 필요한 그래서 단순한 전달을 넘어서는 관련성의 효과를 의미한다. 그런 까닭으로 정보이론도 (신호이론으로서) 기호학을 보충할 필요가 있다. 에코는 기호학을 문화학적인 포괄적 접근으로 명쾌하게 발전시켰다.[15] 전달된 신호들 간의 관련성 자체는 전달되지 않는다. 의미는 말할 것도 없고, 중요성은 그 때문에 근본적으로 전달되는 것이 아니라 오직 생성될 수 있을 뿐이다. 그러나 두 번째로, 이 점은 에코가 문화 과정을 이해할 때 중요하게 생각한 것인데, 의미맥락들은 오직 전달된 신호가 신호의 가공으로 전이될 때 선택성이 존재하는 경우에만, 다시 말하면 비개연성 현상이 개입될 때만 형성된다. 이러한 측면은 에코의 기호이론을 루만의 상응하는 고찰[16]에 근접시키는 요소다. 의미 발생을 야기하고 형성하는 선택적 비개연성의 극복이 바로 그것이다. 다른 한편 그러나 의미생산은 항상 가능성의 지평에 남아 있다. 가능성의 지평은 신호와 신호연쇄와 그것의 물질적 특성을 연결시킬 수 있는 가능성으로 요약된다.[17]

여기에서 언급된 전송 은유에 관한 관점은 어느 것이라도 모순에서 자유롭거나 일관성을 유지하는 것이 없다. 이러한 관점들은 전체적으로 특히 매체학의 구조 전반과 매체문화의 모형화를 형성하는 광범한 토론 과정에 있다. 하지만 이러한 이론들은 각기 탁월한 지위를 차지하고 있으며, 또한 전체적으로 볼 때 문제의 연관성을 파악하는 데 활용될 수 있을 뿐만 아니라, 지속적인 발전을 위해 열려 있는, 본보기가 되는 해답의 실마리를 찾는 데도 사용될 수 있을 것이다.

* 황승환 옮김

---

15 Umberto Eco, *Einführung in die Semiotik*, München 1972, 437-442쪽 참조.

16 Umberto Eco, *Das offene Kunstwerk*, Frankfurt/M. 1967 참조.

17 이런 점에서 에코의 관점은 해체주의학파의 관점과는 구분된다. Umberto Eco, *Die Grenzen der Interpretation*, München 1994와 에코의 *Zwischen Autor und Text. Interpretation und Überinterpretation*, München 1994 참조.

해롤드 이니스(Harold Innis)

공간의 문제

(1951)

"공간과 시간 그리고 시공적 산물은 단지 우리가 스스로 창조한 사고 체계로서만 타당성을 가질 뿐이다."[1] 가우스(C. F. Gauss)는 수(Zahl)란 우리 오성(悟性)의 산물인 반면, 공간은 오성의 외부에서 현실을 소유하며, 그 현실 법칙들은 **선험적으로** 기술될 수 없다고 가정했다. 정신사, 특히 수학의 정신사에 대해서 카시러(E. Cassirer)는 "**수**는 지금까지 공간에 부여되었던 자리를 점유한다"[2]고 확언했다.

시간과 공간에 대한 관심은 이집트 문화와 메소포타미아 문화의 특징으로 보인다. 두 지역에서는 전(前) 왕조 사회에서 왕조 사회로의 이행기에 문자, 기념비적인 건축물과 조형물들이 생겨났던 것으로 추정된다. 두 지역에서 노동력의 과잉은 뚜렷한 계절의 변화와 홍수의 영향을 받는 농업 때문이었을 것이다.

---

1 영국 학술협회 의장, 1934. F. M. Conford, "The Invention of Space," in *Essays in Honour of Gilbert Murray*, London 1936, 216쪽에서 인용.

2 Ernst Cassirer, *Das Erkenntnisproblem in der Philosophie und Wissenschaft der neueren Zeit, Vierter Band. Von Hegels Tod bis zur Gegenwart (1832-1932)*, Darmstadt 1994, 105쪽.

긴 나일강은 북쪽으로 흘렀고, 삼각주 지역을 흐르는 많은 지류는 정기적으로 범람했기 때문에, 인공 수로와 제방이 필요했다. 그리하여 계곡이 확장되었고, 홍수는 유기질이 풍부한 흙을 하류 지역으로 운반해왔다. 하류로 흘러가는 긴 나일강과 강이 형성한 삼각주, 그리고 유일한 운송수단에 의존했기 때문에 부침이 심했던 경제적 발전은 견고한 통치와 안정적인 정치체제에 방해가 되었다.[3]

왕권이 발생한 까닭은 일관성 있는 행정이 필요했던 결과로 보인다.[4] 추측건대 기원전 4241년 7월 19일 시간이 계측되기 시작했을 때부터 왕의 권력은 점점 더 강화되었을 것이다. 그날 시리우스별은 태양과 함께 동쪽 지평선 위로 떠올랐고, 이집트인은 이를 통해 1년이 365일이라는 것을 발견하게 됨으로써 시간을 더욱 안정적으로 사용할 수 있게 되었다. 상(上)이집트의 중요한 역할은 기원전 3400년 이후 매의 혈통을 가진 왕이 하(下)이집트를 정복한 점과 메네스 왕이 통치하던 시기에 수도를 티니스로 옮긴 점이다. 이것은 상이집트와 하이집트가 통일된 가시적인 증거다. 북쪽 지역의 삼각주가 점점 더 중요해지자 기원전 13세기 초인 제2왕조 말에 수도를 티니스에서 멤

3 J. H. Breasted, *A History of Egypt, from the Earliest Times to the Persian Conquest*, New York 1912, 7쪽.

4 평등주의적이고 분할되지 않는 토템 씨족에서 지역적으로 조직되고 개인화된 지배권으로의 전이, 모계적 관계에서 부계적 관계로의 전이에 대한 서술로는 A. Moret and G. Davy, *From Tribe to Empire*, London 1926, 1-106쪽. 고든 차일드(V. Gordon Childe)는 문자는 경제적 필연성에 기인하여 생긴 것이며 문자의 발전은 일반적으로 사회조직이 혈족관계에서 지역적 토대로 변화된 것과 관계 있다고 주장했다. 차일드의 *Man Makes Himself* 와 *Progress and Archeology*, London 1945, ii쪽 참조. 문자에 더한 정치적 확장의 효과에 대해서는 W. F. Albright, *The Vocalisation of the Egyptian Syllabic Orthography*, New Haven, Conn 1934 참조.

피스로 옮기게 되었다.[5] 새로운 수도는 종교 권력의 중심지인 헬리오폴리스에서 멀어졌다. 엄청나게 확장된 통치 지역을 고려하여, 왕조의 존속을 공고하게 하기 위하여, 그리고 왕의 권위와 권력을 강화하기 위하여 거대한 규모의 신전 건설, 국가종교 형성을 위한 의식, 서품식, 사자(死者) 숭배 등을 장려했다. 멤피스로 천도한 이후부터 제4왕조 시기까지 "왕의 시신이 휴식을 취할 수 있는 거대한, 범접할 수 없는, 난공불락의 장소를 준비하기 위해" 그리고 "광범한, 포괄적인, 유일한 지배자에게서 나오는 중심권력"[6]을 반영하기 위해 피라미드를 축조했다. 그런 한에서 죽음의 항구성은 영속의 토대가 된다. 여기에서부터 불멸 사상이 유래했고 시체는 보존 처리되었으며 비문이 발전했다. 그렇게 함으로써 구어의 마술적인 힘은 장례에 사용될 상형문자 덕분에 불멸하게 되었다. 궁정 신하들의 무덤은 왕의 피라미드 주변에 배치되어 왕의 신성한 명예를 공유했으며 궁극적으로는 왕과 동일한 본질을 소유하게 되었다. 그 본질의 일부는 왕에게서 기인했고 다른 일부는 그들의 내면에서 비롯되었다. 엄청난 노동력을 지배하는 권력은 기념물에서 가시적으로 드러났다. 기념물의 바닥은 한 변의 길이가 230미터인 정사각형, 즉 넓이가 5.3제곱킬로미터이고, 높이는 146미터에 달하며, 2.5톤짜리 돌 250만 개가—작업을 수

---

5 멤피스의 신인 프타(Ptah)가 예술의 신이자 모든 수공업의 신이라는 점은 우연이 아니다. 프타의 대사제는 석공의 우두머리였을 뿐만 아니라 왕을 위한 궁정예술가였다. 건축이 예술가적 삶의 중요한 부분이었음에 반해 조각이 장식적 목적만을 위해 사용되었다는 것은 조각이 위축되었음을 의미한다. M. A. Murrary, *Egyptian Sculpture*, London 1930, xxvii-xxiii쪽 참조.

6 J. H. Breasted, 같은 책, 117-119쪽.

월하게 하는 도르래도 없이—사용되었다.

피라미드 건축 때문에 생긴 엄청난 경제적 부담으로 불만이 팽배했고, 이로부터 헬리오폴리스의 태양신 사제들은 이득을 취할 수 있었다. 그렇게 된 데는 전(前) 왕조 왕들의 신인 호루스(Horus. 하늘과 세계와 빛의 신, 아이들의 보호자—옮긴이)를 경시한 탓도 있었다. 제4왕조가 몰락하고 기원전 약 2750년경에 시작된 제5왕조에서 왕은 레(Re 또는 Ra. 이집트의 태양신—옮긴이)의 살아 있는 아들이라고 간주되었다. 피라미드와 같은 고안물에 의존했음에도 불구하고 왕가는 영속의 토대가 되기에는 한계가 있었다. 이러한 사실은 종교적 숭배가 시간 통제와 공간 통제의 핵심임을 암시한다. 절대적 왕권의 결여가 제4왕조의 특색이었다면, 제5왕조와 제6왕조에서는 지방분권화와 토착 귀족의 독립성이 현저하게 증대된 점이 특징이다. 신관문자(神官文字)의 대가이자 파피루스 생산으로 지지를 받는 관리들은 500년이 흐르는 동안 농업을 높은 수준으로 끌어올려놓았다. 그러나 고도로 중앙집권화된 관료주의는 교육 받은 계층과 교육 받지 못한 계층의 구분을 초래했다. 분권화된 관료주의에서 관청의 업무는 증대되었고, 글쓰기 기술도 요구되었으며, 단일한 정서법 체계가 도입되었고, 중간계층도 관직에 진출할 수 있게 되었다. 중(中)왕국의 제12왕조 시기에는 귀족의 권리와 특권이 왕의 핵심권력에 상응하게 변화되었다.

제12왕조 시기 동안 태양신 아몬-레가 공식적인 최고 권력으로 인정된 반면 왕의 권력은 약화되었는데, 이것은 권력이 남쪽으로 이동한 것에 따른 동반 현상이었다. 수도가 멤피스에서 테벤으로 이전된 것은 기원전 22세기 중반이었다. 죽은 신이자 망자의 왕이며 지하

세계의 심판관인 오리시스는 민중의 마음을 얻는 데 성공했다. 왕은 불멸을 민중과 공유했다. 대중을 위한 권력은 대중을 위한 의식과 같은 의미였다.[7] 이집트 군대에서 불멸신앙은 후일 드루이드(고대 켈트족 종교였던 드루이드교의 성직자—옮긴이)나 회교도의 경우에서처럼 힘의 원천이 되었다. 기원전 2000년경 안정적인 국가체계가 발전했다. 중왕국은 고(古)왕국을 해체했다.

관료적 중앙권력이 쇠퇴하고, 피라미드가 보여주는 공간 통제라는 무게중심이 문자의 확산과 파피루스의 사용에서 드러나는, 영속성과 종교를 강조하는 분권화된 관료 권력으로 이동한 점, 마술적 주문이 피라미드의 상형문자에서 파피루스로, 왕에게서 민중으로 확대된 점 등은 공간의 통제를 약화시켰고 북쪽에서 힉소스가 침입하는 결과를 초래했다. 아흐모세 1세는 기원전 1580년경 새로운 자원, 특히 말[8]과 전차를 투입하여 힉소스를 몰아냈다. 그는 또한 이집트를 개인 소유지로 만들고 중왕국의 지방분권화된 관료주의를 해체시킴으로써 시간에 대한 통제를 회복했다. 제18왕조 시기 시간 문제에 대한 관심은 모든 사제 계급의 구성원을 아몬 신의 제사장 아래에 종속

7 V. Gordon Childe, *What Happened in History*, New York 1946, 149쪽. 사회 혁명에서 환상적인 보상이 사회체제의 변화를 대신했다. 이것에 관해서는 Abram Kardiner, *The Psychological Frontiers of Society*, New York 1945, 427쪽 참조.

8 전차와 기병에게 말의 중요성은 점차 줄어들었다. 그것은 필연적으로 군대의 지적 수준의 향상을 야기했으며 휴머니즘의 증대를 초래한 듯하다. 딜런(E. J. Dillon)은 기마경찰과 연관하여 말하길, 그는 말의 똑똑한 얼굴을 볼 때마다 항상 놀라곤 했다는 것이다. 기원전 2000년경의 동양 제국들이 기원전 3000년경의 제국들과 비교하여 더욱 안정적일 수 있었던 것은 전차를 이용한 공무 여행이 가속화된 덕분이었다. 말은 독립된 군대 계급의 발전을 촉진했다. V. Gordon Childe, *Progress and Archaeology*, 68쪽.

시킨 것과 더불어 나타났다. 그러한 아몬 사제 중의 한 명이 기원전 1501년 투트모세 3세가 되었고, 기원전 1479년에는 힉소스의 군대를 메기도 근처에서 격퇴했다. 투입된 말의 의미는 향상된 의사소통 수단을 이용하여 공격과 공간적 통제를 견실하게 하는 데 성공했음을 나타낸다. 영속이나 시간의 과제뿐만 아니라 공간의 과제와도 관계가 있는 왕국의 기틀을 세우려는 시도는 강력한 성직자의 도움과 이민족과의 결혼동맹을 통해 실현되었다. 예를 들면, 투트모세 4세는 미탄니 왕국의 공주와 결혼했다.

왕국을 북쪽으로 확장하고, 공간을 분할하고, 새로운 민족과 접촉한 것은 남쪽의 수도 테베를 중심으로 생겨난 관료주의에 커다란 부담이 되었다. 그들은 억압받던 레-숭배를 부활시키려 한 아메노피스 4세(또는 아멘호테프 4세 — 옮긴이)의 결정으로 관료들은 타협점을 찾지 않을 수 없었다. 아메노피스 4세는 북쪽의 수도를 아케타톤[또는 아마르나, 태양신 아톤(또는 아텐)의 평야 — 옮긴이]에 건설했고, 자신의 이름을 에크나톤(아톤에게 이익이 되는 사람 — 옮긴이)으로 바꾸었다. 그는 또한 상형문자의 마술적 특징을 정리하고 문어와 구어를 일치시키려고 진력했지만, 아몬 사제들의 저항에 부딪쳤다. 그의 후계자인 투탄카톤(살아 있는 아텐신의 모습 — 옮긴이)은 투탄카문(또는 투탄카멘. 살아 있는 아몬신의 모습 — 옮긴이)으로 이름을 바꾸고 테베로 되돌아갔다.

제18왕조 말기인 기원전 1350년경 테베에서 아몬 사제의 복권과 더불어 남쪽의 수도와 연관된 어려움이 불거져나왔다. 군 지휘자인 하름합은 왕으로서 비효율적인 행정을 개선하려고 노력했다. 그의 후임자는 협약과 결혼정책으로 히타이트와 공동주권을 성사시켰다. 이것은 기원전 1280년에서 1260년 사이 미탄니와 체결한 협약과 유사한 것이었다. 아몬 숭배는 그가 통치할 당시 커다란 영향력을 행사했다. 인구의 약 20퍼센트 그리고 경작할 수 있는 땅의 약 3분의 1은 아몬 신전의 영향권에 있었다. 공간에 대한 통제는 약화되었고, 왕국은 위축되었다. 기원전 945년부터 745년까지 이집트는 리비아계 정복자의 지배를 받았으며, 기원전 712년에는 에티오피아가 지배권을 획득했고, 기원전 668년에는 아시리아가 테베를 약탈했다. 이집트 문명은 나일강에 의존함으로써 생겨난 어려움에 직면하여 피라미드의 돌에 대한 편향적인 의존과 파피루스와 상형문자에 대한 편향적인 의존 사이에서 안정적인 조화를 이루는 데 성공하지 못했다.

나일강의 중앙집중적 경향과는 달리, 메소포타미아를 지배했던 유프라테스강과 티그리스강의 범람은 불규칙했고 예측 불가능했다. 점토는 매우 중요했고 비옥했다. 이집트의 피라미드처럼 견고하고 단일한 석조 기념비는 없었다. 메소포타미아는 영향력을 행사하는 데 원심력적이었고 경제는 분리되었다. 개별 도시들은 그때마다 거대한 벽돌 신전과의 관계에서 공동체로 발전해나갔다. 도시들은 매우 민주적이었지만 근본적으로는 신정적(神政的) 공산주의가 지배했다. 신들은 신적인 힘과 공동체를 상징했다. 각각의 신전공동체는 특정 신의 소유물이었다. 여러 개의 신전공동체가 모여 도시국가를 형성했다. 개별 도시국가는 하나의 신에 종속되었고, 그 신은 가장 큰 신전공동체의 일원이었다. 가장 큰 신전공동체에서 제사장이 지배자였으며 상이한 구성원들의 회합을 위탁했다. 공동체의 구분은 영속성과 시간의 문제와 연관하여 일어났다. 점증하는 인구, 개량된 장비, 금속 이용 등의 점증으로 전쟁이 발발하고 갈등이 조장되었으며, 공간의 문제가 생겨났다. 그리고 왕권이 확립되었는데,[9] 처음에는 임시적이었으나 나중에는 영속적인 것으로 변했다. 왕은 강력한 신전의 제사장과 더불어 본질적이고 결정적인 지배권을 부여받았다.[10] 왕은 신적인 자유를 부여받았고, 도시신의 신성한 선택을 받아 신적인 권위를 위임받았으며, 신의 의지에 부합하여 행동하는 인간이었다. 도시국가들과 신적인 소유자들 사이의 분쟁은 신들의 집회를 통해 해결되었는데, 이 집회는 특정한 지역에 대한 통치권을 순차적으로 각 도시에 부여했다.[11]

시간 문제를 다루는 사회의 군사적 한계와 정교한 수로체계의 발전에 결정적으로 중요한 역할을 한 동맹의 중요성은 셈족인 아카드가 수메르를 정복한 사실에서 추론할 수 있다. 그리고 공간 문제의 일시적인 해결은 사르곤왕이 통치했던 제국의 발전에서 읽어낼 수 있다. 군주국과 확장된 제국에서 종교적 도시국가들의 지역적 관습은 개인적인 입법으로 대체되었다. 구어에서는 수메르어가 아카드어로 대체되었지만, 문어에서 수메르어가 살아남은 것에서 종교의 힘이 명백히 드러난다.[12] 두 언어는 근본적으로 다른 문화들을 위한 매체가 되었고, 이들 사이의 긴장은 정치적 안정에 필수적인 유연성을 보장해주었다.

작은 나라들이 모여 형성된 거대 국가 특유의 경제적 장점과 역동성은 새로운 예술적 자유에서 드러난다. 다시 말하면 물리적 실재

9 Henri Frankfort, *Kingship and the Gods. A Study of Ancient Near Eastern Religion as the Intergration of Science and Nature*, Chicago 1948, 217-219쪽 참조.

10 Henri Frankfort, 같은 책, 218-223쪽.

11 Henri Frankfort, 같은 책, 237-244쪽.

12 Henri Frankfort, 같은 책, 225쪽.

를 표현하는 수단으로서 부조(浮彫) 작품들이 갑자기 등장했고 인장 세공사는 신정(神政) 정권의 제한된 관점이나 시장의 과도한 요구를 벗어났다.[13] 왕통 유지의 어려움과 종교적 도시국가들의 완고함에서 국가조직의 지속성 문제가 제기되었다. 이 도시국가들은 구티족의 정복자 무리의 침입으로 사라졌고, 마침내 우르에 자리잡은 수메르 왕조에 의해 대체되었다. 신전, 도서관, 학교 등에서 표현된 문화가 이 왕조의 토대를 이루었다. 수메르의 도시국가들은 도시국가 출신 왕들의 통제를 받게 되었다. 정치조직의 특징은 과거의 정복자에게서 습득했던 관료주의였다. 종교가 독점하고 있는 시간과 영속의 영향력에 대항하여 법에 근거한 행정체계가 발전했다. 기원전 2450년경 우르카기나왕은 여러 부족이 사제에게 공물을 바치던 관습을 폐지했다.

행정 업무의 해법은 의사소통 수단인 점토의 특성에 따라 영향을 받았다. 일찍이 그림문자에서 기호문자와 쐐기문자로 전이될 수밖에 없었다. 이것은 수학과 회계와 신전공동체의 경제조직에 필수적인 쓰기의 발전 과정에 순차적으로 채택되었다. 시간 독점적인 문명은 특정한 속성을 소유했는데, 특히 언급할 만한 것으로는 수학의 발전과 더불어 나타난 추상화 능력이다. 과제를 해결할 때 문자와 셈법 사이의 상호작용은 수학적 사변을 촉진시켰고 그래서 수메르와 아카드는 대수학의 요람이 되었다. 정치조직과 공간 지배의 문제에서 한계가 드러났다. 우르 제3왕조 후반기 동안에 무수한 계약, 수취, 협정

13 Henri Frankfort, *Cylinder Seals. A Documentary Essay on the Art and Religion of the Ancient Near East*, London 1939, 93쪽 참조.

등이 두드러지게 나타났고, 문자화된 서류가 무려 "1000배"[14]나 증가한 사실은 주목할 만하다. 그래서 인장 세공사는 수많은 그림 모티프에 흥미를 잃게 되었고 두드러진 그림 요소로서 제식 장면에 몰두하게 되었다.

내세의 삶과 불멸을 중시했던 이집트의 절대군주와는 달리 수메르와 바빌론의 사제들은 그들의 종교적 가치에 따라 죽음 이후의 삶에는 관심이 거의 없었고, 그 대신 지식의 체계화[15]와 질서와 법을 강조하는 데 진력했다. 메소포타미아에서 종교의 중요한 역할은 사제로 하여금 급박한 변화에 대처할 수 있도록 했으며, 각각의 정복자가 영속의 중요성을 인식하도록 부추겼다. 바빌로니아에서 체계화된 지식에 부여된 중요한 의미는 아시리아인들이 그들의 새로운 수도에서 도서관에 신경 쓰도록 만든 점이다. 다른 한편, 정복자의 요구에 대한 사제들의 적응 능력은 종교에 가변성을 부여했으며, 제국이 영속적으로 발전할 수 있는 필수적인 초석을 마련했다. 공간 독점의 요구와 시간 독점 요구 사이의, 수도와 셈어를 강조한 독점과 점토와 수메르어에 의해 결정된 글쓰기와 건축을 강조한 독점 사이의, 야만적인 침략자와 기존의 문화 사이의 타협은 궁극적으로 불안정과 적응을 시사한다. 개별 언어들이 유지된 것은 문화들 사이의 상호 침해를 억제하고 정치적인 적응과 기술적인 적응을 용이하게 했다.

우리가 이집트 문명과 바빌론 문명에 대한 지식을 얻을 수 있게

14 Henri Frankfort, *Cylinder Seals*, 12쪽.

15 W. F. Albright, *From the Stone Age to Christianity. Monotheism and the Historical Process*, Baltimore 1940, 146-149쪽.

된 것은 문자언어적 전통 덕분이다. 구술언어를 강조한 이집트는 구어적 전통에 서 있다고 추정할 수 있다. 낡은 정서법과 문법을 제거하기 위하여, 설형문자로 된 근동 지방의 기록을 체계적으로 수정한 일은 쓰는 능력이 확장되었다는 것을 의미한다.[16] 종교적인 문서와 세속적인 문서는 매우 조심스럽게 필사되었다. 이집트 문화와 바빌론 문화 사이에서 생활하던 셈족은 이집트 문자의 특정한 요소를 자신들의 구술적 전통의 필요에 맞게 수용했으며, 페니키아와 팔레스타인에서는 알파벳이 발전하고 확산되었다.[17] 지속적인 반복을 용이하게 하고 기억 능력을 향상시킬 수 있는 수단들이 고안되었는데, 그중에는 매듭도 있었다.[18] 기억력을 보조하는 수단의 시초는 지속적이고 끈기 있는 반복이었으며, 그다음으로는 리듬과 운율 형식 그리고 기억을 돕는 연상기호로써 매듭 상징이 개발되었고, 마지막으로 문자가 등장했다.[19] 가장 급진적인 개혁인 문자는 종교의 승인을 받았다. 모세는 신의 명령에 쓰기 기술을 도입했다. 랍비에 따르면,[20] 그는 임종 직전 토라를 13개의 두루마리에 요약해서 기록했는데, 부족마다 하나씩 그리고 하나는 레위 지파에 남기기 위해 만들었다. 레위

---

16 W. F. Albright, 같은 책, 45-46쪽.

17 기원전 1700년에서 1500년 사이 가나안 사람들은 알파벳을 알고 있었다. W. F. Albright, 같은 책, 43쪽.

18 Solomon Gandz, "The Knot in Hebrew Literature, or From the Knot to the Alphabet," *Isis*, XIV, 1930, 190-214쪽.

19 Solomon Gandz, "Oral Tradition in the Bible," in *Jewish Studies in Memory of George A. Kohut*, 1874-1933. S. W. Baron and A. Marx, ed., New York 1936, 254-255쪽.

20 Solomon Gandz, "Oral Tradition in the Bible, 286쪽.

지파를 위한 두루마리는 부족의 최연장자가 죽음을 맞이하게 되었을 때 구전되는 유산이 상실되지 않도록 대조하기 위해 사용할 목적이었다. 토라는 실제로 사용하기 위한 책이 아니라 기원전 622년경 요시야왕이 통치하던 시절 신명기가 발견될 때까지는 봉인된 책이었다. 에스라가 유대인들을 이끌었던 기원전 444년경 토라가 공식적으로 출판된 지 500년이 지난 후까지도 인간은 성경 전체를 기억하여 암송할 수 있었다. 에스라의 시대까지 유대인들은 이미 아람어를 사용했지만 모세 5경의 일부는 히브리어로 암송되었다. 히브리어는 신탁과 예언이라는 형식에서 신의 계시를 담고 있었기 때문에 신성한 언어가 되었고 구전 전승을 이어나갔다. 모든 단어는 신비스럽고 마술적인 힘을 가진 심오한 의미로 가득 차 있었다. 기억을 돕기 위해 사용된 운율과 리듬의 도움으로 암송되고 보존된 언어에서부터 시가 생겨났다.[21] 시가 성경과 연관되어 등장한 이후로 문어는 신성한 것이 되었고 지고의 권위를 획득하게 되었다.

몇몇 이스라엘인의 조상은 이집트 땅에서 수백 년을 보낸 다음에야 팔레스타인 지역으로 이주할 수 있었다.[22] 가나안을 정복한 이후 서사적 핵은 모세의 이야기와 레위 사람들이나 음유시인들에 의해 편집되고 암송된 이야기를 포함시키기 위해 확장되었을 것이다. 히브리어 알파벳은 잉크로 쓰였고 기원전 14세기와 13세기에 사용되었다. 기원전 11세기 초 글쓰기가 일상에서 실천되었다. 기원전 1100

21 Solomon Gandz, "The Dawn of Literature. Prolegomena to a History of Unwritten Literature," *Osiris*, VII, 1939, 290-291쪽.

22 W. F. Albright, 같은 책, 184쪽.

년경 상당한 양의 파피루스가 이집트에서 페니키아로 수출되었다. 기원전 11세기에 팔레스타인이 이스라엘의 근린동맹을 해체한 다음 기원전 750년 이전의 어떤 시기에 서사시가 남쪽에서는 J(야훼계 전승—옮긴이)로, 북쪽에서는 E(엘로힘계 전승—옮긴이)로 분리되어 기록되었고, 기원전 8세기 또는 7세기 무렵에 수정본 JE로 통합되었다.[23] 전통이 문자로 전승된 경우와 비교해볼 때, 구전 전승은 전통에 맞지 않는 요소를 지속적으로 선별하고 개선하고 수정함으로써 그 결과물에 있어서는 본질적으로 더욱 일관되고 논리적이었다.[24] 구전 전승의 누적 효과는 어떤 특정한 이야기 자산의 일부가 다른 지역으로 이동하여 다른 소설구조 속으로 녹아들어간 덕분이었다. 사실은 전설이 되었고 전설은 신화로 변했다. 사실은 느슨해져서 시간과 공간 속에 자리하고 있던 근원에서 분리되었다. 이야기는 상상력, 열정, 편견, 종교적 오만, 미학적 본능 등을 통해 형성되었고 변형되었다.[25] 데보라의 노래, 아모스서, 호세아서, 이사야서 등과 여호수아서, 사사기, 사무엘서, 열왕기의 일부, 예언서 등의 많은 부분은 구전 전승을 통해 후대로 전해졌음이 틀림없다. 비록 그 형식은 기원전 7세기에 속하는 것이긴 하지만, 여호수아서와 사사기의 내용 가운데 상당 부분은 아마도 기원전 10세기경에 쓰였을 것이라고 추정된다.[26] 대부분의 예언서는 특정한 예언자가 썼을 것이라고 추정되는 선집인데, 이것은 구전 형식과 문서 형식으로 유포되어오다가 수집가들이 통합한 것이

23 W. F. Albright, 같은 책, 190쪽.

24 W. F. Albright, 같은 책, 209쪽.

25 F. M. Cornford, *Thucydides Mythistoricus*, London 1907, 131쪽.

26 W. F. Albright, 같은 책, 209쪽.

다. 신이 원하기 때문에 죄를 짓지 말라는 계명이 들어 있는 이스라엘의 명백한 법은 새로운 것이었고 유래가 없는 것이었다. 문자의 도입은 민중을 통합하기 위한 중요한 요소였으며, 성서의 힘은 본래의 성소를 대가로 치르고 예루살렘을 고정된 수도로 선택함으로써 강화되었다.

구술 전통이나 시문학에 대한 구술 전통의 관계는 시간과 종교에 대한 관심을 포함하고 있다. "화가는 **공간적 공존**을, 시인은 **시간적 추이**를 표현한다."[레싱(Lessing)의 「라오콘(Laokoon)」, 1766][27] 이러한 구술 전통에 끼친 이집트의 긍정적인 영향은 신은 유일한 창조주라는 교의, 그의 이름 야훼가 드러나게 된 십계명, 유일신이라는 관념, 일신교에 근거한 교의의 성립, 지배하는 신의 국제적 우주적 타당성에 대한 인정 등에서 알 수 있듯이 모세에게서 나타났다. 부정적인 영향은 다양하고 그로테스크한 성상, 제19왕조에서 나타났던 일상 전반을 지배한 마술, 죽음 이후의 이기적인 삶을 준비하는 과정에서 나타난 물질적인 몰두 등 "이집트 종교의 외적인 측면을 사실상" 전면 부정하는 데서 나타났다. 개인적인 이름의 부여와 희생 의식, 신과 신을 신봉하는 백성들 사이의 계약관계 또는 약속, 신의 세속적 현현을 폭풍이나 산과 연관지어 생각한 점 등에서 나타난 신과 신봉자 사이의 밀접한 관계는 히브리의 특징적인 요소였다.[28] 유목민인 히브리인들은 특정 지역과 연관된 신들을 버리고 야훼와 선택된 민족 사이의 유

---

27 Sir John Edwin Sandys, *A Short History of Classical Scholarship from the Sixth Century B. C. to the Present Day*, Cambridge 1915, 294쪽.

28 W. F. Albright, 같은 책, 206쪽.

대를 발전시키지 않을 수 없었다.

철의 독점이라는 이점을 가진 팔레스타인의 공격에 직면하여 이스라엘 연맹의 인보동맹(隣保同盟) 원칙이 왕의 선출로 대체되었다. 가장 약하고 가장 중간 지역에 있던 베냐민 지파 출신의 사울이 첫 번째 왕으로, 그다음으로는 다윗(기원전 약 1000~960년)이 선출되었다.[29] 통치 기간 동안 사치스러운 생활을 했던 솔로몬이 죽자 북쪽 부족들이 봉기했고, 기원전 925년경 왕국은 둘로 분열되었다. 세속적인 정권과 종교적인 정권의 중앙집권제에 대한 반작용으로 그리고 계약의 궤를 소유한 솔로몬 신전의 매력을 상쇄하기 위해서 여로보암 1세는 베델과 단에 야훼를 위한 성소를 건립했다.[30]

팔레스타인에서처럼 그리스의 구전 전통도 영속성에 대한 소망을 담고 있었다. 이 전통은 인정된 규범과 지속적이고 도덕적이며 사회적인 제도들을 창출했다.[31] 이것은 사회조직에 특수한 실체를 부여했고 그 조직의 지속성을 도모했다.[32] 그리고 이것은 저절로 증식되는 방식을 개발했다. 구전 전통과 종교는 거의 동일한 목적에 봉사했다. 언어는 구술적 전통의 생리학적 토대였다. 그리고 종교는 공동체의 이익을 위해 개인의 참여를 이끌어내고 강요했으며, 공동체 안에서의 삶을 공고히 했고, 살아 있는 지도자에 종속되지 않는 지속적인 사회조직을 창출함으로써, 전통이 생성되는 사회학적 메커니즘

---

29 W. F. Albright, 같은 책, 221-222쪽. 왕의 권력을 제한하기 위하여 사제들이 성문법을 강조한 사실에 대해서는 신명기 17장 18~20절 참조.

30 W. F. Albright, 같은 책, 228쪽.

31 Solomon Gandz, "The Dawn of Literature," 247쪽.

32 Solomon Gandz, "The Dawn of Literature," 261쪽.

이 되었다.[33] 교육은 기억을 훈련하고 장려하고 강화하는 일에 관여했다. 전문적인 암송가는 사회적 전통의 매개자였다. 기억은 글쓰기의 논리적 과정을 대신하며 시행, 운율, 리듬, 격언 등의 도움을 받아 막대한 양의 어휘와 복잡한 문법을 지원했다. "시는 이야기의 사슬이다"(아랍 속담).[34] 한 번 잘 말해진 것은 변화되는 것이 아니라 작가가 원래 말했던 대로 반복된다. 구술적으로 소통될 때 눈, 귀, 두뇌, 감각과 정신력 등도 분주하게 협력하고 대항하면서 함께 작용하여 서로서로 유발하고 자극하고 보충한다.[35]

귀를 통한 의사소통은 시간의 의미를 전제했다. 그리스에서 구술 전통이 지속된 것은 음악이나 시간예술과 밀접하게 연관된 시를 강조했음을 암시한다.[36] 낭송된 시는 시간의 근본적인 실재까지 거슬러 올라간다. 시 형식은 생각만큼이나 조형적인, 규칙적이고 유연한 배열이 필요하다. 생각은 행위자를 통해 대상에게 전이되는 힘을 재생산하고, 정신적 이미지와 동일한 시간적 순서를 필요로 한다. 방랑과 정복은 종교에 미치는 장소의 영향을 감쇄시켰고, 구술 전통의 중요성을 강조했으며, 그래서 새로운 지역의 요구에 대한 종교의 적응 능력을 강화시켰다. 개별 지역에 대한 감정적 색채는 퇴색했고 원래의 개념과 구체적인 정향점은 사라져갔다. 호머(Homer)의 서사시에

33 Solomon Gandz, "The Dawn of Literature," 294쪽.

34 Solomon Gandz, "The Dawn of Literature," 306쪽.

35 S. H. Butcher, "The Written and the Spoken Word," in *Some Aspects of the Greek Genius*, London 1891, 167쪽.

36 Ernest Fenollosa, "An Essay on the Chinese Written Character," in *Instigations of Ezra Pound*, New York 1920, 360-361쪽.

내포된 구술적 전통은 초기 그리스 사회의 특징을 반영하고 있다.[37] 『일리아스(*Illias*)』는 군주국을 표현했고, 『오디세이(*Odyssee*)』는 과두정치를 반영했다. 올림포스의 서사 전통은 이것이 철학에 끼친 영향에서 **모이라이**(Moirai. 운명의 여신—옮긴이)와 공간적 관계를 강조한 것으로 설명된다. 유랑에 익숙한 종족의 경우 성스러운 장소가 갖는 의미는 약화되었고, 사제 계급의 영향력은 상대적으로 문자에 익숙한 정착민에 비해 근본적으로 제한되었다.

추측건대 아테네의 종교운동 시기인 기원전 7세기 그리스 시를 필사하는 일에 대한 관심과 구술언어를 문자언어로 전이하는 것에 대한 관심에 영향을 준 것은 이집트와 바빌로니아의 사례였을 것이다. 헤시오도스(Hesiodos)는 기원전 6세기에 종교적 율법주의와 엄격한 제식을 강하게 옹호했다. 사이스(Saite) 왕들로부터 영향을 받은 솔론은 아마도 고대 종교서적을 국가가 주도하여 축자적으로 필사할 준비를 했던 듯하다. 종교적 승인을 받지 못한 독재자인 피시스트라투스는 텍스트를 정확하게 필사하는 데 관심이 있었던 것으로 보인다. 기원전 566년 판아테나이아(Panathenaia) 대제전에서 음유시인들 사이의 음악 경연은 호머의 텍스트를 수집하는 발판이 되었다. 고대로부터 전해내려온 신탁 문학은 헥사메터 형식으로 나타났다.[38] 오르

37 F. M. Cornford, *From Religion. A Study in the Origins of Western Speculation*, London 1912, 145쪽. 바빌론의 서사시가 수메르 사회를 이해하는 데 중요한 역할을 한다는 주장에 대해서는 H. H. A. Frankfort, *The Intellectual Adventure of Ancient Man: An Essay on Speculative Thought in the Ancient Near East*, Chicago 1946(독일어본 *Frühlicht des Geistes*, Stuttgart 1954) 참조.

38 James H. Oliver, *The Athenian Expounders of the Sacred and Ancestral Law*, Baltimore 1950, 1-44쪽.

페우스와 무사이오스(오르페우스의 아들이라고 추정되는 신화적 인물—옮긴이)의 고대 시 선집이나, 신탁을 말로 표현한 계시와 제식 규정을 담당하거나 미래에 일어날 사건을 예언하는 방랑 예언자의 계시인 **크레스모이**가 수집되고 기록되었다. 이것은 소위 **크레스몰로고이**라고 불린 귀족 출신이 해석해서 선조들의 법을 폴리스의 틀에 결합시킬 수 있었다.[39] 크레스몰로고이가 사라진 이유가 이들이 군사적 요구나 혹은 공간의 문제에 적응하지 못했던 점과 관계가 있다는 사실은 주목할 만하다. 시칠리아 탐험의 실패로 인하여 탐험 지식에 대한 그들의 무한한 허세가 종식되었다. 기원전 400년에서 410년 사이 그들은 희극작가들의 지속적인 공격을 받았으며 기원전 399년 솔론의 개혁 이후 이들은 추측건대 공식적인 해석자로 대체되었다. 해석자에게는 법에 명시되지 않은 신성한 법을 해설하는 데 있어 제한적이긴 하지만 논란의 여지가 없는 권한이 부여되었다. 귀족은 정치 생활에 압력을 가할 수 있는 마지막 도구까지 박탈당했다. 합법적으로 해석할 수 있는 권리를 확보하긴 했지만 그들의 특별한 영향력은 종교와 도덕의 영역에 국한되었다.[40]

공간적 조직의 변화된 위상은 정치구조와 연관해서뿐만 아니라 예술과 연관해서도 분명하게 드러났다. 기원전 900년에서 기원전 700년 사이 아테네와 아티카 지방의 도자기에 나타난 기하학적인 문양은, 특히 흑회식 도자기에서, 마침내 문학의 영향을 받아 이야기 전개의 기본 원칙을 반영하는 그림 문양으로 대체되었다.[41] 귀와 시간

39 James H. Oliver, 같은 책, 177쪽.

40 James H. Oliver, 같은 책, 30쪽.

에 대한 관심이 눈과 공간에 관심을 가진 예술에 영향을 끼치기 시작한 것이다. 화가는 시간은 정지된 것이 아니라 흐르고 있다는 인상과 여러 가지 사건이 동시에 일어난다는 인상을 하나의 장면에 표현하기 위해 진력했다. 기원전 5세기에 이르러 이러한 방식은 갑자기 시간과 공간의 통일을 강조하는 방식으로 대체되었으며, 기원전 4세기에는 한 가지 행위를 하나의 장면에 표현하는 것이 대세가 되었다.[42] 단일장면 방식은 한 장면의 경계 안에서 한 가지 행위에 집중되었다.[43] 연극에서 비가시적이고 초자연적인 행위와 인간의 행위가 무대에서 나란히 나타나듯이, 도자기 그림에서는 상단과 하단으로 나뉘어 표현되었다.[44] 문학은 시간과의 통합을 강조함으로써 공간의 요구에 부응했다.

공간적 조직의 중요성이 점증하는 것에 대한 철학적 함의는 수학 분야에서 분명하게 드러났다. 이집트에서는 경험적 측량술로서 기하학이 발전했지만, 그리스에서는 기하학이 진정한 철학적 지식의 본질적인 핵심으로 이해되었다. 수학은 과학적 내용을 가진 보편적 법칙으로 축소될 수 있는 어떤 것으로 인식되었다.[45] 이오니아인들은 인간과 자연 사이의 관계를 해소할 수 없어서 고민에 빠졌지만, 현상

---

41 Kurt Weitzmann, *Illustrations in Roll and Codex. A Study of the Origin and Method of Text Illustration*, Princeton N. J. 1947, 12-13쪽 참조.

42 Kurt Weitzmann, 같은 책, 14쪽.

43 Kurt Weitzmann, 같은 책, 16쪽. E. H. Robinson, "The Tridimensional Problem in Greek Sculpture," *Memoirs of the American Academy in Rome*, VII, 1929, 119-168쪽도 참조.

44 F. M. Cornford, *Thucydides Mythistoricus*, 196쪽.

45 Ernst Cassirer, 같은 책, 56-57쪽.

세계에 대해 이해할 수 있는 일관성을 만들어낼 수 있는 가능성을 보았다. "만물에는 신이 내재해 있다"고 한 탈레스(Thales)는 사물들의 일관성에 관심을 가지고 있었다. 일관성에 대한 열정적인 관심이란 경험적 가치의 경시를 의미하지만 생각의 자율성에 대한 인식과 연관된다. 아낙시만드로스(Anaximandros)는 무한성을 경계가 없다는 것으로 이해했다. 모든 결정된 존재의 토대는 그 자체로 결정될 수 없었다. 대립들은 무경계성에서 분리되어 나온 것이었다. 헤라클레이토스(Heracleitos)가 알려진 것보다는 인식하는 것에 관심을 집중했을 때 추상화 능력은 새로운 경지에 도달했다. 생각이 만물을 통제하기 때문에 우주는 파악 가능한 것이라고 간주했다. 삼라만상은 변화라는 영원한 흐름이고, 우주에서 중요한 것은 존재의 역동성이며, 존재는 지속적인 형성이라고 간주했다. 존재와 형성 사이의 또는 공간과 시간 사이의 연관성에 대한 문제를 정당하게 평가하려는 시도에서 파르메니데스(Parmenides)는 양자는 상호 배타적이며 존재만이 현실성을 소유한다고 선언했다. 그는 철학적 절대성을 "균형 잡힌 진리의 확고한 심장"이라 간주했다.[46]

피타고라스(Pythagoras)는 존재를 양적으로 규정하는 일에 골몰했다. 그의 시대 이후 "수의 이론과 양의 이론 사이, 연산과 기하학 사이에는 불가분의 연관성까지는 아니더라도"[47] 확고한 연관성이 있다고 생각했다. 아낙시만드로스와 아낙시메네스(Anaximenes)의 무한한 영역에 근거하여 그는 수를 기하학적 형상으로 배열된 점의 패턴이

46 Henri Frankfort et al., *The Intellectual Adventure of Ancient Man*, 378쪽 이하.

47 Ernst Cassirer, 같은 책, 45쪽.

라고 제시했다. 빈 공간은 수의 본질을 단위들 사이의 채워지지 않은 중간 공간 또는 일련의 자연수의 개별 부분들 간의 공백을 통해 구분했다. 수의 단위들은 실제 공간에서 자리와 나눌 수 없는 크기를 소유한 기하학적인 점과 일치했다.[48] 수학적인 빈 공간은 수의 단위들을 구분하기 위하여 끼워넣은 것이었다. 기원전 450년경부터 기하학자들은 피타고라스의 불연속적인 산술적 빈 공간에서처럼 공백의 간격으로 구분되는 수의 단위들과 일치될 수 없는 점들로 구성된 공간이 아니라, 지속적이고 무한히 확장 가능한 공간이 필요함을 인식했다. 기하학은 연산으로부터 분리되었다. 레우키포스(Leucippos)와 데모크리토스(Democritos)는 기하학자들의 틀을 수용하여 무한히 빈 공간의 존재를 고수했다. 그들은 기하학적 공간의 무한한 확장을 물리적인 빈 공간 때문이라고 생각했다. 원자는 그 수가 무한하기 때문에 공간에서 무한한 확장을 요구한다는 것이다. 기하학적 형상을 만들기 위해 공준된 무한한 공간은 원자론자들과 물리학자들이 인식한 자연에서의 무한한 빈 공간이라는 가정과 상응한다. 공 모양의 공간에 대한 고대의 경계는 허물어졌고 공간은 둘레와 중심을 박탈당했다.[49] 그리스 수학자들이 발견한 정적인 형상들은 이데아라는 플라톤의 이론적 개념을 지지했다. 거꾸로 플라톤의 영향을 받은 기하학은 기원전 300년경 알렉산드리아의 유클리드(Euclid)에 의해 성문화되었고 완성되었다. 짧은 기간 동안 그리스인들은 구술 전통에서도 문자 전통에서도 벗어났다. 구술 전통은 문자 전통으로 완전히 전이되는

---

48 Henri Frankfort et al., *The Intellectual Adventure of Ancient Man*, 230쪽.

49 F. M. Cornford, "The Invention of Space," 224쪽.

것을 방해할 정도로 강력했다. 구술적 유산은 그리스의 회의주의를 옹호했고 종교 문헌의 독점을 방해했다.

로마의 정복과 국가조직의 확산으로 피정복민의 구술적 유산은 파괴되었고 로마는 그들에게 문자를 사용하도록 강요했다. 카이사르(Caesar)의 보고에 따르면 기억력을 훈련하고 일반적인 접근을 막아 지식을 보존하고자 의도했던 드루이드의 구술 전통은 근절되고 말았다. 로마에 정복당하지 않았던 아일랜드와 독일에서는 구술 전통이 존속되었다. 아일랜드에서 구술적 체계는 토착적인 세속 교육에서 유지되었고, 공식적인 종교는 문자를 사용하는 외국인 학교에서 인정되었다. 기독교의 유입으로 드루이드들은 사라져갔다. 그러나 중심이 되는 왕국에 결속되어 있는 공식적인 시인인 필리(Fili)들은 기독교에도 불구하고 구전되어오던 신화적 영웅 전설들을 자신들의 문자와 책을 이용하여 보존했다. 이것이 가능했던 까닭은 그들이 이교도적인 신앙을 포기하고 교회와 평화를 유지했기 때문이다.[50] 중심이 되는 왕국이 몰락함으로써 필리는 바드(bard. 켈트족의 음송 시인 — 옮긴이)로 대체되었다. 575년경까지 바드의 탐욕이 주체할 수 없을 정도로 커지자 이들에 대한 조치가 단행되었다. 11세기 이후 공식적으로 임명된 세속적이거나 종교적인 서기가 구전 전승되어오던 이야기와 조상들의 이야기를 수집하기 시작했다. 1351년에는 시인과 학자의 모임이 열렸는데 이것은 매우 중요한 정치적 의미를 지녔다.[51] 바리새인들이 그리스 문자를 거부하면서 토착 종교의 구술적 전통을 고

---

50 Solomon Gandz, "The Dawn of Literature," 353-360쪽.

51 Solomon Gandz, "The Dawn of Literature," 368쪽.

수한 것은 아일랜드 시인들이 기독교 문헌과는 현저하게 다른 자신들의 구술적 전통을 고수한 것과 유사하다. 그리하여 전자는 유대의 민족 감정으로, 후자는 아일랜드의 민족 감정으로 이어졌다.

독일의 영웅전설은 궁정에서 기원했다. 민네 가수들은 하프 반주에 맞추어 시를 낭송했다.[52] 4세기에서 6세기 사이 이러한 궁정문학은 서사시와 이야기시의 토대가 되었다. 영웅시대에 씨족집단이 해체되었고 가족은 예로부터 내려온 신성한 지위를 상실했으며[53] 부족의 결속력도 와해되었다.[54] 옛날 영웅시대의 호머 시처럼 게르만족의 시도 덜 문명화된 주민들과 문명화된 주민들 사이에 오랫동안 유지된 관계라는 시대적 특징을 보여주었다.[55] 그리스인들이 자신의 언어를 온전하게 유지했다면, 게르만족은 라틴어의 영향에 노출되어 있었다. 사실 동방의 여러 제국의 발전에 대해 자기주장을 할 수 있었던 그리스의 구전적 전통은 로마에 영향을 주었으며 그리하여 프랑크족의 구전 전통을 파괴했다. 카를 대제(Karl der Große)는 기존의 시들을 수집하려 했고, 12세기와 그 이후 몇 세기 동안 수집된 시들은 상류계층의 애호를 받았다. 이것들은 로마 점령지에서 해방된 증거로서 잔존했으며 독일 민족주의의 초석이 되었다.

카를 대제의 또 다른 업적으로는 문자의 통일을 꼽을 수 있다. 카롤링거 문자는 발전하여 이탈리아에까지 퍼졌다. 아라비아 숫자는 번거로운 로마 숫자를 대체했고 계산을 용이하게 했다. 이탈리아에

52 H. M. Chadwick, *The Heroic Age*, Cambridge 1926, 93쪽.

53 H. M. Chadwick, 같은 책, 347쪽.

54 H. M. Chadwick, 같은 책, 443쪽.

55 H. M. Chadwick, 같은 책, 458쪽.

서 글쓰기[56]는 고대 이후 지속적으로 세속적인 삶의 중요한 요소로 간주되었다. 문자를 국내 산업에서 실용적으로 활용하고 또한 교역을 조직화하는 수단으로 사용한 피렌체는 12세기에 주도적인 역할을 했다. 양털은 유럽에 커다란 변화를 초래한 공산품이 되었다. 이제 삶은 합법적으로 그리고 정치적으로 거대한 지역에 걸쳐 규제될 수 있었다. 12세기 말경 피렌체에서는 제조업체나 상업 분야에 고용된 공증인이 600여 명이나 있었고, 13세기 초에는 아이들을 받아 도제 수업하는 장인들이 길드를 형성했다. 상법을 전문 분야로 삼은 공증인들은 먼 나라에까지 파견되어 그곳에서 은행의 고문으로 활동하면서 피렌체를 위해 경제적 접촉을 담당했고, 유럽의 정치와 다른 나라들의 정치를 중개했다. 공증인의 혁신적인 변화는 실천적인 의미를 지녔다. 상업 계산 지침서가 발간되었다. 읽기, 쓰기, 계산에 대한 지식을 습득한 기술자들은 장인이 될 수 있었다. 1330년경 피렌체에는 글을 읽을 줄 아는 아이들이 대략 8,000명에서 10,000명 정도 있었고, 이들 중 약 1,000명에서 1,200명은 주판을 다룰 줄 알았으며, 500명에서 600명은 문법과 논리학에 대한 지식을 습득하고 있었다. 피렌체에 있는 회사들은 이탈리아의 글쓰기 체계, 계좌, '부티크'의 중앙 통제, 명부, 등기부, 서기 그리고 우체국 등에 기반을 두고 있었다. 문자는 인간을 더욱 집중적으로 성찰하도록 만들었다. 고도의 훈육은 표현 능력을 배가시켰다. 예측 가능성은 정신적 삶에 유리한 결과를 가져왔다. 계약을 통해 상업 자산이 생겨났고, 경제적 관계는 개인적인

56 Etienne Hajnal, "Le rôle social de l'écriture et l'évolution européenne," *Revue de l'Institut de Sociologie*, 1934, 255-259쪽.

색채를 퇴색시켰다. 공증인 계층에서 위대한 예술가와 인물들이 배출되었다. 문자는 이러한 정신적·예술적 변혁 단계에서 결정적 역할을 했다.

플랑드르 지역과 네덜란드의 다른 지역에서는 토스카나 지역의 문명과 유사한 것이 나타났다. 네덜란드어는 일찍이 문자화되었기 때문에 독일어와 다른 독자성을 지니고 있었다. 이탈리아를 제외하고는 플랑드르만이 고유한 르네상스 문화를 소유했다.[57]

교회가 독점하고 있던 시간에 가한 문자의 충격은 근대 언어의 중요성이 점증되고 산업과 상업이 발전한 것에서 명백히 드러났다. 매우 소중한 기독교 신앙 내용에 대한 집요하고도 다양한 공세를 방어하기 위한 조치로서, 신약성서와 구약성서에 덧붙여서 사도신경과 사도주교단(das apostolische Bischofsorden)을 진리의 담보로 발전시켰다.[58] 성서의 영향권이 제한되었다. 세례와 성찬식에 신비로움이라는 형식이 부과되었고, 세례의 상징을 문서로 남기는 것을 금했으며, 공개 미사의 특정 부분은 세속인들 앞에서 행하지 않도록 했다. 성경 읽기가 강조되었고, 교회는 거대한 초등학교가 되었다. 모든 기독교 신자는 자신이 믿는 것이 무엇인지를 알아야 했다.[59] 그리스 교회는 성서를 다른 언어로 번역하는 작업에 박차를 가함으로써 다른 민족의 국민문학이 형성될 수 있는 초석을 마련했다. 슬라브인들이 예배에 접근할 수 있도록 하기 위해 발전시킨 키릴 문자와 글라골 문자는

57 Etienne Hajnal, 같은 책, 266쪽.

58 Adolf von Harnack, *Über den privaten Gebrauch der heiligen Schriften in der alten Kirche, Beiträge zur Einleitung in das Neue Testament*, Bd. 5, Leipzig 1912, 96쪽.

59 Adolf von Harnack, 같은 책, 85-86쪽.

슬라브어의 음운을 더욱 적절하게 표현할 수 있었으며, 구술 전통과 문자 전통 사이의 간극을 효과적으로 이어주는 가교가 되었다.[60] 유대교의 딸로서 기독교는 신비 종교 세계의 사제가 성서를 침범하지 못하도록 방어했다.[61]

수요의 증가와 도시 중심부 근처에서 원자재인 아마포(책의 헝겊 표지로 사용—옮긴이) 조각을 저렴하게 공급받을 수 있게 된 덕분에 발달한 종이 생산은 문자를 수도원에서 도시 지역으로 확산시키는 데 이바지했다. 도시화가 촉진되는 가운데 14세기와 15세기에는 최초로 글쓰기 장인이 나타났고 이어서 인쇄된 책이 등장했다.[62] 기계산업은—이에 대한 초기의 주목할 만한 사례가 바로 인쇄기술이다—기존의 필사본이 지배하던 사회에 효율적으로 침투했다. 필사본의 제작과 그림이 내포하고 있는, 나중에는 조각과 건축의 영향을 받은, 기술의 상호 연관성과 통일성은 파괴되었다. 이탈리아의 도시들과 교황의 부(富)로 인하여 촉진되었고 기독교 전통과 이교적 전통이 상호 연관된 미켈란젤로(Michelangelo) 조각의 완전성은 프랑스의 침입과 책의 영향으로 이탈리아 도시국가들과 함께 몰락하는 운명을 겪게 되는 사회의 마지막 몸짓이었다. 성당의 조각에 묘사된 성서의 끔찍함은 고전주의의 영향을 통해 완화되었다. 최후의 심판을 소

---

60 D. Diringer, *The Alphabet, a Key to the History of Mankind*, London 출간 연도 미상, 476쪽.

61 Adolf von Harnack, 같은 책, 102쪽.

62 Helmuth Lehmann-Hauptmann, *Peter Schoeffer of Gernsheim and Mainz*, Rochester, New York 1950; S. H. Steinberg, "Medieval Writing Masters," *The Library*, 4th series, XXII, 1942.

재로 삼은 그림들은 돌, 양피지, 회화에 기초하고 있는 문화의 몰락을 반영했다. 예술과 문화 전반에 걸쳐 돌은 불사와 불멸을 표현하는 수단으로 사용되었다. 사보나롤라(Savonarola. 15세기 이탈리아의 종교개혁자 — 옮긴이)의 예리한 비판은 책에 근거하고 있었고, 미켈란젤로가 바티칸 도서관을 장식한 것은 한 시대의 종말을 상징하는 것이었다.

중세에는 성서의 신성한 지위가 조각과 건축으로 표현되었지만, 이것은 성서를 강조하는 인쇄술이 파급됨으로써 끔찍한 결과로 나타났다. 에라스무스(Erasmus)의 번역을 통해 알려진 그리스어 성경과 당대의 언어를 사용한 성서 번역의 가능성이 타진됨으로써 라틴어로 표현된 교회의 독점이 붕괴되었다. 종교개혁 시기 서적 인쇄는 성서 해석자로서 조각과 건축을 압도했다. 근대 민중어로 번역된 성서는 해당 민중들에게 성스러운 속성과 민족주의에 대한 거대한 추동력을 부여했다. 밀턴(J. Milton)은 민족주의와 기독교 정신을 결합할 수 있는 영어 서사시를 창작하는 데 골몰했다.

인쇄산업은 이를테면 독일이나 영국 등 로마 정복의 영향력이 한계에 다다른 지역이나 또는 파피루스에 기반한 관료주의가 지배했던 지역의 주변부에서 급속하게 발전했다. 라틴어가 지배적이었거나 혹은 로맨스어를 사용했던 지역에서는 부분적으로 문학을 포함한 다른 예술의 형태로 기계화된 서적 인쇄에 대항하는 움직임이 확산되었다. 영국에서는 구전 전승의 힘이 셰익스피어(W. Shakespeare)를 통해 증명되었고, 독일에서는 루터 성서가 인쇄되기 전까지는 단일한 방언이 존재하지 못했다. 이 지역에서는 신교가 엄청난 반향을 얻었고 국가의 탄생을 촉진했다. 새로운 공간 독점이 나타나면서 시간 독점은 약화되었다.

공간을 향해 새롭게 움트는 관심은 항해 나침반과 렌즈의 발명에서 입증되었다.[63] 콜럼버스(Ch. Kolumbus)는 신세계를 발견했고, 마젤란(F. de Magellanes)은 지구가 둥글다는 것을 증명했으며, 천문학에서는 특히 망원경이 발명된 이후 프톨레마이오스 체계의 기반이 흔들렸다. 건축가 브루넬레스키(F. Brunelleschi)는 최초로 소실점원근법을 사용했던 사람이라고 간주된다. 뒤러(A. Dürer)는 경험적 구성에서 진일보하여 수학적으로 고려된 구성을 부각시켰다.[64] 피렌체에서는 근대 개인주의 개념에 상응하는 것으로서 새로운 공간 개념이 미술 용어로 전환되었다.[65] 이것이 건축에 끼친 영향력은 바로크에서 명백히 드러났다. 철학에서는 라이프니츠(G. W. Leibniz)가 최초로 공간을 순수한 형식, 존재의 질서 그리고 시간을 연속적인 순서라고 규정했다.

제지업과 인쇄업은 민족주의와 국가에서 공간 독점의 발전을 촉진시켰다. 서적 인쇄는 근대 언어를 전면으로 부각시켰으며 이념이 전파되는 속도를 완화했고 유럽의 정신을 분열시켰다. 한때는 철학이 학문을 주도했지만, 이제는 증가된 인쇄 자료가 학문의 방향을 주도했다. 독일이 영국으로부터 더욱 고립된 이유는 부분적으로 프랑스어와 비교해볼 때 독일어가 더 어렵기 때문이었다. 뉴턴(I. Newton)과 콩트(A. Comte)가 독일어를 자유자재로 구사할 수 있었더라면 19세기 유럽의 역사가 어떻게 흘러갔을지 한번 생각해보는 것도 매

---

63 M. S. Bunim, *Space in Medieval Painting and the Forerunners of Perspective*, New York 1940, 105쪽.

64 M. S. Bunim, 같은 책, 187-191쪽.

65 Siegfried Giedion, *Space, Time and Architecture. The Growth of a New Tradition*, Cambridge, Mass. 1941, 31쪽.

우 흥미로운 일이 될 것이다. 인쇄업의 중요한 관심은 사상의 동향을 검토하고 독점 형성에 기여하며 그리하여 궁극적으로는 다른 언어로 침투하여 그 동향을 좌지우지하려는 것이었다. 독일의 산업이 지체되어 있다가 1870년 이후 급속히 발전한 현상에 대해 베블런(T. Veblen)이 기술한 것은 어떤 측면에서는 그런 경향에 대한 좋은 사례가 된다. 심지어 공통의 근대어와 번역을 강조했던 학문조차도 특허, 비법, 군사적 '안전' 조치 등에서 지식 독점의 영향을 받았다. 시간의 측면에서 학문은 지식의 독점에서 벗어나게 되었지만 지식의 발전에 있어서 공간의 측면에서는 궁극적으로 손실을 입었다. 공간 독점에 대한 집착은 지리학에 대한 군국주의의 영향에서 반복적으로 분명히 나타났다. 군사적 도구로서 지리학은 지역주의와 민족주의에 순응함으로써 특히 선전 목적에 적합했다. "우리는 우리나라에 대해 잘 알고 있어야 합니다." 맥킨더(Halford Mackinder)의 테제를 수용하여 운명적이고 필연적이라는 인상을 불러일으킴으로써 독일에서는 지정학이 발달했다. 그러나 콘퍼드(F. A. Cornford)가 언급했듯이 전쟁불가피론의 원인은 매우 모호하다.

시간의 파괴와 공간 독점의 중요성은 진보를 끊임없는 운동이자 투쟁이라고 간주하는 헤겔의 저작에서도, 또는 시간을 "무형식적 필연"[66]이라고 간주한 마르크스에서도 분명하게 드러난다. 쇼펜하우어(A. Schopenhauer)가 음악을 최고의 예술 형식으로 간주한 까닭은 음악이 가장 비합리적인 예술 형식이며 삶의 정수, 즉 의지를 가

66 Hans Kohn, *The Twentieth Century. A Mid-Way Account of the Western World*, New York 1949, 55쪽.

장 적나라하게 비성찰적으로 표현하는 형식이기 때문이다.[67] 바그너는 자신의 음악에 로마와 기독교에 대한 저항을 담았다. "바그너(R. Wagner)가 독일에 존재한 이래, 그는 점차 내가 경멸하는 모든 것에 대해서 — 심지어는 반유대주의에 대해서도 — 잘난 체했다"(니체).[68] 독일이 책(문학)과 음악에 기초하여 서구 문명에 기여한 공로가 허물어진 다음에는 군국주의와 국가의 관점에서 그것을 회복하려는 시도가 뒤따랐고 마침내 전쟁의 영향력에 동반된 독일 문화의 일탈이 나타났다.

인쇄된 언어가 가진 영향력은 점점 커졌고, 이것은 헌법, 서류, 보장된 언론의 자유, 개인의 자유 등을 지향하는 공화주의 정신에도 반영되었다. 시간을 통제하기 위한 노력은 교회와 국가의 분리에서 나타났다. 조지 워싱턴(George Washington)은 트리폴리 조약에서 "미합중국 정부는 결코 기독교에 토대를 두고 있지 않다"고 명시했다. 더 중요한 점은 아마도 동부와 서부에서, 법적 근거가 앵글로색슨법인 주와 로마법인 주에서 그리고 각 주의 산업 발전 정도에 따라서 다양하게 나타나는 국가에 대한 국민들의 태도일 것이다. 경제적 요소로서의 국가 개념은 경제활동의 지표가 되었다. 종교적 버팀목 없이 이제 국가는 문화적 발전에 더욱 의존하게 되었다. 문화적으로 성숙한 단계에 이른다면 프랑스의 경우처럼 국가는 위기 상황에 처할 때 헌법 개정의 형식으로 마음대로 입거나 벗을 수 있는 망토가 될 것이

---

67 Hans Kohn, 같은 책, 47쪽.

68 Friedrich Nietzsche, *Nietzsche contra Wagner*, in *Kritische Studienausgabe*, Bd. 6, hg. von Giorgio Colli und Mazino Montinari, München 1988, 431쪽.

다. 이러한 문화적 성숙이 결여된 국가들에서는 그러한 급격한 변화를 생각조차 할 수 없으며, 그 대신 그들의 법전은 헌법수정조항과 새로운 법 규정으로 가득 차게 될 것이다. 전체주의 국가나 엄격한 헌법을 가진 복지국가도 결국에는 어쩔 수 없이 끝없는 행정 활동에 의존하지 않을 수 없다.

• 황승환 옮김

미셸 세르(Michel Serres)

커뮤니케이션망: 페넬로페

(1964)

> 페르세포네가 뱀의 형상을 한 제우스에게 유혹당하여 디오니소스를 임신하기 직전의 일이다. 페르세포네는 어머니 데메테르가 숨어 있으라고 했던 키아네의 동굴에서 양탄자를 짜고 있었는데, 이 양탄자에는 우주 전체가 묘사되어 있었다고 한다. (『오르페우스 이야기』에서)

어떤 표현 공간 안에 그려져 있는 **망상구조의** 다이어그램을 떠올려 보자. 특정 시점에 그것은 많은 수의 점(꼭짓점들)으로 구성되어 있는데, 이 점들은 상호간에 갈라져 나간 많은 수의 가지(분기된 길들)로 결합되어 있다(우리가 앞으로 보게 되듯이 여기서 이 연결망은 어떤 변화 가능한 상황의 각기 특수한 상태를 표현한다). 모든 점은 하나의 논제 또는 적절히 규정된 경험의 양으로 이루어진 명료하게 정의될 수 있는 요소를 나타낸다. 모든 길은 두 개의 또는 그 이상의 논제 간의 연결이나 관계를 나타내거나 이러한 경험적 상황이 갖는 두 개의 또는 그 이상의 요소들 간의 규정추이(Determinationsfluß)를 나타낸다.[1] 여기서 그 **정의상** 어떤 하나의 점도 다른 점보다 우위를 점하지 않으며 또 어떤 점도 일방적으로 다른 점에 비해 하위에 놓이지 않는다.

모든 점은 자신의 고유한 힘을 지니며(이 힘은 시간에 따라 변화할 수 있다), 자신의 고유한 영향 범위와 규정력을 소유한다. 그리하여 점들이 서로 같을 수 있는 가능성이 배제되지는 않지만, 일반적으로 그것들은 서로 다를 것이다. 개개의 길들에도 똑같은 것이 적용된다. 이것들은 서로 구별되며 시간에 따라 변화하는 규정추이를 운반한다. 결국 일종의 심층적인 상호성, 또는 이를테면 꼭짓점들과 길들 간의 이원성이 존재하게 된다. 꼭짓점들은 둘 또는 그 이상의 길들을 나누는 교차점으로 간주될 수 있다(하나의 논제는 여러 관계의 교차점으로 구성될 수 있다. 그리고 하나의 상황 요소는 여러 규정이 합류됨으로써 갑자기 나타날 수 있다). 또한 이에 상응하여 우리는 하나의 길을 하나의 규정, 즉 두 개의 꼭짓점이 상호관계에 이르게 됨(두 논제가 서로 관계를 맺음, 두 개의 상황 사이에 상호관계가 발생함 등등)을 통해 등장하는 하나의 규정으로 파악할 수 있다. 그러니까 여기서는 어떤 하나의 관계망, 즉 내적 분화가 임의로 고도화될 수 있는 관계망이 다루어지는 것이다. 즉 가능한 한 가장 큰 불규칙성으로 특징지어지는 다이어그램이 고려되고 있다. 꼭짓점이 같으면서 수렴하는, 평행하거나 수직으로 이어지는, 등가적인 길들로 이루어진 네트워크는 이러한 '부등변적인' 관계망의 특수한 경우가 될 것이다.[2]

이와 마찬가지로 우리는 규칙적인 관계망에서 출발할 수도 있다.

---

1 우리가 말하는 규정(Determination)이란 아주 일반적인 의미에서 관계나 영향을 의미한다. 여기서 문제로 등장할 수 있는 것은 유추, 연역, 발전, 대립, 반응 등과 같은 것들이다.

2 일반적인 경우 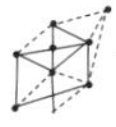 —특수한 경우 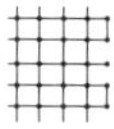

그렇다면 이때 우리는 여기서 제안된 모델이 드러나게 될 때까지 단지 꼭짓점들과 길들을 분화시키고 변화시키기만 하면 될 것이다. 다른 한편 우리는 변화 가능한 상황, 즉 시간 진행에 따라 전반적으로 변화하는 상황에 대한 형식적 표현이 문제된다는 사실에서 출발하게 되기도 한다. 예컨대 관계망의 한 점 또는 꼭짓점이 갑자기 위치를 바꾸기도 하고(체스판에서 왕, 여왕, 비숍 등과 같이 특정한 의미를 지니는 말처럼), 관계망 전체가 새로운 관계망으로 바뀌기도 하는데, 이때 이 새로운 망은 점들의 위치 그리고 길들의 다양성에 의해 앞의 관계망과 구분된다. 이제 우리는 이 모델에 대해 추상적으로나마 숙고해 보고자 하는데, 이러한 연구의 모든 국면에서 우리는 이 모델을 전통적인, 변증법적인 논증과 비교할 것이다.

1. 두 가지 논제나 두 상황 요소, 다시 말해 두 꼭짓점 사이에는—변증법의 이해방식에 따르면—우리가 한 점에서 다른 점으로 나아갈 수 있는 하나의, 오직 하나의 길이 있을 따름이다. 이 길은 '논리적으로' 필연적이며 전적으로 규정된 점, 즉 반대 논제 또는 반대 상황이라는 점을 통해서 이어진다. 이러한 점에서 보면 변증법적 논증은 직선적이다. 이 논증은 오직 하나의 길이 있다는 것, 이 길은 단순하며 이 길이 전달하는 규정추이가 명료하다는 것을 특징으로 한다. 이와는 달리 위에서 기술한 모델은 매개하는 길들의 다양성과 복잡성을 특징으로 한다. 여기에는—첫눈에 알아차릴 수 있는 것처럼—한 꼭짓점에서 다른 꼭짓점에 이르는 무수히 많은 길이 있는 것은 아니지만, 그럼에도 충분히 많은 수의 길이 있다. 어쨌든 꼭짓점의 수는 유한한 것이다. 여기서의 길이 임의로 많은 점을 통해, 특수한 경우에는 전체 점들을 통해 진행된다는 사실은 쉽게 확인된다. 이

러한 길들 중 어떤 것도 그 자체로 '논리적으로' 필연적임을 요구할 수 없다. 문제되는 두 점 사이의 가장 짧은 길이 종국에 가서는 더 길긴 하지만 대단히 결정적이게 되는 또는 정해진 시점에 이러저러한 이유로 미확정적인 다른 길보다 더 어렵거나 덜 흥미로운(덜 실천적인) 길일 수도 있는 것이다.[3] 이론, 결정, 역사가 취하게 되는 하나의 길(또는 길들의 총체)—혹은 변화 가능한 상황의 모든 특수한 전개는 다른 가능한 길들 중에 선택되는 것이고 우연적일 수도 있는 분할 속에서 규정되었다. 유일한 매개라는 경직된 필연성 대신에 여러 매개 중에 하나의 선택이라는 것이 들어선다. 이것에는 주목할 만한 장점이 있는데, 왜냐하면 이것은—그 복잡성이 종종 있을 수 있고 실행할 수 있는 다수의 매개 가능성에 기인하는—실제 상황들에 대한 더 나은 접근이 되기 때문이다. 그리고 이러한 장점은 선형적 모델에 대한 **판형적 모델**의 우월성에, 또는 **다수의 출입구**와 **다양한 연결**을 지닌 논변의 근거들이 선형적 연쇄보다 풍부하고 유연하다는—이 연쇄가 연역, 규정, 대립 등 어떤 것에 기초하든 간에—사실에 기인한다. 특히 여기서 변증법적 논증은 일반적인 도표적 관계망의 한 특수한 경우가 된다. 이것을 다시 발견하기 위해 우리는 확정된 결정 과정을 지닌 특정한 연속적 과정을 찾아내기만 하면 된다. 아니면 이 관계망을 하나의 유일한 선 위에 투사하면 된다. 이러한 모든 경우에서 우리는 변증법적 논증을 하나의 특수한 경우, 어떤 제한된 관점으로부터의 투사로 얻게 된다. 그리하여 우리가 형식적 모델에서

3 길의 이러한 비규정성이야말로 간계(List)의 전제다.

선으로부터 공간으로 이행함에 따라 변증법적 진행 과정의 복수화(Pluralisierung)와 일반화에 이르게 된다. 이 모델은 차원을 바꾸어놓는다. 변증법은 그것이 직선을 곡선으로 변화시킴으로써 이전의 모든 논변을 유연하게 만들었고 일반화했다고 믿었다. 그러나 아무리 그 선이 곡선으로 되었다 할지라도 그것의 차원을 벗어나지 않는다.[4]

2. 선형성(Linearität)에서 '**판형성**(Tabularität)'으로 이행되면 가능한 매개의 수는 증대되고 동시에 이 매개들은 더욱 유연해진다. 우리는 더 이상 하나의 그리고 오직 하나의 길이 아니라 특정한 수의 길들 또는 개연성의 배치와 연관을 맺게 된다. 그러나 다른 한편 지금 제안된 모델은 둘 또는 그 이상의 논제들의(또는 실제 상황의 요소들의) 결합을 정치(精緻)하게 세분화하는 데에 주의를 기울일 뿐 아니라, **결합들**의 수와 더불어 그것들의 **본성 및 힘**을 세분화할 가능성을 열어준다. 예컨대 변증법적 논증은 그것의 선형성을 따라 **규정**, 부정, 대립, 넘어감의 **명료한** 단 하나의 **유형**을 전달하는데, 그것의 힘은 확고히 현존하지만 **평가되**지는 않는다.[5] 그렇기에 우리의 모델은 결코 다수의 변증법적 연속관계들로 이루어진 복합적 구조물로 축소되지 않는다. 왜냐하면 그러한 구조물이란 단지 우리의 모델에서의 한 특

---

4 이러한 차원에서 대개 중요한 것은 시간이다. 따라서 철학의 전통적인 큰 문제는 이것이다: 논리냐 시간이냐? 여기서 분석되고 있는 모델은 논리적 귀결과 진행 과정 간의, 논리적 결과와 시간적 결과 간의 양자택일을 깨뜨린다.

5 이러한 힘은 항상 전반적으로 규정하는 힘으로 작용하기 때문에 수량화되지 않는다. 그렇기에 이 힘은 언제나 조야한 방식으로 최대화된다. 그러나 경험적으로 보자면, 어떤 한계점 아래에서는 대립적인 힘이 규정성을 전혀 갖지 못한다. 여기서 반대 논제의 바로 그 반대 논제적 성격은 충분한 힘을 행사하지 못한다. 우리는 이를 변증법론자들을 통해 알고 있다.

수한 경우가 될 것이기 때문이다. 이 경우에서 **길들이 갖는 다선형성**(Multilinearität)에도 불구하고 이 경우에는 **관계들의 유형**이 갖는 **다의성**(Mehrdeutigkeit)이 결여되어 있다. 그리고 이 경우에서는 세분화된 평가는 말할 것도 없이 **이러한 타입들 각각이 갖는 힘에 대한 평가**도 결여되어 있다. 모든 길이 일반적으로 어떤 관계나 상응을 나타내기 때문에 그것은 각각 **작용** 또는 반작용의 **특정한 흐름**을 전달한다. 즉 인과성, 연역, 유비, 가역성, 영향, 모순 등등 제각기 최소한 이론적으로 **수량화**될 수 있는 것들을 말이다. 다른 한편 이런 흐름들 각각은 결국 동일한 길 위에서 상호관계에 도달하는데, 이것은 그 어떤 변증법적 진행 과정에서도 예견할 수 없는 사태다. 즉 두 꼭짓점은 사실상 상호적인 유발 작용, 상호적인 영향, 등가적인 작용과 반작용이라는 관계성 속에, 심지어 피드백적인 관계성(인공두뇌학자들이 말하는 피드백) 속에 놓일 수 있다. 그리고 결국 한 꼭짓점은 동시에 그 성질에 따라, 힘의 종류에 따라 그리고 그 작용의 양에 따라 서로 구분되는 여러 규정의 대상(또는 출발점)일 수 있다. 그렇기에 하나의 명료한 대립 대신에 우리는 여기서 유형과 강도에 따르는 규정의 세분화를 얻게 되는데, 여기서 모든 꼭짓점은 다수의 결정 과정들(Determinationsflüsse)의 출발점 또는 종착점이다. 따라서 변증법적 논증은 그것의 규정 과정의 토대이자 역학의 견지에서 일반화를 경험하게 된다.

3. 그러나 모든 꼭짓점이 여러 번 규정될 수 있다면(그리고 양적인 변화로 인하여 과소 규정되거나 과다 규정되는 등의 일이 일어난다면), 다시 말해서 꼭짓점이 가장 상이한 유형들의 선들이나 작용들의, 즉 무엇보다도 상대적 내지는 절대적 모순관계에 놓이게 되는(인과성, 독립

성, 조건적 관계, 모순, 유추, 단순한 상이성 등) 작용들의 교차점 또는 합류로 이해될 수 있다면, 이런 점들에 대해 등가성을—다시 말해 등력성(Äquipotenz)을—가정하는 것은 불가능할 것이다. 그것들이 각각 출발점 또는 종착점으로, 수용자 또는 원천으로 이해되는 것과 상관없이 말이다. 그렇기에 이러한 연결망은 쉽게 체스판과 비교될 수 있다. 체스판에는 말들이 존재하는데 이들은 이론적으로 동일한 능력을 가지고 있지만, 이들의 능력은 다른 말들과, 나머지 말들의 전체와 또 상대의 게임망(Spielnetz)과의 비교 속에서 이 말들의 복합적인 배열과 관련하여 그것들의 현재 위치에 의존한다. 하지만 또한 상이한 능력을 지닌 말들도 존재한다(왕, 여왕, 루크, 비숍 …). 이들은 **그 정의상** 또는 그 특성에 의거하여 상이한, 미리 주어진 길들에 결부된 규정들(수평, 대각선, 수직, 직각으로 구부러진 진행)의 원천이거나 수용자다. 그러나 이 말들의 능력은 역시 (동일한 능력을 지닌 말들처럼) 개별 상황에서 그것들의 위치나 배열에 의존한다. 그러니까 체스판에는 우리의 모델에서처럼 그 성질에 따라 그리고 규정추이의 양이나 방향에 따라 구분되는 규정들이 존재하며, 이에 상응하여 성질이나 위치에 따라 서로 구분되는 규정적(또는 규정된) 요소들이 존재한다.

내가 제시한 망은 마치 지속적인 발전 과정 속에서 파악되는 복잡한 구조물과도 같다. 이 구조물은 불규칙하게 얼룩져 있는 공간에서 자신이 가진 무기나 논증을 매우 섬세하게 배치하는 불안정한 권력 상황을 표현한다. 그렇다면 변증법적 논증이란 그저 두 개의 개별적이고 동일한 힘을 가진 두 개의 말 사이에서, 즉 두 요소 사이에서, 비록 일직선은 아닐지라도 일정한 방향에서 벌어지는 전투의 극히 빈약하고 매우 제한적인 경우에 불과하다. 이 요소들은 특정한 그리고 우선권이 있는 방향의 측면에서는 일정한 거리를 두고 분리되어 있다가 순간적으로 공공연한 싸움을 벌이게 된다. 왜냐하면 이 둘 중의 하나는 노동과 도야(Kultur)를 통해 그 다른 하나와 등가적인 힘에 이르게 되고(이로부터 **한쪽은 다른 한쪽의 게임의 수를 간파하지 못한다**는 놀라운 사실이 나타난다) 이 투쟁은 이제 패배당한 상대편이 바로 전에 차지했던 특권적인 지점을 접수함으로써 끝나게 되기 때문이다(이때 이 지점은 선형적인 진행 과정이 중단되게 되는 막다른 곳을 표현한다). 이 경우는 하도 제한적인 것이어서 우리는 아마도 그것에 대한 범례를—대개 생물학적 삶에서 나타나지만 그런 삶에 전형적이지는 않는—상황에서 발견할 수 있을 것이다. 즉, 이런 범례는 힘과 무기에서 동등한 수준이 되는 순간, 지배자가 약해지고 피지배자의 상승세가 두드러지는 순간, 이 두 적대자 간에, 지배자와 피지배자 간에 삶과 죽음을 걸고 한판 벌이는 무력시위에서 발견된다. 주인과 하인의 관계에서도 찾아볼 수 있다. 더욱 일반적으로 표현하면 여기서 세분화된 그리고 불안정한 힘의 관계망은 이와 마찬가지로 불안정하고 세분화된 힘의 관계망과 혼합되는데(간격은 지양된다), 이것은 공간의 모든 방향을 향해 일어난다. 전투원의 수를 늘리는, 이들의 힘을 세분화하는(쿠리아티우스 가문의 두 형제는 호라티우스 가문의 형제 두 명을 무찌르지만, 호라티우스 가문의 형제 중 홀로 남은 형제가 간계를 부려 쿠리아티우스 가문의 형제 세 명을 각개 격파한다) 복합적인 전략, 전투원 각각의 위치를 시간에 따라 변화시키고 그리하여 (호라티우스 가문의 마지막 형제처럼) 상황의 변화를 통해 힘을 극대화할 수 있는 전략은 삶과 죽음을 건 생물학적 전투를 대체하며, 치명적인 대결이라는 유일한 간계는 무수한 간계를 대체한다. 허술한 간계라도 죽음을 각오하는 용기가 부가되면 생명을 건질 수 있다. 왜냐하면 그러한 간계는 죽음을 두려워하지 않는 모습을 스스로에게 부여하기 때문이다.

4. 그러나 우리가 이러한 생각을 계속 몰고나가기 전에 언급해두어야 할 것이 있는데, 그것은 우리의 망 모델이 변증법적 논증을 벗어나는 새로운 상황적 요소를 드러낸다는 점이다. 사실상 다원적인 세분화와 꼭짓점 및 길들의 공간적 배분에서의 불규칙성은 우리에게 특수한 점들과 결합들의 국지적이고 순간적인 연결들을 표상할(그리고 시도해볼) 가능성을 열어주는데, 이러한 연결들은 독립적이고 규정된 힘을 지닌 하나의 잘 정의된 그룹을 형성한다. 달리 말하면, 국지적으로 잘 조직화되어 있는 한정된 부분적 양을 전체 관계망으로부터 분리해내어 이 부분적 양의 요소들이 전체보다는 더욱 쉽게 이 부분에 관련되도록 하는 것이 가능하다(물론 이 요소들은 당연히 언제나 전체와 관련을 맺는다). 이 요소들이 부분들로서 조직화됨으로써 그들은 일종의 그룹을 형성하는데, 이것의 국지적인 결정-능력은 개별적인 결정력들(Determinationskräfte)의 단순한 합보다 크다. 이런 식으로 우리는 고도로 조직화된 국지적 집단들, 즉 이러한 유형의 다른 집단들과 공존하면서 복합적인 방식으로 **간섭할** 수 있는 그런 집단들을 정의하게 되는데, 여기에서 우리는 이들을 관계망 전체와 구분한다. 국지적 부분과 전체의, 전체 양과 부분적 양의 이러한 구분은 서양바둑이나 체스와 같은 게임들 또는 간단한 카드놀이에서 쉽게 관찰할 수 있으며, 여기서 특정한 배분은 요소들로 합성된 모집단을 형성한다. 그리고 이 요소들 중 몇몇은 셋, 넷 또는 다섯으로 이루어진 그룹들로 통합될 수 있는데(트리플, 포카드, 풀하우스), 이것들은 개별 요소들의 합보다 결정 능력이 크다. 그래서 전체 양 안에서도 서로 간에 구

분되고, 요소들이 그런 것처럼 많은 관계를 유지하는 국지적인 상급의 양이 등장할 수 있다. 우주공간에 우리는 국지적 성좌들, 은하계, 태양계 등등을 표시해볼 수 있다.

변증법은 국지적인 것과 전반적인 것 사이의 분리를 행하기에는 확실히 너무 약하다. 그것은 단지 말하자면 앞으로 여전히 정확하게 정의될 수 있을 까다로운 총체성들을 만들어낼 수 있을 뿐이다. 하나의 논제(또는 하나의 상황 요소)가 자기 자신과, 국지적인 부분적 양 아니면 관계망 전체와 연관을 맺느냐에 따라 전혀 상이한 **무게**를 지닐 수 있다는 것을 우리가 알고 있는 한편, 변증법은 그것의 분석을 다음과 같이 세밀하게 진행시킬 수 없다. 즉 그것은 개념적 쌍을 넘어서서 하나가 다른 것의 계기이고 또한 그 역도 마찬가지인 총체성-모순(Totalität-Widerspruch)에까지 이르지는 못하는 것이다. 그리하여 우리는 방법적인 기법을 일반화함으로써, 한 번 더 모델의 복잡화와 세련화를 통해 실재(實在)에 근접하게 된 것이다. 우리는 조용히 이 기법들 중 하나가 다른 하나보다 역사적 상황에 더 가까이 다가가는 것을 가능하게 하는지를 검토해볼 수 있다. 여기서 다수의 본원적인 부분적 전체들(Teilgesammtheiten)에 대한 표상은 명백히 핵심적인 의미를 갖는다. 즉 그것은 사건사(Ereignisgschichte)의 또는 전반적인 합법칙성의, 인식론적 원자론의 또는 연역적인 백과사전주의의 허술한 논제들보다 섬세한 접근을 가능하게 한다.

5. 망상구조의 다이어그램은 논제 또는 사건들의 공간적인 확장과 배치를 통해 하나의 ― 이론적인 또는 실제적인 ― 상황을 현시한다. 이러한 공간적인 세분화 내부에서, 이러한 배열의 모체 속에서 위치전환, 규정추이들의 변화, 국지적인 부분적 양들의 집단화 등이(그

리하여 모든 주어진 시점에서 관계망의 세분화도) 일어나는데, 이것들은 동시에 공간 속에서 그리고 시간 속에서 발생한다. 그래서 우리는 어느 정도는 어떤 변형, 시-공간 연속체 속에서의 상황의 전반적인 발전과 관계하게 된다. 이러한 변형에 대하여 모든 다른 인식방법을 벗어나는 언급이 이루어질 수 있겠다. 이 목적을 위해 한 번 더 **게임**이라는 범례를 들어 보자. 체스에서 우리는 두 가지의 상이하게 분화된 관계망들 사이의 투쟁을 보게 되는데, 이것이 진행됨에 따라 **이 두 관계망은 서로 밀접하게 얽혀들어가게 된다**. 이 게임의 시-공간 연속체에서 이 두 망들은 변형을 겪게 되고 그것도 각각 독자적으로 그리고 다른 쪽의 변형에 의거하여 변형을 겪게 된다. 그리하여 전체 상황은 이 두 게임의 진행에 따라 무엇이 일어날지 실제로 예견할 수 없을 정도로 복잡한 변화 가능성과 유동성으로 특징지어진다. 이로부터 우리는 다음과 같은 결론을 끌어낼 수 있다. 체스보다 더 복잡한 실제 상황에 대해서 그 상황을 예견할 수 있는 법칙을 제시하는 것은 생각할 수 없는 일이라는 결론을 말이다.

그러나 이에 대해 다음과 같은 반론을 제기할 수 있다. 즉 적어도 **두 유형의 상황**이 구별될 수 있다는 것, 이것들은 변화 속에 놓인 역사적 상황에서와 마찬가지로 연극에서 또는 앎의 역사와 관련된 온갖 종류의 발전 속에서 나타난다는 것 말이다. 한편으로 우리는 거기에서 **과소하게 규정된** (그리고 특수한 경우 때때로 **규정되지 않은**), **예비적 성격을 지닌 전반적인 상황**을 발견하며, 다른 한편 우리는 **과도하게 규정된** (그리고 특수한 경우에는 종종 심지어 **전적으로 규정된**), **결정적인 성격을 지닌 전반적인 상황**을 발견한다. 특정한 시간적 순환 속에서 이 두 게임망은 천천히 그리고 개연적으로 서로 근접한다. 이러한 단계에서는 과소 규정과 우연의 법칙이 지배한다. (비규정이라는) 특수 경우에 우리는 여러 게임에 대해 어떤 길로 먼저 가느냐는 전적으로 아무 상관없는 일이라고 말할 수 있다. 시간이 지남에 따라 이 두 게임망이 침투한 공간은 점점 더 구조화가 강력해지는데, 이것은 마치 우리가 여기서 **규정 개념의 전진적 실현**과 연관되어 있는 것처럼 보인다. 그리하여 우선 몇몇의 진전이 일어나는데 이것들은 전체와의 연관 속에서 중간 정도의 규정을 소유한다. 그다음에는 좀 더 높은 규정을 나타내는 진전들이 일어나며 마침내 이 게임은 국지적인 부분적 전체 안에서 결정적인 일보를 내딛으면서 **최고도의 의미**를 지닌 채 체스판에서 그것의 종착점에 도달한다. 이 마지막 일보는 과도한 규정의 상위 한계이며, 반면 최초의 일보는 과소한 규정의 하위 한계를 나타낸다. 따라서 우리의 모델은 **시-공간 연속체에서 규정의 단계**, 즉 최대의 우연 의존성에서 명료한 필연성에 이르기까지의 단계를 허용한다. 그러나 여기에서 더 나아가 그것은 또한 **이러한 단계의 기울기**를 변화시키는 것도 허용한다. 왜냐하면 사실상 우리는 상이한 속도로 개연적인 것에서 결정적인 것에로, 단지 예비적인 것에서 종결짓는 것에로 이행할 수 있기 때문이다. 그리고 동일한 출발 위치에서 우리는 다섯, 넷, 또는 세 번의 이동으로 '체스 종료'에 도달할 수 있다. 규정 개념의 전진적인 실현은 번개처럼 빠르게, 다소 가속적으로, 빠르게, 완만하게, 천천히 일어날 수 있고, 극단적인 경우에는 아예 안 일어날 수도 있다. 사실상 우리는 처음의 비규정성에서 출발하여 전반적인 차원에서 임의적으로 많은 변화가 발생하는 과정을 거쳐 새로운, 종결적인 비규정성에 도달하는 일도 생긴다. 이 경우에 우리는 이 사건이 제로와 같다고 말한다. 달리 말하면 어떤 결정적인 배치에 이르기까지의 역사적 진전의 **상승**은 제로와 같거나 중간 정도의 강도일 수 있고 또는 심지어 점근적으로(asymptotisch) 증대할 수 있다는 식으로 말이다. 즉 다소간 급하게 우리는 역사적 상황 내지는 인식들의 결집체가 국지적으로 또는—그것이 결정적이라면—전반적으로 재구성하는 **위기**에 도달하게 된다. 한 보기로서 가장 상이한 종류의 변화 가능한 저항들, 코일들, 축전기들 등으로 이루어진 전기 접속장치를 선택한다고 할지라도 우리는 또한 동일한 결과에 이르게 될 것인데, 여기서 우리는 단락(Kurzschluss)이 과도하게 규정된 경우에 도달하기 전에 n개의 상이한 방식으로 이러한 접속장치를 조작할 수 있음을 보여주게 될 것이다.

그러니까 흥미로운 것은 두 개의 상이한 상황 유형, 즉 예비적인 것과 결정적인 것 사이의 처음의 구별이라기보다는 오히려 전체 상황은 첫 번째 유형의 상황에서 두 번째 유형의 상황으로 이행하게 되는 (또는 때때로 이행하지 않는) 다양한 길들인 것이다. 여기서 우리는 겉보기에 역사철학자들에 의해 이미 오래 전부터 깨뜨려진 사슬의 양 끄트머리를 손에 갖게 된다. 즉 한편에는 사건의 무한한 다양성 속에서 원리적인 예견 불가능성이, 그리고 다른 한편에는 자신감 넘치는 법칙들의 표명과 시간적 연속에서의 계기들의 엄격한 연쇄가 존재한다. 마치 한편으로 복합적인 공간적 배치가 유기적인 방식으로 움직이는 것에 실패하고, 이 배치가 모든 것을 고려하지만 그럼에도 공시적 언어기술(Synchronie)의 아주 섬세한 세분화에 있어서는 길을 잃게 되며, 그리하여 우리는 그것의 골조로까지 축소된 통시태(Diachronie)의 결정적인 계기들에 대한 자의적인 선택을 통해 법칙에 도달하는 것처럼 보인다. 그리고 여기에서는 최소한의 사물들만

이 고려될 수 있는 것이다. 그다음에 우리는 오직 우연적인 것의 철학이라는 틀 속에 머물러 있거나 아니면 전혀 커다란 진술적 힘도 없지만 명료하고도 확고한 규정을 표현하는 법칙들에 만족하는 것 외에는 선택의 여지가 없을 것이다. 두 가지의 '관점' 사이에는 영원한 투쟁만이 존재할 것이다. 다원론자가 자신이 지닌 전망에 비추어 변증법론자를 구조가 빈약하고 오류를 항상 되풀이하여 범한다고 비난한다면, 그는 쉽게 게임을 풀어가는 것이다. (그리고 학문사가 무엇인가를 제시한다면, 미래의 예언자나 독단론자는 엄청난 조솟거리가 될 것이다. 왜냐하면 그는 우리의 전망이 기껏해야 두 가지 길로 제한된다는 수학의 인식을 무시하기 때문이다.)

변증법론자는 더 나은 것을 체험함으로써 배울 수 있고, 치욕의 잔을 쓰디쓴 앙금까지 비울 수 있다. 즉 그는 변화 그 자체를 받아들이고, 시간적 흐름의 견지에서 사건의 역사를 향해 마음을 바꾼다. 다원론자가 공간적 배치의 견지에서 늘 해왔던 그 식으로 말이다. 우리가 사슬의 양 끝을 손에 쥐고자 한다면, 우리는 **어떻게 하나의 특정한 변환이 개연적인 것에서 과도하게 규정된 것으로 이행하는지 이해하는 법**을 배워야 한다. 고정되고 소진적인 규정들의 연속된 결과를 자의적으로 끄집어내는 대신에, 우리는 왼편에서는 규정의 고정되고 변화 불가능한 성격을 가능한 과소 규정들의 복수성에로까지 열어놓아야 하고, 오른편에서는 규정의 명료성을 과대규정에 이르기까지 개방해야 한다. 그다음에 (우리가 일단 법칙의 사소한 변동을 도외시한다면) 오직 규정의 두 가지 한계 사이의(약한 그리고 강한 규정 사이의) 실제 과정이 전개될 수 있는데, 이것은 다음과 같은 아주 간단한 경우에서 일어난다. 즉 개연성에서 과도한 규정으로의, 통계적 배분의 상태에서 결정적 매듭으로의, 우연에 의한 게임 상황에서 필연적인(필연성을 만들어내는) 게임 진행으로의 이행이라는 경우에서 말이다. 또한 우리는 **이것이 하나의 과정이 갖는 기초적인 순환의 법칙이라고** 말할 수 있다. 그리고 이러한 기초적인 법칙의 내용은 다음과 같다. 어떤 보편적인 상황은 언제나 그것이 개연성으로부터 과도한 규정으로 이행하는 방식으로 변화한다.

6. 이러한 사정에서 원인, 조건, 결과 등과 같은 전통적인 개념들로, 즉 간단히 말해 고전 철학에서 빈번히 분석되던 이론이자 우리 시대가 기이할 정도로 조심스럽게 대하는 이론으로 회귀하는 것은 불가피하다. 즉, 인과성이론으로 말이다. 우리가 우리의 관계망을 통해 하나의 임의적인 절단면을 고찰한다면, 우리는 곧바로 한길 위에서 (또는 여러 길들 위에서) 하나의 꼭짓점으로부터 다른 꼭짓점으로의 (또는 다수의 꼭짓점들로부터 다수의 다른 꼭짓점들로의) 어떤 임의적인 흐름이 아주 상이한 가치를 가질 수 있다는 사실을 보게 될 것이다. 개별 경우에 어떤 시간이 요구되는가는 그 흐름이 자신의 길 위에서 경험하는 지연(Verzögerung)에 의존한다.[6] 그것이 필요로 하는 시간은 무한하거나 제한될 수 있다—매우 길기도, 매우 짧을 수도—그리고 특수한 경우에는 제로일 수도 있다. 따라서 우리는 이제 처음으로 결과 없는 원인—스스로를 잃어버리는 정보, 상실된 원인—또는 그것의 결과와 시간적으로 동시에 존재하는 원인을 생각할 가능성을 얻게 된다.[7]

6 커뮤니케이션에서 지체의 개념은 우리가 다른 곳에서 특별히 발전시키게 될 한 핵심 개념이다.

그러나 꼭짓점들 간에 존재하는 다수의 결합들은 불가피하게 반작용의 표상에 이르게 되는데 여기서 결과는 직접적으로 그것의 원인으로 소급 작용한다. 또는 더 정확히 말하면 여기서 수용자 꼭짓점은 원천적 꼭짓점에 역으로 작용한다. 이제 인과 흐름은 인과적이지 않다. 왜냐하면 인과성이 더는 비가역적이지 않기 때문이다. 즉 무언가 영향을 끼치려는 자는 자신의 영향의 결과를 통해 스스로 영향을 받는다. 우리는 이러한 사태를 또한 다른 모델들에서 표현할 수 있다. 즉 두 극점 사이에서 귀납의 흐름들에, 극단적 긴장 상태에 또는 중단 상태에 이르기도 하고, 그 지속이 특수한 경우에 거의 제로가 될 수 있는 아주 상이한 시간을 지닌 현상들에 이르기도 한다. 또 발신자 쪽과 수신자 쪽 간의 피드백, 귀환에 이르기도 한다. 따라서 우리는 모든 규정을 지닌 복합체의 구조를 인과성 개념에 적용하고 **반(半)순환적인 인과성의 형식들**을 정의해야 한다. 이런 반순환적인 인과성의 이론에 대해서는 수많은 그리고 다양한 적용 가능성이 열려 있다. 이 이론은 (논리적) 귀결을 지닌 논리적 비가역성과의 또 (시간적) 귀결을 지닌 시간적 비가역성과의 관계를 끊는 장점이 있다. 즉 발신자와 수신자는 모두 마찬가지로 동시에 결과이자 원인인 것이다.

여기까지 우리는 우리의 관계망이 갖는 중요한 특징을 스케치했다. 여기서 하나의 추상적인 철학적 구조가—이에 대해 수많은 상이한 모델이 발견될 수 있을—문제되고 있음을 어렵지 않게 알 수 있을 것이다. 요소들, 꼭짓점들, 길들, 커뮤니케이션 흐름들에 특정한

7 커뮤니케이션 흐름은 그 외에도 또한 자동사적일 수도 타동사적일 수도 있다.

내용이 부여된다면, 우리는 여기서 효과적으로 투입될 수 있는 방법을 사용한다는 사실이 나타난다. 이를 파악하기 위해서라면 우리가 앞에서 언급한 표현들을 한편으로는 추상적인 내용으로, 다른 한편으로는 경험적인 내용으로 채울 수 있음을 이해하는 것으로 이미 충분하다. 추상적인 극(Pol)에서는 이런 방식으로 그 어떤 수학, 곡선이론, 결합적인 위상 기하학, 또는 도식의 이론이 등장한다. 경험적 극에서는 역사적 현상들의 이해를 위한 탁월한 오르가논이 제공된다. 이것은 오로지 이제 여기서 전통적 개념들에서 보이는 **선형성**과의 궁극적인 결별이 발생했기에 가능한 일이다. 복잡성(Komplexität)이란 이제 인식에 방해되는 것이 전혀 아니며, 더욱이 단순히 묘사적인 판단도 아니다. 오히려 그것은 앎과 경험의 탁월한 보조수단이 된 것이다.

• 박배형 옮김

폴 비릴리오(Paul Virilio)

탈것

(1975)

여행할 때 우리는 어디에 있는 것인가? 우리가 횡단하는 지역과 일치하지 않는 '속도의 나라'는 어디에 있는가? 이동에 관한 물음은 다시 주거에 대한 물음을 제기한다. 우리가 택시 기사에게 "'가능하면 빨리' 가주세요"라고 말하지만, 택시의 속도에 대해 우리는 무엇을 알고 있는가? '속도 안에 거하는 것'은 '중국에 거하는 것'과 비슷하다. 그것은 다른 지역이고, 다른 대륙인데 우리는 그 대륙을 잘 안다고 주장한다.

길가에 서 있는 자동차는 네댓 명이 앉는 소파와 다름없다. (…) 그러나 그것이 출발해서 전속력으로 도시의 거리를 달릴 때, 가구이기를 그치고 입구가 열리기 시작할 때, 우리가 있는 곳은 어디인가? 사실 자동차는 일종의 영사기다. 우리가 스위치로 속도를 조절하는 영사기. 그런데 이렇게 스위치를 작동시키는 것, 속도의 이러한 변화는 무엇을 의미하는가? 우리는 속도의 의미와 중요성을 전혀 모른다. 하나의 이동 상태에서 다른 이동 상태로 옮겨갈 때 우리는 그러한 상태들이 무엇을 의미하는지 개의치 않는다. 우리는 어떤 목표, 어떤 장소를 향해 가고 지나온 노정의 목표 지점에 도달하게 된다. 하지만 속도와 가속화가 일어나는 '지금 이곳'은 우리를 벗어나 있다. 그것이 우리가 횡단해온 풍경의 이미지를 가장 강력하게 규정하는데도 말이다. 시속 20킬로미터로 달릴 때와 200킬로미터로 달릴 때 **스쳐지나가는 이미지의 선명도**는 상당히 다르다. 여기서 도입한 이미지라는 개념은 설명이 필요하다. 우리는 걸어서 지나가는 곳을 어떤 '지역'으로 이해한다. 그러나 파리 남서쪽의 보체를 자동차로 지나갈 때 사람들로 붐비는 지역은 **영화처럼** 스쳐지나간다. 이러한 '시퀀스'들을 지리적 현실로 보기는 어려울 것이다. 마치 영화에서 가속 혹은 감속으로 인해 두 번째 현실, 다른 시간의 현실이 나타나듯이, 현대식 차량의 빠른 속도는 한 도시에서 다른 도시로 우리를 데리고 가듯이 하나의 현실에서 다른 현실로 우리를 이동시킨다. 이러한 의미에서 자동차는 일종의 **자동전환기**이자 자동개폐기다. 자동차의 엔진과 영사기의 모터는 유사한 효과를 지닌다. 양자는 모두 전송수단이다.

보행자 자신도 고유의 속도를 지닌, **신진대사를 하는 탈것**이다. 그런데 그의 경우에는 신체와 속도가 동일하고, 동일화가 가능하다. 산다는 것, **살아 있다**는 것은 속도를 의미한다. 우리는 우리의 신체만큼 우리 자신의 속도를 알고 있다. 우리의 신체가 속도를 만들어내기 때문이다. 우리의 살아 있는 신체는 지속적으로 전환, 속도 변화가 일어나는 장이다. 우리의 삶, 우리 일생의 기록, 이 모든 것은 **속도들**이다. 우리는 식물의 시간과는 다른, 생물학적이면서 생리학적인 시간에 살고 있다. 우리는 정해진 시간의 삶을 누리고, 특정 현상들을 지각하고, 움직일 수 있는 능력을 소유한다. 이 모든 것이 우리의 신체와 우리 삶의 경계를 이룬다.

역사적으로 보면, 속도의 질서에 일어난 첫 번째 전환은 탈것의 두 가지 큰 원형인 말과 배를 사용하면서 일어난다. 말과 배를 사용하게 되면서 뚜렷한 질적 국면이 형성된다. 동물(말, 낙타, 코끼리, 타조 등) 몸과의 결합은 인류에게 이동의 첫 번째 매체, 첫 번째 탈것을 제공한다. 오늘날 우리는 말을 타고 달리는 기수를 관찰할 때 승마 기술에 주목하면서 두 신진대사 시스템 간 결합의 놀라운 점을 보지 못한다. 사람들은 바다괴물을 타고 달리는 신들에 놀라워하고, 하늘을 나는 마차에 경탄한다. **이때** 주목하는 것은 반인반수의 괴물이다. 예로부터 '속도의 귀족계급'이 형성되어왔다. 그러한 계급 없이는 어떠한 전제정치도, 어떠한 봉건지배도 존재할 수 없었을 것이다. 말이 소금처럼 **화폐단위**[1]가 되었고, **이동 가능한** 화폐가 되었다. 금, 은, 동의 가공은 그보다 늦게 이루어졌다.

바다를 항해하는 작은 배에 고유의 힘을 전달해주는 것은 배가 지나가는 물 표면이다. 바다라는 비(非)-장소에서 배는 서양의 정치사와 분리불가분한 벡터의 힘을 확보한다. 우리는 말과 배라는 탈것의 두 가지 원형이 지닌 영향력을 너무 오랫동안 **운송수단**이나 전송수단으로 단순하게 보아왔다. 그러는 사이에 이들 탈것 자체의 정보는 알려지지 않았다. 정보, 메시지라는 사치품을 통해 우리는 마침내 속도도 하나의 정보라는 사실을 알게 되었지만, 처음부터 **기수**와 **항해사**를 하나로 묶는 요소가 무엇인지를 분석하는 수준에 이르지는 못했다. 즉 전달된 메시지와 지침에 가려져 전달 속도는 제대로 주목받지 못했다.

1 'étalon'이라는 표현은 '말의 수컷'을 의미하기도 하고, (étalon monétaire로 붙여서 쓸 때처럼) '척도', '화폐'를 의미하기도 한다.

여기서 주목해야 할 또 다른 현상은 **근접성**이다. 사물이 창문을 스쳐지나가는 속도 또한 사물이 가까운 정도에 달려 있다. 즉, 비행기가 지면에서 멀어질수록 비행기에서 보이는 풍경은 더 천천히 그려진다. 세상이 정적 상태가 되는 것이다. 고도로 빠른 속도로 상승하는 비행기가 일정 지점에 도달하면 멀리 보이는 모든 것은 정지된 것처럼 보인다.

자동차 창문에서 보면 전면은 번개처럼 빠르게 사라지는 반면, 후면은 아주 천천히 멀어지는 것처럼 보인다. 속도를 다룬 초창기 문학[2]에 나오는 여행객은 이러한 마술을 감지하고 자주 기차를 **환등기**와 비교한다. 동역학은 (예전에 물이 그랬던 것처럼) 환영이나 광기와, 정역학은 이성과 밀접한 관계에 있는 것처럼 생각된다. 사실 증기기관이 등장하면서 지각의 질서에 혁명이 시작되었다. 「여행에서(En voyage)」라는 글에서 위고(V. Hugo)는 다음과 같은 말로 이를 증거한다. "빠름은 전대미문의 일이다. 길가의 꽃들은 더 이상 꽃이 아니라 얼룩 혹은 빨갛고 하얀 획들이다. **더 이상 점이 아니라 단지 획**일 뿐이다." 탈것의 속도가 증가하면서 펼쳐지는 선, 직선의 스펙타클은 거대한 커뮤니케이션 통로, 로마의 길, 왕도, 철로, 국도, 고속도로의 직선화를 강화한다. 전면에 스쳐지나가는 줄무늬는 철로로 인해 풍경에 일어나는 직선화를 반영한다. 비행기 구름이 **제트기의 궤도**인 항로를 나타내듯이, 거리 혹은 철로가 궤도에 해당하고, 거리 혹은 철로의 인프라 구조는 일종의 **탈것**, 즉 '정적인' 탈것이 된다. 정적인 탈것

2 Claude Pichois, *Vitesse et vision du monde*, Paris 1973.

이 있어야 울퉁불퉁한 지표면과 다양한 장애물을 '횡단'하는 것이 가능하다는 점에서 동적인 탈것은 정적인 탈것에 의존한다. **다리**가 강을 횡단하는 **길**이듯이, 길은 숲을 가로지르는 다리고, **모든 길은 다리**다. 그것들은 **획이 된** 점이고, 무한히 뻗어나가는 직선[3]이다.

따라서 **속도**의 일차적 기능은 직선의 의미와 중요성을 고정시키는 데 있다. 그보다 덜 분명하지만 **법**과 정의도 마찬가지다.[4]

분명 고속이 대중화되고 민주화되면 꼬불꼬불한 모든 선 위에 완고한 직선이 세워진다. 이는 건축가가 직선과 직각을 문명의 절대적 기호로 보고 지리적 형태를 원초적 카오스라고 보는 것과 같다. 꿈틀거리는 뱀의 불길한 형태 위에, 탈것의 속도를 늦추면서 구심력을 통해 더 위험하게 만드는 곡선 위에 완고한 직선이 세워진다. 그렇게 되면 어떤 신화적 환경이 조성된다. 즉, 용, 바다뱀, 미로와 같은 통로들이 — 통과해온 세상에 속한 것들이 — 되살아나는 환경이 조성된다.

자동차 창유리가 (환각적인) 활기를 얻게 됨으로써 자연이 확장된다. 즉 과거 우화 속 동물들의 분위기가 자연에 덧붙여진다. 지난 19세기에 지리가 속도의 나라에서 변형되었고, 이로써 어두운 선사시대의 야수성이 되살아난다. 시골 생활의 질서, 시골의 평화가 산업혁명, 광산, 공장으로 인해 파괴되었듯이, 미래에는 운송수단의 혁명, 즉 매스 커뮤니케이션 속도의 상승으로 더욱 그렇게 될 것이다. 기차의 객실 창문이나 자동차의 뒷창에서 전보, 전화, 라디오, TV의 윤곽이 이미 드러나고 있다. 여기서 지평선 너머로 사라지는 것은 경험의

---

3 'la droite'는 법들 혹은 직선을 의미한다.

4 'la droit'는 법을 의미한다.

공간과 대상으로서의 제1현실이다. 그 대신 기호와 지침으로 변하는 사물과 소재에 대한 감각이 상승하고 장소의 신속한 변화가 가능해진다. 카프카(F. Kafka)가 예견했듯이, 고속에서 비롯된 자극은 일치를 위해서 정체성을 경시한다. 영화라는 키네틱 아트는 마지막 장면에서 눈에 유니폼을 씌운다. 마지막 신대륙, 즉 속도의 대륙을 정복하는 일은 일직선, 동형의 확산이다. 가스티노(B. Gastineau)는 『철도 위의 삶(*La Vie en chemin de fer*)』에서 다음과 같이 기술한다. "철도가 창조되기 이전에 자연은 꼼짝도 하지 않았다. (…) 하늘조차 움직이지 않는 것처럼 보였다. **철도가 모든 것에 활기를 불어넣었고, 모든 것을 움직이게 했으며**, 하늘은 살아 있는 무한성이 되었다."

1916년에 일반상대성이론으로 발전하게 될 현대 물리학의 모든 운동이 여기서 모습을 드러낸다. 이는 원자력 기술에 의해 고삐 풀린 순수 힘의 우주로의 진입이 거스를 수 없게 되었음을 의미한다. 다윈(Ch. Darwin)이 말한 종의 발전에 작용한 힘에 이어 환경의 파괴가 일어난다.

기차의 창문이 환등기로 변할 때 과학의 그림자가 등장한다. 자동차 역시 우리 일상 세계의 구성요소들을 움직이는 입자들로, 포물선으로 만드는 암실이다. 원래 플라톤의 아카데미에서 '교육학'이 의미와 걸음의 결합에서 나왔다면, 즉 가까이 다가가 접한 세상의 요소들 간에 의미 있는 연관성을 만들었다면, 고속은 의미들이 해체될 때까지 서로 밀착시킨다. 빛이 색채들을 해체시키는 것과 같다. 속도의 광휘 때문에 잠정적인 실명 상태가 만들어지고 눈 먼 행인이 생긴다. **여행이란 위치 이동의 전략, 순수한 프로젝트**가 되고, 감정, 리듬, 전략은 경험에서 전략적 연습으로 이행한다. 한 지점에서 다른 지점, 한 도시에서 다른 도시로의 여행은, 아무리 짧다 하더라도, 도착만을 기다리는 단순히 불쾌한 상태가 된다. 세계여행은 가슴 답답함이 된다. 이러한 불쾌감은 방향 상실에 가깝다. 여기서 현기증(스트레스)은 이동수단이 일으키는 탈인격화의 첫 번째 조짐이다.

타고 가는 여행은 메스꺼움, 뱃멀미, 비행기멀미 등의 멀미증을 일으킨다. 의미들의 밀착이 직접 위에 영향을 주기라도 하듯이, 입으로 먹는 것이나 눈으로 받아들이거나 다 똑같이 식중독이라는 현상을 일으키기라도 하듯이 말이다.

속도의 광휘 속에서 개별적인 것이 사라질 때 똑같은 증상을 느낄 수 있다. 귓가에 윙윙 소리가 나고, 시야가 흐려지고, 이미지와 색채가 사라지는 것이 그것이다. 상당한 정도가 되면, 즉 속도가 높아지면 자동차 여행은 의식 부재라는 지점에 도달한다—따라서 지나치게 빠르게 장소를 바꾸는 일은 신중해야 할 필요가 있다. (…)

빠른 이동은 통과해온 영역의 경험에 얼음을 덮어씌운다. 마치 사막에서 우리 자신 외에 어떠한 고정점도 갖고 있지 않은 것처럼 사실들은 여기서 해체되어버린다. 상대성은 우리를 미친 상태로 만든다—이에 따라 속도의 대륙은 역사에 난폭하게 침입한 비-장소라고 할 수 있을 것이다. 탈것이 만드는 세상이 궁극적으로 **마지막 인클레이브**(자국 영토 내의 타국 영토—옮긴이)**를 해체**시킨다고도 할 수 있다. 산업(산업혁명)은 **속도의 생산**과 다름없다.

마지막 인클레이브와 동시에 경험의 기반이 사라진다. (…) 망막의 해체, 근접성의 단절, 궁극적으로 탈것에 의한 매개로의 이행—이 모든 것(전송, 커뮤니케이션)은 수단을 목적이자 목표로 간주하게 된 사회의 특징들이다.

여기서 잠시 산업혁명을 되돌아보면, 이러한 극단에 도달한 것은 산업혁명의 논리적 귀결이라는 사실을 확인하게 된다. 산업혁명은 탈것의 위대한 원형, 즉 세계를 '교통망으로 짜인 카펫'으로 만든 증기기관차와 증기선의 완성과 함께 시작된 것이다. 19세기가 진행되면서 그러한 카펫은 여러 갈래의 철로, 거대한 지협과 국제적 운하 등으로 짜여졌다.

강의 상·하류를 따라 자본이 흐르면서 무역에서 산업에, 소비재 산업에서 제철, 화학과 같은 **기초산업**에 투입되고, 궁극적으로 에너지의 원천, 즉 석유와 석탄과 같은 **기초 에너지**에 투입된다. 마침내 원자력이라는 순수 동력이 등장하면서 에너지는 동시에 절대적 무기가 되고, 수단이 목적이 되었다.

이미 1863년에 가스티노는 다음과 같이 선언했다. **"거리는 이념적 단위일 뿐이고, 공간은 형이상학적 존재로서 어떠한 현실성도 갖고 있지 않다."** 증기기계는 전쟁기계이고, 그것은 사회적 연속성을 파괴하거나 해체시킨다. 이동은 더 이상 전쟁의 혼에 그치는 것이 아니라, 신의 편재라는 신화에 접근한 기술적 진보의 혼이 된다. 하이네는 1843년에 다음과 같이 썼다. "철도 때문에 공간이 죽었다. 우리에게는 시간만 남았다. 시간까지도 고상하게 죽일 정도로 돈이 충분히 있다면야 좋겠지만! 3시간 반 만에 오를레앙에 도착하고, 4시간이면 루엥에 도착한다. 벨기에와 독일로 가는 선로가 만들어지고 그곳의 기차들과 연결된다면 무슨 일이 벌어지겠는가! 나한테는 마치 모든 나라의 산과 숲이 파리를 향해 다가오는 것처럼 느껴진다. 벌써 독일의 보리수 냄새가 나는 듯하고, 저 문 밖에는 북해가 넘실댈 것만 같다."

선로들의 최종 접속이 이루어진 것은, 철도를 통한 군대 집결이 중요한 역할을 한 1870년 침투작전 때였다. 남부 주 총사령관 클레란(Clellan)은 1861년의 기록에서 다음과 같이 공언한다. **"철도는 여러 지역에 흩어진 대중의 신속한 집결과 새로운 전략 지점 및 작전 노선을 창출함으로써 새롭고 중요한 요소를 전쟁에 도입했다."** 이 말은 르낭(E. Renan)이 페르디낭 드 레셉(Ferdinand de Lesseps)에게 예언했던 내용과 동일하다. "철도는 그 루트를 통해 무수한 살인적 갈등의 토대를 만들어주었다."

운송산업으로 속도 생산이 활발해지고, 통과 장소와 지역의 전도력과 삼투력이 개선되면서 지역의 해체와 분산이 가속화된다. 철도와 항해에서 증기력과 '증기철선'의 사용은 산업 발전의 한 장을 이루는 것이 아니라 산업 발전의 본질이자 거대한 식민제국의 도래를 위한 전제조건 중 하나다. 기초에너지 예찬과 영토 상대주의가 이러한 체계의 근저에(오늘날 제3세계의 원료 문제에 이르기까지) 놓여 있다. 철도는 새로운 토지대장의 원천이 된다. 아메리카 서부를 통과하는 철도 건설을 위해 얼마나 처절한 싸움이 있었는지는 누구나 다 안다. 이 싸움에서 **증기기관차는 분쟁의 기관차**가 되었고, 상드라르(B. Cendrars. 20세기 전반 프랑스의 시인·소설가—옮긴이)가 사랑했던 초대륙적 산문은 전쟁 노래, 군대 음악이었다.

> **중앙역, 의지의 하차장, 당혹스러움의 교차로** (…) 모든 기차역에서 나는 마지막 기차들이 떠나는 것을 보았다. 더 이상 아무도 기차를 탈 수 없었다. 기차표를 더 이상 발행하지 않기 때문이다. 떠나는 군인들은 아마도 머무르고 싶을 것이다. (…)
> 기차역에서 흘깃 본 얼굴들, 모든 벽시계, 파리의 시간, 베를린의 시

간, 생 페테르부르크의 시간, 모든 기차역의 시간 (…) 아침마다 사람들은 시계를 맞춘다. 기차가 먼저 떠나고, 태양이 뒤따라간다. (…)

선로는 새로운 기하학이다. 시라쿠사, 아르키메데스, 그를 때려죽인 군인들, 노예선, 배, 아르키메데스가 발명한 엄청난 기계들 그리고 그 모든 살육 (…)

나는 보았노라, 소리 없는 행렬을 보았노라. 먼 극동에서 돌아와 마치 유령이 날아가듯 지나가는 검은 행렬을 (…) 내 눈은 그 뒤를 비추는 조명이라도 된 듯 그 행렬을 따라간다.

탈가에서 만 명의 부상병들이 아무도 돌봐주지 않아 죽었다. 나는 크라스노야르스크의 군병원을 돌아보았다. 킬록에서 우리는 미친 군인들의 긴 행렬을 만났다. (…)

(「음악가들에게 헌정한 (…) 시베리아 횡단열차의 산문」)

환경오염, 인구 증가, 원자재 결핍—이 모든 것보다 더 불안하게 만드는 것은 고속(高速)의 끊임없는 증가다. 가속화는 그야말로 **세상의 종말**(Fin)[5]이다.

비행기로 뉴욕이나 리오에 가는 데 몇 시간이 아니라 10분밖에 걸리지 않는다면, 그것도 이등칸에서 (…) 그러한 순간은 아직 생각해본 적은 없지만 그렇다고 상상할 수 없는 것은 아니다.

승차 시의 금지사항들도 우리를 불안하게 한다. 교통질서는 모든 사람에게 적용된다. 예를 들면 뛰는 것이 금지된 수도원이나, 간수들

5 'FIN'은 '종말'이라는 뜻 외에 '목표'라는 의미도 있다.

이 원하는 속도보다 천천히 걸어서는 안 되는 수용소에도 적용된다. 세상의 종말이 기술적 탈것의 세대에 이르러 온다는 것은 논란의 여지가 없다. 이 세대는 인류의 공간을 없애고, 여행시간의 엄격한 관리를 필수적으로 만든다. 공간 기획부 다음에 시간 기획부가 생길 것이다.

공간적 분리의 부정적 결과는 우리에게 잘 알려져 있다. 지난 한 세기 동안 우리는 그에 맞서 싸워왔기 때문에 더욱 그렇다. 하지만 만약 몽마르트나 몽파르나스에 사는 사람에게 센강보다 태평양의 해안가가 더 가깝게 느껴진다면, 이 사실이 우리에게 가져올 불만과 초조함을 상상할 수 있을까? (…) (운송) 수단이 모든 가능 공간의 궁극-목적이 된다면 어떻겠는가?

초음속 비행기가 마치 사진기처럼 세상에 대한 모든 **순간촬영**을 허용하는 날이 오면 우리는 빛에 민감한 필름이 될 것이다. 그 필름은 '과도 노출'되는 법이 없고, 그 필름의 이미지들은 이중 노출로 인해 흐릿해질 것이다. 도착하기 위해서 더는 기다릴 필요가 없다면 우리는 무엇을 기다리겠는가?

현재 우리의 빠른 여행은 도착에 대한 기다림 그 이상이 아니다—기다림의 이러한 짧은 시간조차 없다면 어떻게 될까? 걸어서 얼마 안 걸리는 바로 옆 동네가 먼 것처럼 보이게 된다. 우리는 기다림의 초조함을 우리의 옆 동네로 돌리게 될 것이다. 우리의 신체, 즉 신진대사가 이루어지는 이 탈것은 우리에게 무거운 짐처럼 생각될 것이다. 우리는 방해를 받아 더디게 움직이는 잠수부 같은 느낌을 갖게 되고, 우리의 신체는 견딜 수 없게 된다. 바다 밑바닥에서 물의 압력을 받듯이 인접 지역이 우리 자신의 힘에 부치는 멀고 도달 불가능한 것처럼 보일 것이다. 마치 순례자에게 샤르트르 성당이 그런 것처럼. 걸어서 10분이면 도달할 거리의 끝이 중국의 베이징처럼 보인다면 세상에 남게 되는 것은 무엇인가? 우리에게 남는 것은?

둥근 지구는 우리를 우리 자신에게 데려다줄 것이다. 되돌아가서 자신을 되찾거나 아니면 궁극적으로 잃어버리게 될 것이다. 이미 여행자들이 '공허한 경주', '공허한 회전'을 시험하면서 르와시-앙-프랑스(Roissy-en-France)에서 르와시-앙-프랑스로 가는 비행기 표를 구입하는 식이다. 암스테르담에서 죽을 때까지 근 다섯 달을 쉴 새 없이 비행기를 탔던 사라 크라스노프(S. Krasnoff)는 이미 시간의 지대를 건너뛰었다. 그녀는 비행하는 동안 대륙에서 대륙으로 이동하느라 중간에 몇 번 짧게 착륙한 시간 외에는 K.L.M. 항공사의 비행기를 실질적으로 떠나지 않았다. (…) 총 160번에 걸쳐 대서양을 횡단한 그녀에게 무중력으로의 도피는 일종의 문턱, 즉 가속이라는 유목 생활로 탈출하는 문턱, 멀리 간다는 것 외에 아무것도 아닌, 빠름이라는 무-영토로 도주하는 문턱을 표시한다.

사람들은 더는 슬쩍 몸을 숨기거나 넓은 곳을 찾지 않고 속도의 무-영토로 도주한다. 세계시민은 운송수단과 통과지점에만 거주하는 유토피아적 시민이 된다. 초음속비행 중 창문에 보이는 날개 겉면처럼 착륙할 때 활주로가 승객의 시야에 펼쳐진다. 여기서 공항은 신도시가 되고, '연간 승객 수'가 천만 명이 되는 **통과도시**는 마지막 도시가 된다. 면적에 있어 이러한 도시는 메트로폴리스에 뒤지지 않는다(댈러스 공항은 파리와 면적이 같다).

고대 도시는 인간과 동물이 이동할 때 통과하는 장소였다. 비포장도로가 교차하는 지점에서 고대 도시는 대상들, 전입해오는 농부

들, 도시에 도착한 상인과 심부름꾼들을 받아들였다. 교차로 지점의 마을처럼 고대 도시는 길들인 동물들의 신진대사의 흐름에 따라 건설되었고, 동물 몸의 느린 속도에 맞춰 광장과 거주 지역이 만들어졌다. 걷는 사람과 말을 탄 사람은 자신의 토지대장을 만들고 집의 평면도를 정했다. 입구 계단과 층계, 도시와 항구, 보행자 도로와 시골길이 모여 느림의 인프라를 구성했다. 이제 공항의 거대한 시멘트 활주로 위에는 수 톤급 여객기가 브레이크를 걸면서 착륙한다. 이 통과 장소의 주민은 '승객들'이다. 그들은 슬그머니 공항 도시의 한 공간을 차지한다. 몇 해가 아니라 단지 몇 시간 동안 몇 미터의 면적을 차지하는 것이다. 그들의 일시적 현존은 그들의 비현실성과 그들 여행의 속도에 부합한다. 이 통과-도시의 이용객들은 미래를 상실한 이국적인 집단과 다름없는 허깨비들이다. '공항예술'처럼 그들에게도 최저치라는 딱지가 붙는다. 공항은 승객이 훌쩍 떠나기 전의 짧은 순간만 머무는 도시다. 시동을 거는 장소, 기차역의 새 판본에 다름없는 곳, 새로운 곡예가 시작되는 문턱이다. 그러한 곡예가 어떤 결과를 초래할지 우리는 거의 가늠하지 못한다. 비행을 위한 비행을 하는 여행객의 '공허한 경주'는 이미 기차나 자동차 같은 최초의 탈것들이 불러일으켰던 당혹감을 또 다른 차원에서 재현한다. 떠나도록 부추기는 것은 여행이 아니라 속도에의 도취, 속도 고유의 행복감이다. 그것은 돌아올 표가 없는 편도 여행이고, 순전히 **속도로의, 속도 안으로의** '출발'이지, 더 이상 **미국이나 유럽 등을 향한** 출발이 아니다. 잭 케루악(Jack Kerouac)의 작품에 등장하는 유목민들에게 미국의 서부나 동부 해안이 더는 목표지점이 아닌 것처럼, **낙오자들에게는** 속도만이 유일한 현실적 환경이 된 것 같다. "자, 떠나자! 그리고 그는 운전대

위로 허리를 숙이고 속도를 냈다. 그러면서 그는 다시 자기 자신으로 돌아갔다. 누구나 그것을 볼 수 있었다. 우리는 모두 미쳤다, 우리는 모두 우리가 혼란과 무의미를 뒤로하고 우리 시대에 유일하게 남은 고상한 기능, 즉 **움직임에 참여하는** 기능을 수행하고 있음을 알았다."

신진대사로 움직이는 우리는 자신을 기술적인 탈것이라고 생각한다. 이제 '공허한 경주'의 승객은 아시아에서 유럽을 가면 세상이 변한다는 생각을 비웃는다. 자폐증적인 자동차 운전자처럼 그의 운명과 그의 목적지는 가속 그 자체이기 때문이다. 그는 급하게 모텔이나 공항 화장실에서 처리해야 할 생리적 욕구가 생길 때만 길가나 주유소에 잠시 정차한다. 대지는 한두 가지의 일차적 기능과만 동일시된다. 어제만 해도 일반 가정집을 방(식당, 살롱, 흡연실 등)으로 나누는 정도였는데, 오늘은 커다란 영역을 아무 문제없이 도구화한다. 사람들은 런던행 비행기를 기다리면서 호놀룰루에서 숙박하고, 프리스코로 떠나기 전에 뉴욕에서 쇼핑을 한다. (…) 공공연하게 도시 이름을 바꿀 정도다. 예를 들어 **시카고**와 **피츠버그**는 **시피츠**로 합해진다. 물론 시카고-피츠버그를 반대 방향으로 가는 승객들에게는 **피트시카**가 더 나을지 모른다. **보스턴-워싱턴**은 **보스워시**라는 명칭뿐 아니라 **워신보스트**라는 명칭을 사용해야 할 것이다. (…) 여기서는 여행의 방향과 마찬가지로 독서 방향과 글쓰기 방식도 의심스러워진다. 자동차에 익숙해진 현상(Automobilisierung)은 빠른 차량들을 초과 생산하는 바람에 퍼진 자폐증으로 보인다. 고속이 대중적 현상이 될 때, **제트-사회**의 실천이 모든 사람에게 받아들여질 때, 지구를 도는 '공허한 경주'가 매일은 아니지만 매주 도피를 지속해나갈 때, 이러한 자폐증의 결과가 무엇인지 모두 드러날 것이다. 주말과 별장, 베드타운과 일터로 가는 길이 합쳐져 땅 위에 펼쳐진 하나의 기능공간이 된다(소위 '산업의 새로운 배분'의 의미를 생각해보면 된다). 삶은 시골의 **정지된** 시간과 대립되는 아주 작은 시퀀스로 쪼개진다. 도시인들이 자기 삶의 틀에 느끼는 불만족은 엄청나게 커질 것이다. 타인과의 근접성이 무너지면, 아마도 초고속과 초폭력 사이의 인과성 정도에 비례해서 공격성이 뒤따를 것이다. 자동차 운전자와 보행자의 관계와 그들이 서로 역할을 바꿀 때 취하게 될 태도를 보면 이 점을 알 수 있다. 속도의 동역학은 인프라 구조의 정역학에 놓여 있는 모든 것을 활성화할 것이다. 직선의 폭력. 간격을 '억압'으로 간주하는 이데올로기, 초과전송 가능성을 진보의 기호, 문명의 상징이라고 믿는 착각!

지금까지 개인들의 별거를 불만의 표현, 관계의 단절이라고 생각해왔지만 어쩌면 그것은 사랑의 기호가 될지 모른다. (…) 서로 간의 끌어당기기가 지닌 긍정적 의미는 서로 간의 밀어내기에도 부여될 것이다. 다만 여전히 우리가 극단적으로 느린 감정과 리듬, 신체 간의 혹은 신체의 장소 간의 느린 접촉을 견딜 만한 것으로 받아들이는 한에서다. (…) 고속의 비몽사몽한 상태에 익숙해지고, 상이한 장소에 출현하는 영토적 신체의 유비쿼터스에 익숙해지면, 접촉이라는 단순한 근접성은 그 매력과 가치를 잃을 것인가? 우리가 통과해온 곳의 풍경과 이국적 문화에 대한 무관심은 우리를 동물적 신체의 장소, 물질, 기관에 대한 무관심, 수동성으로 오도할 것인가?

나는 최초의 탈것의 발명, 즉 동물의 몸(당나귀, 낙타, 코끼리, 말, 타조 등)에 올라타는 행위가 인간의 교배 행위와 일정한 관계에 있다고 생각한다. 신진대사를 하는 길들여진 탈것이 주는 쾌감은 성적 관계에 영향을 미치지 않았는가? 아니면 성적 관계는 인간의 탁월한 정복보다 앞선 것인가? 빠른 탈것을 이용한 첫 세대는 인구 발전과 신비스러운 관계에 있는 사육에서 출현한다. 승마의 역사는 인간 사회의 역사에 아무런 영향을 미치지 않은 것이 아니다. 대규모 유목, 침입, 인신 약탈은 땅의 착취와 마찬가지로 원형적 탈것의 역사와 연관된다. 영토라는 커다란 물체의 정복과 점령은 몸집이 작은 동물의 정복 및 점령과 별반 다르지 않다! 대륙 횡단에서 느끼는 도취, 쾌감, 욕구는 음경 삽입에서 느끼는 것과 유사하다. 마찬가지로 200여 년 전부터 가속화된 지리적 결합이 신체적 결합에 아무런 영향도 주지 않았을 리 없다.

우리는 어떻게 말들이 도시 경관에서 사라졌는지 보았다. 또 어떻게 모든 동물이 메트로폴리스와 차단되었는지, 전염의 위험 때문에 일차적으로 가축에게 적용한 위생 조치가 어떻게 전체 종의 전멸까지 초래했는지 보았다. 우리는 또한 순전히 오락에 봉사하는 동물의 귀환을 서커스나 승마 스포츠를 통해 보았다. 성적 파트너의 신체적 관계에도 이와 유사한 일이 일어나게 될 날을 준비해야 하지 않을까?

만남의 속도는 만남과 충돌을 혼동하도록 호도할 수 있다. 통과해갈 때, 진입할 때, 급격히 착륙할 때(뉴욕에서, 홍콩에서) 준비 과정의 생략은 파트너들의 만남에 영향을 미칠 수밖에 없다. 원시적 손님 접대의 대용물인 연출된 접대의 '공손함'이 지속적으로 사라지면서, 오늘날 사람들이 '개방성'이라고 부르는 남성적 형식의 '교제'가 나타난다. 그것은 결국 나쁜 대우를 서로 주고받는 습관을 낳을 수 있다.

"우리는 자동차 같다. 우리는 자동차처럼 마시고, 자동차처럼 빨리 달린다. '안녕', '또 보자'라고 말할 시간도 더 이상 없다. 우리는 엘리스의 토끼 같다. 빨리, 빨리, 빨리 (…) 우리는 아무리 빨리 와도 언제나 너무 늦게 온다. (…)"(발레리, 9세) 이제 우리는 인간의 동물적 본능에 대한 억압을 분석하고, 도시에서 신체의 사용에 대해 연구할 필요가 있다. 통상적 의견과 달리, 도시는 물리적으로 상당한 활동이 이루어지는 장소가 아니라 신경이 혹사당하는 장소다. 한편으로 도시 공간에서 신체의 활동은 점점 더 제동을 당하고, 기술적 의족, 엘리베이터, 컨베이어벨트, 에스컬레이터, 자동차에 의해 대체된다. (…) 다른 한편으로 도시의 내부 조직과 건물의 내부에 사이공간의 축소가 가속화된다. 보도 폭, 집의 크기, 방의 높이가 줄어든다. 도시민을 향해 마지막 남은 움직임의 자유까지 동결시키는, 끊임없이 늘어나는 금지들은 말할 나위도 없다. 이 모든 요인은 신체의 움직임을 제한하거나 없애는 데 기여한다. 앉거나 서거나 혹은 누워 있거나 할 뿐 도시민이 자신의 첫 번째 이동수단인 신체 하부를 **움직이는** 경우는 아주 드물다. 점점 신체 활동의 차원과 폭이 좁아지면서 개인은 도시기하학(자기 집의 엄격한 장방형)의 일직선에 의해 직선화되고 앞에서 말한 자세로 단단히 고정된다. **누워 있는** 자세는 실질적으로 잠에만 해당하고 **서 있는** 자세는 상대적으로 드물어진다. 태도의 이러한 경화, 상체의 단순한 제스처로 굳어진 이러한 움직임은 도로사용자의 탈동물화에 해당한다. 도시화된 인류는 점점 더 좌식 인류가 된다. '스포츠'는 이러한 위축을 감소시키는 데 다소 도움이 될 수 있다. 이에 따라 규율적인 신체훈련을 위해 특정 장소와 광장이 마련된다. 그러나 이는 일상적 신체 태도가 정신적인 차원에 미치는 영향 및 신체문화의 지속성을 의도적으로 오인하는 것을 의미한다. 개인은 도시의 어떤 지역, 집에 거주하기에 앞서 자신의 고유한 신체에 거주한다. 자신의 신체와 더불어 그는 일정한 무게를 지니고, 공간을 가득 메우고 확장될 수 있는 대중 안에 편입된다.

신체의 유동성과 운동 능력이야말로 자아 형성에 필수불가결한 풍부한 지각을 가능하게 한다. 이동의 이러한 동역학을 늦추거나 아예 없애거나, 태도와 운동을 극단적으로 고정시키게 되면 인격에 매우 심각한 장애가 일어나게 된다. 또한 인격의 현실적 유능함도 떨어지게 된다.

직접 움직이면서 얻는 동적이고 촉각적 인상과 후각적 인상의 상실은 중개된 지각, 매체-지각을 통해서도, 자동차의 창문, 영화 영사막 혹은 작은 텔레비전 화면에 명멸하는 이미지들에 의해서도 복구될 수 없다. 그럼에도 이와 같은 환상적 대체가 전자 분야의 '선두 산업'이 되었다. 그 이후 여행객은 소식에 시달린다. 자동차 라디오부터 이동전화, '외부의 소음'에 귀를 기울이면서 동시에 라디오 프로그램을 들을 수 있는 오토바이 운전자용 오디오-헬멧에 이르기까지 그렇다(중독성 있는 상품처럼 여기에는 다음과 같은 문구가 적혀 있다: '시속 90킬로미터가 넘을 경우에는 사용하지 말 것!').

텔레콤 산업은 라디오 접촉을 통해 듣고 느끼는 일을 광범위하게 대체하고자 노력한다.

텔레비전과 전화가 등장한 후 교통규칙은 운행지침뿐 아니라 원격조정과 원격감시를 포함한다. 속도라는 비-장소의 거주자가 된 승객은 먼 곳으로부터 추적당한다. 지붕이나 헬멧의 안테나는 도로 표지의 확고한 구성요소가 된다. 어떤 표시나 차단물로 물리적으로 금지하는 것 외에 교통지침이라는, 측량하기 어려운 또 다른 금지가 있는 셈이다.

덜커덩거리는 기차 바퀴 소리, '음악가들에게 헌정한 시베리아

횡단열차의 산문'에 이어 배경음악이 나온다. (…)

"우리는 모두 나름의 소소한 다툼을 안고 있다. 이제 그것은 우리 뒤에 남는다. 몇 킬로를 떠나왔고 거리 모퉁이들을 돌아왔을 뿐인데 그렇다. … 이제 이 고용된 테너가수들의 노래를 들어보라—그는 라디오를 틀었고 기차는 흔들리기 시작했다. (…)"

동역학에 몸을 싣는 것, 속도에의 도취만으로는 케루악의 유랑민들에게 충분하지 않다. 그들은 대륙횡단의 텅 빈 공간을 메워야 한다. 공간의 소비란 기호와 소식의 소비이기도 한 것이다. (…) 자동차 속도의 메시지, 라디오-메시지의 속도는 서로 넘나든다. 스포츠카 운전자의 멍한 느낌은 아편중독자가 우두커니 있는 상태와 유사하다. 그는 다른 곳에 있지만 쉽게 연락 가능하다. 그는 바람처럼 자유롭다고 믿지만 사실은 통제의 손길이 바싹 그의 뒤를 쫓는다. 포화 환경은 그를 지치게 만들고, 허공의 과포화에 이어 헤르츠(Hertz. 하인리히 루돌프 헤르츠, 독일 물리학자—옮긴이)가 발견한 전자기파 공간의 과포화가 그 뒤를 따른다.

17년이라는 세월이 가로놓여 있는 두 상황, 즉 베를린의 고속도로라는 동일한 장소에서 벌어진 두 상황은 초과통신이 얼마나 발전했는지를 보여준다. 첫 번째 상황은 알베르트 슈페어(Albert Speer)가 회고록에 기록한 것이다. 2차대전이 끝날 무렵 제국의 책임자들은 벙커에 숨어 있었다. 연합군이 제공권을 장악했기 때문에 거리를 다닐 수 없었다.

"안심이 되었다"라고 슈페어는 썼다. "신선한 밤공기를 마시며 자동차 운전대에 앉았을 때 (…) 나는 얼른 켐프카와 운전을 교대하기로 정했다. 어느덧 새벽 1시 반이 되었다. 날이 밝기 전에, 저공 비행기가 나타나기 전에, 나우만 인근에 소재한 최고 사령관 베스트의 사령부에 도달하기 위해 고속도로 500킬로를 서둘러 달려야 했다.

우리를 쫓는 야간 비행기들의 송신기에 우리 무전기의 주파수를 맞춰놓고, 무릎에는 군사지도를 올려놓았다. 우리가 있는 구역에 야간 요격 전투기가 (…) 많은 모기들이 (…) 우리가 있는 구역에 야간 요격기가 있었다. (…) **우리는 적기들이 출현하는 정확한 지점을 추적했다**. 적기가 가까이 다가오면 우리는 전조등을 끄고 서서히 길가를 따라 이동해야 했다. **적기가 출현하지 않는 곳에 이르자마자** 우리는 자이스 회사에서 만든 커다란 투광 조명등, 두 개의 안개등, 탐조등까지 모두 다 켜고, 포효하는 엔진 소리를 내면서 고속도로를 질주했다. (…)" 베를린을 빠져나온 메르세데스 운전자들에게는 거리 교통뿐 아니라 밤하늘의 교통도 중요했다. 독일 국경선에서 수백 킬로미터 높이에 출현한 적의 비행기가 순간적으로 그들을 놀라게 한다. 자동차의 속도는 야간 요격기가 진입하는 속도의 기능이 된다. **공군**의 지휘 현황이 무전기를 통해 전달되면서 하늘과 땅의 탈것을 연결하기도 떼어놓기도 하는 스위치 레버와 같은 효과를 낸다. 정확히 말하면 메르세데스에 승차한 두 사람은 더 이상 고속도로 위에 있는 것이 아니라 전쟁게임이 벌어지는, 눈에 보이지 않는 공간에 자리 잡고 있는 것이다. 쫓기면서 무전으로 경찰 방송을 엿듣는 도둑처럼 슈페어와 그의 운전사는 어마어마한 항공 통제 및 정찰체제를 이용한다.

유비쿼터스가 실질적으로 실현된 이 사례는 탈것의 공급 과잉(정보 인플레이션과 넘쳐나는 탈것)의 폐해를 증거한다. 그런데 실시간 지식 혹은 거의 실시간에 가까운 지식이 있다고 해도 무엇이 중요한지 무엇이 중요하지 않은지를 결정하는 데 도움이 되지 않는다. 모든 것이 불확실성의 원천이 되는 것이다. 매 순간 접하는 정보가 행동을 선취하면 그러한 정보가 위험을 막게 해줄 수는 있지만 반대로 위험을 낳기도 한다. 이는 두 번째 사례를 통해 볼 수 있다.

냉전이 한창이던 1961년 8월로 돌아가 보자. 당시 소련은 옛 독일의 수도로 가는 항공로를 봉쇄하고자 했기 때문에 미국과 소련이 대결할 수 있는 위험이 발생했다. 케네디 대통령은 자신의 작전 범위와 소련의 결단 여부를 시험하기 위해서 고속도로를 통해 군 수송대를 베를린으로 보내기로 결정했다.

"일요일 이른 새벽에 글로버 존스(Glover S. Johns) 대령은 헬름슈테트에 있는 미국 관할 검문소 **알파**에서 자신의 부하 1,500명에게 행진을 명령했다. 대열은 소련 점령지역의 경계를 향해 나아갔다. **알파 검문소에는 한 장교가 존스 대령이 타고 있는 차와 워싱턴의 백악관에 무선으로 동시에 연결된 전화기 앞에 대기하고 있었다**. 백악관의 무전기 앞에는 케네디 대통령의 부관인 클리프턴(Clifton) 장군이 지키고 있었다. 주말인 이 날 대통령은 베를린으로 보낸 군 수송대 때문에 하이애니스 포트(Hyannis Port)로 가지 않고 수도 워싱턴에 있었다. (…) 베를린 위기가 지속되던 시기 중 대통령이 가장 긴장하고 초조해한 시간이었다. 미군과 소련군 간의 충돌이 일어날 수도 있을 명령을 내린 첫 번째 경우였기 때문이다. 클리프턴 장군은 대통령에게 군대 차량이 경계초소를 지나갔다고 알렸다. (…) **백악관 지하에서 클리프턴은 수시로 전화와 무전기로 존스 대령과 연락을 하고 있었고, 소련 영역을 통과하는 내내 20분 간격으로 대통령에게 보고했다**. 한낮이 될 때쯤 군대 차량 선두가 드라이린덴에 있는 서베를린의 통제소에 도착했다. 베를린 시민들은 환호했고 대통령은 안도했다." 베를린으로

가는 행진에서 존스 대령의 지프차는 알베르트 슈페어의 콤프레서 메르세데스처럼 위험을 피한 것이 아니라 오히려 위험을 찾아 나섰다. 그는 수천 킬로미터 떨어져 있는 미합중국 대통령을 위해 니키타 흐루쇼프의 결단력을 시험해본 것이다.

과거 독일제국 장관의 무릎 위에 놓여 있던 군용 격자지도가 그로부터 15년 후에 '냉전'의 체스판이 된 셈이다. 베를린을 향해 떠난 군 수송대는 뒤따르는 모든 병력과 함께 적을 몰아붙이는 체스판의 말들과 같다. 정보가 시시각각 전달된 덕분에 지프차와 몇 대의 차량이 '무적함대'보다 더 큰 공포를 불러일으킨다. 서로에 대한 직접적 인지가 가능해지면서 아주 사소한 충돌, 아주 사소한 제스처도 세계의 앞날을 결정할 중차대한 것이 된다. 기술적 탈것의 속도에 의해 이동 공간이 만들어지듯이, 지시의 전달 속도는 사소한 것의 결말을 결정지을 수 있게 된다. 지금부터 모든 것은 극단적이 된다. 즉 엄청난 속도로 지역에 침투하고 초강력 통신수단을 작동시킴으로써 형성되는 이러한 상황에서 세상의 **종말**이 감지된다.

이미 생시몽주의자들은 아주 멀리 떨어진 세계의 오지까지도 신속하게 결합시키는 전대미문의 능력을 통해 철도가 세계에 평화를 가져올 것이라고 선포했고, 키플링(R. Kipling)은 좀 더 대범하게 다음과 같이 말했다. "교통이 문명이다!" 레닌에게 혁명은 "공산주의 더하기 전기다."

이처럼 아름다운 낙관론은 마셜 맥루언의 **초매체적** 산문에까지 이어진다. 공간적 분리가 갈등, 증오, 오해 (…) 사회적 불평등에 책임이 있다는 생각이 19세기부터 지속되어오지 않았던가. 멀리 떨어져 있는 미지의 사물은 두려움을 불러일으킨다. 따라서 새로운 교통

시스템에 의해 공간적 근접성이 가능해지면서 비로소 공간과 시간과 더불어 고통과 비참함의 원천이 제거될 것이라는 기대가 생겨난다.

모든 것이 소통 가능해지고 인식 가능해지는 날이 보편적 평화의 도래를 알리는 날이 되리라는 기대 (…), 간격의 억압에 맞서 승리하고 공간적 연장과 간격의 지배를 끝냄으로써 공동체에 대한 오랜 소망이 마침내 실현되리라는 기대. 오늘날까지도 우리는 **인클레이브의 해체**를 **진보**와 동일시하고,[6] 모든 고립주의를 견디기 힘든 억압, 불건강한 **감금**으로 보면서 그에 맞서 싸운다. 하지만 우리는 투시력과 침투력에 대한 옛 신화에 내포된 의미에 대해서는 전혀 아는 바가 없다. 이와 같은 보편적인 근접성, 모든 것이 '손에 닿는 곳'에 있는 이 지구촌, 모든 것이 가차 없이 **하나로 묶여 있는** 이 연속체, 탈것의 과잉보다는 상이한 벡터의 속도로 인해 생긴 포화 상태—이 모든 것이 우리에게는 완전히 낯설다. (…) 그렇다, **낯설다**.

미지의 사람, 이방인, 이제 우리에게는 먼 곳에서 온 사람이 아니라 바로 우리 옆에 사는 사람들이 이방인이다. 유토피아적 사회주의를 알린 옛 선지자의 예언과 달리 사회적 커뮤니케이션의 발전은 국가 위기[상태의 위기(crise de l'Etat)]의 특징이 아니라 **위기 상태**(l'etat de crise)의 특징이다. 대중매체의 초과 커뮤니케이션은 정보 권력의 직접성과 동시에 그 권력에 대한 직접적 정보를 의미한다. 다양한 공간(땅, 대기, 물 등)에의 초강력 침투는 집중의 힘과 동시에 힘의 집중을 가져온다.

---

6 Pierre Chaunu, *La durée, l'espace et l'homme à l'époque moderne*, Paris 1974.

한 세기 전부터 이러한 합치 혹은 수렴은 사소한 일상성을 극화함으로써 지속적으로 위기 상태를 초래해왔다. 그 후 모든 것은 급행으로 진행되고 또 분명해진다(때때로 표현주의적이 된다). 극단적인 집중은 그러한 집중을 이용할 줄 아는 모든 사람에게 예상치 못한 지배력을 가져다준다. "국민이 억압될 수 있다면, 국민은 그렇게 될 것이다"라는 생 쥐스트(L. A. L. Saint-Juste)의 유명한 말이 그야말로 진부하게 들릴 정도다. 그러나 탈것의 속도가 영토에 미치는 영향, 즉 여행의 속도에서 신체와 지역의 실재가 점진적으로 사라지고, 여행의 비-장소와 승객의 부재로 인해 장소가 해체되는 일이 일어나고 있음은 여전히 제대로 인식하고 있지 못하다.

진보적 문학이나 실증주의 문학에서는 흐름은 사회주의와, 속도는 공산주의와, '위대한 운동'은 진보와 동일시된다. (…) 공간은 자유의 장소를 보증하고, 통과와 운송의 속도는 긍정적 사회화를 보증한다. 따라서 결국 새로운 '신세계'의 정복자들에게 '사회주의'와 '속도'라는 개념은 전적으로 교체 가능해진다(파리 코뮌 참가자들 중 기관차를 통일의 상징으로 본 사람들과 부르주아 계급의 소유물로 본 사람들 사이에 일어난 갈등에 대한 보고서를 읽어보라).

산투스 두몽(Santos Dumont)의 자살도 시사하는 바가 크다. 1차대전 중 프랑스에 머무는 동안 그는 초기의 공중전을 망연자실하게 지켜본 증인이 되었다. 그는 그의 눈을 진짜로 믿지 못하고 절망 상태에 빠져 브라질에 돌아와서 목숨을 끊었다.

비행의 예언자에게 이카루스의 추락은 견딜 수 없는 일이다. 그가 투명한 광명으로 보았던 것이 이제 어두워졌다. 명랑했던 항공개척자는 너무 갑작스럽게 비행기의 패배에서 공간의 패배를 경험하게 되었다.

실제의 제트 프로젝트는 '민족 간의 연결선'인 콩코드 비행기가 아니라 탄환의 궤도로 나타난다. 정치는 탄도학이자 지정학이다. 과거의 도시 포위 전략은 위기 상태의 벡터 계산법으로 대체되었고, 예측이 조망을 대신한다. **앞으로는 모든 것이 가까워진다**. 미래까지도. 예보와 예견이 보편화되면서 모든 것이 선취되고 기획된다.

기획하기는 정지작업 이상을 의미한다. 그것은 움직이는 모든 부분을 서로 부딪치고 깨지게 하는 다림질, 몰아넣기다. 지시, 소식, 가치, (…) 몸까지도 서로 부딪친다. 이처럼 직접적인 열띤 상태가 주말의 사망자 집계, 초음속 굉음에 반영된다. 우리에게 자동차 사고라는 형태로 나타나기 시작한 충돌은 청각적으로는 음속 장벽의 붕괴로 나타나지만 언젠가는 위험한 폭발로 끝날 것이다. (…) 잘 알다시피 우리는 '최후 심판의 장치'도 절대적 핵무기도 필요하지 않다. 탈것의 생산만으로도 이러한 해체, 세상의 철거를 초래할 수 있기 때문이다. 세상의 해체는 말과 배라는 탈것의 원형들에서 시작되었고, 19세기 이후 인클레이브의 소멸과 동시에 가속화되었다. 신세계라도 도래한 양 사람들은 이 과정을 '속도의 정복'이라고 불렀지만 사실은 이 영역에서 탈것의 과도 생산이 일어난 것일 뿐 하나의 **대륙**이 만들어진 것은 아니었다. "만약 우리가 모든 노선에서 초 단위까지 정확성을 지키는 데 성공한다면, 우리는 신세계를 만드는 데 필요한 가장 강력한 도구를 인류에게 선사할 수 있을 것이다."[오드베르(Audibert). 철도 조직화를 총괄한 기술자]

정확성과 안전(일차선 도로에서 일어나는 충돌 방지)이라는 핑계하에 엄격한 시간 관리가 시작된다. 일차적으로 여행객들, 그다음으로 노동자와 사회 전체를 근본적으로 바꾸는 사회적 조정이 일어난다. 과속운전과 위험 부담을 핑계로 엄격한 훈련이 정당화된다. 이러한 훈련은 본질적으로 보이지 않게 진행되거나 진보의 표시로 받아들인다. 역설적으로 들릴지 모르지만 그것은 종종 자유의 표시로 환영받는다! 정확성 숭배의 괴상한 상징을 기차역 정면에 세우거나, 파리의 리옹 역에서처럼 종탑을 '의지의 하차장'인 플랫폼 가장자리에 세운다. 세계의 장소들은 세계의 시침이 되고, 기차역 현관홀에 서 있는 시계는 그곳의 시간과 동시에 지구 반대편의 시간을 알린다. 기차가 출발하고 도착할 때 보이는 대성당들도 **시간의 숭배**에 기여한다.[7]

정신과 신체의 훈육, 수도하는 삶이라는 발명품, 종교나 군대 품으로의 자발적 귀의라는 발명품이 시민적 삶의 구성요소가 된다. 세속화된 삶에서 규정을 따르는 삶으로의 이행이 곧 모든 서구사회를 휩쓸게 되고, 사회적 시간의 기획과 프로그래밍을 수행할 것이다. 아마도 언젠가는 환경 기획에 이어 국가 차원의 시간 기획이 행해질 것이다. 누가 알겠는가. 어쩌면 **시간기획부**라는 행정부처가 진짜 생길지도 모른다.

거리와 철도에 적용되는 속도규칙에 이어 보행자에 대한 규칙이 생길 것이다. (…) 낮은 생체 속도의 코드, 익숙한 이동 속도의 관리 (…), 예를 들면 얼마 전부터 소련에서는 교통질서를 위반한 보행자는 최고 10년형까지 처벌받을 수 있게 되었다. 지금까지는 사고를 일으킨 보행자들만 처벌을 받았지만 소련 대법원은 자동차를 사용하는

7 Henri Vincenot, *La vie quotidienne dans les chemins de fer au XIX siècle*, Paris 1987.

운전자들과 똑같이 걸어서 이동하는 보행자들에게도 교통법규를 존중할 것을 요구한다.

예전에 아이들에게 학교 운동장에서 뛰지 못하게 했던 적이 있다. 마르셀 파뇰(Marcel Pagnol)이 설명하듯이, "휴식 공간이 협소하다는 사실을 못 견뎌하지 않게 하기 위해서다." 이반 일리치(Ivan Illich)는 '교통 담당 사법국' 신설을 제안하면서 다음과 같이 말했다. "사회적 시간을 기입하는 영수증은 아직 없지만, 그렇다고 그러한 영수증의 발행이 불가능한 것은 아니다. (…)"[8] 대중을 호도하는 이 수도승에게 구원은 제한, 즉 규칙에 있다. 형제애에 가까운 이러한 연대의식에 **법에 대한 열정**이 숨어 있다고 해서 법 역시 하나의 도구라는 사실을 간과해서는 안 된다. 그것은 전화나 전기와 같은 도구, 작동하기 위해서 전문가를 필요로 하는 공구나 다름없다. 사실 법의 중재에 대한 낙관론은 한 세기 전부터 사회적 커뮤니케이션/성찬식의 '진보'에 동반된 낙관론과 그다지 다르지 않다. 일리치의 수도 생활은 통제자와 고해신부, 궁극적으로는 '양심적인 지도자'의 정치적 미래를 확고히 하는 데 기여한다.

끝으로 나는 라플란드 출신인 한 노인의 경고를 상기하고자 한다. "썰매를 타고 대초원으로 사냥을 떠날 때에는 돌아갈 길을 기억에 새기기 위해 자주 뒤를 돌아보아라." 유목민의 귀로에서 현대적 표류의 공전에 이르기까지 탈것의 시스템은 우리를 다시 출발점에 데려다준다. 미래는 이제 더는 존재하지 않는다. 우리 앞에 놓인 땅에

8 van Klich, *Die sogenannte Energiekrise*, Reinbek bei Hamburg 1974.

서, 지평선 저 너머에서, 여행의 공전이 끝나기 때문이다. 미지의 어떤 곳은 여기서 시작하고 우리는 우리 자신에게 미지의 인물이 된다. 속도는 더 이상 진보나 전진의 표시가 아니라 전향의 표시다. 즉 탈것의 혁명은 결국 영원한 회귀다. 직선의 환상은 사라졌고, 그와 함께 국가와 국가 사이, 민족과 민족 사이를 잇는 '연결선'의 환상도 사라졌다. 앞으로는 블레리오(Blériot)의 도버 해협 비행이나 린드버그 형제의 비행은 사토리 들판 위를 끝없이 빙빙 도는 클레망 아데르(Clément Ader)의 비행만큼의 의미도 없을 것이다. (…) 어제 아폴리네르(G. Apollinaire)는 우리로 하여금 대륙을 망각하도록 해주는 위대한 건망증 환자 크리스토프 콜럼버스가 오기를 바란다고 했다. (…) 그의 소망은 이미 실현되었다.

* 윤미애 옮김

빌렘 플루서(Vilém Flusser)

전화하기의 제스처

(1991)

전화기의 외양은 역사의 흐름에 따라 자주 변하여, 디자인의 발전 과정을 보여주는 일러스트레이션으로 사용할 수 있을 정도다. 하지만 벽에 부착되어 쇠로 만든 돌림판이 달려 있는 전화와 매니저 책상 위에 놓여 있는 플라스틱 전화기 (빨간색 전화기는 차치하고라도) 사이의 차이에도 불구하고, 그 오랜 역사에서 전화의 기능은 자동화라고 하는 단 한 가지만 변했다. 우리의 커뮤니케이션 상황을 이해하려 할 때, 중요한 것은 담론적인 대중매체와 비교해 전화가 선사시대 이래의 매우 오래된 기술의 특성을 보존하고 있다는 것이다. 자유에 대한 가능한 (최악의 것은 아닌) 정의 중 하나는 그것이 대화에 개방적인 매개변수와 동일한 성격을 지닌다는 것이다. 이러한 정의에 맞춰 우리는 전화의 지선과 효율성에 의거하여 어떤 한 나라의 자유를 측정할 수도 있을 것이며, 모든 국가에서 나타나는 상대적으로 고대적인 전화의 기술적 특성을 고려해볼 때, 어떤 나라도 국민의 자유에 관심이 많지 않다는 추론을 해볼 수 있을 것이다.

전화의 기능을 서술할 때, 우리는 극히 상반된 두 입장에서 전화에 접근할 필요가 있다. 즉 전화를 거는 사람의 위치와 전화를 받는 사람의 위치가 그것이다. 이 두 관점에서 볼 때, 전화는 각각의 경우에 완전히 다른 대상으로 나타난다. 이는 모든 대상이 전적으로 지향성과의 관계 속에서만 나타난다는 현상학의 테제를 입증해주는 좋은 예다. 전화를 거는 사람의 입장에서 볼 때, 전화는 이것이 대화에 사용될 수 있기까지 참을성 있게 기다려야 하는 멍청한 수동적 도구다. 전화를 받는 사람의 입장에서 볼 때, 전화는 신경질적으로 소리를 지르는 개구쟁이처럼 이 녀석을 조용하게 만들기 위해서는 즉시 응석을 받아줄 수밖에 없는 특성이 있다. 그래서 사람들은 걸기만 하고 받지는 않을 수 있는 전화가 있었으면 하는 은밀한 환상을 품기도 한다. 그러한 환상은 (신적인 혹은 성적인) 전지전능함에서 무엇이 관건인가를 보여준다. 실제로 모든 사회에서 (독재사회뿐만 아니라) 최고 권력자들은 그러한 전화를 소유하고 있다. 전지전능한 존재가 모여 사는 사회를 추구하는 유토피아의 어리석음에 대한 예증으로서 다음과 같은 사실을 지적할 수 있을 것이다. 즉 받기만 하고 걸지는 않는 전화로만 이루어진 전화통신망은 기능할 수 없다. 책임이 없으면 자유도 없다.

발신자의 입장에서 볼 때 전화는 수많은 전선에서 시작되고, 그 끝에서는 무수히 많은 사람들이 전화가 걸려오기를 기다리는 도구다. 다시 말해 이 도구는 그 모든 사람들이 한 사람씩 차례대로 전화할 수 있게, 두 사람이 동시에 전화할 수는 없게 만든다. 이러한 구조는 이것을 사용하는 사람에게 그것이 명령이건, 절망적 외침이건, 질문이건 간에 그가 거는 전화에 대한 개인적 답변을 요구하도록 한다. 결국 발신자의 입장에서 볼 때 이 도구의 의도는 그가 촉발한 대화적 커뮤니케이션을 만들어내는 것이다.

전화의 배후에 있는 유선·무선의 연결망이 선택의 변수를 열어준다. 전화를 걸 수 있는 사람들 중에서 누군가를 선택할 수 있으려면 발신자는 숫자의 나열로 이 사람들에게 부여된 목록을 지니고 있어야 한다. 이 목록은 자신의 두뇌 혹은 전화번호부라는 두 가지 저장소에 보관된다. 바로 이것이 전화가 얼마나 선사시대적인 것인가를 입증해준다. 근래에 미니텔(Minitel)이 시도하고 있듯이 번호를 전화 자체에 저장하는 것이 훨씬 더 효율적이다. 숫자로 된 번호는 잉여적인 것이 전혀 없는 약호다. 다시 말해 하나의 번호를 구성하고 있고, 또 그 순서가 중요한 의미를 지니는 숫자 하나하나에서 단 하나의 숫자만 틀려도 잘못된 곳에 연결되는 결과를 초래한다. 전화의 약호는 우리가 사용하는 비잉여적 선형 약호 중 하나다. 이와 다른 것으로는 은행수표의 약호가 있다. 계산의 약호는 그러한 유형에 속하지 않는데, 왜냐하면 여기에서는 위계질서가 약호를 잉여적인 것으로 만들기 때문이다. 예를 들어 프랑스 화폐단위인 프랑으로 계산할 때, 우리는 왼쪽자리의 천 단위까지의 숫자에는 주목해야 하지만, 오른쪽자리의 상팀은 무시할 수 있다. 커뮤니케이션 혁명은 모든 잉여적인 것을 제거하는 경향, 즉 완결된 정보로 나아가는 경향이 있다. 또 다른 경향은 이와 반대 방향을 가리킨다. 첫 번째 경향이 우위를 차지하여, 미래사회가 균등하고 치환 불가능한 숫자로 구성된다면 (바로 이것이 인공두뇌학에서 요구되는 박애와 평등일 것인데), 그 모든 오류와 환멸의 가능성을 지닌 전화의 약호는 흔히 인용되는 감옥이나 수용소보다 그러한 미래사회에 더 중요한 의미를 지니는 선구자가 될 것이다. 인공두뇌학적 사회는 감옥이 아니라 전화처럼 번호를 부여할 것인데, 이것이 그리 위안을 주지는 않는다. 과거에 대도시에서는 전화번호 안에 알파벳 번호가 들어 있었다. 그리고 몇몇 전화는 오늘날에도 여전히 그러한 증거를 보여주는데, 이는 우울한 증거가 아닐 수 없다. 왜냐하면 이는 알파벳이 계산 과정에 잘 맞지 않기 때문에 약호에서 제거되었다는 것을 증언해주기 때문이다. 이러한 사실은 문학뿐만 아니라 상징의 논리학인 대수학에 이르기까지 모든 알파벳 기록이 계산 코드에 자리를 내줄 수밖에 없다는 것을 입증해준다. 그러한 기록은 우리가 필요로 하는 정보를 전달할 수 없기 때문이다.

전화번호를 돌리거나 누르기 전에 우리는 우선 전화기의 한 부분을 들고 귀에 갖다 대야 한다. 이때 일반적으로 우리는 약속된 소리를 듣게 되는데, 이는 번호를 눌러 전화를 거는 것이 가능하다는 것을 의미한다. 하지만 약속된 음향에 보편적인 합의가 있는 것은 아니다. 이것은 지역에 따라 다르다. 또한 그 의미를 해독할 수 없는 음향을 듣게 되는 경우도 있다. 이런 때에는 다시 전화를 거는 것이 현명할 것이다. 이때 생겨나는 실망은 실패한 전지전능함에 대한 실망일 뿐만 아니라, 수수께끼 앞에서 느끼는 무지에서 오는 것이기도 하다. 우리는 전화기에서 어떤 일이 벌어지는지 알지 못한다. 이때 전화기는 그 안에 내포된 그 모든 어두운 마술을 지니고 있는 암흑의 상자가 된다. 하지만 여기에는 훨씬 더 불길한 차원이 도사리고 있다. 음향 코드는 시각 코드보다 훨씬 더 인간적인 특성을 지닌다. 즉 그것은 '목소리'인 것이다. 우리가 전화의 소리에서 듣는 음향은 경멸적인데, 최악의 사태는 여기에서 존재론적 오류가 관건이 아니라는 데 있다. 실제로 그러한 경멸은 타자의 사물화를 의미하며, 실제로 전화에서 듣는 소리는 전지전능함에 대한 실망을 잘못 설비된 전화망의

한 부분으로 변모시킨다.

올바른 신호음이 들리면 이제 전화를 거는 일이 가능해지는데 이는 전화설비의 자동화 정도에 따라 각기 다르게 이루어진다. 완벽하게 자동화된 경우에는 전화번호가 선형으로 구성된 숫자의 조합으로 되어 있으며, 이때 그 선형 숫자의 길이는 발신자와 수신자 사이의 거리를 반영한다. 이는 지도를 그리는 가능성과 유사한데, 전화에서 이 지도는 선형으로 코드화되고 숫자로 만들어진다. 전화를 걸 때 숫자의 행렬은 발신자의 귀에 들려오는 삑 소리, 살랑대는 소리, 털털거리는 소리 등에 의해 중단된다. 숫자를 선택할 때의 리듬을 규정하는 음향 코드가 그것인데, 이때 우리가 그 규정을 따르기 위해 음향 코드를 이해할 필요가 없다는 것은 매우 기묘한 일이다. 미래의 인공두뇌 사회에서 나타날 코드의 기능을 연구하기 위한 광범위한 영역이 여기에서 모습을 드러낸다. 모든 것이 잘 이루어진다면 (이는 전화번호의 길이에 반비례하지만), 우리는 마지막에 기계적으로 반복되는 소리를 듣게 되는데, 이러한 맥동을 우리는 전화선의 반대쪽 끝에 있는 전화가 울리고 있는 것으로 이해한다.

자동화가 불완전하면 전화를 거는 동안 잡음이 섞인 신호음 속에서 사람의 (일반적으로 여성의) 음성이 들리는 경우가 흔히 발생한다. 이러한 상황에 이르면 전화 속 음성과 발신자 사이에 대화가 이루어지는데, 이러한 대화는 인간의 역사에 있어, 그리고 다른 매체에 있어 유사한 예를 찾아볼 수 없는 종류의 것이다. 발신자는 번호를 말하고, 간청하고, 화를 내고, 굴욕감을 느끼고, 거짓말을 하게 되는 데 반해, 전화 속 음성은 기계적으로, 그리고 참을성 있게 번호를, 대개 잘못된 번호를 반복해 말하다가, 아무런 사전예고 없이 소리가 끊긴다. 이때 인간의 음성은 기계음향보다 더 비인간적이다. 기계적인 친절함이 더욱 경멸적인 것이기 때문이다. 전화를 제외하고 그러한 대화의 유일한 예는 카프카의 문학에 나오는 인간과 신 사이의 대화뿐일 것이다. 하지만 전화의 경우에는 적어도 모든 것이 잘 되면, 이러한 끊임없는 간청 끝에 우리는 전화선의 반대쪽 끝에서 울리는 소리를 듣게 된다. 이는 카프카의 신보다 전화통신망이 더 잘 작동한다는 것에 대한 예증이다.

여기까지 살펴본 다음에는 이제 수신자의 입장을 취해야만 한다. 왜냐하면 바로 이 순간에 기계적으로 반복되던 바보처럼 고집스런 소리, 비록 그것이 일반적인 날카로운 금속성의 소리가 아니라 부드러운 멜로디라고 할지라도 우리가 그로부터 벗어날 수 없는 그런 소리가 수신자의 생활세계로 관통해 들어가기 시작하기 때문이다. 물론 이러한 침투의 결과는 이런 방식으로 관통해 들어간 생활세계의 구조에 달려 있다. 그 결과는 그곳이 은행이냐 병실이냐에 따라 다르겠지만, 이러한 바보스러운 호소의 명법은 항상 정언적이며, 따라서 이 또한 신을 향한 카프카의 호소와 비교될 수 있다. 전화음향을 통해 관통된 이러한 상황을 기대, 희망, 한마디로 신앙의 네 유형으로 구분하여 전화의 결과를 파악할 수도 있지 않을까?

첫 유형에서 사람들은 공포나 희망을 품고 초조하게 특정한 통화를 기대한다. 여기에서 생활세계의 중심을 이루는 것은 멍청한 전화기다. 발신음은 긴장감을 불러일으키는데, 기대했던 것과는 다른 통화가 이루어지거나 연결이 잘 안 되면, 극단적인 경우 그러한 긴장감은 실제적인 실존적 위기에 이를 수 있다. 두 번째 유형은 전화의 음향이 대상이나 사람에 집중하는 것을 방해하는 경우인데, 이때 여기에서 이루어지는 일은 공적 영역에서 사적 영역으로의 침투라고 (침입이라고) 할 수 있다. 세 번째 유형은 전화소리가 잠을 자거나 음악을 들으며 긴장을 풀고 있는 사람에게 심장이나 배를 칼로 찌르는 것과 같은 폭력을 자행하는 경우다. 네 번째 유형은 (예를 들어 사무실이나 기차역) 전화가 울리는 것이 이를 통해 침투해 들어가는 생활세계의 유기적인 한 부분을 이루는 경우다. 이것은 통화에 개방적인 유일한 상황이다. 이러한 네 유형의 상황은 신학의 네 범주와 정확히 일치한다. 이는 놀라운 일이 아니다. 전화 자체가 그러한 범주인 것이다.

발신음에 이어지는 전화통화는 결국 실존적 환경에 몸담게 되는데, 이 환경의 양상은 수많은 변화 가능성을 지니고 있으며, 발신자가 실망하고 수신자가 놀라는 정도에 예속되어 있다. 하지만 전화통화의 이러한 긴장에는 항상 상호인정이 존재한다. 예를 들어 발신자는 행동하는 자이고, 수신자는 이를 감수하는 자이지만, '공격과 수비'의 이러한 관계는 두 당사자의 인정에 의해 보완된다. 즉 공격하는 자는 공격의 시점을 (예를 들어 지리적 시간 차이가 있는 경우 전화 거는 시간을) 선택함으로써 공격받는 자에 의존하고 있으며, 이 점에서 전자는 후자에 예속된다. 실제로 이러한 상호인정이야말로 본래 의미에서의 대화의 선행조건이다. 이러한 상호인정이 전화의 구조에 의해 필연적으로 요구되며, 이것이 없다면 대화는 불가능하다.

대화는 "여보세요. 누구십니까?"라는 정형화된 의례적인 말로, 전화에 특정한 말로 시작되지만, 즉시 전화의 범위를 벗어난 언어로 넘어간다. 여기에서 이른바 '언어학적 지평'의 문제뿐만 아니라, 발화의 메커니즘화라는 새로운 문제가 등장한다. 여기에서 말을 하는 음성은 인간의 음성일 뿐만 아니라, 수신자가 인식할 수 있는 개인의 목소리이기도 하다. 예를 들어 수신자는 전화에 반말로 응답할 수도 있다. 그러나 동시에 여기에는 상대방이 아니라 전화에 의해 야기되는 전화의 특수한 성질도 동반된다. 상호주관적 관계가 이루어지도록 하기 위해 우리는 매체와 상대방을 동일시하려 (사람의 흉상을 그 사람과 동일시하듯이) 애써야 한다. 하지만 아무리 애를 써도 대화의 과정은 실존적으로 불만족스러울 수밖에 없다. 커뮤니케이션학적 분석은 그러한 불만족의 이유가 선형적 음성 코드라는 전화의 한계에 있다는 인상을 불러일으킨다. 전화통신망이 좀 더 풍요로운 코드를, 예를 들어 대화가 가능한 텔레비전의 경우처럼 ('먼 곳에서 본다'는 그것의 개념이 갈해주듯이 이것이 원래 텔레비전의 의도였다) 2차원적 시각 코드를 열어주거나, 비디오 화면을 통화에 사용하게 된다면, 실존적 불만을 야기하는 그러한 결함을 제거할 수도 있을 것이라고 사람들은 생각할지도 모르겠다. 하지만 이는 과녁을 멀리 빗나간 생각이다. 이 매체의 제약성이 전화가 지닌 코드의 빈곤함에 상당 부분 기인한다는 것은 분명하다. 하지만 이 매체의 불만족스런 결함은 그 이유를 훨씬 깊은 곳에 두고 있다.

커뮤니케이션과 관련된 모든 매체에는 변증법이 내재되어 있다. 즉 매체는 이것을 통해 커뮤니케이션하는 사람들을 연결하는 동시에 분리한다. 바로 이러한 변증법이야말로 '매체'라는 개념의 정확한 의미다. 그런데 매체 중에는 커뮤니케이션 과정에서 그것의 존재를 잊게 만드는 것들이 [이른바 '대면(face-to-face)' 매체라는 것이] 있다. 예를 들어 원탁에서 대화하는 경우, 우리는 원탁의 존재를 잊고 있으며, 더 비근한 예로 말을 할 때 이를 매개하는 공기의 존재를 잊고 있다. 다시 말해 사람들은 (몸이 서로 접촉하는 것은 아닐지라도) 직접적인 커뮤니케이션 상황 속에 있다는 (언제나 잘못된) 인상을 받고 있다. 이러한 인상은 언제나 잘못된 것이다. 왜냐하면 (모든 분석에서 벗어나 있는 신비적 합일의 경우를 제외하면) 직접적인 커뮤니케이션은 존재하지 않기 때문이다. 하지만 비록 이러한 인상이 잘못된 것이라 할지라도, 이것은 커뮤니케이션을 만족스럽게 만들어준다. 전화는 그것의 존재가 결코 망각되지 않는 매체다. 전화의 기술적 성질에 그 이유가 있는 것은 아니다. 텔레비전은 기술적 성질을 더 많이 지니고 있지만, 우리는 그 존재를 망각한다. 바로 이것이 불행하게도 텔레비전의 담론을 만족스러운 것으로 만들어준다. 전화연결망을 통한 대화는 그 매체의 존재가 눈에 띄지 않을 때 비로소 만족스러운 것이 될 수 있다. 이는 기술적 도전일 뿐만 아니라, 그 단어의 본래적 의미에서 정치적 도전이기도 하다.

전화에서 사용되는 코드의 빈곤함은 동시에 그것의 본질적 요소이기도 하다. 그것이 지니는 빈곤함의 이유는 선형 코드의 한계에만 있는 것이 아니라, 더 나아가 언어적 상징들에 이것이 함축하고 있는 것의 상당 부분을 부여하는 음향의 색채의 빈곤함에 있다. 의미론적 분석은 전화라는 매체가 생생한 체험을 전달하는 데 있어 한계를 보여줄 수 있을 것이다. 예를 들어 전화는 우리가 '예술'이라고 부르는 것에 적합한 매체가 아니다. 그럼에도 대화를 위해 사용할 수 있는 매체의 선택 가능성이 매우 적기 때문에, 전화에 적합하지 않은 메시지의 매개를 전화에 강요하는 일이 빈번히 생겨난다. 이러한 잘못은 독신자들에게서 (예를 들어 청년이나 여성) 주로 나타난다. 이것이 전화통신망에 과부하가 생기는 이유를 설명해주는 것 중 하나일 것이며, 아마도 가장 강력한 설명일 것이다.

전화연결망의 기술적 구조는 다른 어떤 대화 매체도 제공할 수 없는 제스처를 허용한다. 우리는 수화기를 내려놓음으로써 다른 사람의 말을 중단시킬 수 있다. 이러한 제스처의 잔인함을 더욱 가중시키는 것은, 이것이 새로운 제스처라는 것, 따라서 그 이용 가능성이 아직 많이 남아 있는 제스처라는 것이다. 그 의미가 아직 통역되지 않고, 제대로 파악되지 않은 또 다른 전형적인 전화의 상징언어도 분명 존재한다. 예를 들어 부재하는 수신자를 대신하여 응답하는 자동응답기의 언어를 생각해보라. 이는 비전통적인 유형의 대화를 위한 새로운 변화 가능성 전체를 열어주고 있다. 전화라고 하는 원거리 음향(Telefon)에서 우리는 '대면(face-to-face)'을 대신하는 원거리 존재(Telepräsenz)의 체험을 습득하고 있다. 원거리 존재에 대한 교육수단으로서의 전화(Telefon)와 이 단어에서 'tele'라는 접두사는 교육학적 의미를 지닌다.

여기에 제시하는 전화에 관한 서술이 모든 것을 보여준다고 주장하려는 것은 아니다. 오히려 이와 반대로 이러한 서술은 전화에 대한 분석, 더 나아가 대화를 위한 매체 일반을 분석하는 출발점에 대한 권고로 이해되어야 할 것이다. 다음과 같은 사실을 기억하길 바란다. 두 사람 사이의 대화를 특징짓는 모든 요소가 (호소, 책임, 타자에 대한 인정과 상대방에 의한 인정) 이러한 서술 안에 들어 있다. 그리고 원형적 대화를 특징짓는 모든 요소도 (발표, 교환, 새로운 정보의 추구) 마찬가지로 이러한 서술 안에 들어 있다. 한마디로 전화에 관한 서술은 유토피아적인 정치적 삶을 가져다줄 미래의 대화 매체에 대한 전반적 사유를 가능케 한다.

이에 대한 서술은 또한 전화통신망을 방송 매체와 연결하는 것이

기술적으로 가능하다는 사실을 확인시켜준다. 이 서술은 미래에는 우리가 중심과 연결된 매체를 통해 서로 대화할 수 있게 되리라는 생각을 일깨워준다. 이에 대한 실마리를 우리는 텔레비전의 예에서 확인할 수 있다. 이에 대해서는 두 가지 진단이 가능하다. 그 하나는 전화연결망이 미래에 점차로 더 분기되는 연결망의 모델로 기능할 수 있으리라는 것이다. 쌍방향 영상연결망이나 컴퓨터 단말기가 그 예인데, 이 경우 우리는 타자에 대한 인정과 타자에 의한 인정에 바탕을 둔 텔레마틱 사회로 나아갈 것이다. 다른 하나는 중앙에 의해 통제되고 프로그래밍되는 대중사회다. 오늘날 나타나는 증상은 두 번째 경우에 더 가까워 보이는데, 이를 눈으로 보는 것은 매우 역겨운 일일 것이다. 겉으로는 그토록 무해한 듯 보이는 전화라는 도구에서 이 두 가지 가능성이 나타나고 있다. 이 두 가능성 중에서 어떤 것이 현실이 될 것인가는 부분적으로 우리 자신에게 달려 있다. • 안성찬 옮김

움베르토 에코(Umberto Eco)

신호에서 의미로

(1968)

1. 세면대에서 흘러나오는 메시지의 수신자가 기계장치가 아니라 **인간적 존재**라고 가정해보자. 이 인간적 존재는 코드로 구성되었기 때문에 /ABC/가 '영점'에 해당하고, 다른 물높이에 대한 다른 신호가 최소에서 최대까지의 위험을 가리키는 물높이에 해당한다는 것을 안다.

이제 이 인간적 존재가 /ABC/라는 신호를 수신했다고 가정하자. 이 경우 그는 물높이가 0(위험)에 도달했다는 것을 이해하지만, 여기에 그치는 것은 아니다. **예를 들어 그는 경악할 수도 있을 것이다**. 이러한 경악은 커뮤니케이션 현상에 근거하기 때문에, 커뮤니케이션 현상과 득립된 감정적 반응으로 치부할 수 없다. 요컨대 순수한 물리적 사건인 /ABC/라는 상징은 인간에게는 외연적 기표 '수위 0'의 기의라는 사실을 넘어서서 '위험'을 내포한다. 이는 기계에는 적용되지 않는다. 기계는 /ABC/를 수신하면, 지시에 따라 요구된 방식으로 반응한다. 즉 기계는 정보를 수신할 뿐 그 의미를 받아들이지는 않는다. 기계는 /ABC/가 무엇을 의미하는지 알지 못하며, '수위 0'도 '위험'도 이해하지 못한다. 기계는 관을 통한 전송 가능성을 고려한 엔지니어에게서 이런저런 방식으로 수많은 계산 가능한 비트를 받아들여, 이에 따라 움직인다.

기계의 층위에서 우리는 신호에 관심을 두고 있는 인공두뇌학의 영역 안에 있었다. 인간을 끌어들임으로써 우리는 의미(Sinn)의 세계로 넘어가게 된다. 의미는 **의미화 과정**(Signifikation)에 자신을 개방한다. 왜냐하면 신호(Signal)는 비트로 이루어진 정보로 계산될 수 있는 일련의 규정된 단위가 아니라, 인간 수신자가 그 의미를 채워넣어야 하는 기의의 형식이기 때문이다.

2. 위에서의 접근을 통해 이러한 의미화 과정이 어떻게 일어나는가를 설명할 수 있을지 알아보자. 인간 수신자는 코드를 가지고 있기 때문에 /ABC/라는 신호에 의미를 부여한다. 이 순간에 코드는 등가성의 목록으로 간주될 수 있다(이를 통해 /ABC/ = '수위 9'가 된다). 이 코드는 대립의 체계가 아니다. 오히려 이 코드는 대립을 이루는 두 체계 사이에 놓여 있는 '등가성의 명칭에 대한 명칭(Terminus-für-Terminus-Äquivalenz)'의 규칙이라 할 수 있다. 여기에서 이 두 체계 중 하나는 신호의 체계고(이를 통해 /ABC/가 체계 내에서 다른 신호와 대조된다), 다른 하나는 물높이의 체계다(이를 통해 /수위 0/이 체계 내에서 다른 물높이와 대조되어 예컨대 /수위 +1/과 구분된다).

인간 수신자가 가지고 있는 코드를 우리는 외연적 코드라고 부를 수 있을 것이다. 하지만 그는 이 앞선 코드를 기초로 하는 또 다른 코드를 가지고 있어야만 한다. 요컨대 /ABC/의 외연적 의미인 /수위 0/은 '/수위 0/ = 위험'이라는 기의가 되어야 한다. '위험'의 의미는 새로운 가치체계의 요소로서 (예를 들어 /위험/ 대(對) /안전/), 이것이 바로 바탕에 놓여 있는 외연적 의미의 내포적 의미가 된다. 외연과 내포의 관계는 중복의 체계로 나타나는데, 이를 그림으로 표시하면 다음과 같다.

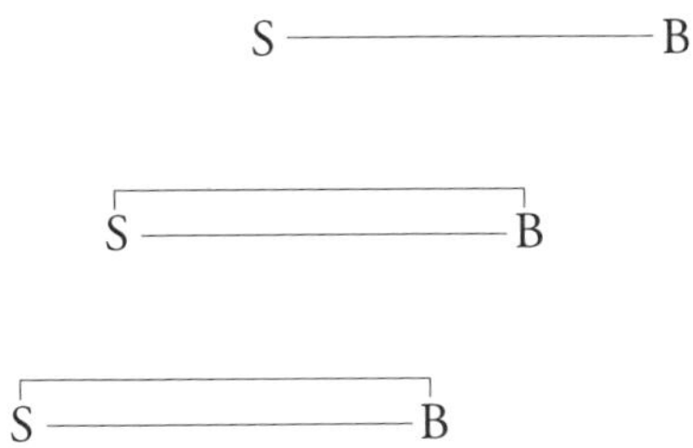

우리의 인간 수신자가 '위험'이라는 메시지를 수신한 후, 즉시 '경보 발령'이라는 명령을 내렸다고 가정하자. 이 경우 우리는 그의 지식저장고가 또 하나의 내포적 코드로 채워진 적이 있으며, 이 코드는 /위험/과 '경보 발령' 사이에 등가관계를 설정하고 있다고 추정해야 한다. 물론 우리가 코드라는 말을 할 수 있으려면, 당연히 이러한 등가성이 제도화되어 있어야 한다. (다시 말해 수신자의 개인적 성향에 의한 반응은 여기에서 고려되지 않아야 한다. 예를 들어 그가 정신장애로 인해 /위험/과 '참사에 대한 즐거운 기대감' 사이에 개인적으로 등가성을 수립하는 경우가 그것이다.)

다른 한편으로 그 수신자는 제도화된 또 다른 등가성을 받아들일 수도 있다. 이 경우 그에게 위험신호는 경보를 발령해야 하는 의무가 아니라, 위험을 막을 수 있는 기술적 조작의 의무를 내포할 수 있다. 이런 경우에 그는 /위험/ = '레버 X를 아래로 당길 것'이라는 등가성이 설정된 코드를 사용할 것이다. 이 두 코드 중 어느 하나가 다른 하나를 배제하지는 않는다. 이 수신자는 동일한 층위에서 대안적으로 작용하는 두 코드를 동시에 가지고 있어, 그가 처한 상황에서 둘 중 어떤 것을 사용할 것인가를 결정해야 할 수도 있다. 이렇게 하여 우리는 메시지가 수신되는 상황이라는 또 하나의 개념을 도입하게 되었다. 여기에서 **상황**은 의미론에서 벗어나 있으면서도 **다른 코드가 아닌 특정한 코드를 선택하게 만드는** 맥락으로 나타난다.

위에서 우리가 말한 이 두 가지 내포적 코드가 대안적인 것인 반면에, 그 바탕에 놓여 있는 외연적 코드는 대안적인 것이 아닌 것으로 보인다. 즉 /ABC/는 이에 대한 전체 지식을 가지고 있는 사람 모두에게 '수위 0'을 의미한다. 따라서 우리는 다음과 같은 사실을 확인할 수 있다. 바탕에 놓여 있는 외연적 코드라는 것이 존재하고, 그 위에 (우리가 내포적 코드라고 불렀던) 또 다른 코드, 대개의 경우 선택적인 코드가 세워지는데, 이를 우리는 하위 코드(Subcode)로 이해할 수 있다. 메시지 전달자의 지식저장고에는 코드와 일련의 하위 코드가 들어 있는데, (메시지를 의미로 채우기 위해) 일련의 하위 코드들 중에서 하나를 선택하는 일은 (지금까지는 아직) 의미론에서 벗어나 있는 주변 환경에 의해 규정된다. 그리고 주변 환경은 커뮤니케이션 상황과 지식저장고 전체라는 두 가지 보편적 범주로 요약될 수 있다. 이에 있어 지식저장고가 수신자로 하여금 가치평가와 해석적 선택을 할 수 있도록 해준다.

3. 지금까지 논의된 것은 기계 수신자 대신 인간을 수신자로 가정하는 경우 어떤 일이 일어나는가에 대한 것이다. 위에서 살펴보았듯이 이는 (전달된 물리적 정보의 단위로 계산되는) **신호의 세계**에서 (외연과 내포라는 개념으로 파악될 수 있는) **의미**의 세계로의 이행을 의미한다.

이러한 논의는 또한 물리적 사건의 근원과 송신기 대신에 인간 존재를 설정하면 어떤 일이 일어나는가를 이해할 수 있도록 해준다.

여기에서 우리가 말할 수 있는 것은 인간에게서는 그러한 근원과 송신기가 하나이며, 인간이 메시지의 **송신자**라는 것이다(여기에서 송신자를 근원으로서의 두뇌와 송신기로서의 음성기관으로 구분할 수는 있겠지만).

하지만 우리는 여기에서 인간은 말할 때 그가 자유로이 사유한 모든 것을 전달할 수 있을 만큼 자유로운가, 아니면 그는 코드에 의해 결정되어 있는 존재인가에 대해 물음을 제기하지 않을 수 없다. '인간의 사상'의 정체를 언어적 표현을 통하지 않고는 확인할 수 없다는 어려움 때문에, 메시지의 송신자는 **코드를 통해 말한다**는 추정이 정당성을 지니게 된다. 언어의 메커니즘과 자동작용(Automatismus)은 말하는 자로 하여금 특정한 것에 대해 말하고 다른 것에 대해 말하지 않게 한다. 이러한 의미에서 정보의 진정한 근원, 가능한 정보의 저장소는 코드 자체다. 기억해야 할 것은 근원의 등가개연성(Gleichwahrscheinlichkeit) 위에 세워져 있는 개연성의 체계인 코드는 비록 (불연속적 무한이라는 의미에서) 무한한 것은 아니라 할지라도, 그것이 가능하게 만드는 지극히 긴 일련의 메시지를 고려할 때 그 자신이 등가개연성의 체계로 나타난다.

이러한 문제는 언어에 대한 철학적 성찰의 핵심을 건드리는 것으로서 다양한 방식으로 다루어져왔다. 이것을 우리는 여기에서 송신자를 말하는 자로 정의하는 토대 위에 세우고자 한다. 말하는 자는 생물학적이고 문화적인 모든 우연적 조건에 예속되어 있으며, 대부분의 상황에서 코드의 자동작용에 의해 말해지는 것으로 추정된다.[1]

송신자라고 말할 때, 우리는 그를 정보의 근원과 동일시하게 된다(말하는 자가 비록 코드에 의해 말할지라도, 혹시 코드가 그를 통제하지 않을 때 그가 만들어낼 수 있을지도 모르는 정보의 풍요로운 가능성보다 코드의 규칙과 개연성의 체계를 더 우위에 둔다는 의미에서는 적어도 그렇다).

4. 이러한 분석을 통해 우리는 메시지를 의미로 채우는 과정이 얼마나 복잡한가를 핵심적인 방식으로 설명할 수 있다. 하지만 여기에서 사용된 용어 중 어느 것도 [기의(의미), 외연, 내포, 코드, 하위 코드, 상황, 지식저장고] 충분히 정의되지 않았다. 원한다면 이 모든 의미론적 단위의 위치를 제시했다고 할 수도 있겠지만, 그것이 아직 말해진 것은 아니다.

이러한 단위들에 대한 엄격한 정의는 지극히 어려운 과제이며, 이에 따라 언어학, 정보과학, 기호학 등 그 어느 학문 분야도 지금까지 이 개념들을 만족할 만큼 엄밀하게 정의하지 못했다. 이어지는 장에서는 (A장 전체) 이러한 단위들을 단연코 엄밀하게 정의하기보다는 그 복잡성을 제시하고 기호학 연구가 계속 나아가야 할 길을 제안하고자 한다. 가장 널리 확산되어 있고, 가장 잘 연구된 커뮤니케이션 유형인 구술적 유형에 적용할 때, 이 개념들은 그것이 지닌 복잡한 모순 전체를 드러낼 것이다. 기호학 연구가 넘어서야 할 일련의 '문턱'을 규정함으로써 그러한 모순에 조명을 가하는 것으로 충분할 것이다. 하지만 기호학의 모델을 시각의 형식 같은 다른 커뮤니케이션

1 예를 들어 Jacques Lacan, *Ecrits*, Paris 1966 참조.

형식에 적용하거나(B장), 객체의 커뮤니케이션 세계에 적용하려 하는 곳에서는(C장) 이에 대한 학술서가 아직 부족하거나 불충분하다는 것을 감안하여, 이어지는 장에서 소묘될 일반적이고 핵심적인 의미로 이 개념들을 다루는 것으로 만족할 것이다.

• 안성찬 옮김

IV
대중-매체-문화

브리타 나이첼(Britta Neitzel)

이 장의 개요

"옛날 옛적에 대중매체가 있었답니다, 사악했던 (…)."

- 움베르토 에코[1]

오랫동안 대중매체 연구의 모토로 간주되었으며, 오늘날까지 대중매체, 특히 텔레비전에 대한 일상적 담론에서 의문의 여지가 없는 근본 가정으로 인정되었던 것을 에코는 이렇듯 풍자적으로 요약하고 있다.[2]

대중매체가 왜 수십 년간 (매체-)문화의 요소라기보다는 비-문화(Un-Kultur)의 원인으로 간주되었는지를 상세하게 설명하는 것은 쉽지 않다. 그러나 다음과 같이 두 가지의 가능한 원인을 들 수는 있다. 그 하나는 여기 어떤 특정한 문화 개념이 자리하고 있다는 점인데, 이 개념은 오랫동안 의문시되지 않은 채 시민적인 고급문화의 산물

1 Umberto Eco, "Die Multiplizierung der Medien," in Umberto Eco, *Über Gott und die Welt. Essays und Glossen*, München 1987, 162쪽.

2 이엔 앙(Ien Ang)은 이런 식의 근본 가정과 통념을 "대중문화의 이데올로기"라고 부른다. Ien Ang, *Das Gefühl Dollars. Zur Produktion des Trivialen*, Bielefeld, 1986, 104-138쪽 참조.

들과 연관되어왔고, 문명의 개념과 구분되었다.[3] 이런 산물들의 독창성과 유일성은 언제나 동시에 재생산 매체이기도 한 대중매체의 공격을 받으며, 이런 산물들은 특정 지역에 생존하는 희귀종 같은 존재로 밀려나게 되는데, 이것은 일종의 문화 파괴로 해석될 수 있다. 두 번째로는, 매체문화와 대결하게 되는 사람이면 누구나 겪게 되는 개인적인 놀라움이 특별한 사회활동에 참여하도록 만들기도 한다는 점이다. 왜냐하면 여기서 논의되는 것은 매체철학이나 예술론적인 설명이 아니라, 매체의 편재성—달리 표현하면 일상—이기 때문이다. 즉 매체가 영향력을 행사하고 규정하며 모든 순간 현존하는 그 일상, 그리고 매체가 매일 변화시키면서 또 그 안에서 모두와 끊임없이 마주치는 일상이 문제이기 때문이다.

새로운 매체 또는 새로운 매체 형식이 사회 구조의 형성에 부정적으로 작용한다는 생각은 새로운 것이 아니다. 이런 생각은 연애소설이 여성 심리에 끼치는 영향에 대한 염려나[4] 영화가 사람들을 도덕적으로 타락시킨다는 관념으로부터[5] 읽어낼 수 있다. 새롭게 대중매체를 겨냥하는 비판에서는 그 비판의 효과들이 더 이상 개별 사회

3 Herbert Schnädelbach, "Kultur," in *Martens/Schnädelbach, Philosophie. Ein Grundkurs*, Bd. 2, Reinbeck 1991, 509-547쪽, 511쪽, 528쪽. "문화와 문명, 이것은 다음과 같은 것들을 뜻한다. 괴테와 철도, 피리와 축구, 개신교 아카데미와 2일간의 6인조 자전거 릴레이, 만년필로 쓰기와 볼펜으로 쓰기." 우리의 맥락에서는 여기에 극장과 텔레비전이 추가될 수 있겠다.

4 Niklas Luhmann, *Liebe als Passion. Zur Codierung von Intimität*, Frankfurt/Main 1982 참조.

5 *Prolog vor dem Film. Nachdenken über ein neues Medium* 1909-1914, hg. von jörg Schweiniz, Leipzig 1992 참조.

집단(여성이나 향락을 좇는 영화관객)을 대상으로 한다거나 스쳐지나가는 질병 정도로 — 예컨대 파노라마를 지켜보는 것에서 유발되는 어지럼증과 같이 — 간주되지 않는다.[6] 그보다 사람들은 모든 개인과 사회 전체가 영향을 받는다는 시각에서 출발한다.

이러한 배경에서 보면 여기에서 (발췌하여) 제시한 텍스트들은 매체와 문화의 관계에 대한 영향력 있는 개별적인 문화이론적 성찰을 의미할 뿐만 아니라, 역사적으로 축적된 논의의 맥락 속에서 고찰되어야 하는 것들이다. 그리고 이런 맥락에서 각 텍스트들은 부분적으로는 서로 연결되고, 보완되고 또 상충되기도 한다.

『계몽의 변증법(*Dialektik der Aufklaerung*)』(1947)에[7] 포함된 영향력 있고 개념사적으로 중요한 장(章)인 「문화산업, 대중 기만으로서의 계몽」에서 아도르노(T. W. Adorno)와 호르크하이머(M. Horkheimer)는 문화가 상품이라는 형식을 띠게 되며, 그리하여 이제 문화에 대해서는 논할 수 없고, 문화산업에 대해 논해야 한다고 주장한다. 이들은 문화산업 비판을 계몽비판이라는 자신들의 거대한 기획 속에 엮어 넣는다. 여기서 아도르노와 호르크하이머를 이끌고가는 물음은 도대체 "포괄적 의미의 발전적 사유 속에서 인간에게서 공포를 소멸시키고 인간을 지배자로 만든다는 목표를 추구한"[8] 계몽의 기획이, 즉 인

---

6 Stephan Oettermann, *Das Panorama. Die Geschichte eines Massenmediums*, Frankfurt/Main, 1980, 12-13쪽.

7 Theodor W. Adorno/ Max Horkheimer, *Dialektik der Aufklärung*, München 1985. 이 책(*Kursbuch Medienkultur*)에 수록된 〈문화산업 개괄(Résumé über Kulturindustrie)〉은 이 장과는 16년 후에 연관을 맺고 있는 셈이다.

8 Adorno/ Max Horkheimer, *Dialektik der Aufklärung*, 같은 책, 7쪽.

간을 위해 봉사해야 할 기획이 어떻게 인간에 반(反)하게 되어 전(前)합리적인 신화적 사유로 변질될 수 있는가 하는 것이다. 그리고 이때 이러한 사유는 그 극단적 형태에 이르러서는 민족사회주의라는 제식(祭式)에서 나타나고 또한 자본주의적 경제 질서의 신격화에서도 나타난다는 것이다. 이 두 번째 논점, 즉 이러한 질서의 긍정과 조장에 문화산업의 논리가 드러난다는 것이다. 문화산업은 다양한 부분에서 그리고 다양한 산물을 가지고, 그러나 이윤극대화라는 원리에 따라 작동되며 촉진되는 체계로 묘사된다.

아도르노와 호르크하이머는 대중문화가 사회 전체에 영향력을 행사한다는 것을 정확하게 지적한다. 문화산업은 모든 문화를 자기 아래 포섭하며 이것을 자신의 도식에 맞춘다는 것이다. 그리하여 고급문화의 진지함과 민중문화의 반항성 또한 문화산업에 의하여 인습화된 산물들의 체계로 바뀌어버린다는 것이다. 여기서 이 산물들은 더 이상 인간의 요구에 상응하는 것이 아니라, 산업의 수익성에 상응하는 것이다. 그리하여 기존의 질서와 상황을 바라보는 비판적인 시선에 대한 희망 역시 좌절된다는 것이다.

아도르노는 이 장에 실린 텍스트에서 사회로부터 출현하여 "고착화된 관계에 반기를 들던" 문화와 계획된 대로 투입되어 "의식을 속박하는 수단"으로 기능하는 문화산업을 대립시킨다. 여기서 이 수단으로서의 문화산업은 다음과 같이 쌍방의 양해와 더불어 수용되고 있다. 즉 "문화산업은 소비자를 의도적으로 위에서부터 통합한다."

마르크스의 용어를 사용하면, 생산관계는 문화산업을 통해 상부구조에 편입된다. 그러니까 의식조차도 산업화되며,[9] 이와 더불어 인간은 미성숙한 자들에 대해 무제한적인 지배를 허용해주는 예속관계에 놓인다. 문화산업 그리고 "그것이 인간 속에 가득 채워넣는 것은"[10] — 이 양자가 모든 이의 제기를 가로막아버리기 때문에 — 개인의 자유를 방해하고 이와 함께 실질적인 민주주의의 토대를 빼앗아가버린다.

이와 유사한 묵시록적인 기조가 **안더스**(Günther Anders)에게서도 발견될 수 있다. 그는 라디오와 텔레비전을 철저히 기술비판적인 세계상 속으로 집어넣는다. 자신의 주저인 『인간의 진부성(*Die Antiquiertheit der Menschen*)』에서 그는 기술적 장치들은 더 이상 인간에 의해 지배되지 않으며, 오히려 인간이 그것들에 의해 지배된다는 주장을 내세운다. 진정한 인간의 능력은 공학적 기술의 관점에서 보면 구닥다리가 되어버렸다는 것이다.

텔레비전이라는 장치를 생각해보면 인간을 묘사함에 있어 아도르노가 표현한 것 이상으로 어떤 것에 의해 "가득 채워지게 되는" 소비자로서의 인간이라는 은유가 들어맞는다. 그러나 안더스는 생산과정과 그로부터 출현하는 시스템 그리고 텔레비전 소비자에게 제공되는 이 시스템의 내용에서 시작하지 않고, 오히려 텔레비전이 정보를 부여하는 방식과 텔레비전의 수용방식에서 시작한다. 다르게 말하면 텔레비전이라는 지각장치에서 시작하는 것이다.[11] 맥루언이

9 Klaus von Bismarck/ Günter Gaus/ Alexander Kluge/ Ferdinand Sieger, *Industrialisierung des Bewußtseins. Eine kritische Auseinandersetzung mit den "neuen" Medien*, München/ Zürich 1985 참조.

10 Baudry의 "장치(Dispositiv)" 개념에 대해서는 이 책의 원서인 *Kursbuch Medienkultur*의 381쪽 이하 참조.

11 그렇지만 이 입장은 안더스가 『인간의 진부성(*Die Antiquiertheit des Menschen*)』 5판 서문에서 베트남전쟁에 대한 저항을 이유로 거리를 둔 입장이기도 하다. 즉 어떤 경우

"매체가 메시지다"라고 말한 것처럼, 개별 프로그램이 아니라 장치 자체가 수용을 규정한다.

안더스는 텔레비전 시청자가 수동적이 되는 상황을 경악스런 표현으로 확언하고 있다. 그는 나중에서야 비로소 친숙하게 된 **수동적 시청자**(Couch-Potato)라는 인간 유형의 개념을—봉지에 들어 있는 인스턴트 식품으로는 배를 채우고 텔레비전이 인스턴트 식품처럼 만들어 제공하는 것으로는 뇌를 채운다는 의미의 개념—시각적으로 선취(先取)한다.

다른 한편 안더스는 이러한 사태에서 나타나는 현실성의 상실에 대해 서술한다. 텔레비전이 세심하게 잘 만들어 각 가정에 배달해주는 현실성의 조각들은 마치 실재와 같은 인상을 줄 뿐인 환영들이다. 안더스에 따르면 인간은 끊임없이 이런 환영들에 의해 사육됨으로써 결국 세계 자체를 보는 시각을 잃어버린다. 현실성은—그것이 텔레비전에 의해 방영되는 모습으로 나타나게 됨으로써—그렇게 제시된 그림들로 인해 상실되어버리고 결국 텔레비전 속에서 가공된 모습에 상응하는 것이 된다.[12] 이러한 과정에서 인간은 세계를 상실할 뿐만 아니라, 그것을 스스로 파악하여 인지하는 능력을 상실한다는 것이다.

약간 극단적으로 표현하면 안더스에게 텔레비전이란 남성에게

에는 텔레비전 영상을 보는 것이 아무것도 보지 않는 것보다 낫다는 것이다.

12 여기서 이미 보드리야르의 가상이론(Simulationstheorie)이 선취되고 있음이 암시된다. 물론 아직 기호학적으로 정초되지 않았지만 말이다. Jean Baudrillard, "Die Präzession der Simulakra," in *Agonie des Realen*, Berlin 1978, 7-69쪽. 그리고 이 책의 원서인 *Kursbuch Medienkultur* V장 "Eine Debatte"의 서론 참조.

세계가 마치 극성스런 엄마(Übermutter)가 입맛에 맞는 음식을 떠먹여 주는 것처럼 제시되기 때문에 남성의 정복욕을 약화시키는 데 기여한다. 정복자로서의 남성은 그런 세계 앞에서 당연하게도 구식이 되어버리는 것처럼 보이는데, 그렇지만 이 경우에 해로울 것은 없다.

포스트먼(Neil Postman)은 『우리는 죽도록 즐긴다(*Wir amüsieren uns zu Tode*)』에서 텔레비전에 대해 고찰하면서 아도르노와 안더스의 사고 과정에 동참한다. 포스트먼은 텔레비전이 무엇보다도 시시한 것들을 방송할 뿐이라는 아도르노의 가정을 받아들인다. 그리고 그는 안더스로부터(또는 맥루언으로부터) 매체가 만들어내는 효과는 내용에서 오는 것이 아니고, 그것의 형식이 특정한 지각을 요구한다는 주장을 받아들인다. 여기에 포스트먼이 추가하는 내용은 언제나 주도매체라는 것이 형성되며, 텔레비전이 주도매체로서의 책을 대체해버렸다는 역사적 고찰이다.[13] 포스트먼의 공헌은 이러한 주장을 매체학 밖에서도 대중화했다는 데 있다.

포스트먼에게 텔레비전이란 무엇보다도 오락기계다. 그는 일단 여기에는 아무 문제가 없다고 본다. 텔레비전이 주도매체로서 모든 것을 이런 오락의 강제하에 두지 않는다면 말이다. "인쇄술이 한때 정치, 종교, 비즈니스, 교육, 법 및 기타 중요한 사회적 문제를 수행하는 스타일을 지시했듯이, 이제는 텔레비전이 모든 지휘를 하고 있는 것이다." 그가 설득력을 높이려고 들고 있는, 실로 끝없이 이어지는 일련의 예들을 열거하는 것은 텔레비전의 방식이 그의 글쓰기를 엄

13 이런 생각 역시 새로운 것은 아니다. Marshall McLuhan, *Die Gutenberg-Galaxis: Das Ende des Buchzeitalters*, Bonn/ Paris 1995.

습했음을 보여준다.[14] 비록 그가 또 하나의 다른 주요 매체, 즉 책으로 되돌아가고 싶어 하더라도 말이다. 아도르노와 안더스가 어떤 구체적인 탈출구도 찾지 못한 채 매체와 관련된 근본적인 변화에 대해 그저 비관적인 관찰자로 이해될 수 있는 반면에, 포스트먼은 30여 년 후에 문화 보수주의적인 입장에서 TV 이전 시대의 미국적 가치로의 회귀를 요구한다.

'문화 연구(Cultural Studies)'의 영역에 거점을 두고 있는 존 피스크(John Fiske)는 매체의 형식에서 수용의 형식을 도출해내거나 전자를 바로 후자와 연결시키는 것에 반대한다. 커뮤니케이션이 마찰 없이 기능하고, 메시지나 동의가 수신자에게 '집어넣어지며' 매체의 구조가 금형(金型)처럼 인간에게 각인된다는 사상에 비판적인 의문을 제기한다. 대중매체가 비록 표준화된 생산품을 통해 복잡성을 축소하고, 커뮤니케이션을 가능한 것으로 보이게 만든다고 할지라도,[15] 그에게 커뮤니케이션은 가능한 것으로 보이지 않는다. 혹은 스튜어트 홀[16] 식으로 말한다면, 어떤 것이 기호화되는 방식이 그 기호가 해독되는 방식을 말해주는 것은 아니라는 것이다. '문화 연구'는 특히 대중매체에 대한 개인적인 이해와 이용 가능성을 고찰하고, 그러한 것이 존재한다는 사실을 확신한다.[17]

---

14 "Und jetzt..."라는 이름의 장(章), in Neil Postman, *Wir amüsieren uns zu Tode*, Frankfurt/ Main 1985, 123-140쪽. 포스트먼은 여기서 텔레비전의 구조를 개별사항들의 무한한 나열로 묘사한다.

15 Niklas Luhmann, *Die Realität der Massenmedien*, Opladen 1996.

16 Stuart Hall, "Encoding-Decoding," in *The Cultural Studies Reader*, hg. von Simon During, London/ New York 1992, 507-517쪽.

17 이렇듯 상이한 수용방식을 연구하는 것이 바로 '문화 연구' 프로그램을 이룬다. 그

피스크는 텍스트와 시청자에 대해서가 아니라, 텍스트의 형태와 개인적 선호와 사회적 범례의 상호작용 안에서 이루어지는 보는 과정, 즉 TV 시청의 순간들에 대해 발언하고 있다. 그리하여 그는 TV가 그것의 진부함으로 인해 해석의 여지를 주지 않는다는 일반적인 견해에 반대한다. TV는 그것이 완결된 작품의 권위를 지니지 않고, 지극히 다양한 견해에서 생겨나온 미완의 부분적 작품이라는 바로 그 사실 때문에 독자적인 수용방식을 펼쳐낸다는 것이다.

수용자의 조종인가 아니면 자유인가와 관련된 매체의 표준화에 대한 물음은 TV에 대한 논의로 종결되는 것이 아니다. 이러한 물음은 소위 쌍방향적 매체에 대해서도 거듭 제기되고 있으며, 반드시 비판적으로 제기되어야 한다. 왜냐하면 이에 대한 단순한 대답은 수동적인 시청자(Couch-Potato)를 능동적인 시청자(Couch-Commander)로[18] 만들어주지는 않기 때문이다.

* 박배형 옮김

래서 무엇보다도 "대중"이라는 개념을 가지고 작업하지 않기 때문에, "대중매체"에 유효한 모델을 소개하는 어떤 텍스트도 발견될 수 없다. 오히려 대개 질적인(qualitativen) 연구들에서 개별 청중들(Publika)의 차이와 특수성이 제시되었는데, 이들 중 두 가지 경우를 들자면 하나는 위에서 언급한 앙(Ien Ang)의 〈달라스(Dallas)〉에 관한 연구이고, 다른 하나는 스테이시(Jackie Stacey)의 다음 연구다. *Hollywood Cinema and female Spectatorship*, London/ New York 1994.

18 이 개념은 샌드보테(Mike Sandbothe)의 다음 글, 즉 「여기서 포스트모던이란 무엇인가? 포스트모던에 대한 장황한 규정에서 정확한 규정으로(Was heißthier Postmoderne? Von diffuser zu präziser Postmoderne-Bestimmung)」, in *Die Filmgespenster der Postmoderne*, hg. von Andreas Rost, Frankfurt/ Main 1998, 41-54쪽에서 발견되는데, 이것 역시 유사한 발전적 사고를 나타낸다.

테오도르 W. 아도르노(Theodor W. Adorno)

문화산업 개괄

(1963)

문화산업이란 용어는 내가 호르크하이머(M. Horkheimer)와 함께 1947년 암스테르담에서 출판했던 『계몽의 변증법(*Dialektik der Aufklärung*)』에서 처음 사용했다. 초고에서 우리는 '대중문화(Massenkultur)'라는 단어를 사용했으나 그것을 옹호하는 사람들에게 유리하게 해석되는 일이 애초부터 없도록 그 단어를 '문화산업(Kulturindustrie)'이란 표현으로 대체했다. 대중에게서 자발적으로 생겨난 문화, 즉 대중예술의 현재 모습이 여기에서 문제되고 있기 때문이다. 그러한 예술과 문화산업은 명확하게 구분된다. 문화산업은 오래도록 익숙해 있던 것에 새로운 특질을 결합한다. 문화산업 전 분야에 걸쳐 생산물은 대개 계획적으로 생산되고, 대중의 소비를 겨냥하여 제작되며, 대부분은 그 소비를 자발적으로 규정한다. 개별 분야는 구조가 서로 유사하거나 적어도 서로 잘 어울린다. 개별 분야는 체제에 거의 빈틈없이 꼭 들어맞게 배열된다. 현대적인 기술 수단과 경제적·행정적 집중 덕분에 그런 일이 가능하게 된다. 문화산업은 의도적으로 소비자를 위에서부터 통합한다. 또한 문화산업은 수천 년 동안 분리되어왔던 분야인 고급예술과 저급예술을 통합하도록 강제한다. 그것은 양측에 모두

손해다. 고급예술은 효과를 추측하느라 진지함을 상실하게 되고, 문명적 제약으로 인해 저급예술은 길들여지지 않은 저항을, 즉 사회가 전면적으로 통제되지 않는 한 그 속에 내재되어 있는 저항을 잃게 된다. 문화산업이 노골적으로 겨냥한 수백만 명의 의식 상태와 무의식 상태를 예상하고 투기하는 동안, 대중은 일차적이 아니라 이차적인 것, 계산된 것, 즉 기계의 부속품이 된다. 고객은 문화산업이 우리로 하여금 그렇게 믿도록 만들려고 하는 왕이 아니다. 고객은 주체가 아니라 대상이다. 문화산업을 위해 끼워 맞춰진 대중매체라는 말은 중점을 이미 무해한 영역으로 이동시킨다. 대중을 으뜸으로 간주한다거나 커뮤니케이션 기술 자체가 중요한 것이 아니라 여기에서 문제가 되는 것은 대중을 부추기는 정신, 즉 주인의 목소리다. 문화산업은 이미 주어졌기 때문에 변경 불가능하다고 생각하는 대중의 사고방식을 배가하고 고정하고 강화하는 데 대중의 관심을 오용하고 있다. 어떻게 하면 대중의 사고방식을 변화시킬 수 있을까 하는 문제는 철두철미하게 배제된다. 대중은 문화산업의 척도가 아니라 문화산업의 이데올로기다. 대중에게 적응하지 못하면 문화산업 자체가 살아남기 어려울 터인데도 그러하다.

브레히트(Bertolt Brecht)와 주어캄프(Peter Suhrkamp)가 이미 30년 전에 언급했던 것처럼, 산업의 문화상품은 고유한 내용과 조화로운 형상을 지향하는 것이 아니라 효용 원칙을 따른다. 문화산업 전반에 걸친 인습적 행태는 이윤 동기를 노골적으로 정신적인 형성물에 전가한다. 정신적 형성물은 시장에서 상품으로서 원저자들로부터 생명을 얻게 된 순간부터 이미 이윤 동기로부터 무엇인가를 얻었다. 그러나 정신적 형성물은 이윤을 오직 간접적으로만, 자율적인 본질을 통해서만 추구했다. 문화산업에서 새로운 점은 그들의 가장 전형적인 상품들에서 정확하고 철저하게 계산된 효과를 직접적이면서도 노골적으로 우선시하는 것이다. 예술작품의 자율성은, 물론 이것이 전적으로 순수하게 우위를 차지하는 경우는 거의 없으며 항상 상호의존하면서 관철되는 것이긴 하지만, 통제자의 의식적인 의지와는 무관하게 문화산업에 의해 제거되는 추세다. 통제자란 집행기관이나 또는 권력자를 말한다. 경제적인 측면에서 보건대 경제 선진국에서 문화산업은 자본의 가치를 증식할 수 있는 새로운 가능성을 찾아왔거나 또는 찾고 있다. 문화산업이 편재하는 장치가 될 수 있도록 한 동일한 집중 과정으로 말미암아 낡은 가능성은 점점 더 난관에 봉착하게 된다. 진정한 의미에서 문화는 인간의 뜻에 따랐을 뿐만 아니라 삶의 경직된 관계에 항상 이의를 제기했고 그리하여 인간을 존중했다. 그러한 문화가 자신을 인간에게 완전히 맞춤으로써 경직된 관계에 빠져들게 되고 그리하여 인간의 품위를 다시 한 번 떨어뜨리고 있다. 문화산업적 양식으로 만들어진 정신적 형성물은 더 이상 단순한 상품이 아니라 철저하게 계획된 상품이다. 이러한 양적인 전이가 너무 거대하기 때문에 문화는 완전히 새로운 현상을 보여준다. 결국 문화산업은 도처에서 자신이 유래한 이윤관계를 더 이상 직접 뒤쫓을 필요가 없게 된다. 이윤관계는 문화산업의 이데올로기에서 대상화되었고, 아무튼 어쩔 수 없이 받아들일 수밖에 없는 문화상품을 판매해야 하는 강제에서 때때로 벗어나게 되었다. 문화산업은 그 자체로는 **선의**의 산물인 홍보 활동으로 넘어가서 특정한 회사나 팔아야 할 대상을 아랑곳할 필요가 없게 된다. 일반적이고 무비판적인 동의가 초래되고, 세상을 위해 광고가 만들어진다. 그래서 문화산업이 생산한 각각의 상품은 그 자체로 자기광고가 되는 셈이다.

그러나 문학이 상품으로 변할 때 원래 부여되는 특징들은 이 과정에서 유지된다. 이 세상에서 그 무엇보다도 문화산업은 자신의 존재론, 엄격하게 보수적인 기본범주라는 골격을 가진다. 이 범주는 이를테면 17세기 말과 18세기 초의 영국 상업 소설에서 추론할 수 있다. 문화산업에서 진보로 등장하는 것, 문화산업이 제공하는 부단히 새로운 것은 항상 동일한 것의 변형이다. 도처에서 변형은 문화에 대해 지배권을 획득한 이후부터 이윤 동기 자체에서처럼 거의 변하지 않은 골격을 드러낸다.

여기에서 산업이라는 표현을 너무 글자 그대로 받아들여서는 안 된다. 이 표현은 사물의 표준화 자체와 관련이 있으며—영화관에 가는 사람이면 모두 알고 있는 서부영화의 그것처럼—배급기술의 합리화와도 관련이 있지만 생산 과정과는 관련이 적다. 문화산업의 핵심 부문인 영화에서 기술적인 작업방식이 비록 지속적인 분업, 기계의 도입, 작업자와 생산수단의 분리 등과 닮아 있지만—이러한 분리는 문화산업에서 활동하고 있는 예술가와 그것을 통제하는 사람 간의 영원한 갈등을 말해준다—그럼에도 개별적인 생산 형식들은 유지된다. 각각의 상품은 스스로에게 개별적이라는 느낌을 부여한다. 완전히 사물화된 것과 매개된 것이 직접성과 삶의 도피처라는 인상을 불러일으킴으로써 개별성 자체는 이데올로기를 강화하는 데 소용된다. 문화산업의 본질은 예나 지금이나 제3자에게 '서비스'하는 데 있으며, 쇠퇴해가는 자본의 순환 과정에 대하여, 자신이 유래한 상업에 대하여 친화력을 가지고 있다. 문화산업의 이데올로기는 무엇보다도 개인주의적인 예술과 이것의 상업적인 착취에서 빌려온 스타

시스템을 이용한다. 그 운영과 내용이 비인간적이면 비인간적일수록 문화산업은 더욱 더 열성적이고 효과적으로 이른바 위대한 인물들을 선전하고 심금을 울리게끔 조작한다. 문화산업이 산업적이라는 의미는 어떤 것이 기술적 합리성에 의해 실제로 정말로 생산된다기보다는 사회학적으로 다양하게 관찰된, 조직의 산업 형태에 동화한다는 의미에서 그러하다. 사무작업의 합리화를 떠올려볼 수 있듯이 심지어는 아무것도 생산되지 않을 때도 그러하다. 따라서 문화산업에서 불량투자는 상당히 많으며, 새로운 기술에 추월당한 부문은 좀처럼 개선될 기미가 보이지 않는 위기에 빠지게 된다.

문화산업의 기술 개념은 예술작품에서의 기술과 이름만 동일할 뿐이다. 예술작품에서의 기술은 대상 그 자체의 구성, 즉 내적인 논리와 관련이 있다. 이와는 달리 문화산업의 기술은 애초부터 유통과 기계적 재생산의 기술이며, 그리하여 항상 그 대상에 표피적으로 머문다. 문화산업은 이데올로기적 뒷받침을 다른 게 아니라 바로 상품에 담겨 있는 기술의 모든 결과를 조심스럽게 경계하는 데서 찾고 있다. 동시에 문화산업은 예술의 내적 형상을 보조하는 기능적 역할이라는 책임을 무시할 뿐만 아니라 미학적 자율성이 요구하는 형식 법칙도 고려하지 않은 채, 상품을 물질적으로 생산하는 비예술적인 기술로 기생적으로 살아간다. 여기에서부터 문화산업의 인상학에 본질적인 혼합물이 한편으로는 능률화와 사진이 주는 딱딱함과 정확함에서, 다른 한편으로는 개인주의적 잔여물과 분위기와 이미 합리적으로 처리되어 준비된 낭만주의에서 생겨난다. 아우라 개념을 사용하여 전통적 예술작품을 현재 존재하지 않는 것의 현존이라고 규정한 벤야민(W. Benjamin)을 차용한다면, 문화산업은 아우라 원칙에 엄격하게 대립되는 다른 원칙이 아니라 쇠락해가는 아우라를 모호한 분위기로 보존하는 것이라고 정의된다. 이렇게 하여 문화산업은 자신의 이데올로기적 횡포를 직접적으로 입증한다.

시간이 흐름에 따라 문화정책자와 사회학자 사이에서 문화산업의 중요성과 관련하여 소비자의 의식 형성을 위해 문화산업을 과소평가하지 말라는 경고가 당연한 것으로 간주되었다. 사람들은 교양이 있다고 자만하지 말고 문화산업을 진지하게 받아들여야 한다는 것이다. 사실상 문화산업은 오늘날 압도적으로 우세한 정신의 동인으로서 중요하다. 문화산업이 인간에게 채워넣는 것에 대한 회의 때문에 그 영향력을 무시하려는 사람은 순진한 사람일 것이다. 그러나 문화산업을 진지하게 받아들이라는 경고가 아른거린다. 문화산업의 사회적 역할 때문에 문화산업의 특질, 참과 거짓, 전달된 것의 미학적 수준 등에 관한 번거로운 질문들이 억압되거나 적어도 소위 커뮤니케이션-사회학에서는 배제된다. 비평가는 오만한 비의적 사고의 참호 속에 들어앉아 있다고 비난 받는다. 의식하지 못하는 사이에 슬쩍 끼어드는 중요성의 이중적 의미에 대해 우선 언급하는 편이 좋을 것이다. 문화산업이 비록 수많은 사람의 삶에 관여할지라도 어떤 사안의 기능은 자신의 고유한 지위를 보장해주지 않는다. 미학적인 것을 그것의 의사소통적 잔여물과 혼합하는 것은 예술을, 사회적인 것으로서, 소위 예술가적 오만에 반하여 올바른 척도로 환원시키는 것이 아니라 오히려 다양한 방식으로 그 사회적 영향에 내포되어 있는 사악함을 옹호하는 데 기여한다. 대중의 심리적인 작동방식에서 문화산업의 중요성이 문화산업의 객관적 정당성에 대한, 즉 문화산업 자체에 대한 성찰을 면제해주지는 않는다. 스스로 실용적이라고 생각하는 학문은 특히 그러한 성찰이 면제되는 것이 아니라 오히려 바로 그러한 성찰을 필요로 한다. 의심할 여지가 없는 그 역할에 상응하게 문화산업을 그렇게 진지하게 받아들인다는 말은 문화산업을 비판적으로 진지하게 받아들여 문화산업의 독점에 굴종하지 않는다는 의미다.

문화산업 현상을 받아들이려 하고 문화산업이 가진 힘을 존경하면서도 문화산업에 대해 회의적인 거리를 두려는 합의를 이끌어내려는 지식인들 가운데서, 만일 이들이 이미 시작된 퇴행에서 20세기의 새로운 신화를 만들어내지 못한다면, 반어적 관용의 어투가 널리 통용될 것이다. 진부한 영화나 연재소설, 억지로 늘여서 연재물로 만든 가정용 텔레비전 드라마와 인기곡 순위 프로그램, 고민 상담란이나 점성술 칼럼 등 이런 모든 것이 무엇을 의미하는지 안다고들 말한다. 그 모든 것은 무해하며 더구나 그것들은 당연히 촉진된 수요에 순응하기 때문에 민주적이기까지 하다고들 한다. 또한 이 모든 것은 정보, 조언, 부담을 덜어주는 행동양식 등을 보급시킴으로써 갖가지 축복을 가져다준다는 것이다. 물론 정치적인 정보 습득 상태와 같은 기본적인 요소에 대한 모든 사회학적 연구들에서 입증되었듯이 그 정보는 빈약하기 짝이 없고 가치도 없다. 문화산업이 제시하는 조언에서 읽어낼 수 있는 것이라고는 중요한 내용이 들어 있지 않은 무의미한 것이며 진부하고 불량하기까지 하다. 그렇기 때문에 그 행동양식들은 파렴치하게도 체제 순응적이다.

문화산업에 대한 양처럼 순진한 지식인들의 관계에서 드러나는 가식적인 아이러니는 결코 그들에게만 국한된 것이 아니다. 소비자들의 의식 자체가 문화산업이 제공하는 적절한 재미와 그 축복에 대한 조금도 은폐되지 않은 의혹 사이에서 분열되어 있다고 가정할 수 있다. '세상은 기만당하기를 바란다'라는 말은 어느 때보다 더욱 진실이 되었다. 흔히 말하듯이 사람들은 기만당하고 있을 뿐 아니라, 만일 기만이 순간적인 상여금까지도 보장한다면, 빤히 들여다보이는 속임수까지도 바라게 된다. 그들은 억지로 눈을 감고 일종의 자기혐오를 느끼며 자신에게 닥쳐오는 것을 긍정하고 그것이 만들어진 이유를 알게 된다. 전혀 만족스럽지 않은 만족감에 들러붙어 있는 몸을 떼는 순간 삶은 그들에게 완전히 참을 수 없게 되고 말 것이라는 사실을 그들이 수긍하지는 않더라도 느끼고는 있다.

오늘날 문화산업이 취하는 가장 도전적인 자기변호는 서슴없이 이데올로기라고 불러도 상관없을 그 정신을 질서 요인이라고 찬양하는 것이다. 문화산업은 흔히들 혼란스럽다고 일컫는 이 세계에서 인간에게 나침반과도 같은 것을 제공하며, 오직 그것만이 인정받을 가치가 있다는 것이다. 하지만 옹호론자들이 문화산업에 의해 보존된다고 생각하는 것들은 문화산업에 의해 점점 더 철저하게 파괴된다. 컬러 영화는 아늑한 옛 선술집을 폭탄이 할 수 있는 것보다 더 강력하게 파괴하여 그것에 대한 심상을 뿌리째 뽑아버린다. 고향을 찬양하고 고향이 지니고 있는 고유한 특색을 교환 가능한 것으로 획일화하는 영화로 가공하면 어떠한 고향도 살아남을 수 없게 된다.

미사여구 없이 문화라고 불릴 수 있는 것은 고통과 모순의 표현으로서 올바른 삶의 이념을 고수한다. 문화는 단순한 존재나 인습적이고 존속력을 상실한 질서 범주가 마치 올바른 삶이고 그 범주가 척도인 양 표현하지 않는다. 그렇게 눈가림하고 있는 것이 바로 문화산업이다. 옹호자들이 문화산업은 예술을 전달하는 것이 아니라고 한다면 그 말 자체가 산업이 연명하는 것에 대한 책임을 회피하려는 이데올로기가 되고 만다. 어떠한 그릇된 행위도 그런 식으로 설명한다고 해서 정당화되지는 않는다.

구체적인 규정도 없이 질서만을 들먹인다거나, 실질적으로 또는 의식 앞에서 입증되지도 않은 채 규범의 확산을 호소하는 것은 공허한 짓이다. 객관적으로 구속력 있는 질서라고 하더라도, 그것이 자체적으로나 또는 인간에 대하여 입증되지 않는 한, 사람들에게 그것이 결여되어 있다고 해서 억지로 종용할 권리는 결코 없다. 그리고 바로 이 점에 대해서는 어떤 문화산업 상품도 관여하려 들지 않는다. 문화산업이 사람들에게 각인하는 질서 개념들은 언제나 현상유지의 질서 개념들을 의미한다. 묵인하고 따르는 사람들 누구에게도 더 실질적이지 않지만 이 질서 개념들은 의심받지도 않고 분석되지도 않고 변증법적으로 가정되지도 않는다. 칸트주의자와는 달리, 문화산업의 정언명법은 자유와 공유하는 요소가 전혀 없다. 문화산업의 정언명법은 '설명 들을 필요도 없이 그냥 순종하라, 아무튼 현재 존재하는 것에 순응하라, 하여튼 모두가 그것의 권력과 편재성에 대한 성찰이라고 생각하는 것을 따르라'는 것이다. 문화산업의 이데올로기는 의식의 자리를 순응으로 대체할 정도로 그 힘이 막강하다. 문화산업의 이데올로기에서 분출되는 질서는 문화산업이 어떠해야 한다는 요구나 인간의 진정한 관심사와 절대 정면으로 마주치지 않는다. 하지만 질서가 그 자체로 선한 것은 아니다. 문화산업이 올바른 질서일 경우에만 선할 것이다. 문화산업이 고려하지 않는 점, 문화산업이 질서를 추상적으로 예찬하는 점은 문화산업이 전달하는 메시지가 무력하고 허구적임을 입증할 뿐이다. 문화산업은 혼란스러워 하는 사람들의 지도자를 자처하면서 거짓 갈등을 자신들의 갈등이라고 착각하도록 사람들을 현혹시키는 한편, 그 갈등을 외견상으로만, 즉 그 갈등은 대중 자신의 삶에서 좀처럼 해결되기 어렵다는 식으로만 해결해준다. 문화산업이 만들어낸 생산물들 속에서 사람들은 난관에 봉착하게 되는데, 그럴 경우 그들은 대개 너무나도 자애로운 집단의 대표자에 의해서 아무 탈 없이 벗어나거나, 또는 그들은 공허한 조화 속에서 요구하는 바가 대중 자신들의 이해관계와 일치하지 않음을 체험할 수밖에 없었던 보편적인 것에 동의하게 된다. 그러한 목적으로 문화산업은 대중오락을 위한 경음악과 같은, 개념과는 거리가 먼 영역까지지도 포괄하는 도식을 발전시켜왔다. 경음악에서 사람들은 우세한 기본 비트로 인해 즉각 빠져나올 수는 있지만 "체증"에, 즉 리듬상의 문제에 빠지게 된다.

그러나 옹호론자들이라 하더라도, 객관적으로 그리고 그 자체로 진실이 아닌 것은 주관적으로도 인간에게 선하거나 진실할 수 없다는 플라톤의 주장을 반박하기란 쉽지 않을 것이다. 문화산업이 꾸며낸 것은 결코 행복한 삶을 위한 지침이 아닐 뿐더러 도덕적 책임에 대한 새로운 묘책도 아니며 오히려 배후에 있는 강력한 이해관계에 순종하는 것에 대한 경고다. 문화산업이 선전하는 합의란 맹목적이고 불투명한 권위를 강화한다. 그 합의는 현실에서 문화산업의 위상과 상응하며 문화산업은 그 합의를 기만적으로 요구한다. 이처럼 문화산업이 자신의 실체나 논리가 아니라 영향력에 따라서 평가된다면, 문화산업이 줄곧 증거로 끌어대는 영향력이 진지하게 고려된다면, 그러한 영향력의 잠재력은 배가될 것이다. 그러나 그 잠재력의 본질은 현대사회가 권력과 결탁하여 무기력한 구성원들에게 하여간 낙인찍은 허약한 자아를 방조하고 착취하는 것에 있다. 사회 구성원들의 의식은 계속하여 퇴행적으로 발전한다. 미국에서 냉소적인 영화 제작자들이 자신들의 영화가 열한 살짜리 아동의 수준을 고려해야만 한다고 말하는 것은 공연한 소리가 아니다. 그렇게 함으로써 그들은 대부분의 성인을 열한 살짜리 아이로 만들고 싶은 것이다.

그동안 문화산업의 개별 상품들이 끼치는 퇴행적인 영향력을 빈틈없이 증명하는 엄밀한 연구가 아직까지는 나오지 않았다. 상상력으로 고안한 실험 지침은 든든한 경제력을 소유한 이해관계자들이 편안하게 받아들이는 것보다 그 일을 확실히 더 잘 수행할 것이다. 낙숫물이 댓돌을 뚫는 것처럼 대중을 둘러싸고 있는 문화산업 체계는 어떠한 회피도 용납하지 않으면서 끊임없이 동일한 행동 양식을 연습시키기 때문에 사람들은 주저 없이 받아들이게 될 것이다. 다만 무의식 깊은 곳에 있는 불신, 대중의 정신 속에 들어 있는 예술과 경험적 현실 사이의 차이를 나타내는 마지막 잔류물만이 그들이 최근에 세상을 철저하게 문화산업이 준비해준 대로 보고 수용한 까닭을 설명해준다. 비록 문화산업의 메시지가 그것이 처음 생겨났을 때는 무해했을지라도—인물을 순전히 상투적으로 묘사함으로써 오늘날 인기를 얻고 있는 지식인 폄하에 맞장구를 치는 영화에서 보듯 무수한 경우에서 문화산업은 분명 해롭지 않은 것이 아니다—문화산업이 초래하는 태도는 결코 무해한 것이 아니다. 어떤 점성술사가 독자들에게 어떤 특정한 날에 운전을 조심하라고 한다면 그것은 확실히 누구에게도 해를 끼치는 행위가 아니다. 하지만 그 조언은 매일 유효하며 그렇기 때문에 바보 같은 그 조언이 별의 승인을 필요로 한다는 요구에 담겨 있는 우민화(愚民化)는 유해하다.

미국의 피실험자들은 문화산업의 소실점인 인간의 의존과 예속을 가장 잘 보여주고 있다. 그들은 사람들이 저명한 인물들을 그저 따르기만 하면 현 시대의 곤경이 종식될 것이라고 생각했다. 세상은 문화산업이 인간에게 암시하려고 하는 바로 그 질서 상태에 있다는 행복감을 일깨움으로써, 문화산업이 인간에게 제공하는 대리만족은 거짓으로 믿게 했던 그 행복감을 편취한다. 문화산업의 전반적인 영향은 반계몽주의적이다. 호르크하이머와 내가 언급했듯이 문화산업에서는 계몽이, 즉 진보적·기술적 자연 지배가 대중 기만이 되고, 의식을 속박하는 수단이 된다. 문화산업은 자율적이고 독립적이며 의식적으로 판단하고 결정하는 개인이 육성되는 것을 방해한다. 하지만 그러한 개인의 육성이야말로 민주적인 사회의 전제가 될 것이다. 민주사회는 성숙한 개인이 존재해야만 유지되고 발전될 수 있다. 대중이 부당하게도 위로부터 대중이라고 매도당한다면, 여기에 책임이 있는 것은 무엇보다도 바로 문화산업이다. 문화산업은 대중을 그러한 대중으로 만들어서 경멸하고, 또한 시대의 생산력이 허용하는 만큼 인간이 스스로 성숙할 수 있는 해방을 대중이 이루지 못하도록 방해한다.

• 황승환 옮김

권터 안더스(Günther Anders)

유령과 매트릭스로서의 세계

라디오와 텔레비전에 대한 철학적 고찰

(1956)

§1 수단은 그냥 수단이 아니다

라디오와 텔레비전에 관한 내 비판에 대해 사람들은 당장 다음과 같이 반박할 것이다. 그러한 일반화는 금지되며, 중요한 것은 우리가 이 장치로부터 무엇을 '할지', 어떻게 이용할 것인지, 이 장치를 어떤 목적을 위한 수단으로 삼을 것인지, 즉 좋은 혹은 나쁜 목적, 인간적 혹은 비인간적 목적, 사회적 혹은 반사회적 목적을 위한 수단으로 삼을 것인지라고.

1차 산업혁명 시기에서 유래하는 이러한 낙관적 견해는—이렇게 명명해도 좋다면—잘 알려져 있으며 모든 진영에서 별다른 이의 없이 받아들여왔다.

이러한 견해의 타당성은 의심스러운 정도를 넘어선다. 기술에 대한 처분의 자유, 우리가 사는 세계의 제작물들은 거기에 '좋은 목적'을 자유롭게 부과할 수 있는 수단일 뿐이라는 믿음은 순전히 환상이다. 장치 자체는 사실들에 해당한다. 그것도 우리에게 영향을 미치는 그러한 사실들이다. 어떤 목적을 위해 이용하든지 상관없이 그것들이 우리에게 영향을 미친다는 진실은 우리가 그것을 문자 그대로 '수단'으로 강등한다고 해서 없어지지 않는다. 사실 앞의 주장에서는 우리 삶을 대충 '수단'과 '목적'으로 나누고 있지만 이러한 구분은 현실과는 하등 관련이 없다. 기술로 채워진 우리의 삶은 뚜렷하게 구분된 개별적 길들로 나뉘는 것이 아니다. 어떤 길에는 '수단'이라는 표지판이, 다른 길에는 '목적'이라는 표지판이 세워지는 것이 아니다. 이러한 구분은 개별 행위나 고립된 기계적 처리방식에서만 타당한 것이다. '전체'가 문제될 때나, 정치나 철학에서는 그렇지 않다. 우리 삶 전체를 수단과 목적이라는 두 범주를 빌려 표현하는 사람은 합목적적인 행위 모델에 따라 우리 삶을 이미 기술적 과정으로 바라보는 것이다. 그러한 시각에 따라 '목적이 수단을 정당화한다'라는 원칙을 내세울 때 사람들은 이러한 원칙을 야만의 표시로 보고 분노한다. 하지만 이러한 공식의 거부는 분명한 긍정(이 경우는 아주 드물지만) 못지않게 조야한 태도다. 거부하는 사람 역시 말로는 하지 않지만, 두 범주의 합법성을 긍정하고, 두 범주를 삶 전체에 적용하는 것이 정당하다고 인정하기 때문이다. 진정한 휴머니즘은 수단과 목적의 구분이 의미를 잃게 되는 지점에서 시작한다. 삶 혹은 세계의 개별적 부분이 '수단' 혹은 '목적'에 해당하는지 알 수도 물어볼 수도 없을 만큼, 목적과 마찬가지로 수단이 삶의 양식이나 윤리에 의해 침투되고, '샘으로 가는 길이/ 목을 축이는 순간과 마찬가지로 즐거운' 곳이 그러한 지점이다.

물론 우리는 텔레비전을 종교 예배에 참여할 목적으로 사용할 수 있다. 하지만 우리가 원하든 원하지 않든 종교예배 자체만큼 우리에게 강한 '인상을 남기고' 또는 우리를 '변화시키는' 것은 다음과 같은 사실, 즉 우리는 종교 예배에 참여하고 있는 것이 **아니라** 단지 **예배의**

이미지를 소비할 뿐이라는 사실이다. 일종의 이러한 그림책 효과는 분명 '의도한 것'과 다를 뿐 아니라 그 반대이기도 하다. 우리에게 인상을 남기거나 지우는 것, 우리를 형성하거나 방해하는 것은 수단을 통해서 전달된 대상들뿐 아니라 수단 그 자체, 기구 그 자체다. 그러한 수단과 기구는 단지 사용 가능한 객체가 아니라 고정적인 구조와 기능을 통해서 이미 사용방식을 고정시키고, 이로써 우리의 활동과 우리 삶의 양식까지도 고정시킨다. 단적으로 말해서, 내가 다음 글의 독자로 염두에 둔 집단은 소비자들이다. 즉 청취자와 관객이다. 직업적 철학자나 라디오 혹은 텔레비전 전문가는 이차 독자층이다. 철학자에게는 여기서 다루는 대상이 낯설고, 전문가들에게는 내가 대상을 다루는 방식이 낯설 것이다. 물론 내가 말을 건네는 상대는 모든 소비자가 아니라, 방송 중 아니면 방송이 끝난 후 당혹감에서 스스로에게 '그래, 그렇다면 나는 대체 무엇을 할 것인가?'라고 질문을 던지는 소비자들이다. 다음 글에서는 이렇게 당혹감을 느낀 소비자들에게 몇 가지 설명을 할 수 있을 것이다.

§2 대중적 소비는 오늘날 단독으로 이루어진다 — 모든 소비자는 가정에서 대중적 인간을 생산하는 무임금 노동자다.

모든 가정에 라디오라는 문화적 수도꼭지가 설치되기 전에는 슈미트와 뮐러 씨들, 스미스와 밀러 씨들은 극장으로 몰려들었다. 거기서 그들은 자신들을 위해 다량으로 그리고 스테레오 타입으로 만들어진 상품을 집단적으로, 다시 말해 대중의 **자격으로** 소비한다. 이러한 상황에서 일정한 양식의 통일성, 즉 대중적 생산과 대중적 소비의 일치를 발견할 법하다. 하지만 헛수고가 될 것이다. 어떤 상품의 동일한 견본(혹은 동일한 재생산물)을 여러 명 혹은 수많은 소비자가 동시에 즐기는 소비 상황은 대중적 생산의 의도와는 정면으로 어긋난다. 대중적 상품의 생산자들에게는 공동의 소비가 '진정한 공동체 체험'을 낳을지 아니면 단지 수많은 개별적 체험의 단순 합을 나타낼지는 관심 밖이다. 그들에게 중요한 것은 집결된 대중 자체가 아니라 가능한 많은 수의 구매자 대중이고, 모든 사람이 동일한 것을 소비할 기회가 아니라, 모두가 동일한 욕구(그러한 욕구가 생산되도록 신경 쓰지 않으면 안 된다)를 기반으로 동일한 것을 산다는 사실이다. 수많은 산업에서 이러한 이상은 완벽하게 혹은 거의 근접하게 실현되었다. 영화산업에서 그러한 이상이 최고로 실현되었다고 보기는 어렵다. 연극전통을 지속하면서 영화산업은 자신들이 만든 상품을 여전히 **모여든 많은 사람을 위한 구경거리**로 제공하기 때문이다. 이는 물론 오래된 잔재다. 라디오와 텔레비전 산업이 엄청나게 발전한 영화와 경쟁할 수 있었다는 것은 놀라운 일이 아니다. 두 산업은 소비되는 상품 외에 소비에 필요한 기기를 상품으로 팔 기회를 획득했고, 영화와 달리 그것을 거의 모든 사람에게 팔 수 있었다. 사람들은 소비되는 상품을 이 기기를 통해 집으로 들여올 수 있기 때문에 거의 모두가 기기를 구입했는데, 이는 놀라운 일도 아니다. 예전에는 영화관에서 함께 보냈던 수많은 저녁 시간에 슈미트 씨들과 스미스 씨들, 뮐러 씨들과 밀러 씨들은 방송극 혹은 세계를 '수신할 목적으로' 자신들의 집으로 간다. 이로써 영화관에서는 자명한 상황, 즉 대중을 통한 대중적 상품의 소비가 사라졌다. 그렇다고 해서 대량 생산이 줄어든 것은 당연히 아니다. 오히려 대중적 인간을 위한 대량 생산, 즉 대중적 인간의 대량 생산은 상승일로에 있었다. 수백만의 청취자의 귀에 똑같은 양식이 공급되었다. 모든 사람은 이렇게 대량으로 생산된 것을 통해 대중적 인간이 되고, '불특정 품목'으로 취급되었다. 모든 사람은 이러한 특성을 가진 혹은 특성 없는 사람으로 굳어졌다. 수신기의 대량 생산을 통해 이제 집단적 소비는 불필요한 것이 되었다. 슈미트 씨들과 스미스 씨들은 대중적 생산물을 가정에서 혹은 혼자서 소비했다. 고독할수록 더욱 더 많이 소비했다. 여기서 대중적 은자라는 유형이 생겨났다. 이제 그들은 수백만의 견본이 되고 다른 사람들로부터 격리된 채, 그럼에도 다 똑같은 사람이 되어 자신들의 집 안에 둥지를 튼다. 그것은 단지 세계를 등지기 위해서가 아니라, 세계라는 초상의 어떤 한 조각도 소홀히 하지 않기 위해서다.

'분산'의 원칙을 위해 이미 한 세대 전에 기업들이 논란의 여지가 없는 것으로 보였던 중앙 집중이라는 원칙을 전략적 이유에서 포기했다는 사실은 누구나 알고 있다. 이에 반해 분산의 원칙이 오늘날에는 대중적 인간의 생산에도 적용된다는 사실은 사람들이 잘 모르고 있다. 비록 앞에서 분산된 소비에 대해서만 이야기했지만, 분산의 원칙은 생산에도 적용된다. 소비에서 생산으로의 이와 같은 비약이 정당한 이유는, 소비와 생산이 고유의 방식으로 합치하기 때문이다. (유물론이 아닌 의미에서) '자신이 먹는 것'이 곧 인간이기 때문이다. 대중적 인간을 만드는 과정은 그들로 하여금 대중적 상품을 소비하도록 하는 과정이다. 이 말은 동시에 다음을 의미한다. 즉 대중적 상품의 소비자는 자신의 소비 행위를 통해 대중적 인간을 생산하는 과정의 협력자 (내지 자기 자신을 대중적 인간으로 변형시키는 과정의 협력자)가 된다는 것이다. 생산과 소비는 여기서 합치된다. 소비가 '분산된 방식으로' 진행된다면, 대중적 인간의 생산도 마찬가지다. 소비가 일어나는 모든 곳에서 대중적 인간이 생산된다. 즉 모든 라디오 기기 앞에서, 모든 텔레비전 수상기 앞에서. 누구나 일정하게 재택근로자로—지극히 낯선 방식의 재택근로자로—고용되어 일한다. 그는 자신의 몫을 한다. 즉 자기 자신을 대중적 인간으로 변화시키는 일, 그것도 대중적 상품의 소비를 통해, **여가**를 통해서 말이다. 고전적 의미의 재택근로자가 물건을 만든 것은 최소한의 소비상품과 여가를 확보하기 위해서였다면, 오늘날의 재택근로자가 최대한의 여가상품을 소비하는 것은 다 함께 대중적 인간을 만들어내기 위해서다. 이 과정은 전적으로 역설적이다. 그것은 재택근로자는 자신의 협력의 대가로 보수를 받는 대신 거꾸로 그러한 협력의 값을 지불하기 때문이다. 그것은 자신을 대중적 인간으로 변화시키는 생산수단(기기, 많은 나라에서는 방송물)에 대해서 치르는 값이다. 그는 자신을 파는 데 대한 값을 지불한다. 그는 자신의 부자유, 심지어 자신이 그것을 만드는 데 일조한 부자유를 돈을 주고 구매해야 한다. 왜냐하면 이러한 부자유까지 상품이 되었기 때문이다.—대중 상품의 소비자를 대중적 인간을 만드는 협력자로 보는 이러한 낯선 설명을 거부한다고 하더라도, 다음 사실을 받아들이지 않을 수 없을 것이다. 즉 대중적 인간이라는 오늘날의 소망 형을 만들기 위해 대중 집회 형식을 통한 효과적인 대중화는 더 이상 요구되지 않는다는 사실이다. 인간을 변화시키는 대중적 상황에 대한 르 봉(Le Bon)의 관찰은 구식이 되었다. 왜냐하면 개성의 탈각과 합리성의 제거는 이미 집 안에서 완수되었기 때문이다. 히틀러 식의 대중적 연출은 불필요해졌다. 이제는 인간을 아무것도 아닌 사람으로 만들기 위해 (심지어 아무것도 아닌 사람인 것에 대해 자부심을 갖도록 하기 위해) 대중의 강물에 익사시킬 필요가 없어졌다. 인간 개개인을 대중적 규모로 대중을 소재로 만든 콘크리트 구성물에 가둘 필요가 없어졌다. 인간의 탈각과 무력화는 인격의 자유와 개성의 권리를 외견상 보존하면서 일어날 때 가장 성공적이다. 서로 분리된 채 개인마다, 즉 개개인의 집에서, 고독 속에서, 수백만의 고독 속에서 '컨디셔닝'의 절차가 진행될 때 그것은 멋지게 성공한다. 이러한 처리 과정이 '즐거운' 일인 듯한 외관을 띠고, 희생을 요구한다는 사실을 희생자에게 감추고, 희생자로 하여금 자신의 사생활, 적어도 자신의 사적 공간에 있다는 환상을 갖도록 하기 때문에 이 일은 더욱 완벽하고 은밀하게 진행된다. '자신의 집은 금과 같이 귀하다'는 오랜 격언이 다시금 진실이 된 것이다. 물론 전적으로 새로운 의미에서이긴 하지만. 자신의 집을 금처럼 귀하게 여기는 사람들은 컨디셔닝의 스프를 다 떠먹은 그 집의 주인이 아니라, 그 집 주인의 주인들이다. 그들은 사람들에게 스프를 만들어주는 가사 담당자인 요리사와 식품 공급자들이다. (…)

§5 사건들이 우리에게 다가오는 것이지, 우리가 사건들에 다가가는 것이 아니다.

인간 거래가 가스나 전기와 전혀 다르지 않은 방식으로 집 안에 공급된다. 공급되는 것은 음악이나 방송극 같은 예술적 산물뿐 아니라 현실적 사건들, 바로 이 사건들이다. 최소한 그것은 '현실' 또는 현실 대신에 우리를 위해 선별되고, 화학적으로 정화되고, 박제 표본화된 사건들이다. '이미지 속에 살고자' 하고, 바깥 세상에 무엇이 있는지 알고자 하는 사람은 집에 가야 한다. 그러한 사람을 위해 집에서는 '관람용으로 준비된' 사건들이 수돗물처럼 수도관에서 흘러나올 시점을 기다리고 있다. 바깥 세상에서, 현실의 카오스 속에서 지역적 의미를 넘어서는 현실의 사건들을 정확히 짚어내기란 어렵다. 외부 세계는 외부 세계를 은폐하기 때문이다. 우리 뒤에서 문이 자물쇠로 닫힐 때 비로소 우리에게 바깥 세상이 보이게 된다. 우리가 창문 없는 모나드가 될 때 비로소 우리에게 우주가 반사된다. 탑 위가 아니라 탑 안에 앉아 탑과 결탁할 때 비로소 세계는 우리 품에 와 안기고, 우리 마음에 들게 되며, 이때 우리는 린케우스(Lynkeus)[1] 왕이 된다. '왜 먼 길을 떠나야 되느냐'는 질문에 우리의 아버지들이 우리를 위로했던 말, '보렴, 멋진 일이 아주 가까이 있단다'라는 약속 대신에 오늘날에는 다음과 같은 약속을 들려줄 수 있을 것이다. '보렴, 먼 곳이 이렇게 가까이 있단다.' '보렴, 먼 곳만이 가까이 있단다'는 약속까지는 아니더라도. 이제 우리가 다룰 주제가 무엇인지 분명해진다. **"사건들이**—사건에 대한 소식이 아니라 사건들 자체가—, 축구경기, 예배, 핵폭발 등의 사건들이 **우리를 찾아온다**는 사실, 산이 예언자에게

---

1 현실을 직시하지 않기 위해 '상아탑'을 만들어 그 안에 칩거한다는 생각은 정말로 오래된 것이다. 하지만 이미 오래 전에 탑은 현실 자체에 의해 건설되었다. 현실이 탑을 경영하는 주인이다. 우리는 현실을 피해서 탑 안에 앉아 있는 것이 아니라, 현실이 제공한 집에 강제로 살게 된 임차인이다. 현실이 우리에게 숙소로 제공한 탑에서 우리는 전혀 다른 어떤 환상적 이미지의 세계를 보는 것이 아니라, 현실의 이미지들 속에 거하게 된다. 물론 이 이미지는 현실의 진정한 이미지가 아니라 허위 이미지인데 현실은 우리가 그러한 허위 이미지를 '현실 자체'로 간주하기를 원한다. 이는 현실의 진짜 관심사다. 현실이 우리를 안에 가두는 것은 우리 앞에 가상의 모습으로 나타남으로써 현실로부터 우리의 눈을 돌리게 하기 위해서다. 현실로부터 눈을 돌리게 하는 이 일은 물론 아주 사실적인 의도를 지닌다. 현실의 가짜 이미지를 통해서 사실상 우리를 주조하고, 우리의 인간적 현실을 최대한 착취해서 우리를 마음대로 다루겠다는 의도가 그것이다. 현실은 이러한 의도에 저항하는 사람들을 '내향적'이라고 부르고, 거기에 순응하는 희생자들을 '외향적'이라고 부른다.

다가온다는 사실, 인간이 세계로 나아가는 것이 아니라 세계가 인간에게 다가온다는 사실이야말로 라디오와 텔레비전이 달성한 고유의 전복적 업적에 속한다. 대중적 은자를 만들고 가족을 미니어처 관객으로 변모시킨 것 외에 말이다.[2] 이러한 세 번째 전복이 우리의 연구가 원래 다루려는 대상이다. 우리의 연구는 세계를 공급받은 존재로서 인간이 겪은 고유의 변화와 세계의 공급이 세계 개념과 세계 자체에 가져온 고유의 변화를 다룬다. 정말로 철학적 질문이 여기 놓여 있다는 사실을 보여주기 위해 연구를 진행하면서 충분한 토의가 필요한 몇 가지 결론을 언급해보자. 다음의 결론들은 체계적인 순서에 따른 것은 아니다.

1. 우리가 세계에 다가가는 것이 아니라 세계가 우리에게 다가온다면, 우리는 더는 '세계 안에' 머물지 않으며, 그저 놀고 먹는 세계에 사는 사람과도 같은 소비자일 따름이다.

2. 세계가 우리에게 오긴 하지만 단지 이미지로 다가오는 것이라면, 세계는 존재하기도 부재하기도 한다. 즉 유령과도 같다.

3. 우리가 언제라도 세계를 인용한다면(관리 수준은 아니더라도 세계를 켜거나 끌 수 있다면), 우리는 신과 유사한 권력을 지닌 존재가 된다.

4. 세계가 우리에게 말을 걸지만 우리가 세계에 말을 걸 수 없다면, 우리는 벙어리가 될, 즉 부자유하게 될 운명에 처한다.

5. 세계가 우리의 귀에 들리지만 우리가 아무런 일도 할 수 없다

2 '우리에게 다가오는 현실'이라는 생각은 이미 익숙해져서 우리는 지구를 가로질러 우리에게 다가오는 모든 것을—어제는 두려운 비행접시, 오늘은 시리우스의 초인을—방문객이라고 생각하게 된다.

면, 우리는 엿듣는 사람, 구경하는 사람이 된다.

6. 특정 장소에서 일어난 사건이 전송되어 임의의 모든 장소에 출현할 '방송물'로 만들어진다면, 그 사건은 거의 모든 곳에 편재하는 유동적 상품이 되면서 **개별화의 원칙**에 상응하는 자신의 공간적 위치를 잃어버린다.

7. 그러한 사건이 유동적이고 무수히 존재할 수 있는 견본으로 등장하게 되면, 그것은 대상적 속성에 있어 연속물에 속한다. 그러한 연속물의 방송 비용을 지불하는 경우, 그 사건은 곧 상품이다.

8. 그러한 사건이 복제된 형식, 즉 이미지로서 비로소 사회적 중요성을 얻게 된다면, 존재와 가상, 현실과 이미지의 차이는 없어진다.

9. 원본의 형식보다 복제된 형식의 사건이 사회적으로 더 중요해지면, 원본은 복제품을 기준으로 삼아야 한다. 즉 사건은 단지 사건의 복제품을 위한 한갓 매트릭스가 된다.

10. 그러한 연속물이 지배적인 세계 경험을 이루게 되면, '세계' 개념('세계'라는 말을 우리가 존재하고 있는 터로 이해하는 한)은 삭제되고, 우리는 세계를 부주의하게 놓치게 되며, 방송물을 통해 만들어진 인간의 태도는 '관념론적'으로 된다.

물론 철학적 문제들이 남아 있다. 10번을 제외하고 이상에서 언급한 모든 문제에 대해서는 연구를 진행하면서 충분히 논의될 것이다. 10번에서 말한 '관념론적'이라는 표현의 기묘한 사용법에 대해서는 바로 해명하고자 한다.

라디오와 텔레비전 소비자가 된 우리에게 세계는 더 이상 우리가 그 안에 자리 잡은 외부 세계가 아니라 **우리의 세계**로 등장한다는 사실은 이미 1번에서 언급했다. 사실상 세계는 고유의 방식으로 **자리**

를 옮겼다. 세계는 관념론의 통속적 표현에서처럼 '우리의 의식' 안에 있거나 '우리의 두뇌' 안에 있는 것이 아니다. 세계는 바깥에서 일어난 것이 아니라 **외부에서 내부로** 자리를 옮겼고, 소비되는 이미지, 형상(eidos)으로서 나의 방 안에 터를 잡았기 때문에, 이러한 자리 옮김은 고전적이고 관념론적인 자리 옮김과 놀라울 정도로 유사하다. 세계는 이제 나의 세계가 되었고, 나의 표상이 되었다. 우리가 '표상'이라는 단어를 이중적 의미에서, 즉 쇼펜하우어의 의미뿐 아니라 연극적 의미로 이해한다면, 나의 표상은 '나를 위한 표상'으로 변화했다고 말할 수 있다. '나를 위한'이라는 이 표현에 관념론적 요소가 들어 있다. 세계를 나의 것, 우리의 것, 처분 가능한 것, 소유대명사로, 다시 말해 나의 '표상' 혹은 (피히테의 의미에서) '내가 내린 규정의 산물'로 변화시키는 태도는 넓은 의미에서 '**관념론적**'이다. 설령 라디오와 텔레비전 수상기들이 세계를 향해 난 창문을 활짝 열어제친다 할지라도 그것들은 동시에 세계의 소비자들을 '관념론자'들로 만든다.

물론 내면의 세계에 대해 외부 세계가 승리를 구가한다고 말한 뒤에 나오는 이러한 주장은 낯설고 모순적으로 보인다. 내게도 그렇게 보인다. 그러나 이 두 가지 주장을 한꺼번에 펼칠 수 있다는 사실이 곧 인간과 세계의 관계가 이율배반적이 되었음을 보여주는 것 같다. 이러한 이율배반을 단번에 해소할 수는 없다. 그것이 가능했다면 우리의 연구는 불필요할 것이다. 그러나 우리의 연구는 바로 이러한 모순에 의해 추동된 것이고, 이러한 모순적 상황을 해명하려는 시도와 다름없다.

§6. 우리는 공급을 받기 때문에 밖으로 나가지 않으며 아무런 경험도 못하고 있다.

우리에게 다가온 세계에서는 세계로 나갈 필요가 없어지기 때문에 어제까지 '경험'이라고 부른 것이 불필요해졌다.

얼마 전까지만 해도 철학적 인류학에서 '세계로 나아간다'와 '경험하다'는 표현은 이례적으로 생산적인 메타포로 사용되었다.[3] 빈약한 본능을 가진 인간이 세계에 자리 잡으려면 귀납적으로 세계에 다가가 세계를 경험하고 알아야 한다. 그러면 마침내 세계에 도착해 경험을 쌓게 된다. 삶은 발견의 여행으로 이어져왔다. 따라서 위대한 교육소설에서 인간이 세계에 거하다가 마침내 세계에 도달하기까지 거쳐야 할 길, 우회로, 모험여행이 묘사된 것은 당연하다.—이제 세계가 인간에게 다가오고, 그것도 **초상의 형태**로 인간에게 받아들여지기 때문에 인간으로서는 세계와 관계를 맺을 필요가 없게 된다. 그렇게 되면 노련함과 경험은 불필요해지고, 불필요한 것은 위축되기 때문에 이제 그것들은 불가능해져버렸다.[4] '경험이 많은 사람'이라는 타입은 점점 희귀해지고, 나이 들고 경험이 많은 사람에 대한 존경심도 계속해서 줄어든다는 사실은 분명하다. 우리는 비행기를 탄 사람들과 유사해서 걷는 사람과 달리 길이 필요하지 않다. 따라서 예전에 걸었던, 우리에게 경험을 선사했던 세계의 길들에 대한 지식도 줄어

3 저자의 글 "Une Interprétation de l'Apostériori," in *Recherches Philosophiques*, Paris 1934을 참조할 것.

4 세계로 나아가는 행동이 초래할 트라우마는, 물리적으로 세계로 나아가는 행동을 기술적 수단에 의해 거의 제거하는 순간과 그러한 제거가 일어나는 문화적 공간에서 소멸한다. 이 사실은 우연이라고 보기 어렵다.

들었다. 그와 함께 길들도 쇠락했다. 세계에 길이 없어졌다. 우리 스스로 길을 닦는 대신에 세계가 우리를 위해 '비치된다'(저장된 상품이라는 의미에서). 우리가 사건들로 나아가는 대신에 사건들이 이제 우리 앞에 와 있다.

물론 처음에는 우리 시대 사람들에 대한 이러한 이미지는 뭔가 이상하게 보인다. 이 이미지와 다르게 자동차와 비행기에서 오늘날 인간의 상징을 보는 것이 보통이기 때문이다. 그렇다. 오늘날의 인간을 '호모 비아토어(homo viator)'(나그네 인간), 길을 떠나는 존재(가브리엘 마르셀 G. Marcel)라고 하지 않는가. 하지만 과연 이러한 명명법이 옳은지는 의문이다. 오늘날의 인간이 길을 떠나는 일에 가치를 두는 이유는, 자신이 통과해 가는 지역 혹은 자신이 속달화물처럼 부쳐지는 장소 자체에 관심이 있어서가 아니다. 경험을 쌓기 위해서가 아니라, 도처에 있고 싶고 아무데든 재빨리 장소를 바꾸고 싶은 욕망 때문이다. 그는 바로 그러한 신속함 때문에 경험의 기회를 박탈당한다(그에게는 신속함이 유일하면서 마지막 경험이 될 정도다) — 당연히 그는 세계의 균질화를 효과적으로 수행함으로써 경험할 만한 가치가 있고 경험을 선사하는 대상들의 숫자를 사실상 경감시킨다. 오늘 어디에 도착하든 그는 아무런 경험도 필요하지 않으며 오로지 자기 자신 안에 머문다. '우리와 함께 가면 당신은 어느 곳을 여행하든 집처럼 편안하실 것입니다'. 유명한 어느 항공사의 플래카드에 적힌 이 말은 혼동을 일으킬 정도로 지역주의와 글로벌주의를 결합시킨다. '집처럼'. 오늘날의 인간에게 모든 여행은(여행하면서 우리는 전기로 난방이 된 공간에서 저 아래 북극을 내려다보고 목적지를 향해 가는 중에 잠을 잘 수 있다) 이미 낡은 것이 되었다는 가정이 근거가 없는 것은 아니다. 여행은 도처에 편재하기 위한 방법으로 방향을 잘못 잡았다는 점에서 불편하고 불충분한 방법이기 때문이다. 우리가 여전히 그러한 방법을 따르는 이유는, 아직은 모든 노력에도 불구하고 우리가 요구할 만한 것을 모두 다 집에 구비해놓는 데까지 이르지 못했기 때문이다.

수백만의 견본으로 존재하는 라디오-, 텔레비전 소비자는 집에 있는 안락의자에 파묻혀 꼼짝도 하지 않은 채, 초상의 형태로 그에게 다가온 세계를 다스린다. 그는 세계의 스위치를 켜고 또 세계가 자신의 문 앞에 도착하도록 조작한다. 이처럼 이미지의 홍수에 둘러싸인 우리의 모습이 비행기나 자동차를 탄 모습보다 결코 덜 전형적이라고 할 수 없다. 심지어 자동차 운전자는 땅 위를 달리면서도 라디오를 틀고 있기 때문에 더욱 더 그렇다. 그는 자신이 세계로 나가는 것이 아니라 세계가 자신에게 다가와야 한다는 것을 알고 흐뭇해하며 위로를 받는다. 또한 원래 세계는(세계는 우리 뒤를 따라오고 우리와 함께 굴러가야 한다는 벌을 받는다) 오로지 우리에게 다가올 목적에서 진행되는 것이라고 생각하면서 스스로 위로한다.[5] '우리를 위해 상영되고', '우리에게 다가오기 위해', '마치 집에 있는 듯'(…)

§25 다섯 가지 결론: 세계는 '딱 맞는다' — 세계가 사라진다 — 세계는 탈이데올로기적이다 — 언제나 이미 주조된 것만 주조된다 — 이 세계 안의 삶은 부자유하다

다시 한 번 매트릭스의 업적을 요약해보자. 이미 살펴보았듯이, 매트

5 텔레비전 수상기도 이제는 자동차에 장착된다. 그러한 자동차를 1954년 10월부터 제너럴 모터스 회사에서 만든 캐딜락에서 볼 수 있다.

릭스는 두 가지 방향으로 주조한다. 첫째, 매트릭스는 현실의 사건들을 주조하고, 현실의 사건들은 처음부터 재생의 견본으로 생긴 것이다. 그것은 재생된 것으로서 비로소 사회적 현실의 속성을 갖게 되고, 재생된 것으로서 비로소 '현실적'이 되기 때문이다. 둘째, 이렇게 만들어진 현실성은 그 자체로('분화된 매트릭스'로서)[6] 소비자들의 영혼을 주조한다.

이렇게 발생 단계부터 사건들이 주조되고, 소비자도 주조된다면, 즉 상품 속성에 맞춰져 있다면, 시대를 묘사하는 데 있어 결정적인 다섯 가지 결론이 도출된다.

I. **세계는 인간에게 '맞는다'**. 또한 인간도 세계에 맞는다. 장갑이 손에 맞고, 손이 장갑에 맞듯, 바지가 몸에 맞고, 몸이 바지에 맞듯이.

오늘날 상품 혹은 인간을 '기성품'이라고 부르는 것은 흔한 일이다. 그러나 옷과 우리의 비교는 좀 더 근본적인 것, 즉 오늘날의 세계가 어떠한 품목에 속하는지를 정하는 것을 의도한다.

옷은 우리를 '마주 대하는' 것이 아니라, 우리의 몸에 '걸쳐진다'는 속성을 지닌다. 이러한 특징에 따라 옷은 고유한 품목이 된다. 옷은 우리 몸에 안성맞춤처럼 꼭 맞고, 우리가 그것을 입을 때 더는 대

---

6 이 표현은 축음기산업에서 유래한다. 어떠한 다른 산업보다 축음기산업은 '원본'과 '복제본'의 관계가 오늘날 얼마나 혼란스러운지를 잘 보여준다. 여기에 어떤 목소리를 재생하는 소위 '매트릭스 본산'이 있는데, 그 목소리는 또 어떤 작곡을 재생한다. '매트릭스 본산'('본산의 본산')이라는 표현이 보여주듯이, 재생의 재생은 본을 떠서 만들어진 매트릭스에 비해 '원본'으로 간주된다. 그러나 비록 재생의 재생의 재생이긴 하지만 이렇게 파생된 매트릭스도 주요 매트릭스가 된다. 즉 대량 압축 기법에 따라 그로부터 본을 뜨게 될 모든 음반의 본산이 된다. 이 음반들은 거래되어 우리의 취향의 본산이 되는 것이다.

상으로 느끼거나 체험하지 않을 정도로 **아무런 저항도 하지 않는**다. 잘 알려져 있듯이, 딜타이(W. Dilthey)는 '**저항**'의 존재를 '외부 세계의 현실성'을 뒷받침할 논거로 세웠다. 인간과 세계의 관계는 충돌과 거의 쉴 새 없는 마찰로 나타나는 것이지 (데카르트에 따르면 우리를 속인 환영으로 폭로될지도 모를) 어떤 것과의 중립적인 연관성으로 나타나지 않는다. 여기서 세계의 '저항적 성격'을 강조하는 것은 아주 중요하다. 인간의 모든 행동이 그로부터 도출될수록 더욱 그렇다. 세계와 인간의 마찰을 최소한으로 줄이고, 인간에게 좀 더 맞는, 옷처럼 딱 '맞는' 세계를 만들고자 하는 부단한 시도는 바로 세계의 그러한 저항적 성격에서 도출되기 때문이다.

우리는 과거 그 어느 때보다 이러한 목표에 도달한 것처럼 보인다. 어쨌든 세계에 대한 인간의 적응과 인간에 대한 세계의 적응은, 이제 거의 세계의 '저항'을 느끼지 못할 정도로 완벽해졌다.

II. **세계 그 자체가 사라진다**. 새로운 이 공식은 '옷'이라는 품목에 대한 앞의 언급이 잠정적으로만 유효하다는 점을 분명히 한다. 옷의 속성은 대상으로 느껴지지 않는다는 점이지만 그렇다고 입은 옷이 사라지는 것은 아니다. 파괴되는 것 내지는 흡수되는 것이 유일한 목적인 **기호품**이라는 품목은 정말로 사라진다. 방송된 세계는 이제 이러한 품목에 속한다.

세계 전체가 모두 이러한 품목에 속한다는 생각은 새로운 것은 아니다. 이 생각은 물질적인 차원의 황금시대(aetas aurea) 판타지로서 상당히 오래된 것이다. 그 이름은 '**놀고먹는 세계**'다.

생각해보면, 놀고먹는 세계란 **통째로 식용이 가능한** 세계를 말한다. 이 세계에는 먹을 수 없는 찌꺼기는 전혀 없기 때문이다. 보통 상품이 소비자로부터 공간적으로 떨어져 있거나 돈이 없어 구입할 수 없는 경우에 일어나는 마지막 '저항'도 여기서는 근절된다. 왜냐하면 소위 '잘 구워진 비둘기 요리'가 저절로 소비자 품 안에 굴러떨어지기 때문이다. 이런 세계에 속하는 물건들은 흡수되고 소화되고 동화된다는 것 외에 다른 목적은 갖고 있지 않다. 따라서 놀고먹는 세계의 유일한 존재 이유는 **그 대상적 성격을 상실**하는 데에, 즉 세계로 존재하지 않는다는 데에 있다.

이상에서 오늘날의 '방송된' 세계에 대해 서술해보았다. 우리의 눈 혹은 귀 안으로 파고들어오는 이 세계는 **이해하기 쉬운** 세계로서 우리 속에서 아무 저항을 받지 말고 사라져야 한다. 즉 그 세계는 우리의 세계, '우리 자신'이 되어야 한다.[7]

III. **오늘날 우리의 세계는 '포스트-이데올로기적'이다**. 즉 이데올로기가 필요하지 않다. 이 말은 세계의 실상에 맞지 않는 그릇된 세계관을 이데올로기로 꾸며낼 필요가 없다는 말이다. 세계의 사건은 이미 꾸며진 연극으로 상연되기 때문이다. **거짓말을 진짜처럼 꾸미는 곳에서는 공공연한 거짓말은 불필요하다**. 여기서 상연되는 것은, 마르크스가 종말론적인 사변 속에서 예언했던 포스트이데올로기적 상태의 반전이나 다름없다. 마르크스는 실현된 진리가 철학(그에게 이 말은 당연히 '이데올로기'라는 뜻)을 끝내리라고 기대한 반면, 이제 비진리가 승리 속에서 실현된 것이다. 세계에 대한 거짓된 진술이 '세계' 자체

7 우리 연구의 서두에서 암시한 것이 바로 이러한 사실이다. 서두에서 우리는 (전적으로 '자신의 세계'만 알 뿐, '세계'를 알지 못하는 관념론자에 대한 추서에 이어) 오늘날의 소비자를 '관념론자'로 명명했다.

가 되었다는 사실은 공공연한 이데올로기를 불필요하게 만든다.

물론 '세계'와 '세계에 대한 견해', 현실과 현실의 해석이 더는 서로 다른 것이 아니라는 주장은 이상하게 들릴 것이다. 그러나 이 주장을 유사한 다른 시간적 현상들과 연관시켜서 보면 이내 이러한 느낌은 사라진다. 예를 들어 빵과 썰어놓은 빵은 (빵을 이미 썰어서 팔기 때문에) 더 이상 다른 것이 아니다. 이미 구워서 썰어놓은 빵을 집에서 다시 굽고 썰 수 없는 것처럼, 이미 이데올로기적으로 '사전에 재단된', 즉 이미 해석되고 조합된 상태로 우리에게 전달된 사건을 이데올로기적으로 또 다시 조합하거나 해석할 수 없다. 이미 처음부터 '이미지'로 만들어진 것을 집안에서 또 다시 '이미지'로 만들 수는 없다. 내 말은, 우리는 그렇게 **할 수 없다**는 의미다. 왜냐하면 그러한 '두 번째 조합'이란 불필요할 뿐 아니라 실행할 수조차 없기 때문이다.

예전에 우리가 세상의 이런저런 편린을 파악하거나 해석할 수 없었던 이유는, 대상이 우리 손을 벗어나거나 감당할 수 없을 정도로 우리에게 저항했기 때문이다. 이제 그러한 저항을 거론할 수조차 없게 되었음은 이미 위에서 살펴보았다. 우리에게 방송된 세계를 파악하고 해석하는 것을 막는 것은 놀랍게도 바로 그러한 세계의 **무저항**이다. 어쩌면 이는 놀라운 일도 아닐지 모른다. 씹어야만 먹을 수 있는 고기 조각은 우리에게 파악되지만, 아무런 저항 없이 넘어가는 매끄러운 알약은 그렇지 않다. 방송된, '파악하기 쉬운' 세계는 매끄러운 알약과도 같다. 다른 이미지로 표현하자면, 그 세계는 너무 쉽게 (소위 '다루기 쉬운 여자'처럼 '너무 쉬운 리얼리티'로) 만들어지고, 그것이 등장한 순간에 이미 우리 앞에 주어져 있기 때문에 우리는 그것을 우리 것으로 받아들이게 되지도, 그 세계와 그것의 의미를 얻으려고 애

쓰게 되지도 않는다.

IV. **언제나 이미 주조된 것만 주조된다**. 방송된 세계에 적용되는 말, 즉 보통 자명하다고 간주되었던 이원성이 이 세계에서는 낡아빠진 것이 된다는 말은 이미 주조된 소비자인 우리 자신에게도 적용된다. 오늘날의 순응주의적 상황에 따르면, 세계가 우리에게 '맞듯이' 우리도 세계에 '맞다.' 소비자의 처음 **백지** 상태와 이 백지에 세계상이 새겨지는 과정을 구분할 필요가 없어졌다. 소비자는 언제나 이미 만들어진 상태에 있고, 언제나 이미 본보기를 받아들일 태세를 갖추고 있으며, 언제나 이미 매트릭스에 알맞은 상태에 있기 때문이다. 그는 언제나 그에게 주조되는 형식에 어느 정도 맞추어진 상태다. 모든 개별적 영혼은 매트릭스에 맞추어져 있다. 마치 음각이 양각에 맞추어지는 부조처럼. 영혼은 이미 매트릭스의 각인에 맞춰져 있는 상태이기 때문에 매트릭스의 각인이 영혼에 어떤 '인상을 남기지도', 영혼 속으로 파고들어가지도 않는다. 마찬가지로 매트릭스도 이미 표시가 된 상태이기 때문에 영혼은 매트릭스에 어떠한 흔적도 남기지 못한다.

인간과 세계 사이의 줄다리기는 두 개의 각인 사이에 벌어지는 사건, 즉 매트릭스에 의해 각인된 현실과 매트릭스에 의해 각인된 소비자 사이의 운동으로 일어난다. 그것은 매우 유령 같은 방식으로 일어난다. 유령들이 유령들에 의해 만들어진 유령들과 교류하는 것이기 때문이다. 그러나 그렇다고 삶이 유령 같은 이러한 측면 때문에 비현실적이 된다고 주장할 수는 없다. 삶은 오히려 경악스러울 정도로 현실적이 되었다. 그렇다. 정말로 경악스럽다.

V. **포스트이데올로기적인 놀고먹는 세계에서 삶은 전면적인 부자**

유를 뜻한다.

오늘날에는 과거 우리 조상들은 알지 못했던 수천 건의 사건과 세상의 편린들이 우리의 귀와 눈에 파고들어온다. 어떤 환영을 받아들일지를 선택하는 것이 우리에게 허용되어 있음을 부인할 수 없다고 하더라도, 우리는 기만당한 것이다. 공급품이 일단 존재하게 되면 우리는 그 공급품의 수중에 들어가게 되기 때문이다. 또한 공급품에 접근할 자유 혹은 공급품에 대해 입장을 취할 자유를 빼앗기기 때문이다. 이는 우리에게 이런저런 음악뿐 아니라 박수와 야유도 함께 들려주는 축음기 음반을 통해 우리가 기만당하는 것과 동일하다. 우리는 그 소리를 우리 자신의 박수와 우리 자신의 야유라고 착각한다. 이 음반은 우리에게 단지 어떤 사물을 전달할 뿐 아니라 그 사물에 대한 우리의 반응도 함께 전달하기 때문에 우리는 그 사물을 통해 **우리 자신을 공급받는다**.

음반의 경우에는 아무런 거리낌 없이 일어난다면 방송물에서는 좀 더 은밀하게 일어날 수 있다. 그러나 차이라고 해봐야 정도의 차이일 뿐이다. 똑같은 일이 모든 방송에서 일어난다. 방송된 모든 유령은 자신의 '의미', 즉 우리가 그에 대해 생각하고 느껴야 할 것을 이미 자신과 분리 불가능한 요소로서 내재한다. 또 그것은 이미 우리에게 요구되는 반응을 동시에 공급함으로써 가격할인의 효과를 지닌다. 물론 우리는 이 점을 깨닫지 못한다. 우리에게 '세계'로 등장하는 유령들이 매일, 매 시간 우리에게 과잉 공급되는 바람에 우리는 해석에 대한 갈망, 자신만의 해석에 대한 갈망을 느끼지 못하도록 차단되기 때문이다. 또한 우리는 이미 조립된 세계로 배가 부른 상태가 될수록 이러한 허기를 점점 더 철저하게 잃어버리게 되기 때문이다.

그러나 이러한 부자유가 우리에게 당연하게 보이고 우리가 그 부자유를 전혀 느끼지 못한다고 해서, 설령 느낀다고 해도 그것을 부드럽고 쾌적하게 느낀다고 해서, 이러한 부자유 상태가 덜 불행해지는 것은 아니다. 오히려 그 반대다. 즉 테러가 살금살금 다가오기 때문에, 그것이 가능한 다른 상태에 대한 모든 상상, 반대에 대한 모든 생각을 궁극적으로 배제하기 때문에, 그러한 테러는 인지 가능한 공개적인 부자유보다 더 치명적이다.

우리는 우리의 연구에 앞서 어떤 왕에 대한 우화를 언급했다. 이 왕은 원치 않게 나라 방방곡곡을 돌아다니게 된 자신의 아들에게 마차와 말을 선물하면서 다음과 같은 말을 전해주었다고 한다. '이제 너는 더 이상 걸어다니지 않아도 된다.' 과거에 이 말은 '너는 이제 더 이상 걸어다녀서는 안 된다'는 의미를 지녔다. 하지만 이제 그 말의 의미는 결과적으로 '너는 더 이상 걸어다닐 능력이 없다'로 바뀌었다.

이제 우리는 이러한 무능력을 행복한 마음으로 받아들이게 된 것일까.

• 윤미애 옮김

닐 포스트먼(Neil Postman)

쇼 비즈니스의 시대

(1985)

내가 아는 노력파 대학원생이 겪은 일이다. 그는 중요한 시험이 있기 전날 저녁에 집에 돌아왔을 때 하나뿐인 램프가 고장난 것을 알았는데, 그 시간에는 수리를 맡길 수도 없었다. 잠시 공황 상태에 빠진 그는 이내 평정을 되찾고 만족할 만한 학점을 받을 수 있는 방법을 찾아냈다. 텔레비전을 켜서 소리는 죽인 다음 거기에 등을 대고 앉아 그 빛으로 시험에 나올 만한 중요한 부분들을 다시 읽어볼 수 있었다. 바로 이렇게도 텔레비전을 이용할 수 있었던 것이다. 즉 책 읽기에 필요한 조명기구로 말이다.

그러나 텔레비전 화면은 조명기기 이상이다. 매끄럽고 거의 평평해서 화면 위에 글씨를 띄울 수도 있다. 우리는 모두 호텔에 묵었을 때 특정 채널에 고정된 TV 화면에 그날의 주요 뉴스가 끊임없이 흘러지나가는 것을 본 경험이 있을 것이다. 이것 역시 텔레비전을 활용하는 한 가지 방법일 수 있다. 즉 전자 게시판으로 말이다. 또한 많은 텔레비전 수상기는 크고 튼튼해서 작은 서고의 무게를 감당할 수 있을 정도다. 구형의 RCA 텔레비전 캐비닛 위에는 30여 권의 책을 올려놓을 수 있다. 내가 아는 한 여성은 21인치 웨스팅하우스 텔레비전

위에 그녀가 소유한 디킨스, 플로베르, 투르게네프의 저서를 모두 안전하게 올려놓았다. 이렇게 텔레비전을 활용할 수도 있다. 즉 책장으로 말이다.

내가 이처럼 텔레비전을 활용하는 유별난 보기를 든 이유는 텔레비전이 교육의 전통적 형식들을 뒷받침하는 데 쓰일 수도 있지 않겠느냐는 일부의 희망을 비웃기 위해서다. 그런 식의 희망은 바로 마샬 맥루언이 "백미러식 사고"라고 한 것과 정확히 상응한다. 즉 새로운 매체는 그저 이전 매체의 단순한 확장 또는 확충에 지나지 않을 뿐이라고 보는 생각 말이다. 이러한 사고방식에 따르면 예컨대 자동차는 단지 더 빨리 달리는 말일 뿐이며, 전기 램프는 강한 빛을 내는 촛불에 불과하다. 그와 같은 실수를 범하게 된 것은 텔레비전이 공공담론의 의미를 재규정하는 방식을 완전히 잘못 해석했기 때문이다. 텔레비전은 문자문화를 확장하는 것도 아니고 확충하는 것도 아니며, 그것을 공격한다. 설사 텔레비전이 무엇인가의 연장이라고 해도, 그 전통은 15세기의 인쇄기계와 함께 시작된 것이 아니라 19세기 중엽의 전신과 사진에서 비롯된 전통이다.

텔레비전은 도대체 무엇인가? 그것은 어떤 종류의 의사소통을 허용하는가? 그것이 조장하는 지적 성향은 어떤 것들인가? 그것이 야기하는 문화는 어떤 문화인가?

앞으로 우리는 이러한 질문들에 몰두해보고자 한다. 혼란을 최소화하기 위해 먼저 테크놀로지와 매체를 구분할 필요가 있다. 테크놀로지와 매체의 관계는 뇌와 지성의 관계에 비유할 수 있다. 뇌와 마찬가지로 테크놀로지는 물리적인 장치다. 지성과 마찬가지로 매체는 물리적인 장치를 사용하는 방식이다. 하나의 테크놀로지가 특정한 상징적 코드를 사용하게 되고, 특정한 사회적 상황 속에 자리를 잡으며, 경제적·정치적 맥락을 갖추게 될 때 그 테크놀로지는 하나의 매체가 된다. 다시 말해 테크놀로지는 단순한 기계에 불과하며 매체는 그 기계가 창조해내는 사회적·지적 환경이라는 것이다.

물론 뇌와 마찬가지로 모든 테크놀로지는 특정한 내적 편향성 또는 관점을 가지고 있다. 그것의 물질적인 형식 속에서 특정한 사용 가능성들이 갖추어져 있다. 테크놀로지의 역사를 모르는 사람만이 그것이 중립적이라고 가정할 수 있다. 그런 순진한 생각을 조롱하는 오래된 농담이 있다. 전구를 발명한 토마스 에디슨(T. Edison)이 매번 전구를 켤 때마다 거기에 입을 대고 "여보세요? 여보세요?" 하지 않았더라면 전구를 발명했다는 사실이 훨씬 더 빨리 세상에 알려졌으리라는 것이다.

실제로 에디슨이 그랬을 리는 없다. 모든 테크놀로지는 그 나름의 논리(Logik)를 가지고 있다. 그리고 그것은 내가 말했듯이 펼쳐지기를 기다리는 메타포다. 예컨대 인쇄기계는 언어의 매체로 사용될 수밖에 없는 분명한 편향성을 가지고 있었다. 물론 그림을 재생하기 위한 목적으로만 그것을 사용하는 것도 **생각할 수 있다**. 만일 그렇게만 했다면 16세기에 로마 가톨릭 교회가 인쇄에 대해 굳이 반대하고 나서지는 않았을 것이다. 그랬더라면 종교개혁도 일어나지 않았을 것이다. 인쇄술의 발명으로 기독교인들은 각 가정의 식탁에서 신의 말씀을 접할 수 있게 되었고 이것은 마르틴 루터(M. Luther)가 투쟁한 결과이기도 했다. 이제는 굳이 교황이 나서서 그 말씀을 해석해줄 필요가 없게 된 것이다. 그러나 인쇄술이 성상의 복제만을 위해, 혹은 주로 그런 목적으로 쓰일 기회는 사실상 거의 없었다. 인쇄술이 발명된 15세기 초부터 그것은 글을 공적으로 알리고 또 대량으로 전파할 수 있는 특별한 기회를 제공한다고 여겨졌다. 인쇄술의 모든 기술적 잠재력도 그런 방향으로 개발되었다. 아마 누군가는 심지어 인쇄술이란 본래부터 그러한 목적으로 창안된 것이라고 말할 수조차 있을 것이다.

마찬가지로 텔레비전이라는 테크놀로지, 기술적 장치도 특정한 편향성을 가지고 있다. 텔레비전을 램프나 게시판, 책장 혹은 라디오로 사용하는 경우도 상상할 수 있다. 그러나 텔레비전은 그런 식으로 사용되지 않았고 또 앞으로도 그럴 것이다. 적어도 미국에서만은 말이다. 따라서 "텔레비전은 과연 무엇인가?"라는 질문에 답하기 위해서는 먼저 다음의 사실을 이해해야 한다. 즉 우리는 테크놀로지로서의 텔레비전이 아니라 매체로서의 텔레비전에 대해 말하고 있다는 것이다. 이 지구상에는 미국에서와 똑같은 테크놀로지이긴 하지만 텔레비전이 완전히 다른 매체로 기능하는 곳도 많다. 이를테면 나는 다음과 같은 나라를 일컫고 있다. 즉 대부분의 국민은 텔레비전 수상기를 소유하지 않으며, 혹시 소유하더라도 딱 한 대뿐인 나라, 오직 하나의 방송국만이 존재하는 나라, 24시간 내내 텔레비전이 방영되지는 않는 나라, 대부분의 프로그램이 정부의 이념과 정책을 선전하기 위한 목적으로 만들어지는 나라, 상업 광고가 뭔지도 모르고 '토킹 헤드'가 텔레비전의 화면을 지배하는 나라, 텔레비전이 주로 마치 라디오처럼 활용되는 나라. 이것들을 포함한 다른 이유 때문에 이들 나라에서는 텔레비전이 미국에서와 같은 의미나 영향력을 갖지 못한다. 다시 말해서 텔레비전이란 테크놀로지를 그런 식으로 활용함으로써 텔레비전이 지닌 잠재력이 충분히 개발되지 못하고 있는 것이다. 결과적으로 텔레비전의 사회적 작용 역시 최소한의 수준에 머물고 있다.

그러나 미국의 상황은 이와는 전혀 다르다. 자유 민주주의와 자유시장 경제는 텔레비전이 마음껏 성장할 수 있는 토양이 되었다. 그래서 미국에서는 이미지의 테크놀로지로서 텔레비전이 지닌 잠재력이 충분히 개발될 수 있었다. 그 결과 나타난 한 가지 양상은 전 세계에서 미국의 텔레비전 프로그램을 원하게 되었다는 사실이다. 현재 미국 텔레비전 프로그램의 총수출량은 대략 10만~20만 시간에 달하는 것으로 추정되는데, 라틴 아메리카와 아시아 및 유럽에 비슷하게 배당된다.[1] 〈건모스크〉와 〈보난자〉, 〈미션 임파서블〉, 〈스타트랙〉, 〈코작〉 등의 프로그램이 영국, 일본, 이스라엘, 노르웨이에서 네브라스카 주의 오마하에 못지않게 인기를 누렸다. 최근에는 〈댈러스〉와 〈다이내스티〉도 그 대열에 끼어들었다. 몇 해 전에는 누가 J. R. 유잉(〈댈러스〉의 남자 주인공—옮긴이)을 총으로 쏘았는지 알기 위해 라플란드인들이 그들에게는 필수적인 연례 휴양 여행까지 며칠 연기했다는 얘기도 있었다(직접 확인은 못했지만 말이다). 이 모든 현상은 전 세계적으로 미국의 도덕적·정치적 명망이 쇠퇴하는 것과 더불어 나타나고 있다. 그들이 미국 텔레비전 프로그램을 원하는 이유는 미국을 좋아해서가 아니라 미국 텔레비전 프로그램을 좋아하기 때문인 것이다.

1 1984년 7월 20일 『뉴욕 타임스』는 중국 국영방송이 CBS 방송과 64시간 분량의 CBS 프로그램 방영 계약을 체결했다고 보도했다. NBC 그리고 ABC와의 계약도 곧 뒤따를 것이 확실하다. 이러한 일들이 정치적 함의를 갖는다는 사실을 중국인들이 이해하기를 소망한다. 미국의 3인방에 비하면 중국의 4인방은 종이호랑이에 불과하다.

왜 그런지는 어렵지 않게 알 수 있다. 미국 텔레비전을 시청하면서 우리는 조지 버나드 쇼가 밤에 뉴욕의 브로드웨이와 42번가가 교차하는 지점의 반짝반짝하는 네온을 처음 보고서 한 말을 상기하게 된다. "사람들이 무슨 말인지 읽을 수는 없겠지만 어쨌든 아름답기는 하군." 사실 미국의 텔레비전은 매일같이 수천 개의 이미지를 쏟아내며 아름다운 장관과 시각적 기쁨을 제공해준다. 거대한 텔레비전 방송국에서 내보내는 프로그램들에서 한 커트의 평균 지속시간은 불과 3.5초에 지나지 않는다. 그래서 눈이 잠시도 쉴 새 없이 항상 뭔가 새로운 볼거리를 접하게 된다. 게다가 텔레비전에서 다양한 주제를 제시하더라도 수용자가 최소한의 조건만 갖추면 그것들을 이해할 수 있게 되어 있다. 그리고 대개는 정서적인 만족을 목표로 삼고 있다. 심지어 상당수의 사람들이 성가시게 생각하는 광고마저도 더할 나위 없이 교묘하게 짜여 있다. 언제나 시청자의 눈을 즐겁게 해주고, 감정을 자극하는 음악이 동반된다. 이 세상 최고의 사진을 현재 광고에서 볼 수 있다는 데 누구도 이의를 달지 않는다. 달리 말하면, 미국 텔레비전은 그 수용자에게 오락을 제공하는 일에 전적으로 매달려 있다.

물론 텔레비전이 오락적이라고 말하는 것은 진부하기 이를 데 없다. 이런 사실이 문화를 꼭 위협하는 것도 아니며, 거기에 대해서는 책을 쓸 가치조차 없다. 심지어 그런 면은 기쁜 일이기도 하다. 즐겨 말하듯이 인생의 길은 꽃으로 뒤덮인 고속도로가 아니다. 간혹 이곳저곳에 약간씩 피어 있는 꽃을 보게 되는 일은 확실히 우리의 여행을 더 수월하게 할 수는 있다. 라플란드인들은 분명히 그렇게 생각했다. 아마 매일 저녁 텔레비전에 붙어사는 9천만 명의 미국인 역시 그렇게 생각할 것이다. 그러나 여기서 내가 주장하는 것은 단지 텔레비전이 오락이라는 사실에 그치는 것은 아니다. 그보다 텔레비전은 모든 경험을 표현하는 데 있어서 오락 자체를 당연한 포맷으로 만들어 버렸다. 텔레비전 수상기는 우리에게 끊임없이 세상과 친교를 맺도록 만들지만 그 얼굴의 웃는 표정이 절대로 바뀌지 않는 상태로 그렇게 한다. 문제가 되는 것은 텔레비전이 우리에게 오락물을 제공해주고 있다는 사실이 아니다. 문제가 되는 것은 텔레비전에서 모든 주제가 오락으로서 제공되고 있다는 사실이다.

다른 방식으로 얘기하면 텔레비전에서는 오락이 모든 담론의 지배 이데올로기다. 무엇이 어떤 관점에서 묘사되든 간에 그 근본적인 가정은 그것이 우리의 즐거움과 기쁨을 위해서라는 것이다. 그렇기에 심지어 날마다 우리에게 비극적이고 야만스러운 단편적인 소식을 전하는 뉴스쇼에서마저도 뉴스 캐스터는 "내일도 저희와 함께 해주십시오"라고 촉구하는 것이다. 도대체 무엇 때문에 그래야 하나? 살인 및 상해 장면을 수분 간 보고 나면 적어도 한 달은 밤잠을 이루지 못하게 될 것이라고 생각할 수도 있다. 그러나 우리는 뉴스 캐스터의 초대에 기꺼이 응한다. 왜냐하면 '뉴스'가 심각하게 받아들여지지 않을 거라는 사실을 잘 알기 때문이다. 또 '뉴스'란 말하자면 그저 재미있다고 생각하기 때문이다. 뉴스쇼와 관련된 모든 사항이 우리에게 다음의 사실을 말해준다. 즉 잘생기고 상냥한 뉴스 캐스터, 그들의 유쾌한 농담, 뉴스쇼를 열고 닫을 때 마음을 적절히 자극하는 음악, 생생한 영상들, 매혹적인 광고 등등 …. 이 모든 것은 우리가 방금 본 것들이 결코 슬퍼할 일이 아님을 나타내고 있다. 간단히 말해 뉴스쇼는 오락을 위한 포맷이지, 교육이나 성찰을 위한 포맷이 아니다. 아울러 우리는 뉴스쇼를 그런 식으로 만든 사람들을 너무 탓하지 말아야 한다. 그들은 뉴스를 읽기의 대상으로 만들거나 듣기의 대상으로 방송하는 것이 아니다. 그들은 뉴스를 보기의 대상으로 내보내고 있는 것이다. 그들은 자기들의 매체가 이끄는 대로 따라갈 수밖에 없다. 거기에는 어떤 음모가 개입되었다거나 지성이 결여되어 있는 것이 아니다. 그저 다음의 사실을 솔직하게 인정하는 일이 남아 있을 뿐이다. 즉 '훌륭한 텔레비전'이란 설명이나 기타 언어적 커뮤니케이션이 '훌륭한' 것과는 별 관계가 없고 단지 그림의 이미지가 어떻게 보이느냐는 것과 관계가 있다는 사실 말이다.

이 점을 설명하기 위해 나는 ABC 네트워크가 1983년 11월 20일, 많은 논란이 된 영화 〈그날 이후(The Day After)〉를 방영하고 나서 바로 이어 내보낸 80분짜리 좌담을 예로 들고자 한다. 그 프로그램에 대한 기억이 상당 부분 희미해졌음에도 불구하고 나는 그것을 택했다. 왜냐하면 그 프로그램에서만큼 텔레비전이 '진지하고'도 '책임감 있는' 자세를 취했던 적은 지금껏 한 번도 없었기 때문이다. 그 프로그램은 모든 면에서 과연 텔레비전이 오락 형식에서 탈피하여 공중 교육을 수행할 만한 수준의 역량을 지니고 있는지를 시험해볼 수 있는 결정적 계기였다. 우선, 주제로 다룬 것이 핵폭발로 인한 인류의 대참사 가능성이었다. 둘째, 영화 자체가 몇몇 영향력 있는 사회단체의 공격을 받았다. 그중에는 제리 팔웰(Jerry Falwell) 목사가 이끄는 〈도덕적 다수〉도 포함되어 있었다. 따라서 ABC 네트워크 측으로서는 정보와 일관성 있는 담론매체로서 텔레비전의 가치와 진지한 의도를 드러내보이는 것이 무척 중요했다. 셋째, 그 프로그램에서는 배경 음악을 전혀 사용하지 않았다. 이건 매우 중요한 사실이다. 왜냐하면 거의 모든 텔레비전 프로그램에는 음악이 삽입되어 있으며, 그로부터 수용자들이 어떤 감정 상태에 있어야 하는지 지침을 받고 있기 때문이다. 바로 이것은 전형적인 극장식 책략인데, 음악은 여기서 워낙 당연한 것으로 여겨지기 때문에 텔레비전에서 음악이 빠져 있으면 시청자는 불안을 느끼게 된다. 넷째, 토론 중에는 광고를 방영하지 않았다. 그러므로 분위기를 경건하게 만들 수 있었다. 이는 대개 암살당한 대통령 장례식 때나 쓰는 방법이었다. 마지막으로, 참석자들 가운데는 헨리 키신저(Henry Kissinger), 로버트 맥나마라(Robert McNamara), 엘리 위젤(Elie Wiesel) 등 나름대로 진지한 담론의 상징처럼 되어 있는 인물들이 포함되어 있었다. 키신저는 그로부터 얼마 후 인기 텔레비전 연속극 〈다이내스티〉에 얼굴을 내밀기도 했지만 적어도 그 당시까지는 지적 절제의 전형과 같은 존재였다. 위젤은 실제로 걸어다니는 양심의 메타포였다. 그 외의 참석자들—칼 세이건(Carl Sagan)과 윌리엄 버클리(William Buckley) 및 브렌트 스코크로프트(Brent Scowcroft) 장군도 시시한 공적 문제에는 개입할 리 없는 인물로 기대되는 그러한 지적 영향력의 소유자들이었다.

그 프로그램은 이른바 사회자 격인 테드 코펠(Ted Koppel)이 지금부터 하려는 것은 '논쟁(Debatte)'이 아니라 '**토론**(Diskussion)'이라는 점을 환기시키면서 시작되었다. 그럼으로써 담론의 철학에 관심이 있는 사람에게는 진지한 텔레비전에서 의미하는 '토론'이란 과연 어떤 것일까를 관찰할 수 있는 좋은 기회가 되었다. 그것이 무엇을 뜻하는지는 금방 드러났다. 즉 여섯 명의 참석자에게 그 프로그램의 주제와 관련해서 각자 뭔가를 얘기하도록 약 5분씩 시간이 주어졌다. 그러나 주제가 정확히 무엇인지에 대해서는 합의가 이루어지지 않았다. 그리고 어느 누구도 다른 사람의 발언 내용에 대해 반응을 보여야 할 의무가 없었다. 사실 그렇게 하기도 어려운 상황이었다. 참석자들이 차례차례 순서대로 불렸기 때문이다. 그러니까 그들은 마치 미인대회 최종 결선에 진출한 사람들처럼 각자에게 할애된 시간만큼 카메라 앞에 등장했다. 그리하여 예컨대 마지막에 불린 위젤이 첫 번째로 불린 버클리의 발언에 대해 언급하려 한다고 가정해 보자. 그렇다면 그는 이미 네 명의 발표자가 지나가고 약 20분의 시간이 흐른 일에 대해 얘기하는 결과가 된다. 따라서 수용자의 입장에서는(위젤 본인은 그렇지 않겠지만) 그의 반응을 유발시킨 버클리의 주장을 기억해내는 데에 어려움을 겪게 될 것이다. 실제로 참석자들은—그들 대부분이 텔레비전에 초심자가 아니었다—대체로 다른 사람의 견해에 대응하는 것을 피하고, 자신에게 할애된 시간을 본인의 견해를 자세히 설명하거나 느낀 바를 피력하는 데 썼다. 예컨대 키신저 박사는 자신이 쓴 책과 자신이 제안한 정책 및 자신이 수행한 협상을 모두에게 상기시킴으로써 마치 그가 더 이상 국무장관이 아님을 유감스럽게 여기도록 만들려는 듯했다. 맥나마라는 먼저 자신이 그날 오후 독일에서 점심을 먹었다고 말하고 나서, 자신은 핵무기 감축을 위한 최소 15가지 방안을 제안할 수 있다고 주장했다. 어떤 이들은 이러한 제안들에 관해 토론이 이루어지길 기대했을 것이다. 그러나 다른 이들은 그가 그날 독일에서 점심으로 무엇을 먹었는가와 마찬가지로 그런 제안들에도 흥미가 없는 듯했다(나중에 그는 자신의 제안 가운데 세 개를 언급했다. 그러나 논의되지는 않았다). 위젤은 일련의 우화와 역설을 들어가면서 인간이 처한 비극적 상황을 강조했다. 하지만 자신이 언급한 내용을 한층 더 넓은 맥락에서 설명할 시간적 여유는 없었기 때문에 돈키호테적이고 혼란스러워 보였다. 그래서 마치 이교도 지역에 들어가 떠돌아다니는 순회 설교 랍비를 연상케 했다.

다른 말로 하면 그것은 우리가 보통 토론(Diskussion)이라는 표현을 쓸 때 염두에 두는 그런 토론이 아니었다. 심지어 '토론'이 시작되고 나서도 거기엔 주장과 반박, 전제들에 대한 자세한 검토, 설명, 정교화, 정의와 같은 것은 없었다. 내 생각에는 칼 세이건이 가장 일관성 있게 발언했다. 그는 약 4분간에 걸쳐 "핵무기 동결"의 필요성을 강조했다. 그러나 그의 주장에는 주의 깊은 검토가 이루어지지 않았음이 분명한, 적어도 두 개의 의심스러운 가정이 포함되어 있었다. 명백히 참석자 누구도 자신에게 주어진 몇 분간의 시간을 쪼개어 다른 참석자들이 짧게 할당된 시간에 한 말에 대해 관여하지 않았다. 코펠은 어쩐지 그 나름으로는 그 '쇼'가 계속해서 진행되도록 해야 한다는 의무감을 느끼는 것 같았다. 아울러 가끔씩 논의의 흐름에서 중심을 잡아 나가기도 했지만, 그보다는 각 참석자에게 공평하게 시간을 할애하는 것을 더 중요하게 여겼다.

그러나 그들의 언어가 그처럼 단편적이고 불연속적인 양태를 보일 수밖에 없었던 것이 시간적 제약 때문만은 아니었다. 텔레비전 쇼가 한창 진행되고 있을 때에 다음과 같이 말하는 것은 허용되지 않는다. "그 문제에 대해 좀 생각해봅시다"라든가, "난 잘 모르겠군요"라든가, "그 말은 무슨 뜻인가요?"라든가, "어디서 그런 정보를 얻었지요?" 하는 따위 말이다. 이런 식의 담론은 우선 쇼의 템포를 늦춘다. 그뿐만 아니라 불확실한 느낌 혹은 '마무리의 결여'를 초래한다. 그런 말들은 **그들이 곰곰이 생각하고 있는 중**임을 시청자들에게 보여준다. 가령 라스베이거스의 쇼 무대에서 그러한 일이 벌여졌다고 가정해 보자. 이것은 관객들을 얼마나 어리둥절케 하고 지겹도록 만들 것인가. 텔레비전에서도 마찬가지다. 생각하는 일은 텔레비전에서는 별로 호응을 얻지 못하며, 이 점은 텔레비전 연출가들이 이미 오래 전에 간파한 사항이다. 생각하는 일에는 볼거리가 많지 않다. 한마디로 말해 그것은 연출해내는 기술이 아니다. 그런데 텔레비전은 그런 연출의 기술을 요구한다. 그래서 ABC방송국은 능란한 언어적 기교와 깊은 정치적 판단력을 갖춘 사람들에 대해 우리가 가지고 있는 이미지가—매체가 이들로 하여금 아이디어를 발전시키는 대신에 무대에서의 연출 임무를 수행하기를 강요할 때—어떻게 흔들릴 수 있는지를 보여주었던 것이다. 80분간의 토론 시간이 무척이나 오락적일 수밖에 없었던 점은 그로부터 설명된다. 마치 사뮈엘 베케트의 연극을 연상케 하는 방식이었다. 즉 분위기는 엄숙하게 유지하되 의미는 제대로 이해되지 않고 지나쳐버리는 식이었던 것이다. 말할 것도 없이 참석자들의 자기연출은 모두 전문가 수준이었다. 세이건은 〈코스모스〉 때 입고 나와서 화제가 되었던 터틀넥 스웨터 차림이 아니었다. 심지어 그는 이 프로그램 출연을 위해 새삼스럽게 이발까지 하고 나왔다. 세이건은 혹성에 대해 얘기하는 논리적인 과학자의 역할을 맡았다. 레너드 니모이(Leonard Nimoy)라면 모를까 폴 뉴먼이라도 그보다 그 역을 잘 연기했을지 의문스러울 정도였다. 스코크로프트는 군복 차림이 썩 잘 어울렸다. 태도도 간명하고 싹싹했으며 그에게서 국가안보의 의지를 분명히 느낄 수 있었다. 키신저는 언제나처럼 인류의 재앙을 막을 책무의 수행에 지친, 세계적인 정치가의 모습을 훌륭히 연출했다. 코펠은 말하자면 논의의 흐름을 정리하고 체계적으로 요약하는 척하면서 사회자로서의 역할을 완벽하게 수행했다. 하지만 기실 그는 각자의 연기를 감독하는 일만 했을 뿐이었다. 프로그램이 종료된 후 수용자가 할 수 있었던 유일한 것은 그들의 연기에 박수갈채를 보내는 것이었다. 그리고 훌륭한 텔레비전 프로그램이 항상 추구하는 것도 바로 그것이다. 다시 말해 그들 프로그램이 추구하는 것은 박수갈채일 뿐이지 그것들에 대해 곰곰이 생각해보도록 하는 것이 아니다.

여기서 내가 텔레비전을 일관성 있는 언어나 진행 중인 생각의 매체로 이용하는 일이 아예 불가능하다고 주장하는 것은 아니다. (…) 만일 카메라를 한 대만 사용하고 시각 이미지가 고정되어 있다면, 어느 정도의 효과는 달성될 수 있을 것이다. 가령 대통령의 TV 연설 때처럼 말이다. 하지만 그러한 방식으로는 아무리 잘 만들어졌더라도 결코 훌륭한 텔레비전 프로그램일 수 없다. 게다가 그것은 대부분의 사람들이 즐겨 보는 텔레비전도 아니다. 텔레비전에 관한 오직 하나의 가장 중요한 사실은 사람들이 그것을 **본다**는 점이다. 그것이 텔레비전이라고 불리는 것은 바로 그 때문이다. 그리고 사람들이 주로 보고, 또 보고 싶어 하는 것은 움직이는 그림이다. 신속히 바뀌면서 다이내믹한 변화를 보이는 수백만 개의 움직이는 그림 말이다. 텔레비전이 각종 아이디어의 내용을 억압해야 하는 이유는 바로 그 매체의 본성에서 비롯되는 것이다. 이는 물론 시각적 매력이라는 요구에 부응하기 위해서다. 다시 말해 쇼 비즈니스의 가치에 부응하기 위해서다.

물론 영화와 레코드 및 라디오(라디오는 이제 음악산업의 부산물이 되어버렸지만)도 문화의 오락화에 기여했다. 또한 그것들이 미국 담론의 스타일을 바꾸는 데 끼친 영향 역시 결코 적지 않다. 그러나 텔레비전의 경우는 이와 다르다. 왜냐하면 그것은 모든 형태의 담론을 포괄하고 있기 때문이다. 누구도 정부의 정책이나 최신의 과학적 진보를 알기 위해 영화관에 가지 않는다. 누구도 야구 경기의 결과나 날씨 또는 최근에 발생한 살인 사건에 대해 알고 싶다고 레코드를 사지는 않는다. 누구도 오늘날 드라마나 대통령의 연설을 듣겠다고 라디오를 켜지 않는다(만일 텔레비전 수상기가 가까이에 있다면 말이다). 그러나 모든 사람이 이 모두와 그 외의 많은 것 때문에 텔레비전 앞으로 다가간다. 바로 이 때문에 텔레비전은 문화 전반에 걸쳐서 그토록 강력하게 공명하고 있는 것이다. 텔레비전은 우리 문화에 대해 알 수 있는 우리 문화의 으뜸가는 양식이다. 그러므로—그리고 이것이 결정적인 포인트인데—텔레비전이 세상을 연출해내는 방식이 세상이 적절히 규정되는 방식의 모델이 되었다. 이는 단순히 텔레비전 화면상에서는 오락이 모든 담론의 메타포임을 의미하는 것이 아니다. 여기서 중요한 것은 텔레비전 화면을 벗어나더라도 동일한 메타포가 지배하고 있다는 점이다. 한때 인쇄술이 정치, 종교, 비즈니스, 교육, 법 및 기타 중요한 사회적 문제를 수행하는 스타일을 지시했듯이, 이제는 텔레비전이 모든 통제를 하고 있는 것이다. 법정에서, 교실에서, 작업실에서, 기숙사와 교회에서, 심지어는 비행기에서까지도 이제 미국인들은 더는 서로 이야기하지 않는다. 그보다는 서로를 즐기고 있다. 그들은 이제 더는 생각을 교환하지 않는다. 그 대신 이미지를 교환한다. 그들은 이제 더는 주장을 가지고 논쟁을 벌이지 않는다. 그 대신 미남미녀와 유명인 그리고 상업 광고를 가지고 논쟁을 벌인다. 왜냐하면 하나의 메타포로서 텔레비전이 전하는 메시지는 온 세상이 하나의 무대라는 것, 그리고 그 무대는 바로 네바다주 라스베이거스에 있다는 것이기 때문이다. (…)

애리조나주 피닉스에서는 에드워드 디트리히 박사가 버나드 슐러의 혈관 우회로 수술을 했다. 수술은 성공적이었고 그 결과에 대해 슐러는 만족했다. 이것 역시 텔레비전으로 방영되었으며 미국 전체가 흡족해했다. 그 수술 장면 방송에는 적어도 미국 내의 50개 텔레비전 방송국과 영국의 BBC 방송이 참여했다. 두 명으로 이루어진 중계팀이 (말하자면 한 명이 중계를 맡고 다른 한 명이 해설을 맡았다) 수술 진행 과정을 시청자에게 알려주었다. 왜 이 사건이 텔레비전으로 방영되는지는 확실치 않았다. 그러나 결과적으로 디트리히 박사와 슐러의 흉곽 부위를 유명하게 만들었다. 텔레비전에서 의사가 나오는 쇼를 너무 많이 봐서인지 슐러는 수술 결과와 관련하여 확신에 차 있었다. "TV로 생방송 중인데 의사가 설마 나를 죽이기야 하겠어"라는 것이 그가 한 말이었다.[2]

WCBS-TV와 WNBC-TV가 열심히 추적해서 보도했듯이 필라델피아의 공립학교들은 1984년 아동들이 교과 과목을 노래로 듣도록 하는 실험에 착수했다. 텔레비전에 학생들이 워크맨을 끼고서 록 음악을 듣는 모습이 비춰졌다. 록 음악의 가사는 8품사에 관한 것이었다. 이러한 아이디어를 내놓은 조코 헨더슨은 영어만이 아니라 수학과 역사도 록 음악의 포맷을 따르도록 함으로써 학생들을 더욱 기쁘게 해줄 의도를 가지고 있다. 사실 이 아이디어는 헨더슨이 처음으로 구상한 것은 전혀 아니다. 그러한 방식은 〈어린이의 TV워크숍〉에서 처음 주창한 것으로, 그 단체에서 만든 텔레비전쇼 〈세서미 스트리트〉

2 이 이야기는 1983년 2월 24일자 *Wisconsin State Journal* 4섹션 2쪽을 포함, 몇몇 신문에서 다루었다.

는 교육과 오락이 별개일 수 없다는 생각을 값비싸게 예증하고 있다. 그럼에도 점수를 얻은 쪽은 헨더슨이었다. 〈세서미 스트리트〉에서는 다만 가벼운 오락의 형식으로 읽기 학습을 시키려 하고 있는 데 비해 필라델피아에서의 실험은 교실 자체를 록 콘서트장으로 만들려고 하고 있기 때문이다.

매사추세츠주 뉴베드포드에서는 강간 사건에 대한 재판 광경이 텔레비전으로 방영되었다. 이 방송은 시청자에게 즐거움을 선사했는데, 그들은 실제 재판과 자신들이 즐겨 보던 낮 시간대 드라마와의 차이를 거의 구분할 수 없었다. 플로리다주에서는 살인 사건을 포함하여 다양한 중범죄 사건의 재판 광경이 정기적으로 텔레비전을 통해 방영되고 있다. 그리고 수용자로부터 대부분의 허구적 법정 드라마보다 더 재미있다는 반응을 얻고 있다. 이 모두가 '일반 공교육'의 차원에서 이루어지고 있는데, 이와 같은 숭고한 목표 설정에 따라 고해성사 장면을 텔레비전을 통해 방영하려는 계획도 하고 있다는 풍문이 나돌고 있다. '고해성사의 비밀'이라는 이름이 붙여질 그 프로그램은 물론 다음과 같은 경고 문구를 담을 예정이다. 이 프로그램의 일부 내용은 어린이에게 해로울 수 있으므로 부모의 각별한 지도가 필요하다는 문구 말이다.

펜실베이니아주에 사는 아미쉬족은 미국의 주류 문화로부터 동떨어져 그들의 삶을 영위하고자 한다. 무엇보다 그들의 종교가 우상숭배를 금하고 있기 때문이다. 이 말은 아미쉬족에게는 영화를 보거나 사진을 찍는 것이 금지되어 있다는 의미다. 그러나 아미쉬족 자신이 영화 촬영의 대상이 되고 있을 때에는 그들의 종교마저도 그들의 시청을 막을 수 없었다. 예컨대 1984년 여름 일단의 파라마운트 영화

사 직원들이 영화 〈목격자〉를 찍기 위해 랭커스터 카운티로 몰려들었다. 이 영화는 아미쉬 여성과 사랑에 빠지게 되는 어떤 형사를 그린 것인데, 형사 역은 해리슨 포드가 맡았다. 아미쉬족은 그들의 교회로부터 영화 제작진과 일절 접촉하지 말라는 지시를 받았다. 그럼에도 일부 아미쉬 용접공들은 하루 일과가 끝나자마자 영화 촬영 장면을 구경하러 달려갔다. 또 다른 신도들은 좀 멀찍이 떨어진 풀밭에 앉아 망원경으로 그 장면을 지켜보았다. "우린 신문에서 그 영화에 대한 기사를 읽었어요. 이 아이들은 해리슨 포드의 사진을 오려내어 간직하기까지 한 걸요"라고 어떤 아미쉬 연인이 말했다. "그렇지만 별로 문제될 것은 없어요. 누군가가 우리에게 얘기했어요. 자신이 〈스타워즈〉에서 연기했지만 그게 우리와는 아무 상관이 없다고요"라고 그 여성은 덧붙였다.[3] 이와 비슷한 결론이 마지막으로 내려진 것은 미국 대장장이협회의 사무총장이 다음과 같이 천명했을 때다. "나도 신문에서 자동차에 대해 읽었지만 그것이 우리 조직의 앞날에 어떠한 영향도 미치지 못할 것임을 확신했다."(…)

1984년 대통령 선거를 앞두고 민주, 공화 양당의 후보인 레이건(R. Reagan)과 먼데일(W. Mondale)이 텔레비전에서 몇 번에 걸쳐 맞닥뜨렸다. 이른바 TV '토론'이라는 것이었다. 하지만 그것들은 링컨-더글라스 간의 논쟁이나, 일반적으로 토론이라는 이름으로 불리는 다른 어떤 토론과도 전혀 공통점이 없었다. 각 후보는 예컨대 "중앙 아메리카에 대한 귀하의 정책은 무엇입니까?"와 같은 질문에 답하도록

3 1984년 6월 7일자 『뉴욕 타임스』 A섹션 20쪽에서 인용.

2분씩을 부여받았다. 그리고 상대방에게는 그것에 대해 반격할 수 있도록 1분씩이 주어졌다. 그와 같은 상황에서는 복잡한 사안의 표명이나 증거서류의 제출, 논리적인 설명이란 불가능하다. 사실 문법에 맞는 어구 배열이 전혀 이루어지지 않은 경우도 몇 차례 있었다. 그러나 별로 문제될 것은 없었다. 두 후보는 논쟁을 벌이기보다는 어떤 '외적인 인상'을 풍기는 데 더 열심이었기 때문이다. 또한 그것이 텔레비전이 할 수 있는 최선의 것이기도 했다. 토론이 종료되고 난 후의 해설에서도 대개 후보가 제시한 아이디어에 대한 평가는 피해갔다. 왜냐하면 그런 아이디어라고 할 만한 것이 전혀 없었기 때문이다. 그 대신에 모든 토론이 마치 권투 경기처럼 받아들여졌다. 따라서 사람들의 관심을 끈 것은 누가 누구를 녹다운시켰느냐 하는 것이었다. 결과는 각 후보의 '스타일'에 따라 결정되었다. 즉 각 후보가 어떤 식으로 보였으며, 어떤 식으로 시선을 고정시켰으며, 어떻게 웃었으며, 어떤 식으로 간명하고 위트 있는 답변을 했는가에 따라 판정이 내려졌다. 두 번째 토론에서 레이건 대통령은 자신의 나이와 관계된 질문을 받자 즉각 의기양양하게 재치 있는 답변을 했다. 다음날 몇몇 신문은 레이건 후보가 조크로 먼데일 후보를 녹다운시켰다고 썼다. 이렇게 '자유세계'의 지도자는 텔레비전 시대를 사는 국민에 의해 선출되는 것이다.

이 모두는 우리 문화가 자신의 비즈니스, 특히 자신의 중요한 비즈니스를 수행해감에 있어 점차 새로운 방식을 도입하는 쪽으로 나아가고 있다는 사실을 의미한다. 우리 문화의 담론도 하루가 다르게 변하고 있어서 쇼 비즈니스와 쇼 비즈니스가 아닌 것의 경계를 알아보기가 점차 어려워지고 있다. 성직자와 대통령, 의사와 법조인, 교육자와 뉴스캐스터가 그들의 전문 분야에서 요구되는 수련을 쌓기보다는 뛰어난 쇼맨십을 갖추는 데 더욱 신경을 써야 하게 되었다. 어빙 벌린(Irving Berlin)이 그의 유명한 노래 제목에서 한 단어만 바꿔 썼더라면 그도 올더스 헉슬리(Aldous Huxley) 못지않게—물론 그보다 더욱 간결하기는 하더라도—예언적일 수 있었다. 즉 그는 그저 이렇게만 썼으면 충분했을 것이다. "**쇼 비즈니스 외에 다른 비즈니스는 없다**"고 말이다.

• 박배형 옮김

존 피스크(John Fiske)

텔레비전의 순간들

텍스트도 대중도 존재하지 않는다

(1989)

등을 구부리고, 초췌한 모습으로 소파에 앉아, 손에는 과자나 음료를 들고 눈으로는 화면을 응시하고 있는 사람들의 무리. 내 생각에 이것이 텔레비전(이 글에서 이 단어는 주로 '멀리 있는 것을 보는 것'이란 원래의 의미로 사용되고 있다—옮긴이)과 시청자대중(Publikum)에 대한 일반적인 생각일 것이다. 화면은 텍스트이고, 사람들(people)[1]이 수백만 배로 증식된 것이 시청자대중이다. 그리 오래 되지 않은 과거에 텍스트와 독자대중(Publikum) 양자에 대한 이론이 존재했었는데,—그 이론과 우리에게는—불행하게도 그 이론이 이런 모델을 사용했던 것이 그러한 추정의 검증되지 않은 토대가 되고 있다. 그 이유는 이 모델이 그려 보이는 장면이 전형적이고 사실적이라는 데 있다. 여기에서 문제는 시청자를 '대중'으로, 그리고 화면을 '텍스트'로 범주화하는 것

1 이 글의 저자가 사용하고 있는 '사람들(people)'이라는 용어는 '인간'이나 '주민'으로 번역될 수 없다. 여기에서 '사람들'은 정의하기 어려운 개념으로서 사회적 권력 및 그 하위단위인 계급, 성, 인종, 지역, 직업교육, 종교 등과 연관된 가변적인 배치들의 구조들로 구성되면서도, 이 구조들에 의해 완전히 규정되지는 않는다. '사람들'은 그 모든 경우에 있어 파워블록(power-bloc, St. Hall의 용어)의 보편적 관심에 반대한다.

이 너무 성급하다는 것이다.

나는 이 두 범주를 해체하고 싶다. 우선 경험적으로 받아들여지는 대상인 '텔레비전 시청자대중'이라는 것은 존재하지 않는다. 왜냐하면 그 경계 너머에 그 어떤 의미를 지니는 범주가 없기 때문이다. 이 세상에 '텔레비전 시청자대중'이 존재하지 않는다니, 이게 무슨 말인가? '텔레비전 시청자대중'은 계급, 인종 혹은 성과 같은 사회적 범주가 아니다. 누구나 그 어떤 방식으로 그 안으로 미끄러져 들어갔다 나올 수 있다는 점에서, 그것은 범주의 경계를 무의미하게 만든다. 사람들이 이 범주 안에서 상이한 시간에 상이한 방식으로 이 대중의 일원이 되는 경우에도 마찬가지다. 내가 좋아하는 축구팀의 경기를 볼 때의 나는, 내 아들과 〈A특공대(A-Team)〉를 보거나, 내 아내와 〈우리 인생의 나날들(Days of Our Lives)〉을 볼 때의 나와는 다른 '텔레비전 시청자대중'이다. 범주화란 유사성에 눈길을 돌리는 것이다. 하지만 텔레비전을 시청하는 사람들은 무엇보다도 수많은 차이를 통해 가장 잘 서술될 수 있다.

마찬가지로 텔레비전의 텍스트나 프로그램은 동일한 메시지를 동일한 통로를 통해 '시청자대중' 전체에게 전달하는 통일된 전체가 아니다. 유기적이고 자기만족적인 텍스트라는 낡은 문학이론의 관념은 지속적으로 허물어져내려 이 해체작업을 계속 추진할 필요는 더 이상 없는 것으로 보인다. 하지만 의미를 생산해내는 텔레비전의 잠재력을 다루기 위해, 우리는 계속해서 하나의 개념, 혹은 그와 유사한 어떤 것을 사용해야 한다. 이에 있어 이 개념의 구체성을 다소 희박하게 만들고, 다루기 어렵게 하는 것이 더 낫기 때문에, 그 개념의 추상성이 그것의 구체적 존재보다는 잠재력을 훨씬 더 많이 보여주는

'텍스트성'이라는 단어를 사용하는 것이 어떨까 한다. 거실에 놓여 있는 이 기계가 만들어내는 것은 '멀리 있는 것을 보는 것(television)', 즉 의미와 즐거움의 잠재적 도발자인 시각적이고 청각적인 기표를 보는 것이다. 이러한 잠재력이 텍스트성으로서, 이것은 텔레비전의 수많은 순간을 통해 그때그때 다르게 작동한다.

텍스트성은 의미 형성과 향유를 통해 실현되며, 이 과정의 핵심적 계기는 우리 문화의 부정할 수 없는 상호텍스트성이다. 이에 대해서는 나중에 다시 다룰 것이다. 지금은 단지 우리가 '텍스트'와 '대중'의 차이를 제거했다는 것만 강조해두고자 한다. 텔레비전의 텍스트성, 이해 과정과 향유 경험의 상호텍스트성은 사람들이 자신들의 다양한 역사와 주관성을 텔레비전의 과정에 투입할 때만 나타난다. 텍스트는 존재하지 않는다. 대중도 존재하지 않는다. 텔레비전의 과정만이 존재한다. 화면 앞에서 발행하고, 내가 여기에서 다루려는 연구대상을 구성하는 문화적 활동의 다양성만이 존재한다.

시청자

이 모델은—더 나은 표현으로는 이 모델들은—사람들과 텔레비전을 텍스트와 대중이라는 범주로 분리하지 않으려는 우리의 결심에도 불구하고, 이 양자를 포괄한다. 이 글에서 논구하고자 하는 첫 번째 것은 텍스트성이다. 하지만 이에 대해 논의하기 위해 나는 텔레비전 시청자에 대한 나의 생각을 간단히 서술할 수밖에 없다. 그러지 않고는 텔레비전으로부터 텍스트성을 이끌어낼 수 없기 때문이다.

텔레비전을 보는 것은 의미와 즐거움을 산출하는 과정이며, 이 과정은 병행적이고 상호 연관된 두 가지 권력복합체에 의해 결정된다. 여기에서 내가 사용하고 있는 '결정하다'라는 단어의 의미는 경계 설정에 있는 것이지, 사회가 우리에게 규정하듯이, 너는 이렇게 존재해야 하고, 행동해야 하고, 느껴야 하고, 반응해야 한다는 식의 권위적이고 사회적인 명령으로 이해되는(혹은 오해되는) 그런 의미가 아니다. 따라서 결정은 우리를 둘러싼 영역과 관련을 맺고 있으며, 바로 이 영역 안에서 의미와 그것의 향유, 그리고 주관성에 대해 어느 정도 권력을 행사하는 공간이 사람들에게 제공된다. 사람들은 그들 나름의 문화를 만들어낼 수 있으며, 그들 자신이 선택하지 않은 조건하에서도 그들은 그렇게 한다. 이 영역 안에서 얼마나 많은 권력이 손에 쥐어지고, 그 경계가 얼마나 확고하게 설정되어 있는가 하는 것이 중요한 논쟁 대상인데, 여기에서 나는 대중문화에 대한 이데올로기 이론과 헤게모니 이론이 지금까지 제한을 설정하는 권력을 과대평가해왔고, 시청자의 권력을 과소평가해왔다고 주장하는 사람들의 편에 서 있다.

결정권을 행사하는 상호 연관된 두 복합체란 사회적인 것과 텍스트적인 것을 말한다. 이 중 하나는 텔레비전 시청자의 주관성을 만들어내고, 다른 하나는 텔레비전의 텍스트성 자체를 만들어내는데, 내가 말하려는 것은 주관성과 텍스트성이 매우 밀접하게 상응한다는 것, 이 양자가 만나는 모든 지점에서 서로 교차한다는 것이다.

이 제한된 영역 안에서 텔레비전 시청자들은 후기자본주의 사회가 만들어낸 주체들로 나타난다. 이 사회의 특성은 이질성이다. 기층문화와 집단들에 의해 엄청난 변화를 겪고 있는 다양한 스칼라가 그 특성이다. 이러한 기층문화와 집단들은 권력이 불균등하게 분배되고 있는 체제에 대한 관계를 통해 궁극적으로 구조화되고 있다. 모든 개개인, 모든 텔레비전 시청자들은 그러한 이질성 안에서 변화해 가는 동맹집단을 형성하고 있으며, 여기에서 그녀 혹은 그는 상이하게 구성되어 있고 변화될 수 있는 사회적 형성 과정을 거쳐 체제 안으로 입장한다. 유목민적 주관성이라는 비유를 이러한 맥락에서 사용할 수 있을 것이다.[2] 이에 따르면 텔레비전 시청자 개개인은, 자신의 사회적 결정인자가 어떻게 구성되는가에 따라, 여러 다양한 시점에 각기 다른 시청자 주체가 될 수 있다. 왜냐하면 상이한 사회적 동맹들이 텔레비전을 보는 상이한 순간에 작동될 수 있기 때문이다. 공간에 대한 우리의 비유로 되돌아가면, 사회적으로 구성된 시청자 주체는 텔레비전을 경험하는 동안 일어나는 의미구성과 향유의 특정한 순간에 적합한 사회적 동맹에 따라, 제한된 영역 내에서 상이한 공간들을 차지할 수 있다. (…)

텔레비전의 대중적 인기를 이해한다는 것은, 사회에서 살아가는 텔레비전 시청자들에 의해 다소 협소한 경계 내에서 통제되는 의미의 과정을 작동시킨다는 것을 뜻한다. 이러한 의미가 널리 용인되는 문화적 과정의 일부가 되고, 이 과정에 의거하여 주체가 자신의 실존 혹은 물질적 실존을 이해하게 되면, 이 텍스트는 보편적인 즐거움의 원천이 된다. 왜냐하면 여기에서 사회적 경험은 텍스트와 유사하기 때문이다. 사회적 주체가 자신 안에 내재된 담론 능력을 발휘하게 될 때만, 사회적 경험은 의미를 지닌다. 주체의 사회적 경험이 형성되는 과정들의 끊임없는 변화와 결합이 잠재적으로 무수한 사회적 차이를

---

2 Lawrence Grossberg, "The In-Difference of Television," in *Screen* (28/1987), 26-46쪽.

허용하며, 이에 따라 사람들은 저마다 상이하게 구성될 수 있다. 하지만 이러한 차이는 심리학적인 개인의 차이에 의해 설명될 수 있는 것이 아니라, 사회적 결합과 사회적 관계의 차이가 중첩되는 다양한 가능성에 의해 설명될 수 있다.

사회적 경험은 상호텍스트성과 유사한 것으로 나타난다. 사회적 경험은 예측할 수 없는 방식으로 작동하는 서로 맞물려 있는 요소들로 구성되어 있다. 모든 사회체제는 그 기초를 세우기 위해 의미의 체계가 필요하며, 이 체계에 귀속되는 의미들은 어느 정도만 체제 자체에 근거하고 있다. 이러한 제한성이 서로 다른 사람들에게 적합한 공간을 열어주며, 이에 따라 이들은 이 과정에서 공통된 레퍼토리를 사용하면서도, 서로 다른 의미를 산출해낼 수 있다. 주체는 완전히 예속되어(subjected) 있는 것이 아니며, 우리가 우리의 사회적 관계에 귀속시키는 의미는 부분적으로는 우리의 통제하에 있다. 우리의 사회적 경험에 의미를 부여한다는 것은 필연적으로 이 경험 속에서 우리 자신을 이해한다는 것을 내포한다.

우리의 사회적 경험을 구성하는 의미의 잠재력이 아메바처럼 구조가 없는 것으로 간주되어서는 안 된다. 포스트구조주의와 담론이론이 물질적인 사회적 경험에 대한 관념(notion)을 폐기하는 것으로 귀착되면 안 되듯이, 상대적으로 강력한 힘을 지니고 있고, 단지 상대적으로만 미미하게 예속된 주체와 차이에 대한 나의 논변도, 그 안에서 이 모든 것이 일어나는 권력관계의 결정적 구조에 대해 눈을 감으면 안 될 것이다. 시청자의 권력을 강조하고, 텍스트가 제공하는 잠재력에서 생겨나는 특정한 의미를 획득하는 것은, 오로지 사회적 권력 및 사회적 투쟁과 매우 유사한 텍스트적 권력과 텍스트적 투쟁의 형식 안에서만 이해될 수 있다. 사회적 경험을 이해하는 것과 텍스트를 이해하는 것은 거의 동일한 과정이다.

텔레비전이 제공하는 것은 프로그램이 아니라 기호론적 경험이다. 이 경험은 개방성과 다의성을 특징으로 한다. 텔레비전은 의미를 위한 '직접 만들어보는 집짓기놀이상자(Do-It-Yourself-Baukasten)'도 아니고, 단지 판매를 위해 시장에 나와 있는 '기성품 의미들(Fertigbedeutungen)'로 가득 찬 상자도 아니다. 텔레비전은 비록 고착화된 문화 안에서 작업을 수행하지만, 그럼에도 이러한 제한과 통제를 우회하고, 이를 변형하거나 이에 의문을 제기하는 자유와 힘을 제공한다. 모든 텍스트가 다의적이지만, 텔레비전의 텍스트성은 이러한 다의성이 절대적이다.

문화상품으로서의 텔레비전

텔레비전은 문화상품이다. 그것은 경제에 의해 결정되는 자본주의 안에서 기능한다. 하지만 이는 많은 것을 말하는 것이면서, 동시에 너무 적은 것을 말하는 것이기도 하다. 자산이 순환하는 금융경제가 있다면, 의미와 즐거움이 순환하는 문화경제도 있다. 이 두 경제 사이의 관계는 많은 이론가가 예상하는 것만큼 결정론적인 것은 아니다. 금융경제의 입장에서 텔레비전은 프로그램과 광고로 구성되는 것이지, 텍스트성으로 구성되는 것이 아니다. 하나의 프로그램은 생산된 후 대기업에 판매되는 하나의 상품이다. 분배 과정에서 이것은 그 역할을 변화시켜, 이제 상품은 대중이라는 상품을 생산하는 새로운 생산자가 된다. 상품으로서의 대중은 다시 광고주에게 판매된다. 금융경제가 이렇게 분기되는 것은 매혹적이지만, 이것이 이 글의 주제는 아니다. 나는 차라리 문화경제에 집중하고자 한다. 여기에서 상품에서 생산자로 역할이 바뀌는데 이에 있어 생산자를 만들어내는 것은 금융경제에 속해 있는 프로그램이며, 이 변화는 내가 고객에게 판매되는 상품으로 간주한 바 있는 대중에 의해 수행된다. 하지만 문화경제에 속해 있는 대중은 상품으로서의 자신의 역할을 축소하여, 의미와 즐거움의 생산자가 된다. 이 순간에 대중은 '대중'이기를 그치고, 우리가 '텔레비전'이라고 부르는 과정을 다양한 방식으로 구성한다.

문화경제라는 비유가 유용한 것이기는 하지만, 문화경제와 금융경제의 차이를 간과해서는 안 될 것이다. 문화경제 안에서 의미와 즐거움이 순환하는 방식은 금융경제 안에서 자산이 순환하는 방식과 동일하지 않다. 여기에서 무엇보다도 중요한 것은 이것들이 판매되고 소비되기는 하지만, 돈은 교환되지 않는다는 사실이다. 사람들이 그 대가를 어떻게 지불하든 간에, 텔레비전은 공짜로 제공되는 것처럼 **보인다**. 대가의 지불이 직접적인 소비관계에서 이루어지지 않는다는 것이다. 사람들은 자신이 그렇게 할 만한 처지가 되는지 생각해볼 필요 없이, 원하는 만큼 그것을 소비할 수 있다. 오페라나 다이어 스트레이트(Dire Straits)의 공연을 보는 것도 퀴즈쇼나 시트콤 재방송을 보는 것과 마찬가지로 돈이 들지 않는다.

이처럼 경제적 제한으로부터 풀려남으로써, 시청자는 시장경제에 예속된 역할, 요컨대 그 개념 정의에 있어 자신이 지닌 것보다 더 많은 것을 내주는 '소비자'의 역할에서 해방된다. 상품으로서의 텔레비전과 시장의 물질적 재화 사이의 이러한 결정적 차이로 인해 상당한 자유가 전면에 등장하는데, 금융경제의 소비자에서 문화경제의 생산자로의 변신을 통해 시청자는 이 자유에 도달한다. 의미와 즐거움은 규정된 방식으로 획득되고, 구매되고, 재판매될 수 있는 것이 아니며, 그리하여 어떤 사람에게는 그로부터 소유권이 생겨나고, 다른 사람은 그로부터 배제된다. 따라서 문화자본에 대한 부르디외(P. Bourdieu)의 이론에 의문이 든다. 그에게 문화자본은 부르주아(인텔리겐치아)의 영역에 속한다는 점에서 상품세계에서의 경제자본과 유사한 기능을 한다.[3] 이는 권력이 경제적 개념으로 파악되건, 문화적 개념으로 파악되건 간에 상관없이, 특혜를 받은 소수 권력자의 재량 영역에 속하는 것으로 권력을 파악하게 한다. 부르주아 문화가 부단히 압력을 가하는 대중문화의 자산을 우리는 여기에 덧붙여야만 한다. 예컨대 홉슨(D. Hobson)은 〈크로스로드(Crossroads)〉 여성 시청자들이 이 프로그램을 전유하여, 이것을 자신들의 문화적 자산으로 만들어버림으로써, 자신들의 특수한 사회적 관계와 사회적 정체성을 표현하는 데 이것을 이용했던 방식을 보여준 바 있다. 프로그램의 의미와 이것이 제공하는 즐거움은 여성 생산자들의 것이었지, 남성 생산자들의 것이 아니었다.[4] (…)

물론 이러한 자유는 텔레비전뿐만 아니라 모든 대중예술에 속한 것이다. 예를 들어 마이클스(E. Michaels)는 영화 〈람보〉를 재미있게 본 호주 원주민들이 영화의 여러 부분을 그들 나름으로 '다시 썼다(rewrote)'는 것을 알아냈다.[5] 이들은 람보가 국가 권력과 갈등을 겪는

---

3 Pierre Bourdieu, "The Aristocracy of Culture," in *Media, Culture, and Society* (3/1980), 225-254쪽 참조.

4 Dorothy Hobson, *'Crossroads': The Drama of a Soap Opera*, London 1982 참조.

5 Eric Michaels, "Aboriginal Content: Who's Got it—Who Needs it." 시드니에서 1986년 12월에 개최된 호주영화협회(Australian Screen Studies Association) 학회에서 한 강연

것을 보며 즐거워했다. (추정컨대 이러한 인상은 백인이 아닌 히스패닉 계통의 외모, 언어로 자신을 표현하는 것에서 그가 겪는 어려움, 백인 관료계급에 대한 그의 저항 등에 의해 촉진되었을 것이다.) 이에 반해 그들은 람보의 애국적이고 민족주의적인 행위 동기에서는 아무런 의미나 즐거움을 만들어내지 못했다. 그 대신에 이들은 람보가 구출한 사람들과의 친족적 네트워크를 애써 만들어내, 람보를 그 안에 집어넣음으로써, 부족적이고 혈족적인 행위 동기를 그에게 부여했다. 이렇게 함으로써 이들은 그들 상호간의 사회적 관계와 백인 권력에 대한 사회적 관계를 해석하는 그들 자신의 방식에 의거하여, 이 영화를 이해할 수 있었다. 이 영화가 로널드 레이건이 좋아했고 동시에 호주 원주민이 좋아했다고 해서 레이건과 호주 원주민 사이에 친족성이 있다고 생각하지 않듯이, 레이건과 호주 원주민이 동일한 문화상품으로부터 만들어낸 의미와 즐거움 사이에 친족성이 있다고 생각할 이유는 전혀 없다.

텔레비전 광고방송이 학생들에 의해 (대개) 비속어 버전으로 만들어지는 것은 이러한 '새로 쓰기' 과정의 극단적인 예를 보여주며, 그 자체로서는 전형적인 것이기도 하다.[6] 하지만 대다수 텔레비전 시청자들은, 텔레비전에서 즐거운 의미를 구성해내기 위해, 텔레비전에

참조.

6 John Fiske, *Television Culture*, London 1987. 예를 들어 시드니의 어린 학생들은 투이 맥주(Toohey-Beer) 광고를 다음과 같이 바꿔 불렀다. "How do you feel when you're having a fuck, under a truck, and the truck rolls off? I feel like Tooheys', I feel like a Tooheys' or two." (이에 대해서는 또한 Childrens Folklore Archives, Australian Studies Centre, Curtin University를 참조하라.)

서 본 것을 그 정도로 심하게 고쳐 쓸 필요는 없다. 그럼에도 위의 예들은 새로 쓰는 자유가 존재한다는 것을 보여준다. 이 예들은 도착적이거나 일탈적인 텔레비전 소비 형태를 보여주는 분명한 예가 아니라, 텔레비전에서 의미가 구성되고 즐거움이 획득되는 정상적인 과정을 보여주는 예로서, 다소 지나치기는 하지만 바로 그렇기 때문에 명백한 사례인 것이다.

이러한 모델은 금융경제에 대한 문화경제의 상대적 독립성을 강조한다는 점에서, 정치경제학을 바탕으로 하는 모델과는 근본적으로 다르다. 전통적인 정치경제학에서는 완전한 통제력까지는 아닐지라도, 상당한 통제력이 금융경제에 부여된다. 이에 따라 정치경제학의 모델에서는 상품으로서의 대중이라는 시각을 포기하거나, 인구통계학적 계수 같은 시장공학의 개념과 다른 방식으로 대중을 규정하는 것이 불가능하다. 이와 마찬가지로 정치경제학은 텍스트를 이해함에 있어, 이것을 광고주에 유리한 취향으로 대중을 이끌기 위해 공짜로 제공되는 메뉴로 이해할 수밖에 없었다. 물론 대중은 상품이고, 텍스트는 무료로 제공되는 메뉴다. 하지만 이러한 정의 중 그 어느 것도 이들에 대한 적확한 서술이기는커녕, 그에 가까이 다가가지도 못한다. 정치경제학은 텔레비전의 시청자대중을 이들의 사회적 다양성 속에서 파악하지 못한다. 하지만 바로 이 다양성 안에서 대중은 동일한 상품으로부터 사회적으로 상이하게 작용하는 의미를 만들어낸다. 또한 정치경제학은 그러한 생산적 활동을 향유의 활동으로 인지하지도 못한다. 이에 따라 정치경제학은, 문화상품이 해독되어야 할 텍스트이며, 바로 그렇기 때문에 이 텍스트가 상충되는 관심을 충족시킬 수 있다는 사실을 파악하지 못한다. 여기에서 말하는 상충되는 관심이란 금융경제학의 영역에 속한 생산자의 관심과 문화경제학의 영역에 속한 시청자의 관심을 말한다. 의미를 산출하는 권력을 쟁취하기 위해 싸우는 격투기장이 텍스트라는 사실을 정치경제학은 파악하지 못한다. 텍스트에 의해 유발되는 의미와 즐거움을 궁극적으로 규정하는 것은 소비자본주의 안에서의 생산자의 관심과 그의 이데올로기적 관여가 아니라, 시청자와 독자가 처한 사회적 상황이라는 것을 정치경제학은 결코 생각하지 못한다. (…)

문화경제가 금융경제보다 권력이 더 크지는 않더라도, 거의 동등하다고 인정한다는 점에서, 나는 정치경제학과 입장을 달리한다. 금융경제에 가장 큰 이익을 가져다주는 것은 히트상품이 생산되고 또 재생산되는 경우인데, 그런 가능성을 지닌 상품의 수는 매우 적다. 대중들 안에서 부단히 변화하는 동맹집단의 문화적 수요는, 그러한 변화에 대응할 만큼 충분히 독창적인 상품을 끊임없이 요구하면서도, 이와 동시에 대중의 기대와 역량 및 생산자의 관행화된 생산방식을 충족시킬 만큼 충분히 친숙한 것을 제공하는 상품도 요구한다. 혁신과 변화의 주된 동력은 문화경제 안에서 대중의 활동에서 나오거나, 그리고 이것이 사회체제와 정치체제 안에서 작동하는 보다 커다란 움직임과 맺고 있는 관계에서 나온다. 〈**매그넘 PI**(Magnum PI)〉, 〈**사이먼과 사이먼**(Simon and Simon)〉, 〈**A-특공대**(The A-Team)〉 같은 텔레비전 프로그램을 통해 베트남전쟁을 복권하려는 것이 로널드 레이건 정부에서의 일부 미국 우파 남성들의 생각이었지만, 이는 결실을 거두지 못했다. 이와 유사하게 〈**디자이닝 위민**(Designing Women)〉, 〈**골든 걸**(Golden Girls)〉, 〈**캐그니와 레이시**(Cagney and Lacey)〉 같은 쇼 프로그램들은 성의 의미를 새롭게 정의하려 했지만, 이를 새로 정의

하려는 기도는 변화하는 여성의 물질적 조건에서 생겨난 것이었다. 이 두 사례에서 금융경제를 먹여 살리고, 경제적 성공을 거두고, 이를 통해 이 장르의 재생산을 야기한 것은 사회적 경험의 의미 층위에서 작동하는 문화경제와 사회체제 사이의 변증법적 관계였다. 상품으로서의 대중을 이론화하려는 것은 이러한 사회적 힘들의 미묘함과 복잡성에 대한 시각을 왜곡할 가능성이 있다. (…)

물론 산업은 의미생산자로서의 시청자의 역량에 호소력을 지닌 프로그램을 생산하려 할 것이며, 이러한 시도는 자주 성공을 거둘 것이다. 또한 산업은 시청자의 역량을 환대하여 의미생산자가 되게 만들려 할 것이다. 여기에서 상업적 의도는 한 부분에 불과하다. 나는 이것이 문화경제 안에서 대중의 활동을 설명하는 작은 부분에 불과하다고 말하고자 한다.

텔레비전 텍스트의 민주주의

나는 '텍스트의 서술방식(writerly text)'에 대한 바르트(R. Barthes)의 이론을 받아들여, 텔레비전을 '텍스트의 생산방식(producerly text)'으로 설명하고자 한다.[7] 텍스트의 생산방식은 의미의 복합체도, 특정한 해독의 연결고리도 규정하지 않는다. 그 대신에 그것은 의미 생산의 전권을 생산자로서의 텔레비전 시청자에게 위임한다. 이 점에서 이것은 '텍스트의 서술방식'과 구분된다. 왜냐하면 '생산방식'은 아방가르드적이 아니라서, 독자로서의 작가에게 새로운 담론적 능력을 획

7 Roland Barthes, *Am Nullpunkt der Literatur*, Hamburg 1959 참조.

득하여 텍스트를 읽으면서 쓰라고 고무하지 않기 때문이다. 이것은 오히려 남성 시청자나 여성 시청자가 이미 계발된 자신의 능력을 사용할 수 있는 도전적인 틈새공간을 제공한다.[8]

텔레비전은 그것의 텍스트적이고 상호텍스트적인 특징에 의거해서만 자신이 지니고 있는 유연한 생산성을 시청자들에게 제공한다. 이러한 특징은 텔레비전을 무엇보다도 다의적인 매체로 만들어준다. 이러한 특징을 나는 다음과 같은 네 측면에서 다루고자 한다. 1. 분절성과 통사론적 공백, 2. 상호텍스트성, 3. 시간과 연속성, 4. 다중비평(다언어성). 논변을 전개하기 위하여 나는 지배적 이데올로기가 완결적인 것으로 여겨지는 텍스트에 침투하여 작품의 다의성에 반대하는 수단을 조사할 것이다. 이에 뒤이어 나는 그 반대세력인 개방성과 유연성에 눈을 돌릴 것이다.

분절성과 통사론적 공백

텔레비전 수용의 특징을 "유동성(Flow)"의 체험이라고 했던 윌리엄스(R. Williams)의 저 유명한 정의는 텔레비전에 텍스트적 제한이 결여되어 있는 것을 강조하고 있다는 점에서 유용하다. 하지만 그는 부단히 나타나는 모순과 형식적 조직의 결여를 긍정적인 것이라기보다는 유감스러운 텍스트적 특징으로 여기는 것으로 보인다.[9] 엘리스(J. Ellis)가 사용한 "분절(Segmentierung)"이라는 용어도 마찬가지로,[10] 텔레비

8 John Fiske, *Television Culture*, London 1987 참조.

9 Raymond Williams, *Television: Technology and Cultural Form*, London 1974 참조.

10 John Ellis, *Visible Fictions: Cinema Television Video*, London 1982 참조.

전의 끊임없는 흐름은 실제로 대개 그로부터 한 부분을 잘라내기에 부적합한 경험으로 파편화되어 나타난다. 즉 이에 있어 불연속성, 시퀀스적 특성, 모순 등이 연속성, 완결성, 통일성보다 더 우세하다는 것이다. 채널을 바꾸거나 끊임없이 이리저리 돌리는 것은 이러한 특징을 더 두드러지게 하고, 이를 철저히 이용하는 것이라고 할 수 있다. 분절화된 텍스트는 부분(Segment)에서 부분으로 급격히 옮겨가는 것이 특징으로, 텔레비전에 있어 이것은 이런 특성을 잘 다룰 줄 아는 능동적이고 노련하고 익숙한 시청자를 요구한다. 인기 있는 연속극에서 나타나는 플롯과 플롯의 급격한 교체는 윌리엄스가 미국 텔레비전에서 영화가 광고로 넘어가는 것을 처음으로 경험했을 때 그랬던 것처럼, 익숙하지 않은 시청자에게는 혼란스럽게 느껴진다. (텔레비전 문맹자란 텔레비전의 특징과 결정적으로 구분되는 텍스트적 특징을 지닌 도서, 영화, 연극의 경험이 그들의 텍스트 경험의 대부분인 사람들을 가리킨다.) 텔레비전의 분절성은 개별적 부분들 사이에 연결을 만들어내는 것을 가능케 하는데, 이러한 연결은 추론성, 논리, 인과관계의 법칙보다는 연상의 법칙을 따른다. 따라서 이러한 연결은 매우 느슨하게 유지되고, 훨씬 적은 텍스트적 제한을 받음으로써, 결국 텔레비전 시청자들로 하여금 자신들의 개인적인 경험을 더 많이 불러오게 하고, 이와 더 많은 관계를 맺게 한다. 이러한 결합은 텍스트에 위계질서를 수립하는 것에 저항한다. 텔레비전에 주목하는 정도의 차이는 시청자가 어떤 개별적 부분을 다른 부분보다 더 의식적으로 수용한다는 것을 의미한다. 여기에는 의미론적으로 어떤 부분에 다른 부분보다 더 많은 의미를 부여하는 시청자의 능력이 동반된다. 그리하여 루이스(J. Lewis)는 뉴스를 보는 시청자가 생중계 장면과 스튜디오의 보도 내러티브 사이의 모순을 철저하게 이용한다는 것을 보여준 바 있는데, 이에 따르면 텍스트의 구조는 생중계 장면을 내러티브의 틀이 요구하는 의미에 종속시킴으로써, 시청자가 생중계 장면에서 발견하는 여러 분명한 의미들을 배제하려 하지만, 시청자는 생중계 장면에 의미론적 우선권을 부여한다고 한다.[11] 어떤 부분에 다른 부분보다 우선권을 부여하는 것이 텍스트보다 시청자에 의해 이루어진다는 것이다.

분절성은 텔레비전의 내레이션에 통사론적 공백을 개방해줌으로써, 시청자는 여기에 결합을 "기입한다(einzutragen)."[12] 가장 광범위하고 명백하게 나타나는 공백은 텔레비전의 연속성에서 생겨나는 공백이다. 많은 연구자에 따르면, 여성 시청자들은 연속극에서 환상을 통해 극의 전개에 대한 자기 나름의 '시나리오'를 써내려가며, 이 시나리오를 실제로 방영되는 시나리오와 비교한다고 한다.[13] 이러한 능동성 및 이와 연관된 잡담은 시청자가 텍스트와 생산적 관계를 맺게 해주기 때문에, 커다란 만족을 준다. 이때 시청자는 실제 시나리오 작가와 동일한 문화적 능력을 사용한다. 즉 여성 시청자들은 인기 연속극의 관행을 잘 알고 있고, 대중을 끄는 매력이 반드시 필요하다는 것도 잘 알고 있으며, 연속극의 세계와 현실 세계 사이의 차이도 잘 알

---

11 Justin Wren-Lewis, "Decoding Television News," in *Television in Transition*, hg. von Phillip Drummond and Richard Paterson, London 1985, 205-234쪽 참조.

12 Robert C. Allen, *Speaking of Soap Operas*, Chapel Hill 1985 참조.

13 Charlotte Bunsdon, "Writing about Soap Opera," in *Television Mythologies: Stars, Shows and Signs*, hg. von Len Masterman, London 1986, 82-87쪽; John Tulloch and Albert Moran, *A Country Pratice*, Sydney 1986 그리고 John Fiske, *Television Culture*, London 1987 참조.

고 있을 뿐만 아니라, 이 두 세계를 잘 연결할 줄 알아야 한다는 것도 잘 알고 있다. 이들은 시나리오 작가들과 같은 위치에 있다. 이러한 위치가 이들에게 미래에 전개될 사건을 예견할 권리를 부여할 뿐만 아니라, 프로듀서와 시나리오 작가에게 발언함으로써 사건의 전개를 결정하는 데 직접 참여할 수 있게끔 한다.

텔레비전의 통사에 나타나는 공백과 통사론적 관계의 넓은 폭은 내러티브적이고 이데올로기적인 추론의 조직력과 통제력에 저항한다.

상호텍스트성

상호텍스트성은 텔레비전만의 고유한 속성은 아니지만, 바로 여기에서 고유하고 특수한 방식으로 기능을 발휘한다. 문화가 상호텍스트성의 연결망이고, 모든 텍스트는 오로지 그리고 항상 다른 텍스트를 지시하며, 이 지시성은 결코 궁극적인 실재에 가닿지 못한다는 바르트의 사상은 우리의 문제와 관련된 유용한 틀을 제공한다.[14] 이것은 재현된 사건이나 인물이 상호텍스트적 관계의 개념성 안에서만 이해될 수 있다는 것을 우리에게 알려준다. 예컨대 범죄드라마에 그려진 '살인'은 뉴스나 신문에 보도된 다른 살인사건이나 소설, 영화, 연극, 동화 등에 그려진 살인사건과의 관계를 통해서만 의미를 지닌다. 상호텍스트적 의미의 연결망으로서의 문화는 장르의 경계나 매체의 경계를 인정하지 않는다. 이러한 의미에서 '학대받은 어머니(wronged mother)'도 상호텍스트적 인물이라고 할 수 있다. 이러한 성격의 상호

14 Roland Barthes, S/Z, Frankfurt/M. 1976 참조.

텍스트성은 한 텍스트의 의미를 다른 텍스트들에 대한 지칭으로 환원하는 것이 아니라, 오히려 텍스트 사이의 공간에 존재하는 잠재적 의미의 역할, 일종의 문화적 투자은행의 역할을 한다고 할 수 있다. 이 투자은행으로부터 텍스트와 독자는 예금을 '인출'할 수도 있고, 또는 이와 같은 방식으로, 혹은 이와 다른 방식으로 자신을 적립할 수도 있다. 이 점에서 바르트의 이론은 매우 중요하다. 이 이론은 텍스트의 유일성을 부정할 뿐만 아니라, 이 텍스트가 그것의 의미를 넘어 지니는 권위도 부정하기 때문이다. 하지만 우리가 이 이론을 텔레비전 연구에 적용하고자 한다면, 이 보편적 이론은 특수화되어야만 한다. 이에 따라 나는 앞으로 다룰 상호텍스트성의 네 차원을 다음과 같이 제안하고자 한다.

일차적 관계

이것은 바르트의 이론에서 나온 관계다. 모든 재현적 텍스트와 그 독자는 이 상호텍스트의 투자은행에 동등한 접근권이 있으며, 텍스트들은 암시라는 단어의 오래된 의미처럼 직접적으로 상호연관을 맺고 있는 것이 아니라, 오로지 간접적으로만 이 상호텍스트적 잠재성에 관계한다. 그러한 잠재성은 어떤 측면에서는 장르의 경계와 매체의 경계를 부정하지만, 다른 측면에서는 상호텍스트적 관계를 조직하고, 지향하고, 결국 제한함으로써, 장르와 매체의 개념이 기능을 발휘하게 한다.

이차적 관계

우리 문화에 나타나는 일차텍스트의 과다함과 개방성은 텔레비전,

영화, 문학 등의 일차텍스트를 찬양하고, 홍보하고, 비판하고, 이에 반응하는 방대한 이차텍스트 산업을 초래했다. 이러한 텍스트들의 일차텍스트와의 관계는 직접적이고 특수하다. 즉 이차텍스트들은 특수화된 일차텍스트들과 관계를 맺고 있으며, 이러한 상호텍스트적 관계야말로 이들의 유일한 존재 이유(raison d'être)다. 이차텍스트들은 다른 의미가 아닌 특정한 의미가 작동하게 하고, 다른 즐거움이 아닌 특정한 즐거움을 작동하게 하는 방식으로 기능한다.[15] 이차텍스트들은 그 한쪽 끝의 생산자의 관심에서 다른 쪽 끝의 시청자의 관심에까지 이르는 일련의 스칼라로 배열될 수 있다. 그 한쪽 편에는 몇몇 의미와 즐거움에 이름을 부여하는 방송국의 관심과 이 방송국에 의해 운영되는 홍보작업이 있다. 생산자들은 시청자들이 그러한 의미와 즐거움을 받아들일 것이라고 믿고, 이것이 대중을 상품으로 만드는 데 도움이 되기를 희망한다.

다른 쪽 편에는 시청자들이 팬-매거진에 보내는 편지가 있는데, 이를 통해 시청자들은 자신들의 반응을 다른 팬들에게 전달한다. 그 중간 어디쯤에 전문 비평가들이 있는데, 이들은 자신들이 시청자들을 위해 발언하는 것처럼 보이려 하지만, 이는 원칙적으로 실패로 귀결될 수밖에 없다. 그 이유는 공적 비판을 행하는 이들의 담론이 소수의 시청자들만이 받아들이는 사회적 입장에서 생겨난 것이라는 데 있다. 좀 더 유용하고 널리 확산된 것으로서 배우, 제작조건, 방송사업 등에 대한 배경 정보나 내부 정보를 제공하는 글들이 있다. 이 모

15 Tony Bennett, "The Bond Phenomenon: Theorizing a Popular Hero," in *Southern Review*(16/1983), 195-225쪽 참조.

든 이차텍스트는 일차텍스트의 활성화에 기여하고 그 의미범위를 확장한다. 이것이 상호텍스트성을 가능하게 한다.

인기 연속극 배우의 실제 생활에 대한 가십은 이러한 상호텍스트적 작용의 몇 가지 측면을 보여준다. 이러한 가십은 팬들로 하여금 드라마와 현실 사이의 상호텍스트적 관계, 혹은 더 나아가 수준 높거나 수준 낮은 텍스트들 사이의 상호텍스트적 관계를 탐색하도록 해준다. 실제 생활이 연속극보다 더 수준 높은 양상의 텍스트인 것이다. 배우의 '진짜 삶'에 대한 세부 내용은 연기한 인물의 진정성을 확인하거나, 이를 훼손하는 데 이용된다. 실제 삶에 대한 이야기는 또한 제작조건을 들여다볼 수 있는 기회를 제공하기도 한다. 이것은 배우의 연기력에 관한 세부 내용을 알려주고, 배우의 힘든 작업이나 이것이 이루어지는 세부 상황을 전해준다. 실제의 삶에 대한 이야기는 출연료와 계약조건에 대한 내부 정보를 제공하여, 결과적으로 일차텍스트를 확장함으로써 팬들에게 더 큰 즐거움을 준다. (…)

이차텍스트는 일차텍스트에 의해 제공되는 의미와 즐거움에 대한 시청자 자신의 권력 의식을 고양케 한다. 일차텍스트는 그러한 의미와 즐거움을 통해 재현의 방식에 다가갈 수 있도록 해주고, 그에 대한 참여를 허용하기 때문이다. 의미를 만들어내는 즐거움이 완성된 형태의 의미를 눈앞에서 보는 즐거움보다 더 크다.

구술문화

사람들에 따르면 텔레비전은 잡담을 촉진한다. 예를 들어 〈달라스(Dallas)〉가 누린 인기는 부분적으로 수많은 구술문화와 이런 종류의 인기 연속극이 성공적으로 연결된 데 있다고 카츠(E. Katz)와 리베스

(T. Liebes)는 주장한다.[16] 사람들이 텔레비전에 대해 나누는 대화는 텔레비전에 대한 반응에 그치는 것이 아니라, 다시 역으로 작용한다. 우리의 친구들이 방송에 대해 이야기하는 잡담은 이 방송에 대한 우리 자신의 수용방식에 영향을 미친다.

주체와 사회적 형성

물질적인 사회적 경험은 그것이 텍스트로 변환될 때, 다시 말해 문화의 담론적 자원이 사회적 경험에 작용을 가할 때, 이해 가능한 것이 된다. 앞서 보여주었듯이 사회적 경험은 텍스트 독법에 비유될 수 있다. 하지만 이것이 이 두 가지 형식의 독법이 동일한 상황에 처해 있다는 것을 뜻하는 것은 아니다. 독법이 처한 상황은 전혀 명백하지 않은데, 그 이유는 이것이 다양한 양상으로 수행된다는 데 있다. 텍스트를 향유하기 위해서는 텍스트성에 대한 의식이—그 의식이 어느 정도여야 하는지는 차치하더라도—필요하다. 재현과 현실 사이의 경계에서 하는 놀이를 즐기기 위해서는 이들 사이의 차이를 인정하는 것뿐만 아니라, 이들의 유사성을 인정하는 것도 필요하다. 텍스트적 경험과 사회적 경험은 서로 다른 것이지만, 완전히 무관한 것도 아니다. 이 두 영역의 이해 과정에서 역할을 하고 있는 담론적 레퍼토리와 능력은 서로 중첩되고 보완한다. 이러한 담론의 자원이 주관성의 생산을 규정하며, 이에 따라 이제 주체는 상호담론적 잠재력이

---

16 Elihu Katz and Tamar Liebes, "Mutual Aid in the Decoding of *Dallas*: Preliminary Notes from a Cross-Cultural Case Study," in *Television in Transition*, ed. Phillip Dummond and Richard Paterson, London 1985, 187-198쪽 참조.

된다. 주관성이 텍스트성에 다가가게 되는 것이다. 이렇게 하여 주관성은 상이한 시점에 상이한 형식으로 작용할 수 있게 된다. 텍스트적 경험, 사회적 경험, 주관성 사이의 관계는 아마도 방법론적으로는 접근할 수 없을 것이다. 하지만 이것들은 이론적으로, 그리고 정치적으로는 가장 본질적인 관계를 맺고 있다. 상호텍스트적 상황은 무한히 복잡하고 다양하다. 이것은 텔레비전의 순간에 활성화되며, 텔레비전의 과정은 오로지 이를 통해서만 서술될 수 있다. 상호텍스트적 상황은 텍스트 내부에 있는 것도 아니고, 시청자의 내면에 있는 것도 아니다. 그것은 문화적 과정의 상호작용 안에 있다. 상호텍스트적 상황은 텍스트의 개방성을 담보하여, 시청자를 중요한 기호론적 활동으로 인도하거나, 이를 시청자에게 요구한다. 상호텍스트적 상황을 특정한 방식으로 작동케 하고, 다른 방식으로는 작동하지 못하게 하는 것이야말로, 시청자가 텍스트의 잠재력을 철저히 이용하여, 자신의 텍스트에 '문화적 권위'를 행사할 수 있는 가능성을 의미한다.

시간, 연속성, 그리고 기호론적 민주주의

시청자에게 행사할 수 있는 '권위'가 텔레비전에 결여되어 있다는 것, 의미를 생산하는 수많은 기능이 민주적으로 위임되어 있다는 것은, 텍스트의 또 다른 일련의 특징들에 우리의 눈길을 돌리게 한다. 그중 하나가 '라이브'와 '실황'이라는 텔레비전의 특성이다.[17] 텔레비

17 Stephen Health and Gillian Skirrow, "Television: A World in Action," in *Screen* (18/1977), 7-59쪽; Jane Feuer, "The Concept of Live Television: Ontology versus Ideology," in *Regarding Television*, E. Ann Kaplan, ed., Frederick 1983, 12-22쪽 참조.

전의 세계는 시청자의 세계와 동일한 시간에 나타나는 것처럼 보인다. 소설과 영화는 과거의 기록이다. 첫 장면을 읽으면서 우리는 소설의 끝이 이미 탈고되어 정해져 있다는 것을 항상 알고 있다. 하지만 텔레비전 연속극에서는 그 미래가 우리의 미래와 마찬가지로 열려 있는 것처럼 보인다. 이것이 내가 앞에서 지적한 독법관계의 새로운 가능성을 열어준다. 이를 통해 텔레비전 시청자는 자신이 미래에 전개될 이야기에 영향을 미칠 수 있는 권리와 권능을 가지고 있다고 느낀다. 텔레비전에는 '권위(authority)'라는 의미의 '작가(author)'가 결여되어 있다.

텔레비전이 실황적 특성이 있다는 사실과 그 텍스트에 권위가 결여되어 있다는 것은 서로 밀접하게 연관되어 있다. '라이브'로 보여주려는 노력이야말로 '라이브'라는 속성이 규범적이고 결정적인 특징이며, 특수한 독법 상황을 만들어낸다는 의식의 증거다. 스포츠나 게임쇼가 불러일으키는 긴장은 기존의 것과 전적으로 다른 어떤 것으로서, 사람들은 이것을 녹화된 것이 아니라 '라이브'로서 수용한다. 이와 마찬가지로 텔레비전 시청자의 해석학적 참여 또한 기존의 것과 다른 어떤 것으로 나타난다. 여기에서 시청자는 수수께끼를 풀거나, 강력한 권능을 지닌 작가가 이미 경험하고 해결한 이야기의 전개를 예견하는 것이 아니라, 긴장을 체험하고, 무지의 불안을 간접적이 아니라 직접 경험함으로써, 결국 이에 좀 더 개방적으로 참여한다. 연속극의 열려 있는 미래에 시청자가 해석학적으로 참여하는 것도 이와 마찬가지로서, 이는 영화 관객이나 소설 독자의 해석학적 참여와는 다른 특성을 보인다. (…)

미시적으로 볼 때 이러한 유보적 작가성은 본질적으로 그리 명시적으로 기능하는 것은 아니다. 텔레비전 프로그램이 제작되는 속도는 예컨대 영화에 비교하여 '예술적 완성도'의 부족을 야기한다. 이러한 공예성의 부족함이 작가의 관여를 떨어뜨린다. 사후 편집 작업의 부족함은 금융경제의 관점에서는 단지 비용이나 기대되는 수익을 통해 설명될 수 있겠지만, 문화경제의 관점에서 이는 전혀 다른 의미를 지닌다. 그 결과로서 화면 위의 행위가 '실제'와 같은 시간궤도 위에서 나타나게 되는 것이다. 즉 텔레비전의 편집 과정에서 '죽은'(라이브와 반대되는 녹화된 장면을 의미한다—옮긴이) 부분을 잘라냄으로써 행위를 가속화할 수 없다는 것이다. 이 때문에 화면 위의 사건이 '지금' 일어나는 것이지, 작가에 의해 기록된 과거의 사건이 아니라는 인상이 강화된다.

스포츠와 마찬가지로 뉴스의 '현재성'도 다른 형식을 통해 유사한 효과를 가져온다. 뉴스에서 작가 역할을 하는 인물은 명백하게 드러나 있다. 그는 화면에 등장하여, 일어나고 있는 일을 우리에게 이야기한다. 그의 작가적 위상이 이처럼 명백하기 때문에, 그에게 질문을 제기하는 것이 가능하며, 실제로 흔히 질문이 제기되기도 한다. '생방송되는 삽입화면(Live-Insert)'도, 비록 뉴스나 시사프로그램의 관습적 서사구조에 의해 통제되고 순응된 것이기는 하지만, 이것이 그에 부과된 이데올로기적 위치에 적합하게 사용되는 경우는 극히 드물다. 거친 모서리와 해결되지 않은 모순이 항상 존재하며, 이것이 뉴스의 명시적 작가성에 굴하지 않고 저항한다. 텔레비전 뉴스는 작가의 통제와 이에 저항하는, 쓰이지 않고 제어되지 않은 일련의 사건에 대한 느낌 사이의 투쟁의 결과물이다. 뉴스가 제작되는 빠른 속도는 이에 대한 작가적 통제가 가시적인 동시에 비효율적이라는 것을 의미한다. '작가의 목소리'와 '실제의 명령' 사이의 모순이 뉴스와 스포츠를 텔레비전의 '생산방식'에 묶이게 한다.

이는 특히 스포츠에서 명백하게 드러난다. 스포츠 해설은 작가의 텍스트지만, 이는 그가 서술하는 '사건'과 동시에 존재한다. 이에 따라 시청자가 자신의 시나리오를 '생산'할 수 있는 가능성이 공공연하게 제공되며, 때로는 이것이 열성적으로 받아들여지기도 한다. 배경 정보와 통계 정보, 슬로모션을 통한 재현과 다양한 각도 및 거리에서 보여주는 재현이 시청자에게 내부 정보를 제공하며, 이에 따라 원래는 작가의 문화적 자산으로서, 그에 의해 통제된 통조림으로 만들어져 독자에게 전달되던 의미 창조의 권력이 시청자에게 부여된다. 전지적 작가시점에 서고자 하는 해설자의 기능은 이에 반대하는 텔레비전 시청자의 시점을 불러오며, 실제로 이로 인한 충돌이 자주 빚어진다. 텔레비전은 이차텍스트의 지원에 힘입어, 그러한 도전의 토대가 되는 자료를 제공한다. 이러한 내부 정보는 팬-매거진이 제공하는 내부 정보와 유사하다. 여기에서 내부 정보는 텍스트의 구성에 대한 시청자의 의식을 고양하고, 그 결과 생산관계에서 그를 지원한다는 점에서 팬-매거진과 유사한 방식으로 기능한다. 재현 양상에 접근하는 것은, 텍스트의 '생산방식'을 요구하는 전문적 독자에게 즐거움의 중요한 원천이다. 물론 오늘날의 시청자들은 상당한 수준의 텔레비전 전문가들이다. 텔레비전 독법의 상황은 전제주의의 방향보다는 민주주의의 방향으로 나아가는 경향이 있다.

텔레비전의 연속성은 이처럼 밀접하게 상호 연결되어 있는 현재성과 미완성(未完性) 현상을 강조하여 보여주는 데 기여한다. 텔레비전의 연속성은 그것의 현재성 및 미완성과 마찬가지로, 완결성을 회피하는 미래에 대한 느낌에 의해 작동되기 때문이다. 어떤 소재의 플롯이 아무리 완벽하다고 할지라도, 그것의 매체인 텔레비전의 상황이 결코 그렇지 못한 것이다. 모든 텔레비전 연속극은 속편 방송의 몇 가지 특징을 보인다. 인물과 시작 상황의 가능성 사이의 관계는 결코 완결되거나 해결되지 않은 채, 열려 있는 상태로 남아 있고, 반향을 일으키며, 다음 주에 다시 새롭게 작용할 준비가 되어 있다. 액션물이나 탐정물 시리즈에서는 작가의 현재성에 대한 인상과 텍스트의 '완결성'에 대한 느낌이 다른 텔레비전 장르보다 훨씬 강해서, 액션의 '현재성'이 훨씬 적게 눈에 띈다. 하지만 전지적 작가시점과 텔레비전 시청자의 권능 사이에서 생겨나는 완결성과 개방성이라는 두 힘의 긴장관계는, 이것이 제공하는 텍스트 체험에 여전히 중심적인 것으로 남아 있다. 이러한 긴장이 그에 고유한 구조성을 모순된 방식으로 전면에 드러나게 한다. 이 점에 대해서는 나중에 다시 다룰 것이다.

다중비평

텔레비전의 분절성과 기호 해석의 민주적 위임은 필연적으로 이것을 다중비평적으로 만든다. 이러한 다중비평(Heteroglossie. 문자 그대로는 '이질적 촌평' 정도로 번역할 수 있겠지만, 여기에서는 문맥을 고려하여 이렇게 의역한다—옮긴이)은 기호론적 민주주의와 분절화의 전제조건이다. 통일성, 연속성, 추론성이 작가 기능의 텍스트적 특징이다. 작가 기능의 권위는 비교적 안정되고, 비교적 모순이 적은 장소의 구성을 통해 시행되는데, 이 장소에 의거하여 텍스트와 세계가 이해되고, 이에 의거하여 이 세계의 경험에로의 초대가 이루어진다. 이러한 작가 기능은 물론 작가 개인에 한정되지 않는다. 작가 기능은 대개 제도화된 관습과 실행을 통해 수행되며, 결과적으로 이데올로기에 대한 알튀세의 모델을 따르는 담론적 실천으로 나타난다. 이러한 작가적 기능의 특성을 우리가 아무리 엄밀하게 규정하려 해도, 근본적으로 이것은 동질성을 추구하는 힘으로 나타난다.

하지만 텔레비전 수용방식의 다양성과 이를 통해 이루어지는 사회적 형성의 다양성, 문화 시스템의 다양성과 의미에 연관된 그 하위 시스템의 다양성은, 통일성과 동질성이 아니라 다양성과 차이의 개념을 통해 텔레비전을 이해할 것을 요구한다. (…)

텔레비전을 모순적인 것으로 만드는 근본적인 텍스트적 특성은 그것의 기호론적 '과잉(excess)'에 있다. 하틀리(J. Hartley)에 따르면 텔레비전의 가장 큰 기호론적 에너지는 의미의 생산에 있는 것이 아니라, 텔레비전이 끊임없이 생산해낼 수밖에 없는 의미의 과잉을 감시하고 통제하는 데 있다.[18] 피스크(J. Fiske)는 주장하기를, 텔레비전이 제공하는 첫 번째 것이 지배세력이 선호하는 의미의 그러한 과잉이기는 하지만, 동시에 그러한 통제에서 벗어난 저항적이고 일탈적인 의미를 허용하는 것도 의미의 과잉이라고 한다. 퓨워(J. Feuer) 또한 그러한 과잉이 텔레비전으로 하여금 반(反)텍스트를 만들어내게 한다고 주장한다.[19] 텔레비전은 규범을 위반함으로써 규범과 그 이데올로기적 기능에 주목하게 만들고, 이를 통해 모순적인 의미와 즐거움을

18 John Hartley, "Encouraging Signs: TV and the Power of Dirt, Speech and Scandalous Categories," in *Interpreting Television: Current Research Perspectives*, W. Rowland and B. Watkins, ed., Beverly Hills 1984, 119-141쪽 참조.

19 John Fiske, 같은 책. 그리고 Jane Feuer, "Melodrama, Serial Form and Television Today," in *Screen* (25/1984), 4-16쪽 참조.

만들어내는 가능성을 열어준다는 것이다. (…)

텔레비전의 자기관련성이라고 하는 최근의 주목되는 경향은 자신에 고유한 텍스트성에 대한 명시적 승인이라 할 수 있는데, 이는 담론과 그 형식의 충돌을 보여주는 좋은 예다. 이 형식을 통해 텔레비전은 기호론적 권력을 시청자에게 위임한다. 〈블루문특급(Moonlighting)〉 같은 시리즈에서 등장인물이 시나리오 작가에 대해 말하거나, 스튜디오 세트를 떠나는 모습을 우리에게 보여주는 것, 〈마이애미 바이스(Miami Vice)〉가 180도 규칙(한 장면을 촬영할 때 카메라가 상상선 한쪽 편에만 머물러야 한다는 촬영 규칙 — 옮긴이)을 위반하여, 자신의 기법적 형식에 눈길을 돌리게 만들고 있는 것, 혹은 〈매그넘 PI〉에서 부분적으로 흑백필름을 사용하여 '느와르 영화'의 형식을 명시적으로 암시하고 있는 것 등에서 볼 수 있듯이, 텔레비전은 자신의 고유한 리얼리즘의 방식 자체에서 모순을 드러낸다. 텔레비전은 시청자를 리얼리즘의 환상으로 초대하면서, 이와 동시에 이 환상을 파괴한다. 이러한 경향이 가장 강력하게 '작가화(autorisiert)'된 텔레비전 장르, 다시 말해 소설이나 영화에 가장 가까운 장르에서 나타나고 있다는 것은 특징적인 현상이라 할 수 있다. 왜냐하면 이러한 리얼리즘적 허구의 장르에서는 스포츠나 뉴스와는 다른 방법이 사용되어야 하기 때문이다. 이러한 방법은 작가의 권위에 주의를 돌리게 하여, 이것을 탈신비화함으로써, '생산방식'에 다가가는 접근권을 텔레비전 시청자에게 부여한다. 리얼리즘에 대한 '불신이라는 의도적 과제'에 '기꺼이 응하는 것'은 텔레비전이 주는 즐거움에서 중심적인 위치를 차지한다. '생산방식'을 보는 즐거움은 재현 과정에 대한 특수한 접근권 및 이 접근권을 지지하는 독자의 위치에서 생겨난다. 재현과 실제 사이의 경계선에서 이루어지는 이러한 유희적 접근은 대중예술의 형식이 지니는 결정적인 모순을 일용할 양식으로 삼고 있는데, 이 모순은—적어도 부분적으로는—'기꺼이' 불신을 포기하는 리얼리즘에 기초해 있으며, 텔레비전에 있어 이 모순을 철저히 이용하는 것은 필연적인 과업이다. 리얼리즘은 그 본질에 있어 통일적이고 완결적인 재현 전략이며, 따라서 필연적으로 권위적인 데 반해, 텔레비전이 제공하는 즐거움은 민주적이며, 이는 다양성에서 생겨나는 것이므로, 텔레비전이 이질적인 사회에서 인기를 얻기 위해서는, 리얼리즘을 개방하여 시청자를 재현의 과정에 끌어들이는 것이 필수적으로 요청된다.

텔레비전 시청자들은 생산자들보다 오래 전에 이것을 알고 있었다. 텔레비전 연속극의 여성 시청자들은 이미 오래 전부터 연출된 것과 실제 현실 사이의 경계를 가지고 하는 놀이를 해왔다.[20] 연출된 등장인물이 '실제의' 인물이라는 흔히 언급되고 흔히 조소를 받는 믿음은 단지 만족감을 높이기 위해 시도된 의도적인 자기기만에 불과한 것이 아니라, 시청자가 원하면 언제라도 벗어날 수 있고, 특히 한 번이라도 불만을 느끼면 곧장 벗어날 수 있는 자기기만인 것이다.[21] 이러한 자기기만에는 인기 연속극의 관행과 그 제작조건에 대한 비판적 의식이 항상 동반되고 있다. 텔레비전의 텍스트성을 가지고 하는 놀이는, 텔레비전이 만들어내는 현실의 환영에 몸을 던졌다가, 다시

---

20 Dorothy Hobson, *"Crossroads": The Drama of a Soap Opera*, London 1982. 그리고 Ien Ang, *Das Gefühl Dallas. Zur Produktion des Trivialen*, Bielefeld 1986 참조.

21 John Davies, "The Television Audience Revisited," 1984년 브리스베인(Brisbane)에서 개최된 호주 영화연구협회(Australian Screen Studies Association) 대회에서 한 강연. 그리고 John Fiske, 같은 책 참조.

이것에 거리를 두는 자신의 능력을 발휘하게 함으로써, 우리에게 즐거움을 준다. 이러한 현실의 환영은 궁극적으로 민주적이다. 왜냐하면 이것은 시청자에게 독법 상황에 대한 통제력과 재현 과정에 대한 접근권을 동시에 부여하기 때문이다.

비판적 관여

텔레비전의 텍스트성은 방송의 이름과 제작진 소개에 그치는 것이 아니고, 주관성은 역사와 개인의 집 안에 폐쇄되어 있는 것이 아니며, 텔레비전의 수용은 텔레비전을 켠 순간의 시공간에 한정되는 것이 아니다. 텔레비전은 텔레비전에 대한 수용 과정이나 독서 과정, 혹은 발언 과정의 한 부분에 불과한 것이 아니라, 비록 그 존재가 그리 직접적이고 명백하지 않을지라도, 우리의 문화적 삶의 한 부분을 이룬다. 우리는 텔레비전 팬이 영화관에서 영화를 보는 방식과 현장에서 스포츠를 관람하는 방식을 탐구해야만 한다. 우리는 〈마이애미 바이스〉의 중년 팬이 자신의 남루한 옷을 어떻게 생각하는지 알아봐야만 한다. 텔레비전은 가족 상황과 가족 정치의 한 부분이다. 텔레비전은 성(性)의 상황과 성정치의 한 부분이며, 소비 상황과 소비 정치의 한 부분이다. 텔레비전 수용이 그중 한 장의 카드일 뿐인 문화 과정 전체를 포괄하는 카드에 대한 주장이 거듭 제기되어왔는데, 이는 불가능할 뿐만 아니라, 불요불급한 것이기도 하다. 필요한 것은 다른 단위의 심급보다 더한 것도 아니고 덜한 것도 아닌 전형적인 심급을 탐구하는 것이다. 강조되어야 할 것은 사람들이 무엇을 하고 있는가, 사람들의 사회적 경험이 어떠한 것인가가 아니라, 그들이 이로부터 어떤 의미를 끌어내는가에 있다. 기록된 진술이나 태도는 그들의 반응과 의미척도에 대한 데이터뿐만 아니라, 우리가 문화라고 부르는 의미구성 과정의 심급도 우리에게 제공한다. 이것들은 이 과정이 어떻게 기능하고, 어떻게 작동될 수 있는지를 보여준다. (…)

진보적 비평가들이 제기하는 질문은 이제 재구성되어야만 한다. 문화산업이 인간을 상품으로 만들어 자신의 이익에 봉사하게 만드는 일이 어떻게 진행되는가를 묻는 대신에, 이제 우리는 사람들이 문화산업의 생산품을 대중문화 안에서 어떻게 사용하고, 자신들의 이익을 위해 이것을 어떻게 이용할 수 있는지에 대해 물어야 한다. (…)

기호론적 권력/저항/오락 사이의 연결선, 저항적인 사회적 차이의 유지, 여기에서 텔레비전이 하는 역할, 그리고 사회 변화와 관련하여 이 모든 것이 함께 할 수 있는 부분 등은 이론적으로 주장 가능한 것들이다. 내가 보고 싶어 하는 것은, 그러한 연결선, 그러한 작동 과정의 현재 심급을 기술하는, 힘 빠지는 연구 프로젝트다. 텔레비전의 상이한 순간들에서 작동하는 수많은 문화적 과정의 스케치에 의거하여 그려진 연결선을.

• 안성찬 옮김

❁ 출전 / 매체이론의 지형도 I

■ 기초 작업

발터 벤야민: 기술복제시대의 예술작품

Walter Benjamin, "Das Kunstwerk im Zeitalter seiner technischen Reproduzierbarkeit," in *Gesammelte Schriften*, Bd. I/2, hg. von R. Tiedemann/H. Schweppenhäuser, Frankfurt a. M. 1991, S. 471-508 (gekürzt).

탈코트 파슨스: 사회구조와 상징적 교환매체

Talcott Parsons, "Sozialstruktur und die symbolischen Tauschmedien," in *Zur Theorie der sozialen Interaktionsmedien*, Opladen 1980, S. 229-240.

마샬 먹루언: 뜨거운 매체와 차가운 매체

Marshall McLuhan, "Heiße Medien und Kalte," in *Die magischen Kanäle*, Düsseldorf 1992, S. 35-47.

니클라스 루만: 커뮤니케이션의 비개연성

Niklas Luhmann, "Die Unwahrscheinlichkeit der Kommunikation," in *Soziologische Aufklärung 3: Soziales System, Gesellschaft, Organisation*, Opladen 1981, S. 25-34.

레지 드브레: 매체학(Mediology)을 위하여

Régis Debray, "Pour une médiologie. Définitions premières," in *Manifestes médiologiques*, Paris 1994, S. 21-33 (독일어 판. Erstveröffentlichung; aus dem Französischen von Ingrid Fischer-Schreiber).

■ ABC ...

에릭 A. 해블록: 구두음과 문자기호

Eric A. Havelock, "Gesprochener Laut und geschriebenes Zeichen," in *Schriftlichkeit. Das griechische Alphabet als kulturelle Revolution*, Weinheim 1990, S. 37-53 (gekürzt).

월터 옹: 구술성과 문자성

Walter Ong, *Oralität und Literalität. DieTechnologisierung des Wortes*, Opladen 1987, S. 81-86, 172-176 (gekürzt).

마르틴 하이데거: 언어

Martin Heidegger, "Sprache," in *Überlieferte Sprache und technische Sprache*, St. Gallen 1989, S. 20-29.

자크 데리다: 책의 종말과 문자의 시작

Jacques Derrida, "Das Ende des Buches und der Anfang der Schrift," in *Grammatologie*, Frankfurt a. M. 1974, S. 16-23.

데릭 드 커크브: 알파벳에서 컴퓨터까지

Derrick de Kerckhove, "Schlußfolgerung: Vom Alphabet zum Computer," in *Schrift-geburten. Vom Alphabet zum Computer*, München 1995, S. 187-197.

■ 길, 채널, 전송

해롤드 이니스: 공간의 문제

Harold Innis, "Das Problem des Raumes," in *Kreuzwege der Kommunikation. Ausgewählte Text*, hg. v. Karlheinz Barck, Wien / New York 1997, S. 147-181 (gekürzt).

미셸 세르: 커뮤니케이션망: 페넬로페

Michel Serres, "Das Kommunikationsnetz Penelope," in *Hermes I: Kommunikation*, Berlin 1991, S. 9-23.

폴 비릴리오: 탈것

Paul Virilio, "Fahrzeug," in *Fahren, fahren, fahren*, Berlin 1978.

빌렘 플루서: 전화하기의 제스처

Vilém Flusser, "Die Geste des Telefonierens," in *Gesten. Versuch einer Phänomenologie*, Düsseldorf / Bensheim 1991, S. 233-244.

움베르토 에코: 신호에서 의미로

Umberto Eco, "Vom Signal zum Sinn," in *Einführung in die Semiotik*, München 8. Aufl. 1994, S. 65-69.

■ 대중–매체–문화

테오도르 W. 아도르노: 문화산업 개괄

Theodor W. Adorno, "Résumé über Kulturindustrie," in *Ohne Leitbild. Parva Aesthetica*, Frankfurt a.M. 1967, S. 60-70.

귄터 안더스: 유령과 매트릭스로서의 세계

Günther Anders, "Die Welt als Phantom und Matrize. Philosophische Betrachtungen über Rundfunk und Fernsehen," in *Die Antiquiertheit des Menschen*, Bd. 1: *Über die Seele im Zeitalter der zweiten industriellen Revolution*, München 1987, S. 99-104, 110-116, 193-198 (gekürzt).

닐 포스트먼: 쇼 비즈니스의 시대

Neil Postmann, "Das Zeitalter des Showbusiness," in *Wir amüsieren uns zu Tode. Urteilsbildung im Zeitalter der Unterhaltungsindustrie*, Frankfurt a.M. 1992, S. 105-122 (gekürtzt).

존 피스크: 텔레비전의 순간들

John Fiske, "Moments of television: Neither the text nor the audience," in *Remote Control. Television, Audiences, and Cultural Power*, hg. von E. Seiter / H. Borchers / G. Kreutzner / E.-M. Warth, London 1989, S. 56-77 (gekürzt; dt. Erstveröffentlichung; aus dem Englischen von Andreas Leopold Hofbauer, Bearbeitung: Britta Neitzel).

❁ 출전 / 매체이론의 지형도 II

■ 논쟁

베르톨트 브레히트: 커뮤니케이션 기구로서의 라디오방송

Bertolt Brecht, "Der Rundfunk als Kommunikationsapparat," in *Gesammelte Schriften*, Bd. 18, Frankfurt a.M. 1967, S. 117-134.

한스 마그누스 엔첸스베르거: 매체 이론을 위한 집짓기놀이상자

Hans Magnus Enzensberger, "Baukasten zu einer Theorie der Medien," in *Palaver. Politische Überlegungen (1967-1973)*, Frankfurt a.M., S. 91-128.

장 보드리야르: 매체를 위한 레퀴엠

Jean Baudrillard, "Requiem für die Medien," in *Kool Killer oder Der Aufstand der Zeichen*, Berlin 1978, S. 83-118.

■ 지각

앙리 베르그송: 표상에서의 이미지 선택에 대하여

Henri Bergson, *Materie und Gedächtnis. Eine Abhandlung über die Beziehung zwischen Körper und Geist*, Frankfurt a.M. / Berlin / Wien 1982, S. 1-6, 14-24.

프리츠 하이더: 사물과 매체

Fritz Heider, "Ding und Medium," in *Symposion*, Heft 2 (1921), S. 109-157 (gekürzt).

클라우스 홀츠캄프: 감각적 인식으로서의 지각의 현상지도

Klaus Holzkamp, *Sinnliche Erkenntnis*, Frankfurt a.M. 1973, S. 22-34.

에른스트 폰 글라저펠트: 실재와 객관성 개념의 구성

Ernst von Glasersfeld, "Konstruktion der Wirklichkeit und des Begriffs der Objektivität," in *Einführung in den Konstruktivismus*, München / Zürich 1992, S. 9-40.

■ 무의식의 테크놀로지

지그문트 프로이트: "신비의 노트(Wunderblock)"에 대한 기록

Sigmund Freud, "Notiz über den 'Wunderblock'," in *Gesammelte Werke*, Bd. 14: *Werke aus den Jahren 1925-1931*, Frankfurt a.M. 1948, S. 3-8.

장-루이 보드리: 장치: 현실의 인상에 대한 메타심리학적 고찰

Jean-Louis Baudry, "Das Dispositiv: Metapsychologische Betrachtungen des Realitätseindrucks," in *Psyche. Zeitschrift für Psychoanalyse und ihre Anwendungen*, hg. v. Margarete Mitscherlich, 48. Jahrgang, Heft 11, November 1994, S. 1047-1074 (gekürzt).

자크 라캉: 정신분석과 인공두뇌학

Jacques Lacan, "Psychoanlayse und Kybernetik oder Von der Natur der Sprache," in *Seminar*, Buch 2: *Das Ich in der Theorie Freuds und in der Technik der Psychoanalyse*, Weinheim / Berlin 1991, S. 373-390.

질 들뢰즈 / 펠릭스 가타리: 욕망기계를 위한 강령적 결산

Gilles Deleuze / Félix Guattari, "Programmatische Bilanz für Wunschmaschinen," in *Anti-Ödipus. Kapitalismus und Schizophrenie I*, Frankfurt, a.M. 1974, S. 497-502.

■ 인공두뇌학의 시대

노르베르트 비너: 뉴턴과 베르그송의 시간 개념

Norbert Wiener, "Newtonscher und Bergsonscher Zeitbegriff," in *Kybernetik. Regelung und Nachrichtenübertragung im Lebewesen und in der Maschine*, Düsseldorf / Wien 1992, S. 63-81 (gekürzt).

클로드 E. 셰넌 / 워렌 위버: 정보이론의 수학적 기초

Calude E. Shannon / Warren Weaver, *Mathematische Grundlagen der Informationstheorie*, München / Wien 1976, S. 41-45.

콘라드 추제: 계산 공간

Konrad Zuse, *Rechnender Raum. Schriften zur Datenverarbeitung*, Bd. 1, Braunschweig 1969, S. 48-62, 68 (gekürzt).

도나 헤러웨이: 사이보그를 위한 선언

Donna Haraway, "Ein Manifest für Cyborgs. Feminismus im Streit mit den Technowissenschaften," in *Die Neuerfindung der Natur. Primaten, Cyborgs und Frauen*, hg. C. Hammer / I. Stieß, Frankfurt / New York 1995, S. 33-40.

막스 벤제: 인공두뇌학 혹은 기계의 메타테크닉

Max Bense, "Kybernetik oder Die Metatechnik einer Maschine," in *Ausgewählte Schriften*, Bd. 2: *Philosophie der Mathematik, Naturwissenschaft und Technik*, Stuttgart 1998, S. 429-446 und 473f (gekürzt).

■ 지식의 형성

미셸 푸코: 역사의 아프리오리와 아카이브

Michel Foucault, "Das historische Apriori und das Archiv," in *Archäologie des Wissens*, Frankfurt a.M. 1973, S. 183-190.

장-프랑수아 리오타르: 정보사회에서의 지식

Jean François Lyotard, "Das Wissen in den informatisierten Gesellschaften," in *Das postmoderne Wissen*, Wien 1986, S. 19-29.

롤랑 바르트: 현대의 신화

Roland Barthes, "Der Mythos heute," in *Mythen des Alltags*, Frankfurt a.M. 1988, S. 85-96.

프리드리히 키틀러: 실체의 밤

Friedrich Kittler, "Die Nacht der Substanz," Vortrag im Kunstmuseum Bern, Bern 1989.

피에르 레비: 하이퍼텍스트의 메타포

Pierre Lévy, "Die Metapher des Hypertexts," in *Les Technologies de l'intelligence. L'avenir de la pensée à l'ère informatique*, Paris 1990, S. 78-82 (dt. Erstveröffentlichung; aus dem Französischen von Ingrid Fischer-Schreiber).

❁ 참고문헌

Adorno, Theodor W.: "Prolog zum Fernsehen," in Eingriffe. *Neun kritische Modelle*, Frankfurt a.M. 1963, S. 69-80.

Adorno, Theodor W.: "Resumée über Kulturindustrie," in *Ohne Leitbild. Parva Aesthetica*, Frankfurt a.M., S. 60-70.

Aisthesis. Wahrnehmung heute oder Pespektiven einer anderen Ästhetik, hg. von Karlheinz Barck / Peter Gente / Heidi Paris / Stefan Richter, Leipzig 1990.

Anders, Günther: "Die Welt als Phantom und Matrize. Philosophische Betrachtungen über Rundfunk und Fernsehen," in *Die Antiquiertheit des Menschen. Über die Seele im Zeitalter der zweiten industriellen Revolution*, Bd. 1, München 1987, S. 97-213.

Ang, Ien: *Das Gefühl Dallas. Zur Produktion des Trivialen*, Bielfeld 1982.

Ang, Ien: *Living Room Wars. Rethinking Media Audiences for a Postmodern World*, London / New York 1996.

Armaturen der Sinne. Literarische und technische Medien 1870-1920, hg. von Jochen Hörisch / Michael Wetzel, München 1990.

Arsenale der Seele. Literatur- und Medienanalyse seit 1870, hg. von Friedrich Kittler/ Georg Christoph Tholen, München 1989.

Aschoff, Volker: *Geschichte der Nachrichtentechnik*, Berlin 1984.

Asendorf, Christoph, *Batterien der Lebenskraft. Zur Geschichte der Dinge und ihrer Wahrnehmung im 19. Jahrhundert*, Giessen 1984.

Assmann, Jan: *Das kulturelle Gedächtnis*, München 1992.

AußenRäume / InnenRäume. Der Wandel des Raumbegriffs im Zeitalter elektronischer Medien, hg. von der Gesellschaft für Filmtheorie, Wien 1991.

Die Austreibung des Geistes aus den Geisteswissenschaften. Programme des Poststrukturalismus, hg. von Friedrich Kittler, München / Wien / Zürich 1980.

Bachelard, Gaston: *Epistemologie*, Frankfurt a.M. 1974.

Balázs, Béla: *Der sichtbare Mensch, oder die Kultur des Films*, Wien / Leipzig 1924.

Barthes, Roland: *Die helle Kammer. Bemerkung zur Photographie*, Frankfurt a.M. 1986.

Barthes, Roland: *Der entgegenkommende und der stumpfe Sinn*, Frankfurt a.M. 1990.

Bateson, Gregory: *Ökologie des Geistes. Anthropologische, psychologische, biologische, epistemologische Perspektiven*, Frankfurt a.M. 1983.

Baudrillard, Jean: *Agonie des Realen*, Berlin 1978.

Baudrillard, Jean: *Kool Killer oder Der Aufstand der Zeichen*, Berlin 1978.

Baudrillard, Jean: *Der Symbolische Tausch und der Tod*, München 1991.

Bell, Daniel: *Die nachindustrielle Gesellschaft*, Frankfurt a.M. / New York 1989.

Benjamin, Walter: "Das Kunstwerk im Zeitalter seiner technischen Reproduziebarkeit," in *Gesammelte Schriften*, Bd. I/2, hg. von Rolf Tiedemann / Hermann Schweppenhäuser, Frankfurt a.M. 1991, S. 471-508.

Bense, Max: *Einführung in die Informationstheoretische Ästhetik. Grundlegung und Anwendung in der Texttheorie*, Reinbek bei Hamburg 1969.

Berger, Peter, und Thomas Luckmann: *Die gesellschaftliche Konstruktion der Wirklichkeit. Eine Theorie der Wissenssoziologie*, Frankfurt a.M. 1969.

Bergson, Henri: *Materie und Gedächtnis*, Frankfurt a.M. / Berlin / Wien 1982.

Berkeley, George: *Versuch über eine Theorie des Sehens und die Theorie des Sehens oder der visuellen Sprache*, übers. u. hg. von Wolfgang Breidert, Hamburg 1987.

Bohn, R., E. Müller und R. Ruppert: "Die Wirklichkeit im Zeitalter ihrer technischen Fingierbarkeit," in *Ansichten einer künftigen Medienswissenschaft*, hg. von R. Bohn / E. Müller / R. Ruppert, Berlin 1988, S. 7-27.

Bolter, Jay David: *Writing Space. The Computer, Hypertext, and the History of Writing*, Hillsdale, N. J. 1991.

Bolz, Norbert: *Am Ende der Gutenberg-Galaxis: Die neuen Kommunikationsverhältnisse*, München 1993.

Bolz, Norbert: *Theorie der neuen Medien*, München 1990.

Brecht, Bertolt: "Der Rundfunk als Kommunikationsapparat," in *Gesammelte Schriften*, Bd. 18, Frankfurt a.M. 1967, S. 117-134.

Buddemeier, Heinz: *Panorama, Diorama, Photographie. Entstehung und Wirkung neuer Medien im 19. Jahrhundert*, München 1970.

Bush, Vannevar: "As We may Think," in Atlantic Monthly, 176 (1945), S. 101-108.

Canguilhem, Georges: *Idéologie et rationalité dans l'histoire des sciences de la vie*, Paris

1981.

Carroll, Noël: *A Philosophy of Mass Art*, Oxford 1998.

Cassirer, Ernst: *Philosophie der symbolischen Formen*, Berlin 1923-1931.

Cassirer, Ernst: *Was ist der Mensch? Versuch einer Philosophie der menschlichen Kultur*, Stuttgart 1960.

Cave, T.: "The Mimesis of Reading in the Renaissance," in *Mimesis. From Mirror to Method, Augustine to Descartes*, hg. von J. Lyons / St. G. Nichols, Hannover, N. H. 1984, S. 149-165.

Coe, Lewis: *The Telegraph. A History of Morse's Invention and Its Predecessors in the United States*, Jefferson, North Carolina / London 1993.

Computer als Medium, hg. von N. Bolz / F. Kittler / G. Ch. Tholen, München 1993.

A Computer Perspective. Background to the Computer Age, by the Office of Charles and Ray Eames, Cambridge, Mass. 1990.

Coulmas, Florian: *Über Schrift*, Frankfurt a.M. 1981.

Crary, Jonathan: *Techniken des Betrachters: Sehen und Moderne im 19. Jahrhundert*, Dresden / Basel 1996.

The Cultural Studies Reader, hg. von Simon During, London / New York 1999.

Cyborg Worlds. The Military Information Society, hg. von Les Levidow / Kevin Robins, London 1989.

Debray, Régis: *Cours de médiologie générale*, Paris 1991.

Debray, Régis: *Manifestes médiologiques*, Paris 1994.

Debray, Régis: *Vie et mort de l'image*, Paris 1992.

Deleuze, Gilles: *Das Bewegungs-Bild. Kino 1* und *Das Zeit-Bild. Kino 2*, Frankfurt a.M. 1989 / 1991.

Deleuze, Gilles, und Félix Guattari: *Anti-Ödipus. Kapitalismus und Schizophrenie 1*, Frankfurt a.M. 1974.

Deleuze, Gilles, und Félix Guattari: *Tausend Plateaus. Kapitalismus und Schizophrenie 2*, Berlin 1992.

Derrida, Jacques: *Grammatologie*, Frankfurt a.M. 1974.

Derrida, Jacques: *Die Postkarte von Sokrates bis Freud*, 2 Bde, Berlin 1982/1987.

Derrida, Jacques: *Die Schrift und die Differenz*, Frankfurt a.M. 1972.

Dewey, John: *Democracy and education*, London / New York 1916.

Digitaler Schein. Ästhetik der elektronischen Medien, hg. von Florian Rötzer, Frankfurt a.M. 1991.

Diskursanalysen 1: Medien, hg. von Friedrich Kittler u.a., Opladen 1987.
Doelker, Christian: *Kulturtechnik Fernsehen. Analyse eines Mediums*, Stuttgart 1989.
Dotzler, Bernhard J.: *Papiermaschinen: Versuch über Communication & Control in Literatur und Technik, Berlin 1996.*
Eco, Umberto: *Apokalyptiker und Integrierte*, Frankfurt a.M. 1984.
Eco, Umberto: *Über Gott und die Welt. Essays und Glossen*, München 1987.
Eco, Umberto: *Die Grenzen der Interpretation*, München 1994.
Eco, Umberto: *Zeichen — Einführung in einen Begriff und seine Geschichte*, Frankfurt a.M. 1977.
Edwards, Paul N.: *The Closed World: Computers and the Politics of Discourse in Cold War America*, Cambridge, Mass. 1996.
Eigen, Manfred, und Ruthild Winkler: *Das Spiel. Naturgesetze steuern den Zufall*, München 1983.
Eisenstein, Elizabeth: *The Printing Revolution in Early Modern Europe*, Cambridge 1983.
Engell, Lorenz: *Bewegen Beschreiben. Theorie zur Filmgeschichte*, Weimar 1995.
Engell, Lorenz: *Das Gespenst der Simulation. Beitrag zur Überwindung der "Medientheorie" durch Analyse ihrer Logik und Ästhetik*, Weimar 1994.
Engell, Lorenz: *Vom Widerspruch zur Langweile. Logische und temporale Begründungen des Fernsehens*, Frankfurt a.M. 1989.
Der Entzug der Bilder. Virtuelle Realitäten, hg. von M. Wetzel / H. Wolf, München 1994.
Enzensberger, Hans Magnus: "Das Nullmedium," in *Mittelmaß und Wahn*, Frankfurt a.M. 1991, S. 89-103.
Esposito, E.: "Der Computer als Medium und Maschine," in *Zeitschrift für Soziologie*, H.2 (1993), S. 225-259, H.4 (1993), S. 338-354.
Faßler, Manfred: *Mediale Interaktion. Speicher, Individualität, Öffentlichkeit*, München 1996.
Faulstich, Werner: *Grundwissen Medien*, München 1994.
Faulstich, Werner: *Medientheorien*, Göttingen 1991.
Fernsehtheorien, hg. von Knut Hickethier / Irmela Schneider, Berlin 1992.
Film, Fernsehen, Video und die Künste. Strategien der Intermedialität, hg. von J. Paech, Stuttgart / Weimar 1994.
Der Film bei Deleuze / Le cinéma selon Deleuze, hg. von Oliver Fahle / Lorenz Engell, Weimar / Paris, o.J. (1997).
Fiske, John, und Jon Hartley: *Reading Television*, London / New York 1985.

Flusser, Vilém: *Gesten. Versuch einer Phänomenologie*, Düsseldorf 1991.

Flusser, Vilém: *Lob der Oberflächlichkeit. Für eine Phänomenologie der Medien*, Mannheim 1993.

Flusser, Vilém: *Für eine Philosophie der Fotographie*, Göttingen 1983.

Flusser, Vilém: *Die Schrift. Hat Schreiben Zukunft?* Frankfurt a.M. 1987.

Flusser, Vilém: *Ins Universum der technischen Bilder*, Göttingen 1985.

Flusser, Vilém: *Vampyrotheutis Infernalis*, Göttingen 1987.

Foerster, Heinz von: *Wissen und Gewissen: Versuch einer Brücke*, hg. von S. J. Schmidt, Frankfurt a.M. 1973, S. 103-115.

Foucault, Michel: Archäologie des Wissens, Frankfurt a.M. 1973.

Foucault, Michel: *Dispositive der Macht. Über Sexualität, Wissen und Wahrheit*, Berlin 1978.

Foucault, Michel: *Die Ordnung der Dinge. Eine Archäologie der Humanwissenschaften*, Frankfurt a.M. 1971.

Freud, Sigmund: *Abriß der Psychoanalyse. Das Unbehagen in der Kultur*, Frankfurt a.M. 1972.

Geschichte der Medien, hg. von Manfred Faßler / Wulf Halbach, München 1997.

Giedion, Sigfried: *Die Herrschaft der Mechanisierung. Ein Beitrag zur anonymen Geschichte*, hg. von H. Ritter, Hamburg 1994.

Giesecke, Michael: *Der Buchdruck in der frühen Neuzeit. Eine historische Fallstudie über die Durchsetzung neuer Informations- und Kommunikationstechnologien*, Frankfurt a.M. 1991.

Gilles Deleuze—Fluchtlinien der Philosophie, hg. von Friedrich Balke / Joseph Vogl, München 1996.

Glasersfeld, Ernst von: "Konstruktion der Wirklichkeit und des Begriffs der Objektivität," in *Einführung in den Konstruktivismus*, hg. von H. Gumich / A. Mohler, München 1985, S. 1-27.

Glasersfeld, Ernst von: *Wissen, Sprache und Wirklichkeit*, Braunschweig 1987.

Goldstine, Herman H.: *The Computer from Pascal to von Neumann*, Princeton 1972.

Goodman, Nelson: *Sprachen der Kunst. Entwurf einer Symboltheorie*, Frankfurt a.M. 1995.

Goody, Jack: *Die Logik der Schrift und die Organisation der Gesellschaft*, Frankfurt a.M. 1990.

Grafton, Anthony: "The Importance of Being Printed," in *Journal of Interdisciplinary History*, 11 (1980), S. 265-286.

Großklaus, Götz: *Medien-Zeit, Medien-Raum. Zum Wandel der raumzeitlichen Wahnehmung in der Moderne*, Frankfurt a.M. 1995.

Günther, Gotthard: *Beiträge zur Grundlegung einer operationsfähigen Dialektik*, Bd. 1-3, Hamburg 1981-1984.

Gutenberg und die Neue Welt, hg. von Horst Wenzel, München 1994.

Habermas, Jürgen: *Theorie des kommunikativen Handelns*, Frankfurt a.M. 1981.

Hagemeyer, Friedrich Wilhelm: *Die Entstehung von Informationskonzepten in der Nachrichtentechnik. Eine Fallstudie zur Theoriebildung in der Technik in Industrie- und Kriegsforschung*, Diss. masch. Berlin 1979.

Haraway, Donna: *Die Neuerfindung der Natur. Primaten, Cyborgs und Frauen*, hg. von C. Hammer / I. Stieß, Frankfurt a.M. / New York 1995.

HardWar / SoftWar. Krieg und Medien 1914 bis 1945, hg. von Martin Stingelin / Wolfgang Scherer, München 1991.

Havelock, Eric A.: *Preface to Plato*, Cambridge, Mass. 1963.

Havelock, Eric A.: *Schriftlichkeit. Das griechische Alphabet als kulturelle Revolution*, Weinheim 1990.

Heidegger, Martin: *Die Technik und die Kehre*, Stuttgart 1962.

Heider, Fritz: "Ding und Medium," in *Symposion, Philosophische Zeitschrift für Forschung und Aussprache*, 2 (1921), S. 109-157.

Heintz, Bettina: *Die Herrschaft der Regel. Zur Grundlagengeschichte des Computers*, Frankfurt a.M. / New York 1993.

Herrmann, Hans-Christian von: *Sang der Maschinen. Brechts Medienästhetik*, München 1996.

Hick, Ulrike: *Geschichte der optischen Medien*, München 1999.

Hiebel, Hans H.: *Kleine Medienchronik. Von den ersten Schriftzeichen zum Mikrochip*, München 1997.

Hiebel, Hans H., Heinz Hiebler, Karl Kogler und Herwig Walitsch: *Große Medienchronik*, München 1999.

Hodges, Andrew: *Alan Turing. Enigma*, Wien / New York 1994.

Hofstadter, Douglas: *Gödel, Escher, Bach. Ein Endloses Geflochtenes Band*, München 1993.

Hörisch, Jochen: *Kopf oder Zahl. Die Poesie des Geldes*, Frankfurt a. M. 1996.

Horkheimer, Max und Theodor W. Adorno: *Dialektik der Aufklärung. Philosophische Fragmente*, Frankfurt a.M. 1969.

HyperKult: Geschichte, Theorie und Kontext digitaler Medien, hg. von M. Warnke / W. Coy /

G. Ch. Tholen, Basel 1997.
Hypermedia and Literary Studies, hg. von R. Delany / G. P. Landow, Cambridge, Mass. / London 1991, S. 3-50.
Illick, Ivan: *Im Weinberg des Textes. Als das Schriftbild der Moderne entstand*, Frankfurt a.M. 1991.
Innis, Harold A.: *The Bias of Communication*, Toronto 1951.
Innis, Harold A.: *Changing Concepts of Time*, Toronto 1952.
Innis, Harold A.: *Empire and Communications*, Toronto 1972.
Innis, Harold A.: *Kreuzwege der Kommunikation*. Ausgewählte Texte, hg. von K. Barck, Wien 1997.
Iser, Wolfgang: *Das Fiktive und das Imaginäre. Perspektiven literatischer Anthropologie*, Frankfurt a.M. 1991.
Kamper, Dietmar: *Unmögliche Gegenwart. Zur Theorie der Phantasie*, München 1995.
Kapp, Ernst: *Grundlinien einer Philosophie der Technik*, Braunschweig 1877.
Kaufmann, Stefan: *Kommunikationstechnik und Kriegführung 1815-1945. Stufen telemedialer Rüstung*, München 1996.
Keller, Evelyn Fox: *Das Leben neu denken. Metaphern der Biologie im 20. Jahrhundert*, München 1998.
Kemp, Wolfgang: *Der Betrachter ist im Bild. Kunstwissenschaft und Rezeptionsästhetik*, Berlin / Hamburg 1992.
Kerckhove, Derrick de: *Schriftgeburten. Vom Alphabet zum Computer*, München 1995.
Kittler, Friedrich: *Aufschreibesysteme 1800. 1900*, 3. überarb. Aufl., München 1995.
Kittler, Friedrich: *Draculas Vermächtnis: Technische Schriften*, Leipzig 1993.
Kittler, Friedrich: *Grammophon, Film, Typewriter*, Berlin 1986.
Kloock, Daniela, und Angela Spahr: *Medientheorien. Eine Einführung*, München 1997.
Kommunikation, Medien, Macht, hg. von Rudolf Maresch / Niels Werber, Frankfurt a.M. 1999.
Koschorke, Albrecht: *Körperströme und Schriftverkehr. Mediologie des 18. Jahrhunderts*, München 1999.
Kracauer, Siegfreid: *Das Ornament der Masse*. Essays, Frankfurt a.M. 1963.
Krämer, Sybille: *Berechenbare Vernunft. Kalkül und Rationalismus im 17. Jahrhundert*, Berlin / New York 1991.
Kroker, Arthur: *Technology and The Canadian Mind. Innis, McLuhan, Gant*, Montreal 1984.

Künzler, J: "Grundlagenprobleme der Theorie symbolisch generalisierter Kommunikationsmedien bei Niklas Luhmann," in *Zeitschrift für Soziologie*, H. 5 (1987), S. 317-333.

Kursbuch Neue Medien. Trends in Wirtschaft und Politik, Wissenschaft und Kultur, hg. von Stefan Bollmann, Mannheim 1995.

Lacan, Jacques: *Das Seminar I* (1953-54): *Freuds technische Schriften*, Olten 1978.

Lacan, Jacques: *Das Seminar II* (1954-55): *Das Ich in der Theorie Freuds und in der Technik der Psychoanalyse*, Olten 1980.

Lacan, Jacques: "Das Spiegelstadium als Bildner der Ichfunktion wie sie uns in der psychoanalytischcen Erfahrung erscheint," in *Schriften 1*, hg. von Norbert Haas, Weinheim / Berlin 1986, S. 62-70.

Landow, George P.: *Hypertext. The Convergence of Contemporary Critical Theory and Technology*, Baltimore 1992.

Lasswell, Harold D.: *Propaganda, communication, and public opinion. A comprehensive guide*, Princeton 1946.

Laurel, Brenda: *Computers as Theatre*, Reading, Mass. 1991.

Leroi-Gourhan, André: *Le geste et la parole*, 2 Bde, Paris 1964/65.

Lessing, Gotthold Ephraim: *Laokoon, oder über die Grenzen der Malerei und Poesie*, in *Sämtliche Schriften*, Bd. 2, Berlin 1825.

Lévi-Strauss, Claude: *Mythologica*, Bd. 1-4, Frankfurt a.M. 1976.

Lévi-Strauss, Claude: *Das wilde Denken*, Frankfurt a.M. 1968.

Levy, M. R.: "Virtual Reality: A Communication Perspective," in *Journal of Communications*, 42, 4 (1992).

Link, Jürgen: *Versuch über den Normalismus. Wie Normalität produziert wird*, Opladen 1997.

Literatur im Informationszeitalter, hg. von D. Matejovski / F. Kittler, Frankfurt a.M. / New York 1996.

Luhmann, Niklas: "Einführende Bemerkungen zu einer Theorie symbolisch generalisierter Kommunikationsmedien," in *Zeitschrift für Soziologie*, H. 3 (1974), S. 236-255.

Luhmann, Niklas: *Die Kunst der Gesellschaft*, Frankfurt a.M. 1955.

Luhmann, Niklas: *Liebe als Passion. Zur Codierung von Intimität*, Frankfurt a.M. 1982.

Luhmann, Niklas: *Die Realität der Massenmedien*, 2. erweiterte Aufl., Opladen 1996.

Luhmann, Niklas: *Soziale Systeme*, Frankfurt a.M. 1984.

Lyotard, Jean-François: *Das postmoderne Wissen*, Graz / Wien 1986.

Macho, Thomas: "Vision und Visage, Überlegungen zur Faszinationsgeschichte der Medien," in *Inszenierte Imagination. Beiträge zu einer historischen Anthropologie der Medien*, hg. von W. Müller-Funk / H. U. Reck, Wien 1996, S. 87-108.

Mainberger, Sabine: *Schriftskepsis. Von Philosophen, Mönchen, Buchhaltern, Kalligraphen*, München 1995.

Materialität der Kommunikation, hg. von H. U. Gumbrecht / K. L. Pfeiffer, Frankfurt a.M. 1988.

Maturana, Humberto (1995): "Realität, Illusion und Verantwortung," in *Illusion und Simulation. Begegnung mit der Realität*, hg. von Stefan Iglhaut / Florian Rötzer, Ostfildern 1995, S. 90-102.

McLuhan, Marshall: *Die mechanische Braut. Volkskultur des industriellen Menschen*, Amsterdam 1996.

McLuhan, Marshall: *Die Gutenberg Galaxis. Das Ende des Buchzeitalters*, Düsseldorf 1968.

McLuhan, Marshall: *Die magischen Kanäle. Understanding Media*, Düsseldorf / Wien 1968.

McLuhan, Marshall: *Medien verstehen. Der McLuhann-Reader*, hg. von Martin Baltes / Fritz Böhler / Rainer Höltschl / Jürgen Reuß, Mannheim 1997.

McLuhan, Marshall, Quentin Fiore und Jerome Agel: *Das Medium ist Massage*, Frankfurt a.M. / Berlin / Wien 1969 und 1984.

Medien. Computer. Realität. *Wirklichkeitsvorstellungen und Neue Medien*, hg. von Sybille Krämer, Frankfurt a.M. 1998.

Medien-Kultur. Schnittstellen zwischen Medienwissenschaft, Medienpraxis und gesellschaftlicher Kommunikation, hg. von K. Hickethier / S. Zielinski, Berlin 1991.

Medien und Maschinen. Literatur im technischen Zeitalter, hg. von Th. Elm / H. H. Hiebel, Freiburg i. Br. 1991, S. 97-127.

Medien und Öffentlichkeit. Positionierungen. Symptome. Simulationsbrüche, hg. von R. Maresch, München 1996.

Kritische Medientheorien. Konzepte und Kommentare, hg. von D. Baacke, München 1974.

Medien-Welten, Wirklichkeiten, hg. von Gianni Vattimo / Wolfgang Welsch, München 1997.

Menke, Bettine: *Prosopopoia. Stimme und Text bei Brentano, Hoffmann, Kleist und Kafka*, München 1998.

Merleau-Ponty, Maurice: *Das Auge und der Geist. Philosophische Essays*, hg. von Hans Werner Arndt, Reinbek bei Hamburg 1967.

Merleau-Ponty, Maurice: *Phänomenologie der Wahrnehmung*, Berlin 1966.

Meyrowitz, Joshua: *Die Fernseh-Gesellschaft. Wirklichkeit und Identität im Medienzeitalter*, Weinheim 1987.

Meyrowitz, Joshua: *Überall und nirgends dabei. Die Fernseh-Gesellschaft I*, Weinheim / Basel 1990.

Meyrowitz, Joshua: *Wie Medien unsere Welt verändern. Die Fernseh-Gesellschaft II*, Weinheim / Basel 1990.

Die Mobilisierung des Sehens, hg. von Harro Segeberg, München 1996.

Müller, Jürgen E.: *Intermedialität. Formen moderner kultureller Kommunikation*, München 1996.

Münsterberg, Hugo: *Das Lichtspiel. Eine psychologische Studie*, Wien 1996.

Münsterberg, Hugo: *Psychotechnik. Grundzüge der Psychotechnik*, Leipzig 1912.

Oberliesen, Rolf: *Information, Daten und Signale. Geschichte technischer Informationsverarbeitung*, Reinbek bei Hamburg 1982.

Oettermann, Stephan: *Das Panorama. Die Geschichte eines Massenmediums*, Frankfurt a.M. 1980.

Ong, Walter J.: *Oralität und Literalität. Die Technologisierung des Wortes*, Opladen 1987.

Panofsky, Erwin: *Aufsätze zu Grundfragen der Kunstwissenschaft*, Berling 1992.

Parsons, Talcott: *Zur Theorie der sozialen Interaktionsmedien*, Opladen 1980.

Parsons / Bales / Shils: *Working Papers in the Theory of Action*, New York 1953.

Peirce, Charles Sanders: *Phänomen und Logik der Zeichen*, Frankfurt a.M. 1983.

Pias, Claus: [*me'dien*] *i. dreizehn vortraege zur medienkultur*, Wiemar 1999.

Pirenne, M. H.: *Optics, Paintings & Photography*, Cambridge 1970.

Plato: *Phaidros oder Vom Schönen*, übertragen und eingeleitet von Kurt Hildebrandt, Stuttgart 1991.

Please Hold The Line. Ein Telefon-Buch, hg. von Ulrich Baron, Leipzig 1996.

Poetologien des Wissens um 1800, hg. von Joseph Vogl, München 1999.

Postman, Neil: *Wir amüsieren uns zu Tode. Urteilsbildung im Zeitalter der Unterhaltungsindustrie*, Frankfurt a.M. 1992.

Prolog vor dem Film. Nachdenken über ein neues Medium 1909-1914, hg. von Jörg Schweinitz, Leipzig 1992.

Prümm, K.: "Intermedialität und Multimedialität," in *Ansichten einer künftigen Medienwissenschaft*, hg. von R. Bohn / E. Müller / R. Ruppert, Berlin 1988.

Raible, Wolfgang: *Symbolische Formen-Medien-Identität*, Tübingen 1991.

Reck, Hans Ulrich: *Erinnern und Macht. Mediendispositive im Zeitalter des Techno-Imaginären*, Wien 1997.

Reck, Hans Ulrich: *Zugeschriebene Wirklichkeit. Alltagskultur, Design, Kunst, Film und Werbung im Brennpunkt der Medientheorie*, Würzburg 1994.

Roszak, Theodor: *The cult of information*, New York 1986.

Rousseau, Jean-Jacques: "Brief an d'Alembert über das Schauspiel," in *Schriften*, Bd. 1, hg. von Henning Ritter, Frankfurt a.M. 1988, S. 333-474.

Schöne neue Welten? Auf dem Weg zu einer neuen Spielkultur, hg. von Florian Rötzer, München 1995.

Schmidt, Siegfried J.: "Medien, Kultur: Medienkultur. Ein konstruktivistisches Gesprächsangebot," in *Kognition und Gesellschaft*, Frankfurt a.M. 1992, S. 425-451.

Schmidt, Siegfried. J.: *Die Welten der Medien. Grundlagen und Perspektiven der Medien-beobachtung*, Braunschweig / Wiesbaden 1996.

Schrift, hg. von H. U. Gumbrecht / K. L. Pfeiffer, München 1993.

Schrift und Gedächtnis. Beiträge zur Archäologie der literarischen Kommunikation, hg. von Aleida und Jan Assmann / Christof Hardmeier, München 1993.

Schulze, Gerhard: *Die Erlebnisgesellschaft. Kultursoziologe der Gegenwart*, Frankfurt a.M. / New York 1993.

Seitter, Walter: *Menschenfassungen: Studien zur Erkenntnispolitikwissenschaft*, München 1985.

Seitter, Walter: *Physik des Daseins. Bausteine zu einer Philosophie der Erscheinungen*, Wien 1997.

Serres, Michel: *Hermes*, Bd. I-V, Berlin 1991-1994.

Serres, Michel: *Der Parasit*, Frankfurt a.M. 1987.

Shannon, Claude E.: "Communication Theory of Secrecy Systems," in *Bell Systems Technical Journal* 28 (1949), S. 656-715.

Shannon, Claude E. und Warren Weaver: *Mathematische Grundlagen der Informationstheorie*, München 1976.

Sichtweisen der Informatik, hg. von W. Coy / E. Nake / J. M. Pflüger / A. Rolf / J. Seetzen / D. Siefkes / R. Standfeld, Braunschweig / Wiesbaden 1992.

Siegert, Bernhard: "Es gibt keine Massenmedien," in *Medien und Öffentlichekeit. Positionierungen, Symptome, Simulationsbrüche*, hg. von R. Maresch, München 1996., S. 108-115.

Siegert, Bernhard: *Relais. Geschicke der Literatur als Epoche der Post (1751-1913)*, Berlin

1993.

Simmel, Georg: *Philosophie des Geldes*, Frankfurt a.M. 1989.

Spangenberg, P.: "Ereignisse und ihr Medium. Über das Verhältnis von Wahrnehmung, Interaktion und audiovisueller Kommunikation," in *Zeit des Ereignisses — Ende der Geschichte?* hg. von B. Wagner / F. Balke / E. Mechoulan, München 1992, S. 89-109.

Spengler, Oswald: *Der Untergang des Abendlandes. Umrisse einer Morphologie der Weltgeschichte*, München 1993.

Stacey, Jackie: *Star Gazing. Hollywood Cinema and female spectatorship*, London / New York 1994.

Steiner, George: *Von realer Gegenwart*, München 1990.

Svenbro, Jesper: *Phrasikleia. Anthropologie de la lecture en Grèce ancienne*, Paris 1988.

Telefon und Gesellschaft, Bd. 1-3, hg. von der Arbeitsgruppe Telefonkommunikation, Berlin 1989.

Texte zur Theorie des Films, hg. von F. J. Albersmeier, Stuttgart 1979, S. 243-258.

Theweleit, Klaus: *Orpheus und Eurydike, Buch der Könige*, Bd. 1, Basel, Frankfurt a.M. 1988.

Theweleit, Klaus: *Orpheus am Machtpol / Recording Angel's Mysteries. Buch der Könige*, Bd. 2x/2y, Basel 1994.

Thomsen, Christian W. und Irmela Schneider: *Hybridkultur. Medien — Netze — Künste*, Köln 1997.

Turing, Alan: *Intelligence Service*, hg. von F. Kittler / B. Dotzler, Berlin 1987.

Turkle, Sherry: *Die Wunschmaschine — Vom Entstehen der Computerkultur*, Reinbek 1986.

Vom Verschwinden der Ferne. Telekommunikation und Kunst, hg. von E. Decker / P. Weibel, Köln 1990.

Virilio, Paul: *Bunker-Archäologie*, München / Wien 1992.

Virilio, Paul: *Fahren, fahren, fahren...*, Berling 1978.

Virilio, Paul: *Fluchtgeschwindigkeit*, München / Wien 1996.

Virilio, Paul: *Krieg und Fernsehen*, München / Wien 1993.

Virilio, Paul: *Geschwindigkeit und Politik. Ein Essay zur Dromologie*, Berlin 1980.

Virilio, Paul: *Krieg und Kino. Logistik der Wahrnehmung*, München / Wien 1986.

Virilio, Paul: *Die Sehmaschine*, Berlin 1989.

Virilio, Paul: *Rasender Stillstand*, München 1992.

Wagner, Gerhard: *Walter Benjamin. Die Medien der Moderne. Beiträge zur Film- und Fernsehwissenschaft*, Berlin 1992.

Wahrnehmung und Geschichte. Markierungen zur Aisthesis materialis, hg. von B. J. Dotzler / E. Müller, Berlin 1995, S. 301-307.

Was ist ein Bild? hg. von G. Boehm, München 1994.

Watzlawick, Paul, Janet H. Beavin und Don D. Jackson: *Menschliche Kommunikation*, Bern 1969.

Weber, S.: *Mass Mediauras: Essays on Art, Technics and Media*, Stanford/CA 1996.

Weibel, Peter: *Jenseits von Kunst*, Wien 1997.

Weizenbaum, Joseph: *Die Macht der Computer und die Ohnmacht der Vernunft*, Frankfurt a.M. 1977.

Welsch, Wolfgang: *Ästhetisches Denken*, Stuttgart 1990.

Wetzel, Michael: *Die Enden des Buches oder die Wiederkehr der Schrift. Von den literarischen zu den technischen Medien*, Weinheim 1991.

White, Hayden: *Auch Klio dichtet oder Die Fiktion des Faktischen. Studien zur Tropologie des historischen Diskurses*, Stuttgart 1986.

Williams, Raymond: *Culture and Society, 1780-1850*, London 1958.

Winkler, Hartmut: *Docuverse zur Medientheorie der Computer*, München 1997.

Winter, Rainer: *Der produktive Zuschauer. Medienaneignung als kultureller und ästhetischer Prozeß*, München 1995.

Die Wirklichkeit der Medien — Eine Einführung in die Kommunikationswissenschaft, hg. von Klaus Merten / Siegfried J. Schmidt / Siegfried Weischenberg, Opladen 1994.

Die erfundene Wirklichkeit, Wie wir wissen, was wir zu wissen galuben, hg. von Paul Watzlawick, München 1985.

Wolfram, Stephen: *Theory and Applications of Cellular Automata*, Singapore 1986.

Wyss, Beat: *Die Welt als T-Shirt. Zur Ästhetik und Geschichte der Medien*, Köln 1997.

Zeit-Medien-Erfahrung, hg. von M. Sandbothe / W. Zimmerli, Darmstadt 1993.

Zielinski, Siegfried: *Audiovisionen — kino und Fernsehen als Zwischenspiele in der Geschichte*, Reinbek 1989.

Zima, Peter V.: *Literatur intermedial. Musik-Malerei-Photographie-Film*, Darmstadt 1995.

Zizek, Slavoj: *Liebe Dein Symptom wie Dich selbst. Jacques Lacans Psychoanalyse und die Medien*, Berlin 1991.

❁ 찾아보기

[A]

Adorno, T. W. 315, 316, 319, 320, 322
Albright, W. F. 217, 225, 227, 229, 230
Allen, R. C. 389
Anaximandros 235
Anaximenes 235
Anders, G. 317, 319, 320, 334
Ang, I. 313, 321
Apollinaire, G. 291
Arnheim, R. 49
Arp, J. 52
Aristoteles 108, 139
Atatürk, K. 138
Auden, W. H. 80
Austin, J. 189

[B]

Bacon, F. 84, 85, 88
Balázs, B. 24
Baldensperger, F. 47
Baldwin, D. 93
Bales, R. F. 27, 55
Barnard, C. 64
Barthes, R. 386, 390, 391
Baudrillard, J. 209
Baum, R. 93
Beavin, J. H. 91
Benjamin, W. 24, 31
Bennett, T. 392
Bismarck, K. von 317
Blake, W. 74
Boas, F. 160
Bosq, J. du 101
Bougnoux, D. 110
Breasted, J. H. 217
Brecht, B. 323
Breton, A. 50
Browning, B. 156
Brunelleschi, F. 243
Bunim, M. S. 243
Butcher, S. H. 231

[C]

Cassirer, E. 216
Cater, D. 81
Cendrars, B. 272
Chafe, W. L. 152
Chartier, R. 109, 118
Chaplin, Ch. 45, 50
Chaunu, P. 286
Childe, V. G. 217
Clanchy, M. T. 157

Coleman, J. S. 56
Comte, A. 243
Cornford, F. M. 228

[D]
Darwin, Ch. 269
Davies, J. 402
Davy, G. 217
Debatin, B. 212
Debray, R. 29, 106
Descartes, R. 349
Democritos 236
Derrida, J. 124, 125, 127, 128, 177
Dewey, J. 207
Dilthey, W. 349
Diringer, D. 241
Dréeben, R. 99, 100
Duhamel, G. 53
Dumont, S. 287
Dürer, A. 243
Durkheim, É. 61
Durtain, L. 45

[E]
Eco, U. 214, 303, 313
Edison, T. 357
Eisenstein, E. L. 101
Ellis, J. 387
Engell, L. 205
Erasmus 242
Euclid 236

[F]
Fahle, O. 23
Fenollosa, E. 231
Feuer, J. 400
Février, J. 179
Fichte, J. G. 166
Fiske, J. 320, 321, 374
Flusser, V. 212, 213, 292
Frankfort, H. 223, 224
Freud, S. 73, 107
Friedrichs, C. J. 59

[G]
Galilei, G. 88
Gance, A. 38
Gandz, S. 226, 227, 230
Gastineau, B. 269
Gehlen, A. 102
Giedion, S. 243
Ginnekens, P. van 179
Glanvill, J. 89
Goff, J. Le 116, 117
Goody, J. 96, 125
Grossberg, L. 378

[H]
Habermas, J. 93, 99
Hajnal, E. 238
Hall, S. 320, 374
Harnack, A. von 240
Hartley, J. 400
Harvey, F. D. 135
Havelock, E. A. 124, 130, 155
Heath, St. 395
Heidegger, M. 126, 168
Heine, H. 271

Heracleitos 235
Hexter, J. H. 101
Hirsch, E. D. 151
Hobbes, T. 62
Hobson, D. 382
Horaz 156
Horkheimer, M. 315
Huet, P. D. 101
Hugo, V. 267
Humboldt, W. von 169
Hutcheson, F. 89

[I]
Illich, I. 290
Innis, H. A. 216
Istrine, V. 179

[J]
Jackson, D. D. 91
Jäger, G. 101
Jakobson, R. 184, 209
Jonsen, S. 93
Joyce, J. 188
Jung, C. G. 167

[K]
Kafka, F. 269
Kahler, E. 166
Kant, I. 88, 166
Kaplan, A. 59, 395
Kassel, R. 92
Katz, E. 393
Kepplinger, H. M. 104
Kerckhove, D. de 26, 124, 128, 186
Kierkegaard, S. A. 166
Kipling, R. 285
Kirk, G. 133
Kittler, F. A. 30
Kluge, A. 317
Köhler, E. 101
Kohn, H. 244
Kolumbus, Ch. 243
Koschorke, A. 124
Krämer, S. 26, 123
Krasnoff, S. 275

[L]
Landes, D. 110
Lasswell, H. D. 59, 209
Leibniz, G. W. 243
Lenin, W. I. 113, 285
Leroi-Gourhan, A. 125, 184
Lessing, G. E. 229
Leucippos 236
Lévi-Bruhl, L. 160
Lévi-Strauss, C. 160
Lidz, V. 54
Liebes, T. 393
Locke, J. 75
Lowry, M. 154
Luhmann, N. 28, 87
Luther, M. 357

[M]
Magellanes, F. de 243
Mallarmé, St. 42
Marcel, G. 346
Marx, K. 32, 244, 316

McLuhan, M. 163
McLuhan, Marshall 25, 71, 125, 319
Mead, G. H. 207
Mead, M. 79
Merten, K. 29, 87
Michaels, E. 382
Michelangelo 241
Mill, J. S. 54
Mills, C. W. 59
Milton, J. 242
Moret, A. 217
Mumford, L. 80

[N]
Naumann, J. 93
Neitzel, B. 313
Neumann, E. 167
Newton, I. 74
Nietzsche, F. 123, 177, 245

[O]
Oettermann, S. 315
Olson, D. R. 151, 152
Ong, W. 124, 151

[P]
Pagnol, M. 290
Parmenides 235
Parsons, T. 54, 69, 93
Pias, C. 123
Picasso, P. 45
Pichois, C. 267
Pindaros 136
Platon 13
Platt, G. M. 69
Postman, N. 319, 320, 355
Proust, M. 107
Pythagoras 235

[R]
Renan, E. 272
Riegl, A. 38
Rilke, R. M. 52
Robinson, E. H. 234
Rourke, C. 85

[S]
Sachs, C. 71
Saint-Juste, L. A. L. 287
Sandbothe, M. 321
Schmidt, S. J. 29
Schnädelbach, H. 314
Serres, M. 208, 247
Shakespear, W. 38
Shils, E. A. 55
Sieger, F. 317
Skirrow, G. 395
Smelser, N. J. 55
Sokrates 153, 177
Speer, A. 282
Stacey, J. 321
Steinberg, S. H. 241
Storz, G. 170
Strosetzki, Ch. 101
Suhrkamp, P. 323
Svenbro, J. 124

[T]

Thales 234

Theobald, R. 73

Tulloch, J. 389

[V]

Valéry, P. 31, 34, 48

Veblen, T. 244

Vincenot, H. 289

Vinci, L. da 47

Virilio, P. 210, 264

Vogl, J. 16

[W]

Wagner, R. 245

Wallace L. 152

Washington, G. 245

Watt, I. 125

Weber, M. 57, 62

Weischenberg, S. 29

Weisgerber, L. 170

Weitzmann, K. 233

Weizsäcker, C. F. von 175

Wickhoff, F. 38

Wiener, N. 173, 183

Williams, R. 387

Wren-Lewis, J. 389

Wright, F. L. 76

[Y]

Yeats, W. B. 75

안성찬

서강대학교에서 독어독문학을 전공하고, 독일 레겐스부르크대학에서 독문학, 철학, 고전어, 예술사를 수학한 후, 서강대학교에서 문학박사 학위를 취득했다. 서강대, 연세대, 중앙대 등 여러 대학에서 강의했으며, 서울대학교 인문학연구원에서 HK연구교수를 거쳐 현재 부교수로 재직 중이다. 『이성과 감성의 평행선』, 『숭고의 미학』, 헤르더의 『인류의 교육을 위한 새로운 역사철학』, 니체의 『즐거운 학문』 등 30여 권의 저역서, 그리고 「그리스라는 별」, 「크리스티안 볼프의 중국과 헤르더의 중국」 등 다수의 논문을 펴냈다.

박배형

서울대학교 경제학과와 같은 대학 미학과 대학원을 졸업하고, 독일 빌레펠트대학에서 철학박사 학위를 받았다. 미학과 정치철학, 형이상학 및 인식론의 주제들에 대해 연구하고 있으며, 현재 서울대학교 인문학연구원 HK연구교수로 재직 중이다. 주요 논문으로 「인식능력들의 자유로운 유희: 칸트 미학의 한 문제」, 「"부정적 현시"로서의 숭고: 칸트의 숭고론에 대한 고찰」, 「단토의 헤겔주의와 헤겔 미학의 현대성」, 「세계시민주의에 대한 헤겔의 입장과 타자성」 등이 있으며, 저서 및 주해서로는 『헤겔 미학 개요』, 『헤겔과 시민사회』, 역서로는 『칸트 미학: 〈판단력 비판〉의 주요 개념들과 문제들』, 『문학이론 입문』(공역) 등이 있다.

윤미애

서울대학교 영어교육과를 졸업하고, 같은 대학 독어독문학과 대학원에서 석사 학위를 취득하고, 독일 괴팅겐대학 독어독문학과에서 발터 벤야민에 대한 논문으로 박사 학위를 취득했다. 중앙대, 서울대 등에서 강의했으며 세종대학교 교양학부 초빙교수를 거쳐 현재 서원대학교 미래창조연구원 연구교수로 재직 중이다. 베른트 비테의 『발터 벤야민』, 『짐멜의 모더니티 읽기』(공역), 발터 벤야민의 『1900년경 베를린의 유년시절』 등을 번역했고, 「종교적 전회와 벤야민의 매체이론」, 「짐멜의 문화이론과 미학적 모더니티」, 「현대도시의 지형학과 벤야민의 매체이론」, 「흔적과 문지방. 벤야민 해석의 두 열쇠」 등의 논문을 발표했다.

황승환

서울대학교 독어독문학과를 졸업하고, 같은 대학 대학원에서 석사와 박사 학위를 취득했으며, 독일 프라이부르크대학에서 수학했다. 서울대, 중앙대, 숭실대 강사와 상명대 연구교수를 역임했고, 현재 강릉원주대학교 독어독문학과 교수로 재직 중이다. 저서로는 『독일 명작의 이해』(공저), 『독일, 민족, 그리고 신화』(공저) 등이 있고, 역서로는 『클링조어의 마지막 여름』, 『슈톨츠』, 『릴케의 프로방스 여행』, 『릴케의 베네치아 여행』 등이 있다.

❁ 문명총서 발간사

서울대학교 인문학연구원은 2007년 11월 한국연구재단의 인문한국(HK) 사업을 수탁하여 HK문명연구사업단을 출범시켰다. 한국과 아시아, 세계를 향한 문명연구의 허브를 구축하기 위해 '한국 인문학'의 정립을 목표로 인문학 제 분야는 물론 인근 분야의 전공자들까지 한 지붕 아래 모였다.

인문학연구원이 한국 인문학의 도약을 위해 핵심 과제로 주목한 것은 문명에 대한 새로운 이해이다. 문명이란 장구한 세월 동안 인류가 일구어 낸 정신적·물질적 성과들의 종합이며, 타 문명들과 서로 영향을 주고받으며 진화해온 복합적 실체이다. 이에 대한 심층적인 이해가 선행되지 않는다면, 현재와 미래에 대한 유효적절한 준비와 대응은 불가능하다.

'문명텍스트총서'는 인문학 안팎의 다양한 전공을 가진 우리 연구원의 연구자들이 자신의 영역에서, 과거와 현재 문명의 정수와 그에 대한 인식을 담은 중요한 텍스트를 선정하여 번역하고 주해한 결과물이다. 이는 긴 시간의 노동을 요하면서도 성취가 단기간에 가시화되지 않는 우직한 작업이지만, 인류의 유산을 한국화하는 이 같은 작업이 주체적으로 세계문명을 사유하고 새로운 문명을 개척하는 데 발판이 되리라고 믿는다. 문명텍스트총서가 현재와 과거를 엮는 씨줄 놓기 작업이라면, 문명공동연구총서는 인간과 세계를 총체적으로 이해하려는 날줄 얽기라고 할 수 있다. 오랫동안 자신의 분야에서 전문화를 추구했기에 공동연구가 쉬운 일은 아니지만, 문명 이해의 융합적 시각뿐만 아니라 한국 인문학의 새로운 전망을 써 내려가는 방법론을 제시할 수 있기를 희망한 결과물이다. 또한 문명지평총서는 연구원 안팎의 연구자들이 참여한 연구서와 교양서를 아우르고 있다.

아무쪼록 문명총서 시리즈가 동서고금의 문명을 더 깊고 더 넓게 이해하는 창발의 효과를 가져오길 기대하며, 국내외의 학자들이 참여하고 교류하는 열린 연구공간이 되길 바란다.

2014년 4월

서울대학교 인문학연구원 원장